汽车检修技能技巧入门提升系列

AUTOMOTIVE SENSORS

汽车传感器
结构、原理、拆装、检测、维修

刘春晖 刘逸宁 ◎ 主编

机械工业出版社
CHINA MACHINE PRESS

本书以汽车传感器为讲解对象，系统讨论了位置和角度传感器、流量传感器、压力传感器、气体浓度传感器、速度传感器、温度传感器、爆燃和碰撞传感器、新能源汽车传感器，以及其他类型的汽车用传感器的结构、原理、安装位置以及检测诊断方法。

本书的特点是"以彩图进行讲解"，减少了不易理解的文字叙述。同时，本书内容新颖、系统性强、实用性强，适合汽车维修人员和大专院校汽车维修专业的师生使用，也可供汽车维修企业管理人员参考。

图书在版编目（CIP）数据

汽车传感器结构、原理、拆装、检测、维修 / 刘春晖，刘逸宁主编 . —北京：机械工业出版社，2021.5（2024.6 重印）
ISBN 978-7-111-67772-7

Ⅰ . ①汽… Ⅱ . ①刘… ②刘… Ⅲ . ①汽车—传感器—结构 ②汽车—传感器—理论 ③汽车—发动机—装配（机械）④汽车—传感器—检测 ⑤汽车—传感器—车辆修理 Ⅳ . ① U463.6

中国版本图书馆 CIP 数据核字（2021）第 047068 号

机械工业出版社（北京市百万庄大街 22 号　邮政编码 100037）
策划编辑：连景岩　　责任编辑：连景岩　刘　煊
责任校对：梁　静　　封面设计：马精明
责任印制：单爱军
北京虎彩文化传播有限公司印刷
2024 年 6 月第 1 版第 2 次印刷
184mm×260mm · 20.25 印张 · 426 千字
标准书号：ISBN 978-7-111-67772-7
定价：99.00 元

电话服务　　　　　　　网络服务
客服电话：010-88361066　机　工　官　网：www.cmpbook.com
　　　　　010-88379833　机　工　官　博：weibo.com/cmp1952
　　　　　010-68326294　金　　书　　网：www.golden-book.com
封底无防伪标均为盗版　机工教育服务网：www.cmpedu.com

前言 PREFACE

随着电子技术的发展，为了提高汽车的动力性、经济性、安全性、舒适性，以及减少排气污染，电子控制技术已在汽车各控制系统中广泛应用。汽车电子控制系统主要包括传感器、电子控制器（ECU，电控单元）、执行器三部分。汽车传感器是汽车电子控制系统中至关重要的元件，担负着信息采集和传输的功能，汽车传感器工作性能的好坏，直接关系到汽车的运行状况和行驶时的安全性、经济性。ECU是电子控制系统的核心部件，用于对各传感器及开关等输入信号的预处理、分析、判断，并根据信号处理的结果输出控制信号，控制执行器工作。

汽车传感器主要用于采集汽车运行的信息，并转换为电信号输入电控单元，为汽车实现自动控制提供信息参考。汽车传感器是汽车电子技术领域研究的核心内容之一。传感器在汽车上的应用从最初的发动机控制系统扩展到汽车的各个系统中，主要涉及发动机电子控制系统、底盘电子控制系统、车身电子控制系统和汽车舒适与安全控制系统。普通家用汽车上安装有几十甚至上百个传感器，而豪华汽车上的传感器数量则多达几百个。

目前，新型汽车大多采用网络系统共享电子控制系统的"触角"——传感器的信息，所以传感器性能的好坏会直接影响到相关系统甚至整车性能。因此，掌握汽车不同类型传感器的结构、原理、安装位置、检测、拆装，以及故障诊断方法就变得至关重要。

本书以汽车传感器为讲解对象，系统讨论了位置和角度传感器、流量传感器、压力传感器、气体浓度传感器、速度传感器、温度传感器、爆燃和碰撞传感器、新能源汽车传感器，以及其他类型的汽车用传感器的结构、原理、安装位置以及检测诊断方法。本书最大的特点是"以彩图进行讲解"，减少了不易理解的文字叙述。同时，本书具有内容新颖、系统性强、实用性强等特点。

本书由刘春晖、刘逸宁主编，参加本书编写工作的还有何运丽、张洪梅、张文。

在本书编写的过程中，参考了多种车型的原版维修资料，在此对原作者、编译者表示由衷的感谢。由于编者水平所限，书中难免有错误和不当之处，恳请广大读者批评指正。

编　者

目录 CONTENTS

前言

第一章 汽车传感器概述 /001

第一节 传感器分类及组成 /001
一、传感器定义及组成 /001
二、汽车传感器分类 /004
三、传感器信号 /004

第二节 汽车传感器的检测 /007
一、传感器检测注意事项 /007
二、传感器的检测方法 /008

第二章 位置和角度传感器 /013

第一节 节气门位置传感器 /013
一、双可变电阻式节气门位置传感器 /013
二、霍尔式节气门位置传感器 /015
三、速腾电子节气门 /019
四、智能电子节气门（ETCS-i） /025
五、感应式节气门位置传感器 /029
六、案例：奥迪 A6L 车 EPC 故障指示灯亮、加速不走车 /030

第二节 加速踏板位置传感器 /032
一、可变电阻式加速踏板位置传感器 /032
二、霍尔式加速踏板位置传感器 /033
三、速腾新型加速踏板位置传感器 /034
四、案例：丰田 RAV4 无法加速 /037

第三节 曲轴位置传感器 /038
一、功用和安装位置 /038
二、磁感应式曲轴位置传感器 /038
三、霍尔式曲轴位置传感器 /043
四、光电式曲轴位置传感器 /050
五、案例：2015 款路虎揽胜极光车怠速转速忽高忽低 /052

第四节 凸轮轴位置传感器 /053
一、作用 /053
二、霍尔式凸轮轴位置传感器（形式1） /054
三、霍尔式凸轮轴位置传感器（形式2） /056
四、磁阻式凸轮轴位置传感器 /057
五、凸轮轴位置传感器快速起动功能 /061
六、新捷达霍尔式凸轮轴位置传感器检修 /062
七、案例：奥迪 A6L EPC 灯亮 /064

第五节 方向盘转角传感器 /066
一、大众方向盘转角传感器 /066
二、丰田方向盘角度传感器 /070
三、案例：江淮和悦 RS 方向盘多功能开关功能紊乱 /071

第六节 其他位置和角度传感器 /072
一、水平位置传感器 /072
二、离合器位置传感器 /075
三、电动机械式助力转向电动机位置传感器 /080
四、电容式液位传感器 /082
五、进气歧管风门位置传感器 /085
六、废气再循环电位计 /087
七、转向位置和转向转矩传感器 /088
八、助力转向装置传感器 /091

第三章 流量传感器 /097

第一节 空气流量传感器 /097
一、空气流量传感器概述 /097
二、热丝式空气流量传感器 /098
三、热膜式空气流量传感器 /100
四、新型热膜式空气流量传感器 /103
五、热膜式空气流量传感器检测 /108

目录

六、热阻式空气流量传感器　　　/110
七、案例：大众迈腾 1.8T FSI 轿车
　　怠速抖动　　　/110

第二节　液体流量传感器　　　/111
一、光电式燃油流量传感器　　　/111
二、静电式制冷剂流量传感器　　　/112

第四章　压力传感器　　　/114

第一节　进气压力传感器　　　/114
一、进气压力传感器结构原理　　　/114
二、传感器的检测　　　/117
三、案例：全新朗逸尾气排放灯偶尔点亮　　　/118

第二节　轮胎压力传感器　　　/120
一、轮胎压力监控系统的结构组成　　　/120
二、轮胎压力监控系统的工作过程　　　/124
三、轮胎压力监控系统操作和显示　　　/126
四、轮胎压力监控系统的功能　　　/129
五、自诊断　　　/131
六、案例：2011 款北京现代第八代索纳塔
　　轮胎警告灯点亮　　　/131

第三节　制动压力传感器　　　/133
一、压阻式制动压力传感器　　　/133
二、压电式制动力传感器　　　/135
三、制动压力传感器（BOSCH/ITT）　　　/136
四、案例：大众迈腾 ESP 和 ABS 指示灯
　　报警　　　/138

第四节　座椅占用识别传感器　　　/139
一、座椅占用识别传感器安装位置　　　/139
二、座椅占用识别压力传感器结构　　　/140
三、座椅占用识别控制单元　　　/140
四、座椅占用识别安全带拉紧力传感器　　　/141
五、系戴安全识别开关　　　/142
六、座椅占用识别系统组件的联网　　　/142
七、座椅占用识别传感器检测　　　/143
八、案例：奔驰 C180 行驶中仪表提示前乘客
　　未系安全带　　　/145

第五节　其他压力传感器　　　/145
一、机油压力传感器　　　/146
二、大众直喷发动机燃油压力传感器　　　/147
三、电控柴油机共轨燃油压力传感器　　　/149
四、制冷剂压力 / 温度传感器　　　/151

五、制冷剂高压传感器　　　/152
六、增压压力调节位置传感器　　　/154
七、燃油压力传感器　　　/156
八、案例：2006 款君越风扇一直
　　高速常转　　　/156

第五章　气体浓度传感器　　　/159

第一节　氧传感器　　　/159
一、普通氧传感器　　　/160
二、宽域氧传感器　　　/166
三、案例：长安福特福克斯氧传感器中毒　　　/172

第二节　氮氧化物（NO_x）传感器　　　/174
一、NO_x 传感器安装位置与功能　　　/174
二、NO_x 传感器结构　　　/175
三、NO_x 传感器工作原理　　　/175

第三节　空气质量传感器　　　/177
一、空气质量传感器安装位置和作用　　　/177
二、空气质量传感器工作原理　　　/178
三、空气质量传感器功能　　　/179
四、空气质量传感器的检测　　　/180

第六章　速度传感器　　　/181

第一节　轮速传感器　　　/181
一、磁感应式轮速传感器　　　/181
二、磁阻式轮速传感器　　　/185
三、霍尔式轮速传感器　　　/187
四、新型霍尔式轮速传感器　　　/189
五、新型主动型 ABS 轮速传感器　　　/192
六、案例：奔驰 S350 车 ABS 故障灯和 ESP
　　故障灯异常点亮　　　/193

第二节　组合式加速度传感器　　　/196
一、组合传感器　　　/196
二、组合式加速度传感器检测　　　/198

第三节　加速度与减速度传感器　　　/199
一、纵向加速度传感器　　　/199
二、横向加速度传感器　　　/200
三、奥迪 A8 加速度传感器　　　/202
四、横摆率传感器和线性 G 传感器　　　/204
五、发动机转速传感器 G28　　　/205
六、案例：奔驰 R320 车 ABS 故障灯和 ESP
　　故障灯异常点亮　　　/208

第七章 温度传感器 /210

第一节 发动机用温度传感器 /210
一、进气温度传感器 /210
二、冷却液温度传感器 /213
三、案例：新君威偶发性不着车 /216

第二节 汽车空调用温度传感器 /217
一、仪表板温度传感器 /218
二、车外温度传感器 /220
三、蒸发器出口温度传感器 /222
四、新鲜空气进气道温度传感器 /225
五、脚坑出风口温度传感器 /225
六、制冷剂温度传感器 /226

第八章 爆燃和碰撞传感器 /228

第一节 爆燃传感器 /228
一、发动机爆燃的检测方法 /228
二、磁致伸缩式爆燃传感器 /231
三、压电式爆燃传感器 /233
四、爆燃传感器的检测 /234

第二节 碰撞传感器 /236
一、碰撞传感器的分类 /236
二、机电结合式碰撞传感器 /237
三、水银开关式碰撞传感器 /239
四、电子式碰撞传感器（压力传感器） /240
五、碰撞传感器检测 /241

第九章 新能源汽车传感器 /243

第一节 大众新能源汽车传感器 /243
一、奥迪 Q5 混合动力电驱动装置温度传感器 /243
二、途锐新能源汽车传感器 /245
三、奥迪 e-tron 驱动电机相关传感器 /246
四、案例：2014 款奥迪 A8 混合动力车无法起动 /248

第二节 宝马新能源汽车传感器 /250
一、宝马 X6 混合动力燃油压力和温度传感器 /250
二、宝马 X6 PHEV 转子位置传感器 /251
三、高压起动机/电机/发电机的传感器 /254
四、车轮转速传感器 /255
五、F15 PHEV 温度传感器 /256
六、案例：宝马混合动力发动机起动困难，并且起停功能不好用 /258

第十章 其他类型传感器 /260

第一节 智能型蓄电池传感器 /260
一、工作原理 /260
二、结构、安装位置 /261
三、IBS 功能 /262
四、电子分析装置 /263
五、案例：2016 款凯迪拉克 CT6 车提示"请速检修车辆" /263

第二节 雨量感应传感器 /265
一、雨量传感器 /265
二、刮水器电动机控制单元 /267
三、供电控制单元 /268
四、智能型刮水器控制功能 /270
五、智能型刮水器的其他功能 /270

第三节 雨量和光线识别传感器 /271
一、"下雨关闭"功能 /271
二、雨量和光线识别传感器 /273
三、雨量识别功能 /275
四、光线识别功能 /276

第四节 新款皇冠分相器转矩传感器 /277
一、新款皇冠电控助力转向系统结构 /277
二、电控助力转向系统基本工作原理 /282

第五节 空气湿度传感器 /283
一、安装位置和作用 /283
二、空气湿度的测量 /284
三、空气湿度传感器的温度测量 /285
四、空气湿度传感器电路图 /286

第六节 日照光电传感器 /287
一、日照光电传感器结构 /287
二、日照光电传感器原理 /287
三、日照光电传感器检测 /289

第七节 高度传感器 /290
一、车身高度传感器 /290
二、车辆高度传感器 /292
三、燃油油面高度传感器 /292
四、案例：2014 款路虎揽胜车燃油表指示不准 /294
五、案例：奔驰 GLS400 车仪表提示"车身升降故障" /295

第八节　倾斜传感器　/ 297
　　一、倾斜传感器　/ 297
　　二、GPS 导航转角传感器　/ 298
　　三、偏转率传感器　/ 300
第九节　其他传感器　/ 303
　　一、车身加速传感器　/ 303
　　二、主动巡航控制传感器　/ 304
　　三、超声波传感器　/ 306

　　四、玻璃破碎传感器　/ 308
　　五、快速起动传感轮　/ 309
　　六、转向力矩传感器　/ 311
　　七、案例：2012 款奥迪 A4L 车助力
　　　　转向系统故障　/ 313

参考文献　/ 316

第一章 汽车传感器概述

第一节 传感器分类及组成

汽车电子控制系统的功用是提高整车性能,包括动力性、经济性、安全性、舒适性、操纵性、通过性以及排放性能等。虽然车型不同、档次不同,采用的电子控制系统的功能和多少也不尽相同,但是,汽车电子控制系统基本结构大致相同,如图1-1所示,都由传感器(传感元件)、电控单元(Electronic Control Unit,ECU)和执行器(执行元件)三部分组成,这是电子控制系统的共同特点。汽车电控系统的传感器与执行器在发动机上的分布如图1-2~图1-4所示。

一、传感器定义及组成

传感器是一种能测量各种被测物体状态的物理量,并把它们转变成电信号的装置。它的主要作用是向汽车各控制单元提供汽车运行的各种工况信息。它相当于人的感觉器官,通过其感知效果能检测出各种条件下的物理量。

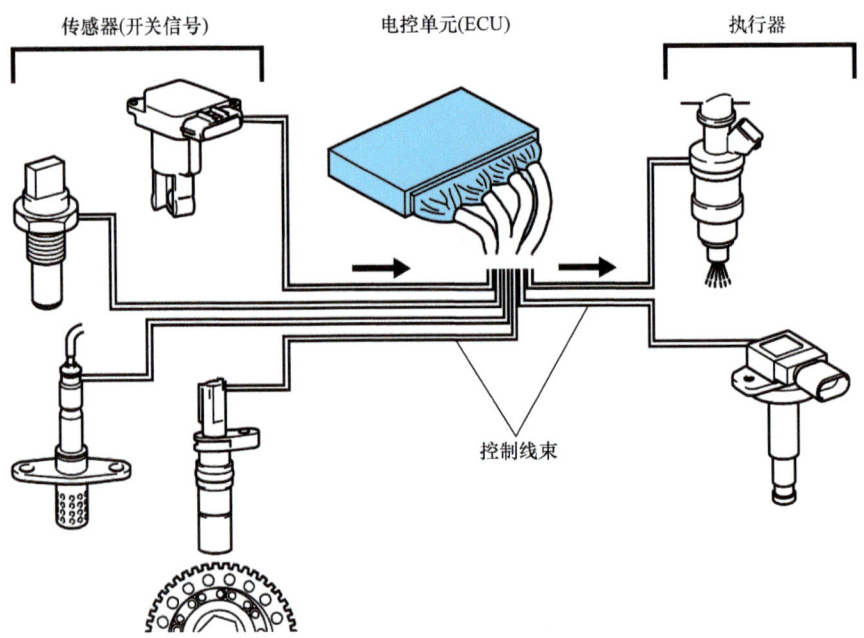

图 1-1　汽车电子控制系统的基本结构

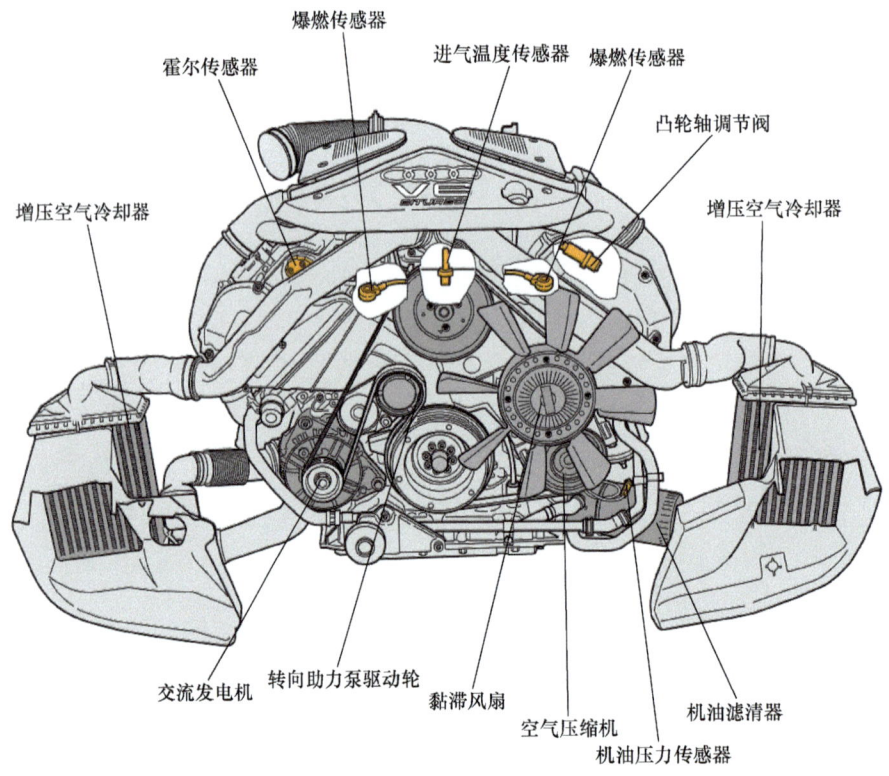

图 1-2　发动机传感器、执行器的分布（前视图）

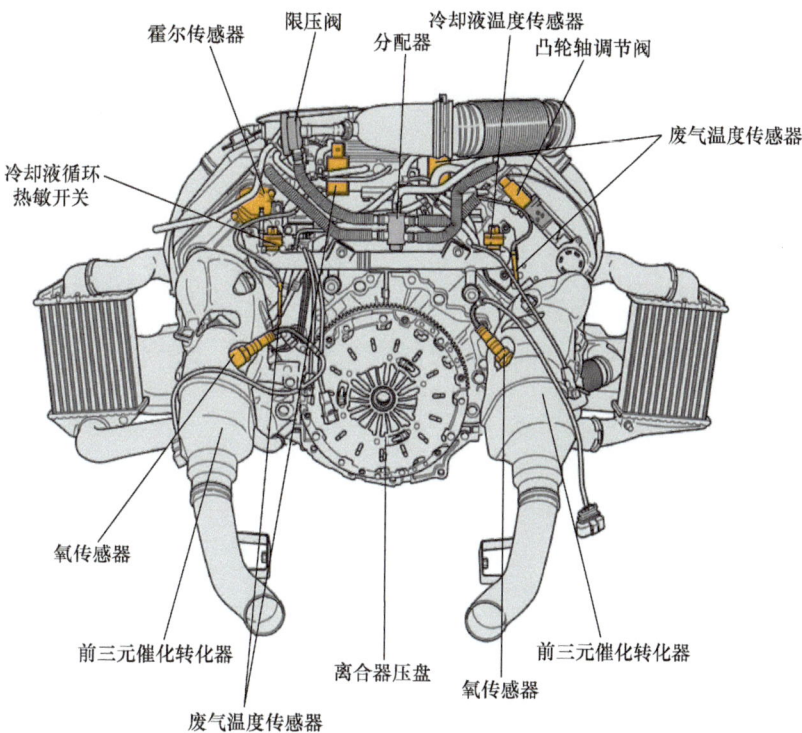

图 1-3 发动机传感器、执行器的分布（后视图）

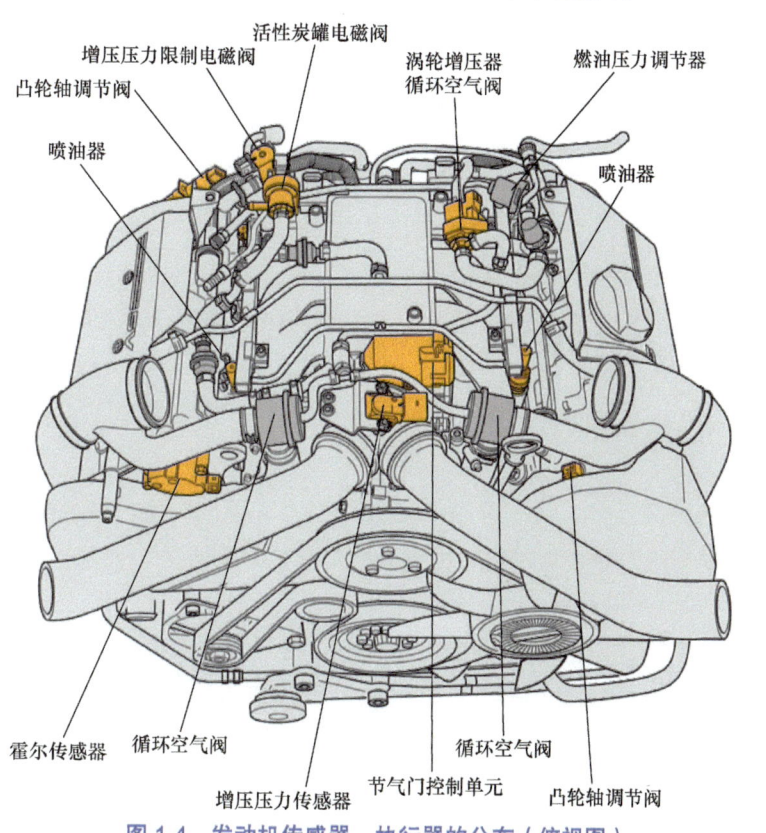

图 1-4 发动机传感器、执行器的分布（俯视图）

1. 传感器定义

传感器是一种信号转化装置，它可以将非电信号转换为电信号，其主要作用是向汽车各控制单元提供汽车运行的各种工况信息。汽车传感器过去单纯用于发动机上，现在已扩展到底盘、车身、电气和安全等各个系统。

2. 传感器组成

如图 1-5 所示，传感器由敏感元件、转换元件和其他辅助元件组成，有时也将信号调节与转换电路及辅助电源作为传感器的组成部分。

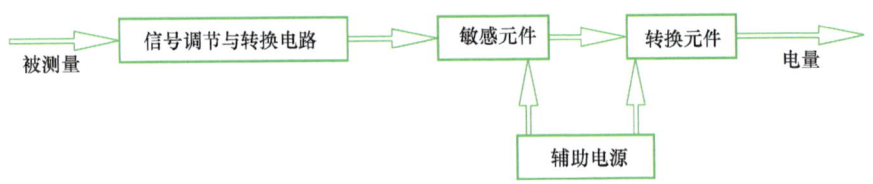

图 1-5　传感器组成

（1）信号调节与转换电路　一般是指能把传感器输出的电信号转换为便于显示、记录、处理和控制的有用电信号的电路，信号调节与转换的电路选择要视传感元件的类型而定，常用电路有信号放大器电桥、振荡器和阻抗变换器等。

（2）敏感元件　敏感元件指直接感受被测量（一般为非电量），并输出与被测量成确定关系的其他量（一般为电量）的元件。如应变式压力传感器的弹性膜片就是敏感元件，它的作用是将压力转换成弹性膜片的变形。

（3）转换元件　转换元件指传感器中能将敏感元件感受（或响应）的被测量，转换成适合于传输和测量的电信号的部分。当输出为规定的标准信号时，则一般称为变送器，又称转换器。一般情况下传感器不直接接受被测量，而是将敏感元件输出的量转换为电量输出的元件。如应变式压力传感器的应变片，它的作用是将弹性膜片的变形转换为电阻值的变化。

二、汽车传感器分类

汽车传感器的种类很多，且一种被测参数可用多种不同类型的传感器来测量，而同种传感器往往也可以测量多种被测参数。传感器的分类有多种方法，如图 1-6 所示。

三、传感器信号

汽车上传感器的电子信号可以分为直流、交流、频率调制、脉宽调制和串行数据信号。电子信号是控制系统中各个传感器、控制单元和其他设备之间相互通信的"基本语言"，电子信号各有不同的特点，用于不同的通信目的。

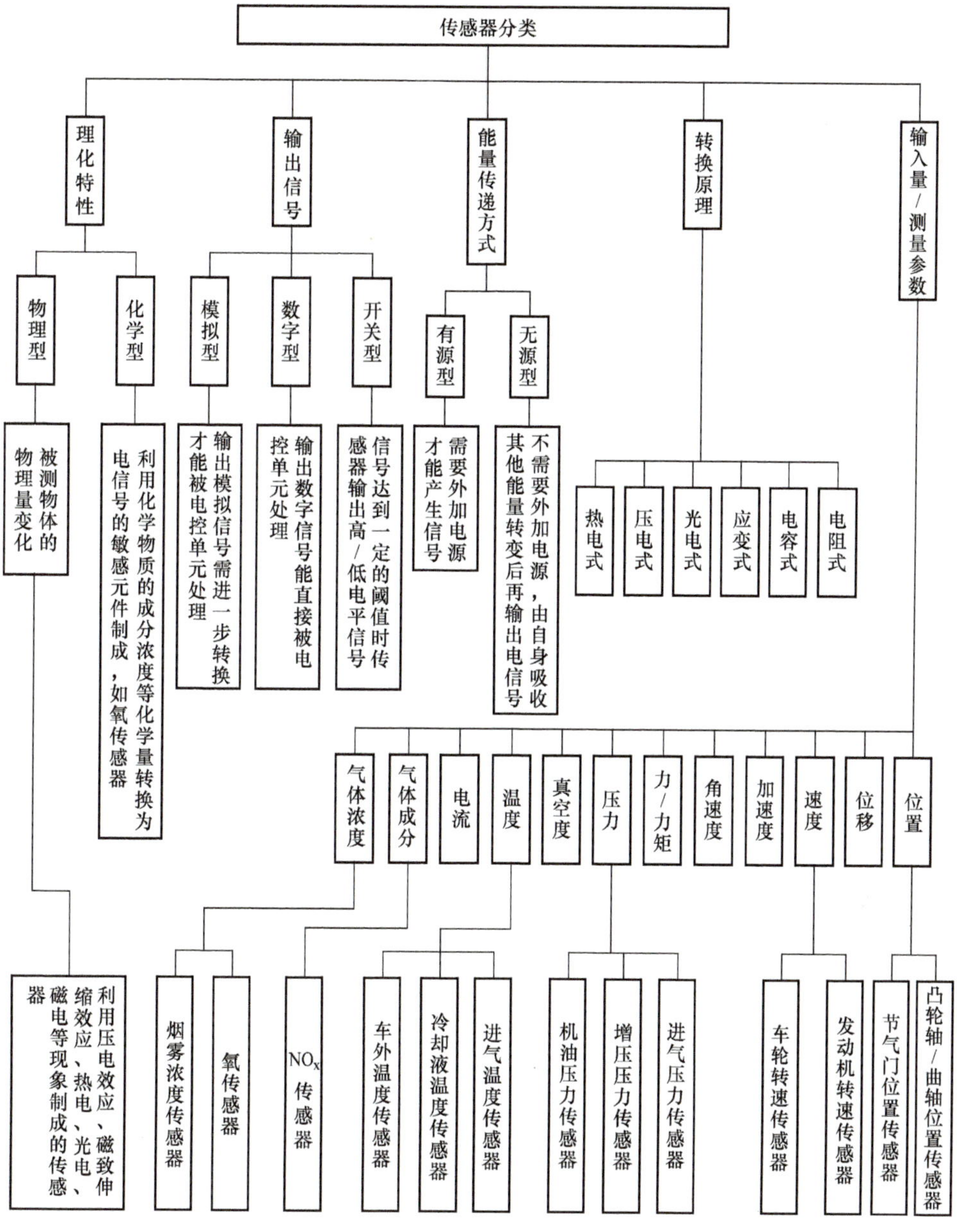

图 1-6 传感器分类

1. 直流信号（DC）

在任何周期里，方向不随时间变化的电压、电流信号属于直流信号（DC）。直流信号可以分为恒压直流信号和非恒压直流信号两种。在汽车中产生恒压直流信号的电源装置有蓄电池电压和控制单元输出的传感器参考电压。图 1-7 所示是非恒压直流信号波形。

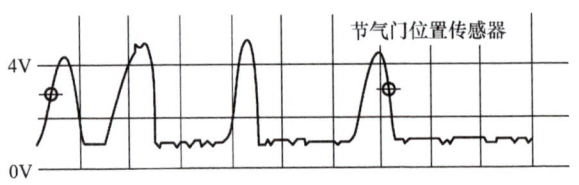

图 1-7　非恒压直流信号波形

2. 交流信号（AC）

大小和方向随时间变化的信号属于交流信号（AC）。在汽车中产生交流信号的传感器主要是磁电式传感器和爆燃传感器等。图 1-8 所示是磁电式传感器产生的交流信号波形。

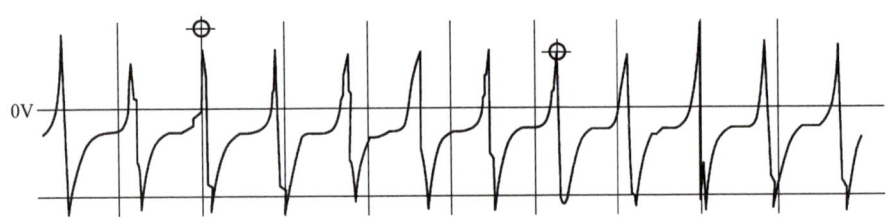

图 1-8　磁电式传感器产生的交流信号波形

3. 频率调制信号

如图 1-9 所示，保持波幅恒定而改变频率称为频率调制。在汽车中产生频率调制信号的传感器主要是光电式传感器和霍尔式传感器。控制模块根据频率调制信号的频率变化识别传感器信息。

4. 串行数据信号

串行数据信号是按时序逐位将组成数据和字符的码元予以传输的信号。串行数据传输，所需通信线少，串行传送的速度低，但传送的距离可以很长，因此串行适用于长距离而速度要求不高的场合。若汽车使用的是具备自诊断能力和其他串行数据送给能力的控制模块，则串行数据是由发动机控制单元（PCM）、车身控制单元（BCM）、防盗系统

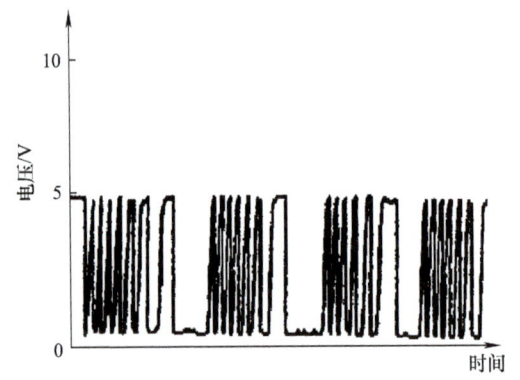

图 1-9　频率调制信号

和制动防滑系统或其控制模块产生，以及配备自诊断的各种单元之间传递的信号。

在汽车发动机控制单元和其他电子智能设备中用来通信的串行数字信号是最复杂的电子信号，在实际中，要用专门的解码器读取。发动机冷却液温度传感器故障时，PCM 输出的串行数据（多路）信号波形如图 1-10 所示。

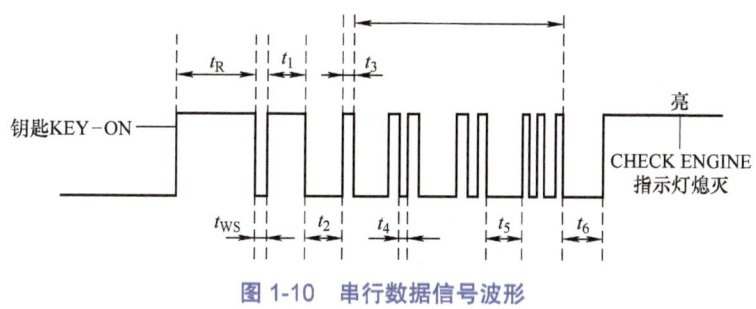

图 1-10　串行数据信号波形

5. 脉宽调制信号

脉冲宽度调制（PWM）简称脉宽调制。脉宽调制信号就是经过脉冲宽度调制的信号。脉冲宽度就是在一个周期内元件持续的工作时间，如图 1-11 所示。

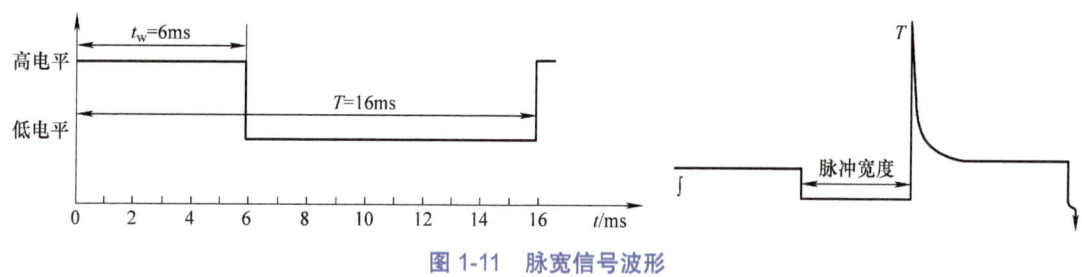

图 1-11　脉宽信号波形

第二节　汽车传感器的检测

一、传感器检测注意事项

① 除在测试过程中特殊指明外，不能用指针式万用表测试 ECU 及传感器，应使用高阻抗数字式万用表或车用专用万用表进行测试。禁止使用"划火法"检查晶体管电路的通、断状况。不要用普通试灯去测试任何和 ECU 相连接的电气装置，以防止损坏晶体管，脉冲电路应采用 LED 灯或示波器检查。

② 电控系统中，故障多的不是 ECU、传感器和执行部件，而是连接器。连接器常会因松旷、脱焊、烧蚀、锈蚀和脏污而接触不良或瞬时短路，因此当出现故障时不要轻易地更换电子器件，而应首先检查连接器和线路的状况。

③ 蓄电池搭铁极性切不可接错，必须负极搭铁。严禁在发动机高速运转时将蓄电池从

电路中断开，以防产生瞬时过电压将 ECU 和传感器损坏。

④ 在点火开关接通的情况下，不要进行断开任何电气设备的操作，以免电路中产生的感应电动势损坏电子元件。

⑤ 当断开蓄电池时需注意以下几点：一是必须关闭点火开关，如果在点火开关接通的状态下断开蓄电池连接，电路中的自感电动势会对电子元器件产生击穿的危险；二是应先检查故障码是否存在，若存有故障码，应记下故障码后再断开蓄电池；三是断开蓄电池前，应牢记带防盗码的音响设备的编码，否则在下次使用中，音响系统自锁会影响使用。

⑥ 检修氧传感器时，注意别让氧传感器跌落碰撞到其他物体，不要用水冷却。更换氧传感器时，一定要用专用的防粘胶液刷涂螺纹，以免下次拆卸困难。

⑦ 注意屏蔽线。对于电磁式凸轮轴位置传感器输出信号情况，仅通过测量电压或电阻来确定其是好是坏是不全面的。有很多电磁式传感器测量电阻、电压都正常，但线路屏蔽不好也会导致故障。

⑧ 用跨接法起动其他车辆或用其他车辆跨接本车起动时，需先关闭点火开关，然后才能拆装跨接线。

⑨ 拆卸或安装电感性传感器时，应将点火开关断开（OFF），以防止传感器的自感电动势损坏 ECU 和产生新的故障。

二、传感器的检测方法

1. 故障征兆现象判断法

依据故障征兆，运用经验判断，是最直观、最简单的诊断车辆故障和判断传感器好坏的方法。但它有两个缺点：一是经验积累时间长，短时间内不可能让修理工达到很高诊断水平；二是判断结果准确率低，误判的可能性较大。

例如，在维修大众车系发动机时，如果出现发动机油耗和排气污染增加，发动机出现怠速不稳、缺火、喘振等故障现象，则很大可能是氧传感器出现故障。这是因为：一是从车型来看，该车型出现氧传感器故障的概率比较高；二是从现象上来看，氧传感器出现故障，将使电控燃油喷射系统的控制单元不能得到排气管中氧浓度的信息，因而不能对空燃比进行反馈控制，从而出现上述症状。

2. 替代法

替代法就是对于可疑传感器，通过试换的方法来查找故障，又称试换法。

替代法可确定故障部位或缩小故障范围，但不一定能确定故障原因。在检修传感器时，最好使用相同车型、相同年款、相同型号、相同规格的传感器，暂时替代有疑问的传感器。替代后如故障现象没有消失，说明该故障并不是因为传感器而引起，故障在其他部分。

使用替代法检验传感器的好坏，简单又直接，但要求有一定的维修经验和可以用来替换的正常的传感器。替换时需要注意两点：一是不能用不同输出特性的传感器来替代，否则容易引起错误判断；二是不要绝对地认为新的零件就是好的零件，最终导致误判，因为有的新零件本身就是坏的。

3. 测试灯检测法

测试灯有自制的测试灯和检测专用的测试灯；可以自带电源，也可以不带电源。自制的测试灯可以用发光二极管（LED）外接300～500Ω电阻串联制成，如图1-12所示。测试灯主要有以下几个功能：

① 检查传感器、电控元件本体或连接电路的通、断。

② 检测传感器参考电压供给是否正常。

③ 根据测试灯发光二极管频闪信号，可以检查传感器有无脉冲输出，或ECU有无执行信号输出。

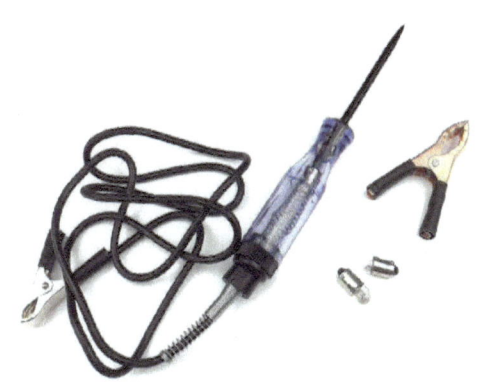

图1-12　汽车测试灯

4. 万用表检测法

汽车上使用万用表，除了早期手工调码读取故障码要求使用指针式万用表外，一般都不主张使用指针式万用表，甚至在检测某些元件时，特别是半导体元件、有关ECU电路时，强调必须使用数字式万用表。这是因为数字式万用表阻抗大，通过元器件的电流小，可以避免在测量时烧毁元器件。

（1）电阻检测法　电阻检测法主要用于可变电阻、电位计传感器、磁电式传感器电阻的检测，对于半导体元件，一般要与标准元件的测量值对比才能得出结论。例如，对于磁电式轮速传感器，可以用万用表检查其电阻值，一般在室温时，电阻在600～2300Ω范围内为正常。电阻太小为线圈短路；电阻过大为连接不良；电阻非常大为断路；线圈与外壳导通为搭铁。也可以用测量冷却液测温电阻的方法，来核对对应的温度值（图1-13）。

图1-13　万用表检测冷却液温度传感器

（2）电压检测法　对于有源传感器，由于工作时自身可以产生电压，因此可以使用电压检测法来检测传感器工作是否正常。例如氧传感器、磁电式曲轴位置/凸轮轴位置传感器、爆燃传感器等。仍以 ABS 用磁电式轮速传感器为例，拆开 ABS ECU 接线插座或拔下轮速传感器的接线插头，使被测车轮以 1r/s 的速度转动时，使用万用表交流 mV 档，测量各车轮的轮速传感器对应端子间的电压，万用表指示值应为 70mV 以上（图 1-14）。如测量值低于规定值，原因可能是传感器与轮齿的间隙过大或传感器本身有问题，需要更换新件。

（3）电流检测法　电流检测法主要用于产生电流调制信号的新型集成电路传感器，如主动型轮速传感器，通过万用表电流档也可以对此类传感器进行检

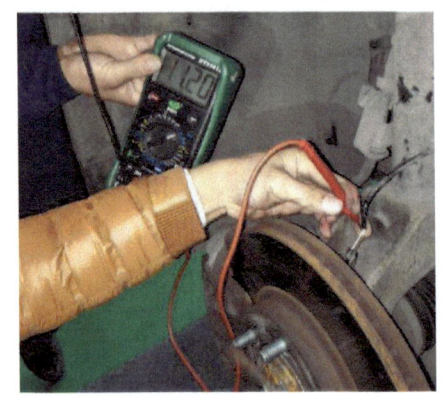

图 1-14　测量轮速传感器电压

测，线路连接如图 1-15 所示。将万用表拨至量程在 200mA 以上的电流档处，将表笔串接在其中一根输出线上，另一根输出正常接线（注意：如果用指针式万用表要注意极性），接通汽车电路使 ABS 系统通电，用手缓慢转动传感器安装侧的车轮，正常情况下，电流指示应在 7～14mA 之间来回波动。如果读数值只固定在 7mA 或 14mA，同时调整空气间隙无效时，则说明传感器失效。另外，如果接通电路后电流数值直接显示为 0mA 或 100mA 以上时，在确认万用表接线无误后，可以判定传感器已经断路或短路。

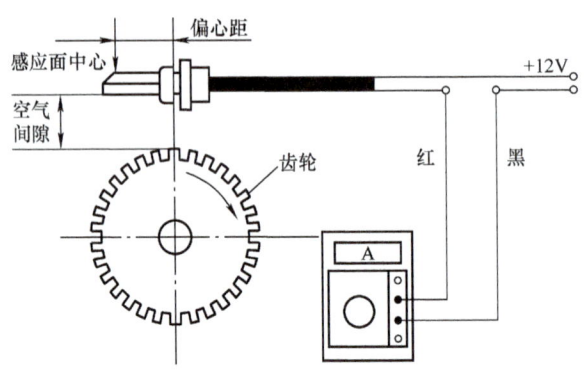

图 1-15　用电流法检测主动型轮速传感器

5. 解码器检测法

读取与清除故障码是解码器（图 1-16）的主要功能，因此很容易判断出故障的大致方向和部位，为传感器的检测和诊断提供了方向，但有以下几点需要注意：

① 并不是所有的故障都会出现故障码。例如，三菱 V73 的 6 线式步进电动机由于是 ECU 以脉冲方式进行控制的，因此没有监控装置，所以出现故障后，没有故障码。又如，当冷却液温度传感器的电阻发生漂移而不准确时，如果电阻值没有超出规定范围，虽然有

故障，但不会显示故障码。

② 故障码的含义说明需弄清楚，是传感器或执行器自身故障还是线路故障；线路故障要分清是短路还是断路，是与电源短路或断路，还是与接地短路或断路等。只有清楚、明白故障码的确切含义，才能更好地利用故障码排除故障，维修起来也可以少走弯路。

③ 通过解码器查出的故障码，只是说明某一系统或相关系统有故障，不要看到故障码就断定是该传感器或执行器有故障，就要更换，其他与之相关的系统会造成同样故障而出现相同的故障码。

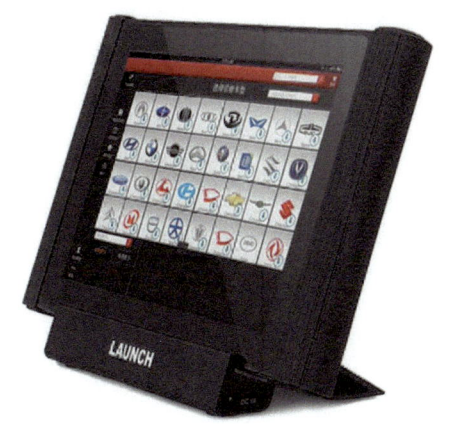

图 1-16　元征 X-431 解码器

例如，在检查 ABS 时，如果出现"轮速传感器信号不良"故障码时，不要立即更换轮速传感器，首先要检查电路各连接插头与插座针脚接触是否良好，传感器信号轮是否有脏污、锈蚀、断路或短路等现象，有些安装在车轮上的传感器其磁芯经常会吸附一些制动鼓磨掉的铁屑而导致工作不良，此时只需拆下传感器并清除磁芯上的铁屑即可解决问题。同时，还要观察感应齿圈有无变形、缺齿等现象，这些都是导致出现"轮速传感器信号不良"故障码的原因，而轮速传感器本身并不一定损坏。

④ 要弄清楚是历史性故障码还是当前的故障码，以及故障码出现的次数。如果是历史性故障码，就表示故障较早之前出现过，现在不出现了，但在 ECU 里面有一定的存储记忆；而当前故障码则表示是最近出现的故障，当前故障绝大部分和目前出现的系统问题有很大关系。

例如，大众公司的解码器上故障码前显示"SP"均表示临时的偶发性故障。故障发生的原因不外乎以下几种情况：发动机运转或点火钥匙打开的过程中拔下了某个电气插头，或者某个传感器或执行器的插头虚接，是软故障，不是硬故障。

⑤ 当读不出故障码但车辆依旧有故障症状时，此时要利用解码器的数据流对传感器和执行器进行深入的分析和判断。所谓数据流，简单来说就是电控系统中的一些主要传感器和执行器的当前工作参数值（如发动机转速、蓄电池电压、空气流量、喷油时间、节气门开度、点火提前角、冷却液温度等）。维修过程中，可以通过阅读数据流来分析、发现故障所在，特别是当电控系统无故障码可供参考时，数据流分析就更加重要。每个传感器和执行器在一定条件下的工作参数值是有一定标准范围的，可以通过实际值与标准值的比较来判断某传感器和执行器是否存在异常。

⑥ 当故障码的故障排除后，要利用解码器来清除故障码，也就是从 ECU 内存中清除其故障码记忆，并在发动机运转一段时间后（有条件的话，可以进行路试），再通过解码器来测试是否还会出现相似的故障现象，或者再次存储同样的故障码。

6. 示波器检测法

示波器（图 1-17）主要用来显示控制系统中输入、输出信号的电压波形，以供维修人员根据波形分析判断电控系统故障。示波器比一般电子设备的显示速度快，是唯一能显示瞬时波形的检测仪器，是电控系统故障诊断中的重要设备。示波器检测是最准确、最直观的检测方法，可以将传感器的输出电流或电压以波形的形式显示出来，也是传感器等电气元件检测的发展方向。

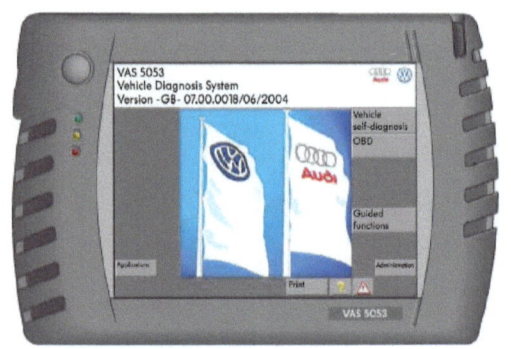

图 1-17　带有示波器功能的大众 VAS5053

仍以上述主动型轮速传感器为例，将示波器的信号输入接线分别接在传感器输出端与信号处理电路的接地端（注意区分传感器电源端进线及信号输出端），接通汽车电路使系统通电，此时用手缓慢转动传感器安装侧的车轮，正常情况下，示波器应显示出方形脉冲波形，如图 1-18 所示。如果没有脉冲波形或与波形不一致，则要调整传感器的安装空气间隙，如果调整后仍没有脉冲波形，则说明传感器失效，需要更换传感器。

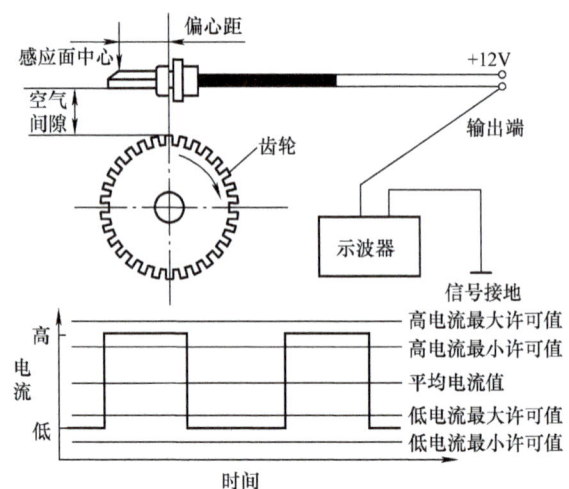

图 1-18　用示波器法检测主动型轮速传感器

第二章 位置和角度传感器

用来测量元件运转或运动所处位置的传感器称为位置传感器。位置和角度传感器的类型有很多,主要有节气门位置传感器、加速踏板位置传感器、曲轴位置传感器、凸轮轴位置传感器、座椅占用传感器、水平位置传感器、离合器位置传感器、电动机械式助力转向电动机位置传感器、液位传感器、进气歧管风门位置传感器等。

第一节 节气门位置传感器

一、双可变电阻式节气门位置传感器

在电子节气门系统和电控柴油机系统中,一般使用双可变电阻式节气门位置传感器。两个传感器一般都是组合安装的,当一个传感器发生故障时能及时被识别,增加了系统的可靠性。从两个传感器输出信号的变化关系来看,双可变电阻式节气门位置传感器有反相式和同相式两种类型,其中同相式双可变电阻式节气门位置传感器又可分为同斜率线性变化和不同斜率线性变化两种类型。

1. 结构原理

双可变电阻式节气门位置传感器有 4 个接线端子，其中 2 个分别是两个电位器共同的电源端子和搭铁端子，如图 2-1a 中的 V_C 和 E2，另外 2 个端子连接两电位器各自的滑动触点，作为传感器的两个信号端子如图 2-1a 中的 VTA 和 VTA2。每个电位器的工作原理和控制电路都与前述的可变电阻式节气门位置传感器完全相同，但两个电位器在相同工作范围内的电阻值有所不同，使得两滑动触点上的信号电压值产生差异，两者之间形成一定角度（或平行）的两条直线，如图 2-1b 所示。

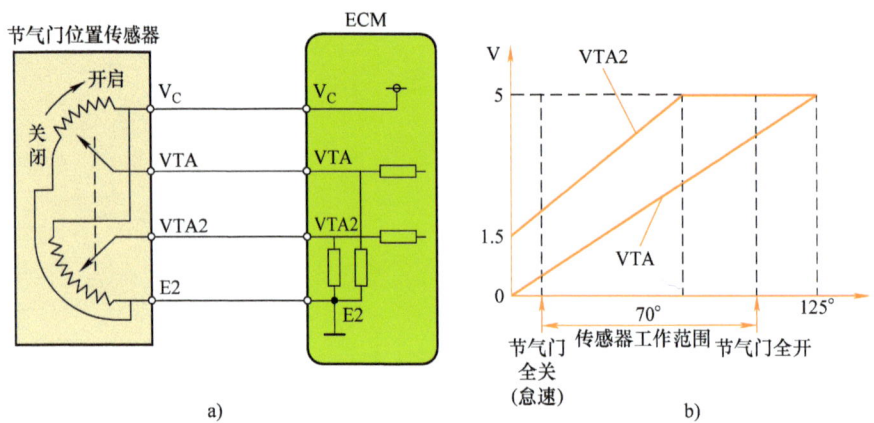

图 2-1 双可变电阻式节气门位置传感器的控制电路

这种节气门位置传感器的两个信号不但可让 ECU 获知节气门开度，还有利于 ECU 对该传感器进行故障监测。ECU 在发动机工作过程中不断比较这两个信号电压的数值，一旦发现两信号电压的差值（或两信号电压之和）与标准不符，即判定该传感器有故障，立即启用失效保护模式。

2. 爱丽舍节气门位置传感器检修

爱丽舍 1.6L 轿车装备的 16 气门 TU5JP4 型发动机电喷系统采用了博世公司的智能电子节气门。电子节气门轴上的双节气门位置传感器用来监控节气门的准确开度，节气门位置传感器（两个可变电阻）的滑片与节气门同轴。当节气门转动时，可变电阻滑片同步转动，当加上 5V 工作电压后，变化的电阻转化为电压输出信号，可变电阻的输出电压随节气门的位置变化而改变，可使 ECU 准确感知节气门开度。由于两个可变电阻是反相安装，因此当节气门位置发生变化时，两路信号电压均呈线性变化，一个增加，同时另一个减小。图 2-2 所示为双可变电阻式节气门位置传感器的端子布置，图 2-3 所示为双可变电阻式节气门位置传感器的反相输出。

综合式节气门位置传感器和双可变电阻式节气门位置传感器的检测，都可以依照滑动电阻式节气门位置传感器的检测方法来进行。

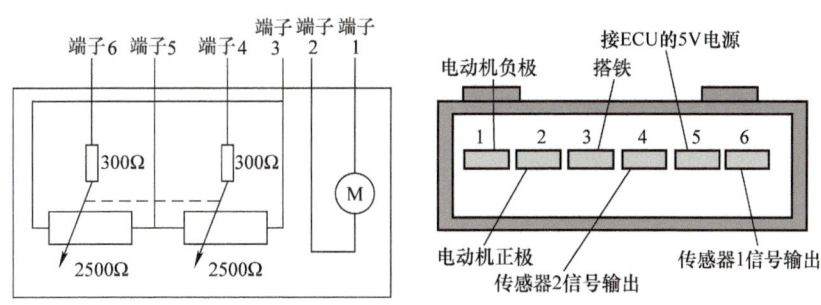

图 2-2 双可变电阻式节气门位置传感器的端子布置

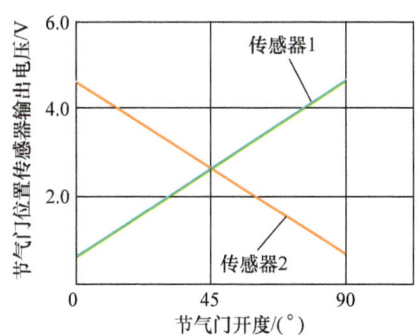

图 2-3 双可变电阻式节气门位置传感器的反相输出

二、霍尔式节气门位置传感器

1. 结构原理

为进一步提高节气门位置传感器的可靠性,现代车型中的一些发动机采用了霍尔式节气门位置传感器。这种传感器采用由霍尔元件制成的霍尔式非接触式电位器,取消了接触式的滑动触点,大大提高了电位器的工作寿命。霍尔式节气门位置传感器由固定在壳体上的霍尔元件和随节气门轴转动的永久磁铁组成(图 2-4)。永久磁铁固定在节气门轴上,随节气门开度的变化而转动,霍尔元件则固定在永久磁铁的两极中间。来自 ECU 的 5V 电源施加在片状霍尔元件的一个方向上,在霍尔元件中产生一个恒定的电流。由于霍尔元件固定在永久磁铁产生的磁场中,在垂直于电流方向的两个端面间即产生霍尔电压,该电压即作为传感器的信号电压,如图 2-5a 所示。

当节气门全关时,永久磁铁的磁场方向与霍尔元件之间有较大的夹角,其产生的霍尔电压也较小;当节气门开大时,永久磁铁的磁场方向与霍尔元件之间的夹角逐渐减小,在节气门全开时,磁场垂直于霍尔元件,如图 2-5b 所示。由于霍尔电压的大小与垂直作用在霍尔元件上的磁场强度成正比,因此在节气门从全关到全开的过程中,传感器即产生与节气门开度成正比的信号电压。

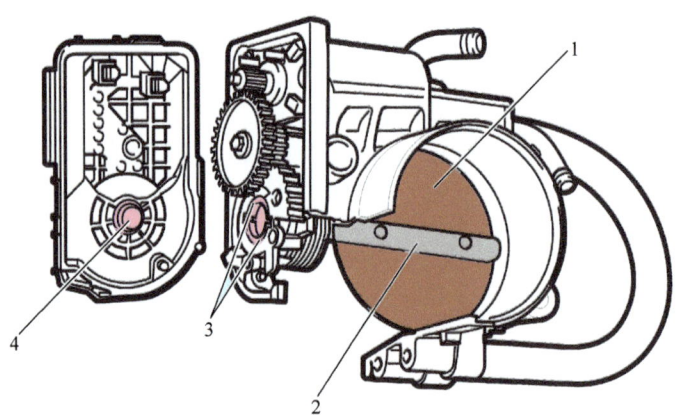

图 2-4 霍尔式节气门位置传感器

1—节气门 2—节气门轴 3—永久磁铁 4—霍尔元件

霍尔式节气门位置传感器也可以采用由主、副两个霍尔元件组成的双霍尔式节气门位置传感器。图 2-6 所示为这种传感器的电路图。该传感器有 4 个接线端子,分别是电源(图 2-6 中的 V_C)、搭铁(图 2-6 中的 E)、节气门开度信号(图 2-6 中的 VTA1)和故障监测信号(图 2-6 中的 VTA2)。其作用原理与双可变电阻式节气门位置传感器的基本相同。

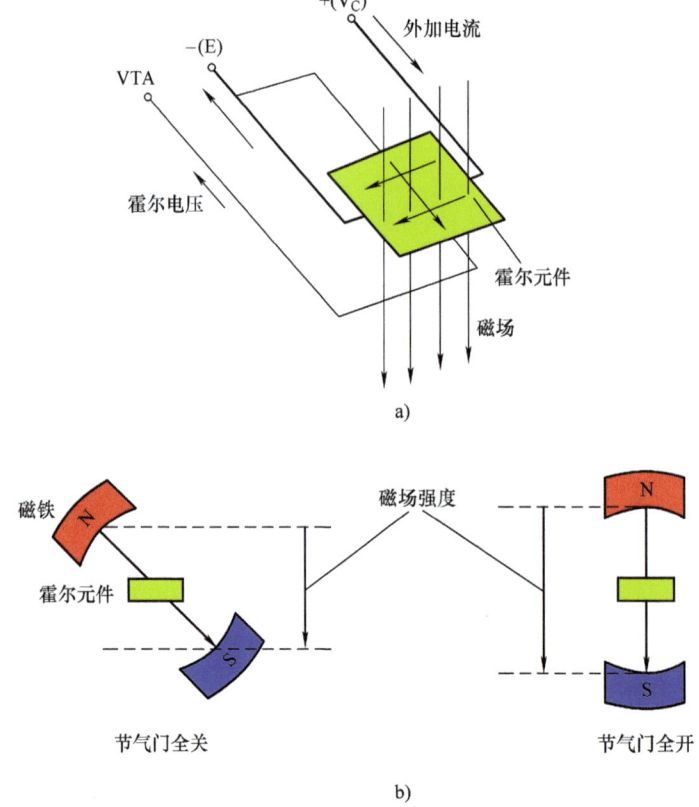

图 2-5 霍尔式节气门位置传感器工作原理

第二章 位置和角度传感器

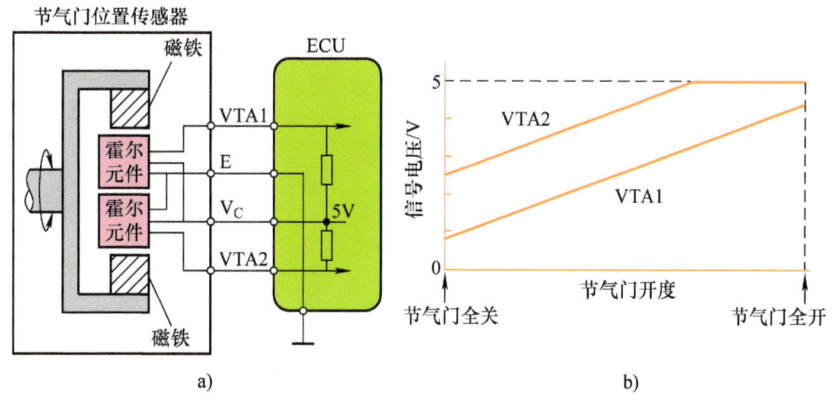

图 2-6 双霍尔式节气门位置传感器的控制电路

2. 检测

下面以 2008 款三菱格蓝迪为例介绍双霍尔式节气门位置传感器的检测。

（1）输入电压检测　关闭点火开关，拔下节气门位置传感器插头，打开点火开关，用万用表电压档测量线束侧 5 端子，检查有无 5V 电压输入。如果没有，则应检查传感器 5 端子与 ECU C—113 中的 106 端子是否导通，如果不导通，则检查电路线束；如果导通，则说明 ECU 没有 5V 电压输出，应更换 ECU。节气门位置传感器与 ECU 的线路连接电路图如图 2-7 所示，依据该图进行检测。

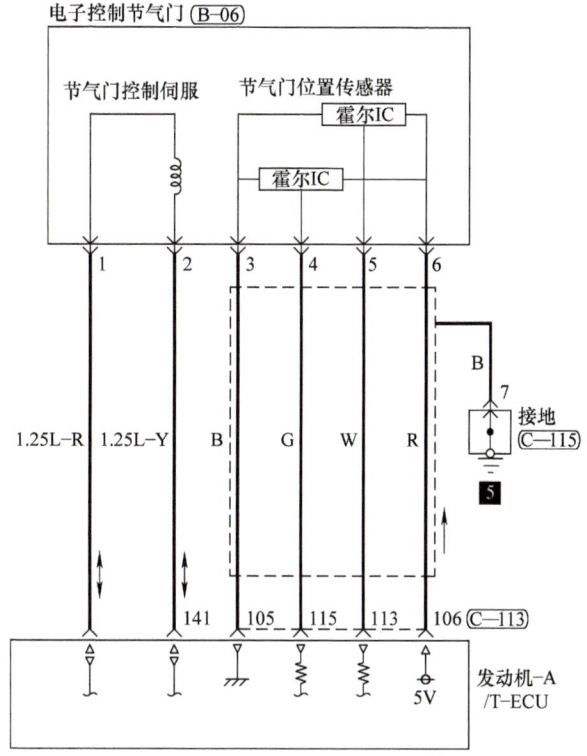

图 2-7 节气门位置传感器与 ECU 的连接电路图

（2）输出电压检测 由于在使用万用表检测传感器的输出电压时，需要配备专用线束三通插头，或刺破信号线，因此，三菱公司推荐使用其专用解码器MUT-Ⅲ，通过读取数据流从而进行输出电压的检测。将点火开关置于ON（副）和79项——节气门位置传感器（主）的电压值，观察电压值是否可以随节气门的打开而同步变大，如果变化不同步或中间有断点，则节气门位置传感器线路或本身有故障。有关节气门位置传感器的数据流见表2-1。

表2-1 有关节气门位置传感器的数据流

8A	节气门位置传感器（主）	点火开关ON，用手指完全关闭节气门	0~12%
		点火开关ON，用手指完全打开节气门	75%~100%
9A	节气门位置传感器（主）中间开度学习值	点火开关ON，不论节气门是打开还是关闭	0.8~1.8V
79	节气门位置传感器（主）	点火开关ON，用手指完全关闭节气门	0.3~0.7V
		点火开关ON，用手指完全打开节气门	≥4.0V
14	节气门位置传感器（副）	点火开关ON，用手指完全关闭节气门	2.2~2.8V
		点火开关ON，用手指完全打开节气门	≥4.0V

（3）搭铁检测 关闭点火开关，拔下节气门位置传感器插头，打开点火开关，用万用表电压档测量线束侧3端子与蓄电池负极是否导通。正常情况下，应该导通；如果不导通，则应检查线路、接头、ECU。

（4）节气门伺服控制检测 打开点火开关，用万用表电压档测量线束侧1端子与搭铁，检查有无12V电压输入。如果没有，则应检查传感器1端子与ECU C—113中的133端子是否导通，如果不导通，则检查线路线束；如果导通，则说明ECU没有12V电压输出，应更换ECU。ECU C—113中的133端子和141端子间应有12V电压，否则更换ECU。

（5）故障码检测 在维修过程中，用三菱专用解码器读出电子节气门系统的故障码（DTC），从而准确、快速地判断故障部位，电子节气门系统故障码见表2-2。

表2-2 电子节气门系统故障码

DTC	故障码含义	DTC	故障码含义
P0122	节气门位置传感器（主）电路输入过低	P0123	节气门位置传感器（主）电路输入过高
P0222	节气门位置传感器（副）电压过低	P0223	节气门位置传感器（副）电压过高
P0638	节气门控制伺服电路范围/性能故障	P0642	节气门位置传感器电源
P0657	节气门控制伺服继电器电路故障	P1121	节气门控制伺服电动机电源系统
P1122	节气门控制伺服电动机插接器	P2100	节气门控制伺服电路（断路）
P2101	节气门控制伺服电动机故障	P2102	节气门控制伺服电路（低压短路）
P2103	节气门控制伺服电路（高压短路）	P2135	（主传感器和副传感器）范围/性能故障

（6）电子节气门系统的初始化 在更换新的节气门体后，或由于节气门阀片区有油污被清洁后，都要进行节气门自学习，将电子节气门系统进行初始化。具体方法如下：

1）起动发动机，进行暖机，使发动机冷却液温度达到80℃。

2）如果发动机冷却液温度已在80℃以上，则不必进行暖机，可直接将点火开关置于ON位置。

3）再把点火开关旋回至LOCK位置，停止发动机运转。

4）在LOCK位置停止10s，然后再次起动发动机，使发动机怠速运转。

5）10min后，在变速器N档，指示灯及散热器冷却风扇等电气附件全关条件下，检查发动机怠速是否正常。如怠速正常，则说明节气门自学习后节气门位置适当，怠速节气门开度正常；反之，如怠速不正常，则节气门需按上述过程重新进行学习操作。至此，节气门学习完成。

三、速腾电子节气门

1. 控制机理

在电子节气门系统中，节气门不是通过加速踏板的拉线来控制的。节气门与加速踏板之间无机械式连接装置。加速踏板位置由两个加速踏板位置传感器传递给发动机控制单元。这两个传感器与加速踏板一体，是可变电阻，且包在一个壳体内。加速踏板位置是发动机控制单元的一个主要输入参数。节气门是由节气门控制单元内的一个电动机（即节气门控制器）来控制的，在整个转速及负荷范围均有效。如图2-8所示，节气门由节气门控制单元根据发动机控制单元指令来控制。当发动机不运转且点火开关打开时，发动机控制单元根据加速踏板位置传感器的信息来控制节气门开度，也就是说，当加速踏板踏下一半时，节气门也打开一半。当发动机运转（有负荷）时，发动机控制单元可能不依靠加速踏板位置传感器来打开或关闭节气门。也就是说，尽管加速踏板踏下一半，但节气门已完全打开。这样可以避免节流损失。另外，还能在一定负荷状态下减少有害物质排放并降低油耗。发动机所需转矩由发动机控制单元通过节气门开度及进气压力确定。

驾驶人踩下加速踏板，加速踏板位置传感器将加速踏板的位置转换为电信号，并传递给发动机控制单元，发动机控制单元实时将驾驶人输入的信号传递给节气门执行器（电动机），执行器将节气门转动到相应的角度。发动机控制单元可以独立于加速踏板的位置，调整节气门的位置。其优点是发动机可以根据各种不同的需求（如驾驶人的输入信号、废气的排放、燃油消耗以及安全性等）确定节气门的位置。

如果认为电子节气门（E-Gas）仅由一两个部件组成，那是完全错误的。它包括用于确定、调整及监控节气门位置的所有部件，如节气门控制单元、加速踏板位置传感器、EPC故障指示灯、发动机控制单元等。电子节气门体安装在空气流量传感器和发动机之间的进气管上，用来改变进气通道面积，从而控制进气量和发动机运行工况。

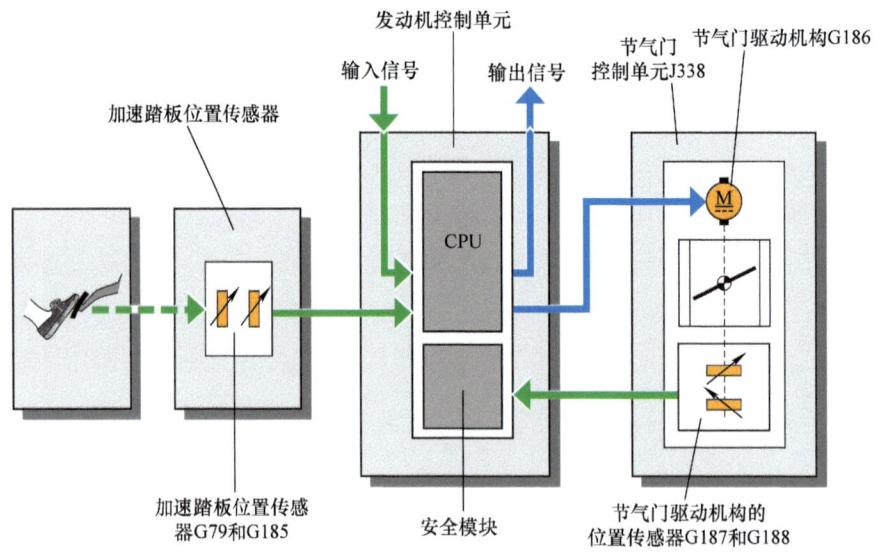

图 2-8 电子节气门的控制功能

2. 速腾车节气门控制单元 J338

速腾车节气门控制单元 J338 在进气歧管上,它的作用是保证发动机获得所需的空气量。如图 2-9 所示,节气门控制单元由节气门壳体、节气门、节气门驱动器 G186、节气门位置传感器 1-G187 及节气门位置传感器 2-G188 等部件组成。

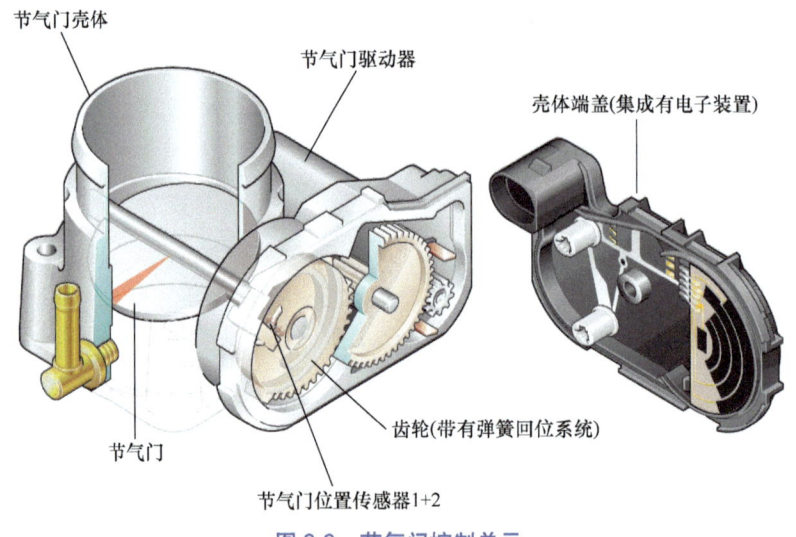

图 2-9 节气门控制单元

节气门控制单元既不可以打开,也不可以修理。更换节气门控制单元后,必须对节气门控制单元进行基本设定。如图 2-10 所示,ECU 操纵节气门驱动器来打开或关闭节气门。两个位置传感器将节气门最新位置反馈给 ECU。出于安全考虑,使用了两个位置传感器。如图 2-11 所示,节气门驱动器 G186 就是一个电动机,它由 ECU 来操纵,通过一套小齿轮机构来带动节气门运动，可实现从怠速到全负荷位置的无级调节。

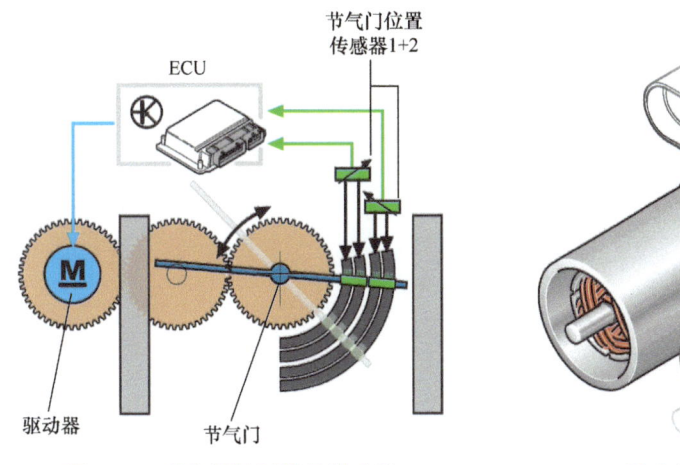

图2-10　节气门控制单元的功能

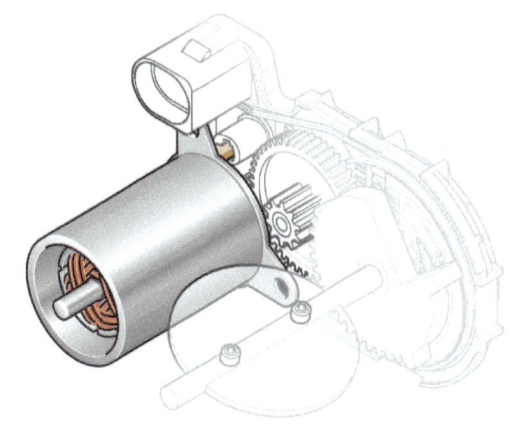

图2-11　节气门驱动器

如图2-12所示，在机械下止点这个位置上节气门是关闭的。该位置用于对节气门控制单元进行基本设定。而电动下止点（图2-13）这个位置预存在ECU内，它比机械下止点稍高一点。节气门在工作时最多可运动（关闭）到电动下止点。这样可防止节气门与壳体发生干涉。

如图2-14所示，在节气门驱动器不通电时，回位弹簧将节气门拉至应急运行位置。在这个位置时，只能以较高的怠速转速来完成某些行驶工况（受到限制）。

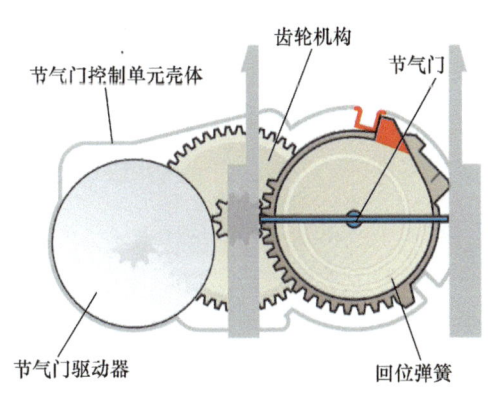

图2-12　机械下止点

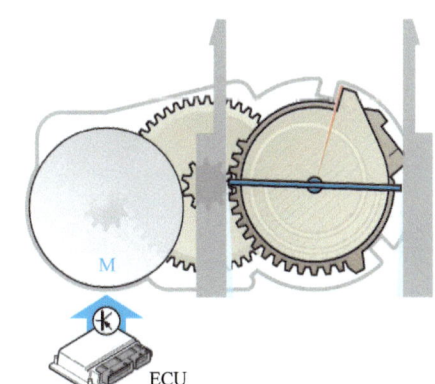

图2-13　电动下止点

如图2-15所示，电动上止点由ECU来确定，它是车辆行驶时节气门打开最大角度的点。机械上止点（图2-16）在电动上止点的上方，它不会影响发动机功率，因为它在节气门轴的"阴影"内。

如果节气门驱动器失效，那么节气门被自动拉到应急运行位置。故障存储器内记录一个故障码，EPC故障指示灯就被接通，此时驾驶人只能使用应急功能，舒适功能被关闭（比如定速巡航）。

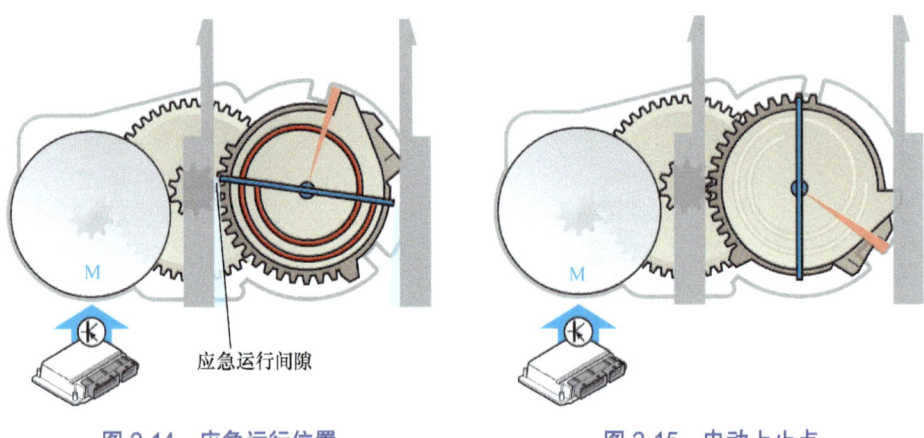

图 2-14　应急运行位置　　　　　图 2-15　电动上止点

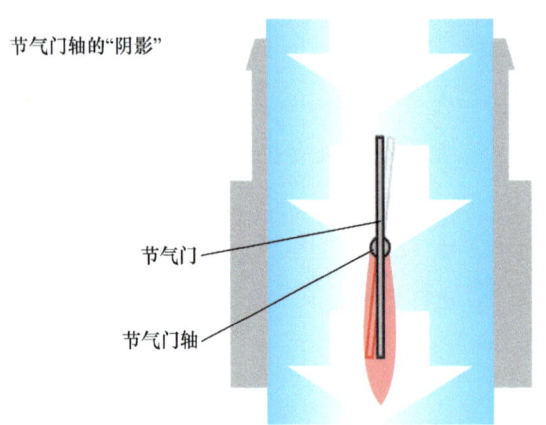

图 2-16　机械上止点

如图 2-17 所示，节气门位置传感器 1-G187 和 2-G188 都是滑动接触式电位计。滑动触点在齿轮上，齿轮装在节气门轴上。传感器扫描壳体盖上的轨道，节气门位置不同，电位计轨道上的电阻也不同，因此发送到 ECU 的电压信号也不同。

这两个电位计的特性曲线是相反的。因此 ECU 可以区分出这两个电位计，并执行检查功能。当 ECU 从某个角度传感器接收到不可靠的信号或根本接收不到信号时，则故障存储器内存储一个故障码，EPC 故障指示灯被接通，影响转矩的子系统（例如定速巡航和发动机牵引力矩调节）被关闭。此时，ECU 使用负荷信号来校验剩余的那个节气门位置传感器，加速踏板的反应与正常一样。

当 ECU 从两个节气门位置传感器都接收到不可靠的信号，或根本接收不到信号时，则两个传感器都会在故障存储器中记录故障码，EPC 故障指示灯被接通，节气门驱动器被关闭，发动机以 1500r/min 的高转速急速运行，对加速踏板不再做出反应。

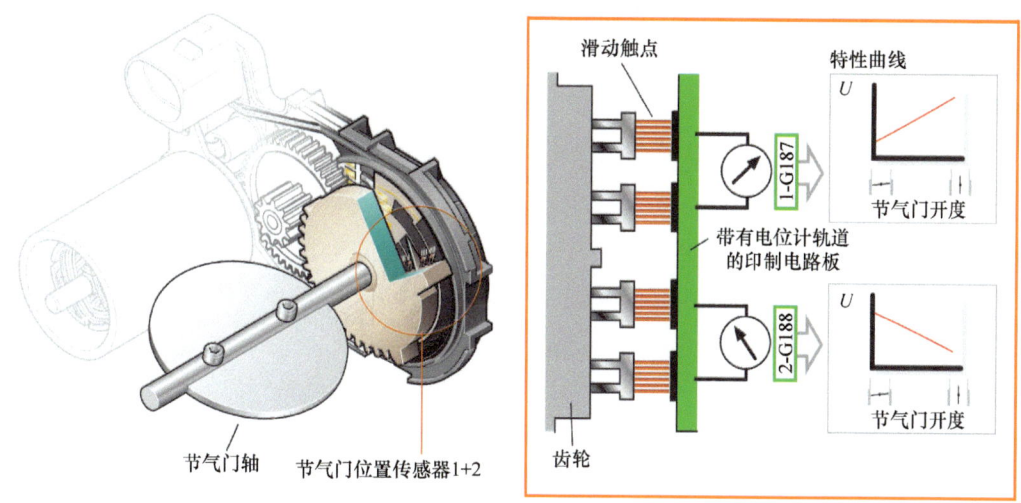

图 2-17 节气门位置传感器

3.EPC 故障指示灯

EPC 故障指示灯 K132 位于组合仪表上,它是一个黄色的灯,其上带有"EPC"字样,如图 2-18 所示。在接通点火开关后,EPC 故障指示灯亮 3s,如果故障存储器内没有故障记录,或者在这段时间内没有识别出故障,该灯会熄灭。当系统出现故障时,ECU 会接通该灯,故障存储器内也会记录下故障码。EPC 故障指示灯出现故障时,不会对电子节气门的功能产生影响,但是会导致故障存储器内记录一个故障码,而且对系统内的其他故障就不能再实现视觉提示了。

图 2-18 EPC 故障指示灯

4.附加信号

1)制动灯开关 F 和制动踏板开关 F47。这两个开关集成在制动踏板上的一个部件内,如图 2-19 所示。制动踏板开关 F47 是起安全作用的,用作 ECU 的第二个信息传感器。收到制动踏板已踩下的信号后,ECU 将关闭定速巡航装置,并且默认为怠速状态(如果某个加速踏板位置传感器失灵)。

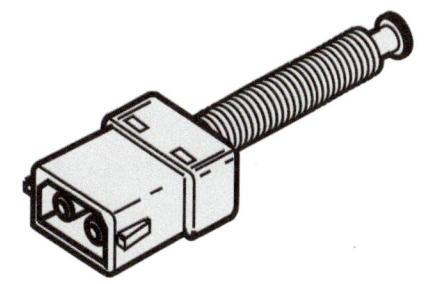

图 2-19 制动灯开关 F 和制动踏板开关 F47

如果制动灯开关 F 和制动踏板开关 F47 中的一个失效,或者识别出输入信号不可靠,ECU 就会关闭舒适功能(例如定速巡航)。如果这两个开关都已损坏,那么发动机转速就被限制为较高的怠速转速。

2)离合器位置传感器 G476。ECU 根据离合器位置传感器 G476 的信号来判定离合器踏板是否已踩下。如果离合器踏板已踩下，那么定速巡航和负荷变换功能就被关闭了。

5. 节气门控制单元的检测

（1）EPC故障指示灯功能检查　打开点火开关，EPC故障指示灯应亮，起动发动机后，如果故障存储器中没有关于电控节气门系统的故障，EPC故障指示灯将熄灭。否则，应进行检查（可用VAS5052引导功能对EPC故障指示灯进行检查）。

1）如果开始时EPC故障指示灯不亮，应检查从发动机控制单元到EPC故障指示灯的导线。检查方法是关闭点火开关，接上检测盒VAG1598/31，但不接发动机控制单元。用VAG1594连接检测盒上插孔1和EPC搭铁。打开点火开关，EPC故障指示灯应亮。如果EPC故障指示灯不亮，检查组合仪表板内EPC故障指示灯是否烧坏，或按电路图检查EPC故障指示灯供电情况。如果EPC故障指示灯和供电都正常，按电路图排除发动机控制单元到EPC故障指示灯之间导线短路或断路处。如果导线无故障，则应更换发动机控制单元。

2）如果EPC故障指示灯亮的时间超过3s，或EPC故障指示灯一直亮，则应检查导线是否对搭铁短路。检查方法是起动发动机并怠速运转，如果EPC故障指示灯不熄灭，读取故障码。如果无故障码，关闭点火开关，接上检测盒VAG1598/31，但不接发动机控制单元。检查VAG1598/31与EPC搭铁，与组合仪表板端子间的导线连接是否对搭铁短路。规定值应为无穷大。如果未达到规定值，按电路图排除发动机控制单元到EPC故障指示灯之间导线对搭铁短路处。如果导线无故障，则应更换发动机控制单元。

（2）节气门位置传感器G187、G188的检查　将VAS5052连接到诊断座上，起动发动机，输入发动机电控系统，选择功能"读测量数据块"，显示区1显示节气门位置传感器1-G187的开度百分比，规定值为3%～93%；显示区2显示节气门位置传感器2-G188的开度百分比，规定值为97%～3%；显示区3显示加速踏板位置传感器1-G79的开度百分比，规定值为12%～97%；显示区4显示加速踏板位置传感器2-G185的开度百分比，规定值为4%～49%。

怠速时显示区1至显示区3的值为8%～18%，显示区4为3%～13%。慢慢将加速踏板踩到底，显示区1节气门位置传感器G187的百分比值应均匀升高，误差范围为3%～93%，而显示区2节气门位置传感器G188的百分比值应均匀降低。如果显示达不到上述要求，则检查节气门控制部件的供电及导线，尤其要注意插头是否松动或锈蚀。如果供电及导线正常，则更换节气门控制部件。

（3）节气门控制部件供电和导线的检查　拔下节气门控制部件插头，打开点火开关，用万用表测量插头T6x/2+T6x/6、T6x/2+搭铁电压值约为5V，T6x/3（负）+T6x/5（正）约为12V。若达不到上述要求，按照电路图检查节气门控制部件插头6个端子至发动机控制单元相应端子之间的导线是否断路，然后检查导线相互之间是否导通（导线最大电阻为1.5Ω），如图2-20所示。

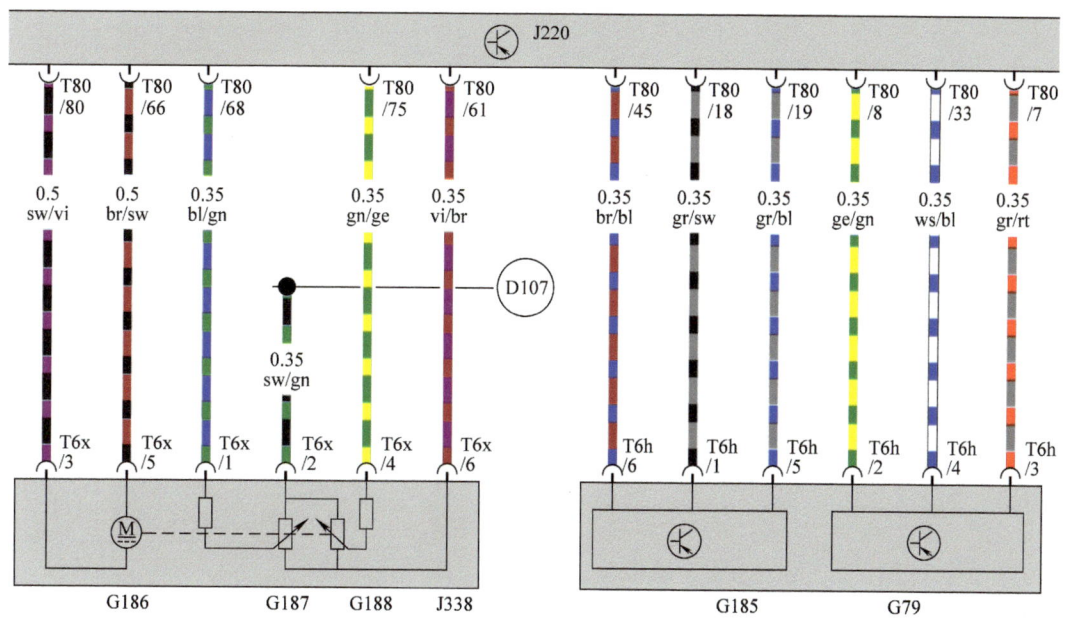

图 2-20　2012 款一汽大众速腾 1.6L（CLRA）EPC 系统电路

G186—电控节气门操纵机构的节气门驱动装置　G187—电控节气门操纵机构的节气门驱动装置角度传感器 1
G188—电控节气门操纵机构的节气门驱动装置角度传感器 2　J220—Motronic 控制单元　J338—节气门控制单元
G79—加速踏板位置传感器 1　G185—加速踏板位置传感器 2　D107—连接 5，在发动机舱线束中

（4）发动机控制单元同节气门控制部件 J338 匹配　当电源供应中断、更换了节气门控制部件或更换了发动机控制单元时，发动机控制单元必须与节气门控制部件进行匹配（即自适应或自学习）。通过匹配，发动机控制单元学习了节气门在不同位置时的特性参数，并将这些参数存入发动机控制单元。节气门位置由 2 个节气门位置传感器来反馈。匹配的条件为故障存储器中没有故障存储，蓄电池电压至少应为 12.7V，冷却液温度在 10～95℃，进气温度在 10～90℃，发动机不转，点火开关打开，不踩加速踏板。进行匹配时，将 VAS5052 连接到诊断座上，打开点火开关 6s 以上，进入发动机电控系统，选择功能"基本设置"。不要操纵起动开关和加速踏板，且发动机控制单元识别出"学习需要"时，匹配过程会自动完成（匹配过程是否完成是看不出来的）。当存储节气门位置传感器电压值与实际测得值在某一误差范围内不一致时，才能识别出"学习需要"。

四、智能电子节气门（ETCS-i）

在常规型节气门体中，都是由加速踏板位置确定节气门开度。丰田凯美瑞 ETCS-i 使用发动机 ECU 来计算适合于相应驾驶条件的最佳节气门开度，并使用节气门控制电动机来控制节气门开度。在异常情况下，该系统切换至跛行模式，图 2-21 所示为丰田 ETCS-i 智能电子节气门系统，主要由节气门位置传感器、加速踏板位置传感器、节气门驱动电动机、其他传感器、执行器和节气门控制单元组成。

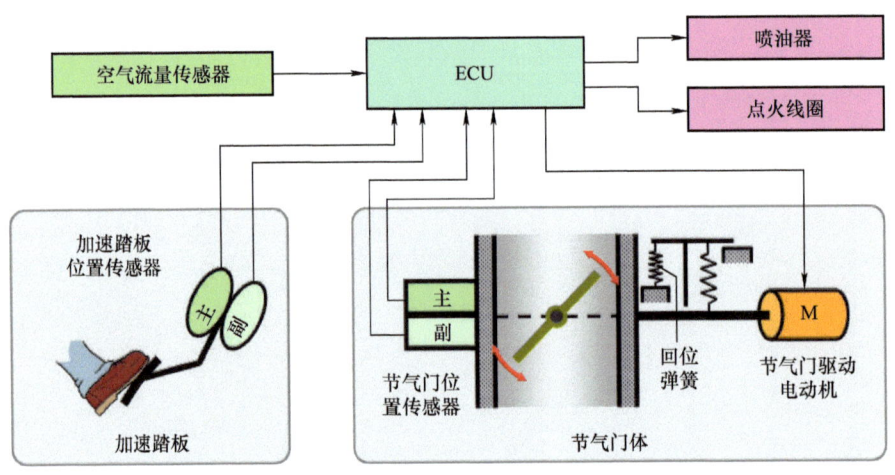

图 2-21 丰田凯美瑞 ETCS-i 智能电子节气门系统

如图 2-22 所示，ETCS-i 加速踏板位置传感器为线性传感器，主要由滑动电阻组成。驾驶人踩下加速踏板时，传感器的滑动触头随踏板轴转动，其输出电压与节气门的开度成正比，在加速踏板踩下的全程范围内，可向节气门控制单元输出 0～5V 的电压。为了确保可靠性，采用双系统输出，即安装了两个线性传感器，具有两个不同输出特性的输出信号，其中 VPA1 信号指示加速踏板的实际开度，用于发动机的控制，VPA2 信号则用于 VPA1 传感器的故障检测。

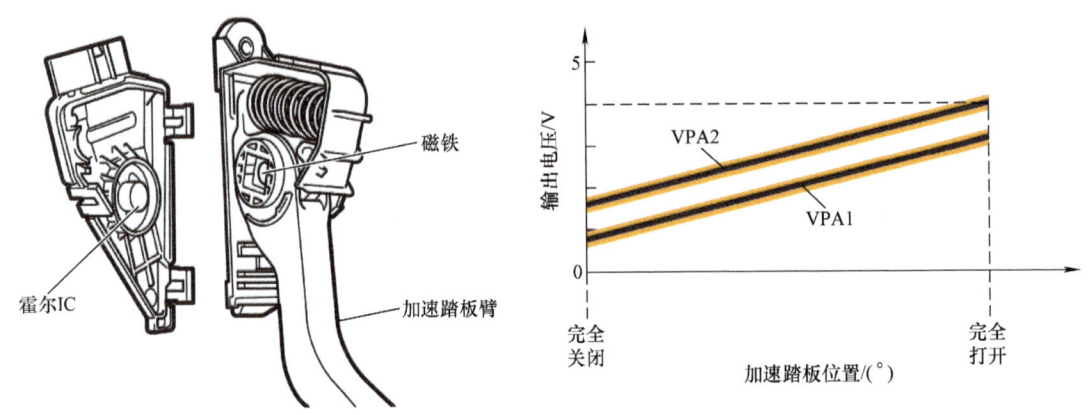

图 2-22 ETCS-i 加速踏板位置传感器

如图 2-23 所示，ETCS-i 节气门体由节气门、节气门位置传感器、节气门控制电动机等组成。节气门位置传感器为霍尔式传感器，主要由霍尔 IC 和可绕节气门轴转动的磁铁构成。随着磁场的变化，霍尔 IC 产生并输出信号电压。节气门位置传感器也采用了两套相同的传感器，两路信号输出，VTA1 信号用来检测节气门的实际开度并反馈给 ECU，VTA2 信号用来检测 VTA1 传感器的故障。

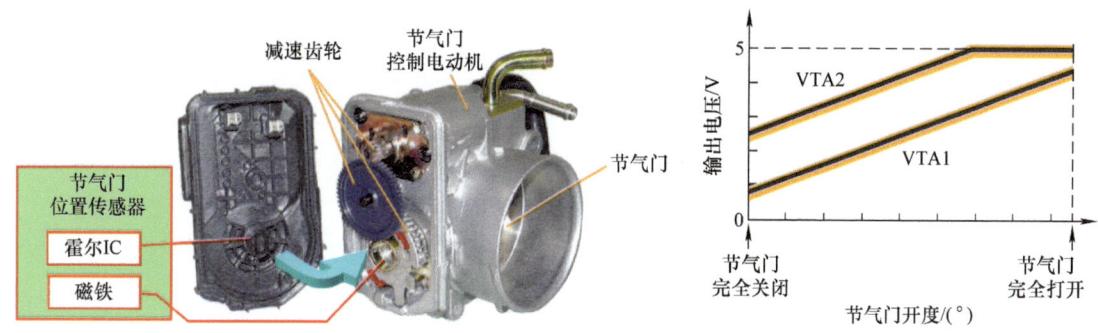

图 2-23　ETCS-i 节气门体

节气门控制电动机为灵敏度高、耗能少的直流电动机。节气门控制单元根据加速踏板位置传感器的信号，以占空比的形式控制电动机的转角，并通过齿轮带动节气门转过相应的角度。

1. ETCS-i 智能电子节气门的控制功能

（1）正常模式非线性控制　通过控制节气门，调整到适合加速踏板作用力和发动机转速等驾驶条件的最佳节气门角度，从而实现优异的节气门控制性能和所有工作范围内的舒适操作。

（2）怠速控制　当驾驶人松抬加速踏板时，可根据加速踏板位置传感器信号判定发动机是否进入怠速工况，再根据温度信号、发动机负荷等控制节气门开度，保持发动机在理想的怠速状态。

（3）牵引力节气门控制　防滑控制单元根据轮速和车速信号，判定驱动车轮出现打滑现象，及时控制节气门电动机，关小节气门开度，减小发动机功率，以获得合适的驱动力，提高车辆行驶的平稳性。

（4）车辆稳定性控制的协调控制　利用防滑控制单元的综合控制来控制节气门的开启角度，以达到最大效率地利用车辆稳定性控制系统的控制效果。

（5）巡航控制　配备 ETCS-i 系统后，巡航控制单元可通过节气门控制电动机将节气门任意定位，取消了巡航控制执行器和拉索，真正实现了定速巡航全电控。

（6）失效保护　当 ECU 检测到 ETCS-i 系统出现故障时，ECU 将转换到跛行模式（故障慢行模式）。在跛行模式控制中，车辆将在节气门开启角度大于正常值的有限条件下行驶，或者将节气门置于怠速位置，直到系统故障排除，并将点火开关置于"OFF"位置。

2. 失效保护功能

当失效保护检测到任何传感器存在故障时，如果发动机 ECU 仍能继续正常控制发动机控制系统，则说明发动机可能有故障或出现其他系统故障。为了防止出现此问题，发动机 ECU 的失效保护功能提供有助于控制的数据，使发动机控制系统继续运行，或在预测到即将出现危险的情况下停止发动机运转。

（1）加速踏板位置传感器的失效保护　加速踏板位置传感器有两个传感器（主和副），若其中一个传感器电路出现故障（图2-24），则发动机ECU会检测两个传感器电路之间不正常的信号电压差，并切换到跛行模式。在跛行模式中，正常工作的电路被用来计算节气门开度，从而在跛行模式控制下车辆运行。

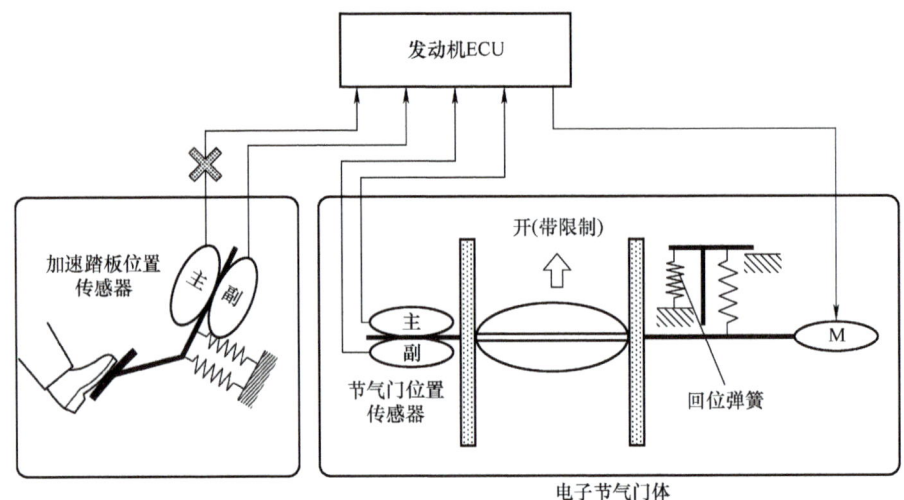

图2-24　一个传感器电路出现故障

如果两个传感器电路都出现故障（图2-25），发动机ECU会检测这两个传感器电路的不正常信号电压，中断节气门控制。此时，可以在发动机怠速范围内驾驶车辆。

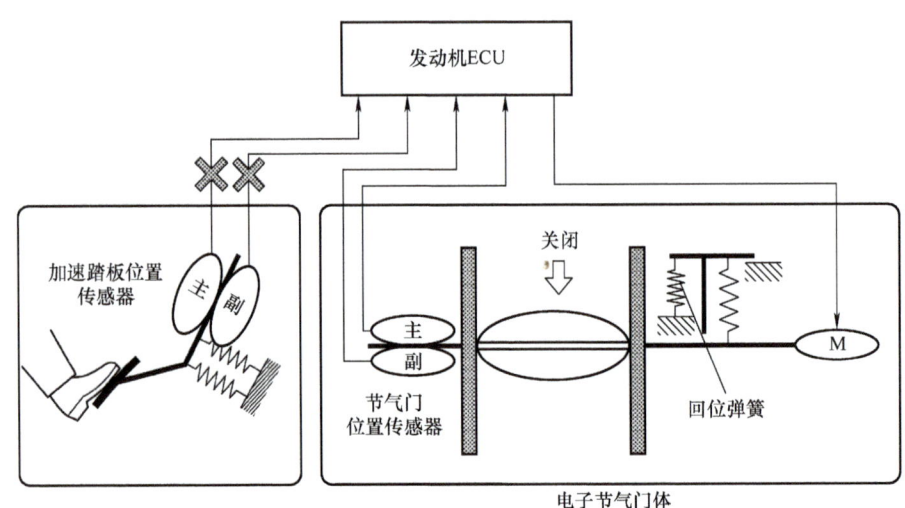

图2-25　两个传感器电路出现故障

（2）节气门位置传感器的失效保护　节气门位置传感器有两个传感器（主和副），若其中一个传感器电路出现故障，则发动机ECU会检测两个传感器电路之间的不正常信号电压差，切断至节气门控制电动机的电流，并切换到跛行模式，如图 2-26 所示。然后，回位弹簧的弹力导致节气门回位，使其保持在指定的开度。此时，可以在跛行模式下驾驶车辆，同时根据节气门开度控制燃油喷射和点火正时，从而调节发动机的动力输出。如果发动机 ECU 检测到节气门控制电动机系统中存在故障，则执行与上述相同的控制。

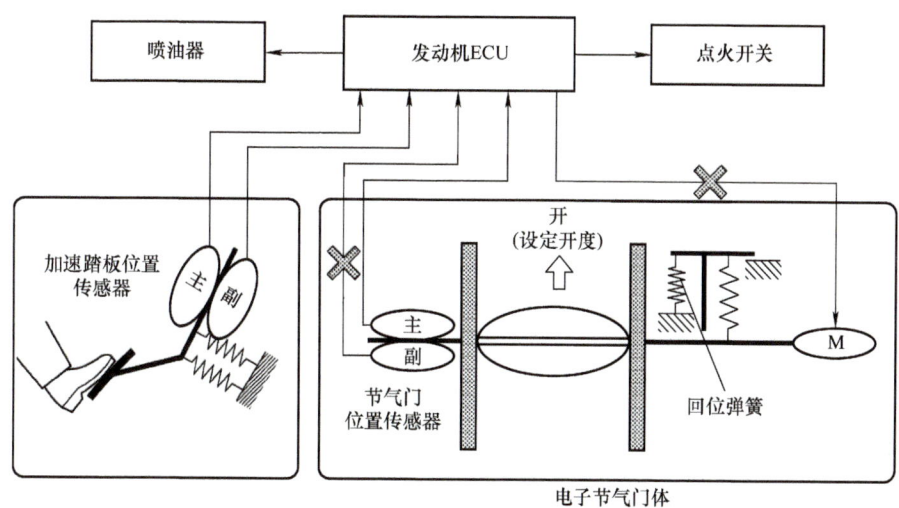

图 2-26　切换到跛行模式

五、感应式节气门位置传感器

感应式节气门位置传感器是一种新型位置传感器，由印制电路板和电子芯片组成，不需额外的磁性材料；不受磁场和电信号的干扰，对制造精度和周围环境的要求较低。它在一个简单、紧凑的空间条件下能够实现角位移的非接触式测量，非接触式传感器替代电压计式传感器，代表着技术进步的发展方向。

1. 位置与结构

图 2-27 所示的节气门位置传感器是一个 120° 的角度传感器，转子直接集成安装在齿轮的轴端上，定子直接安装在壳体上。

2. 工作原理

同其他角度传感器一样，感应式节气门位置传感器也是由定子和转子组成的。在 PCB（印制电路板）上的定子由激励线圈、3 个感应接受线圈和其他信号处理电子元件组成，转子是一块简单的冲压金属片，如图 2-28 所示。

图 2-27　节气门位置传感器

感应耦合的原理如图2-29所示。激励线圈中电流产生的电磁场在转子中产生感应电流。第一次感应耦合与角位置无关，其作用仅是通过感应耦合将能量传递给转子。传感器的相关信息是通过转子与接受线圈之间的第二次感应耦合来实现的，第二次感应耦合感应与转子相对于定子的相对位置有关。在第二次感应中，定子上的电压幅值随相对位置而变化，信号处理单元接受线圈的电压信号，进行整流、放大并成对地将其按比例输出。这种将输出电压与角度按比例测量的原理，在很大程度上不会受到机械误差（如空气间隙的变化、轴线偏心和倾斜）的影响。同时，电信号和电磁干扰在很大程度上也得到了抑制。

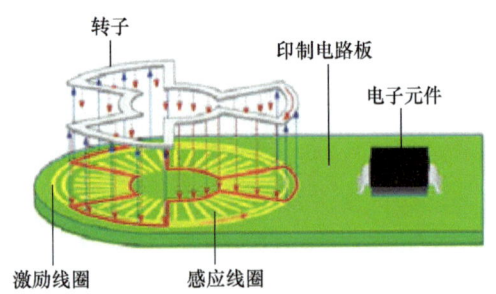

图2-28 感应式节气门位置传感器工作原理

与静电磁场原理不同的是，感应式节气门位置传感器里面没有与温度相关的磁性材料，如铁心、铁氧体或磁心，无需设计专门的温度补偿回路，所有因尺寸变化和电信号处理过程中产生的温度漂移，都可通过比例测量技术加以抵消。

出于安全的考虑，电控系统需要冗余的电信号。由于使用了处理芯片，此类传感器输出可以为模拟信号和脉宽调制信号。

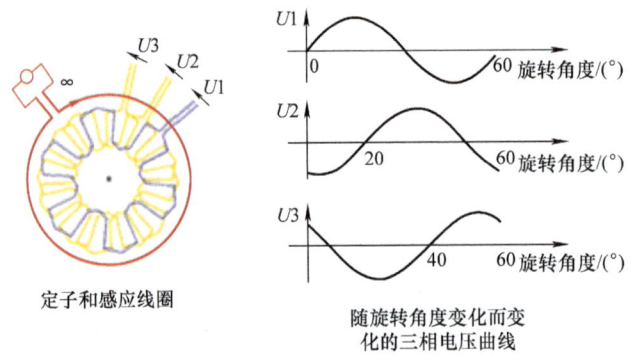

图2-29 感应耦合原理

六、案例：奥迪A6L车EPC故障指示灯亮、加速不走车

故障现象 一辆奥迪A6L 2.4车，配备BDW发动机和无级变速器，行驶里程：6万km。驾驶人描述该车早晨起动后，仪表板上EPC故障指示灯点亮，同时仪表板中间显示屏显示ESP故障等信息，只要EPC故障指示灯点亮，该车就会出现加速不走车的现象。

故障诊断 接车后首先用VAS5052对发动机进行自诊断，显示有4个故障码，分别为：00289——节气门/加速踏板位置传感器A电路范围/性能（偶尔发生）；05464——节气门驱动（用于电源控制 EPC）G186 故障（偶尔发生）；00545——节气门/加速踏板位置传感器/开关 B 范围/性能（偶尔发生）；05497——节气门控制部件（J338）未开始匹配（偶尔发生）。从故障码显示的内容来看，故障发生于节气门控制部件，但所有故障码都是偶发的。为了验证故障的真实性，清除故障码，重新对节气门控制部件（J338）进行匹配。节气门匹配方法：进入基本设定，输入 060，然后点击激活键，此时开始匹配，直至显示匹配正常。读取发动机测量值块 62，同时缓慢踩下加速踏板，观看 1 区～4 区的节气门角度数值和加速踏板传感器读数，均能响应加速踏板位置的变化。

通过故障码和动态数据流进行分析，应该是电子节气门系统故障，结合前面的故障码 05464——节气门驱动（用于电源控制 EPC）G186 故障（偶尔发生），参考该车电路图（图 2-30），发现 G186 正好是节气门控制电动机。拔下节气门控制部件（J338）的导线连接器，敲开卡片，打开节气门控制器的黑色塑料盖，观察碳膜电阻和滑动触点，均良好，测量电动机两端子的电阻为 1.8Ω，直接给电动机两端子施加蓄电池电压，电动机运转正常，看来节气门位置传感器和电动机均没有问题。

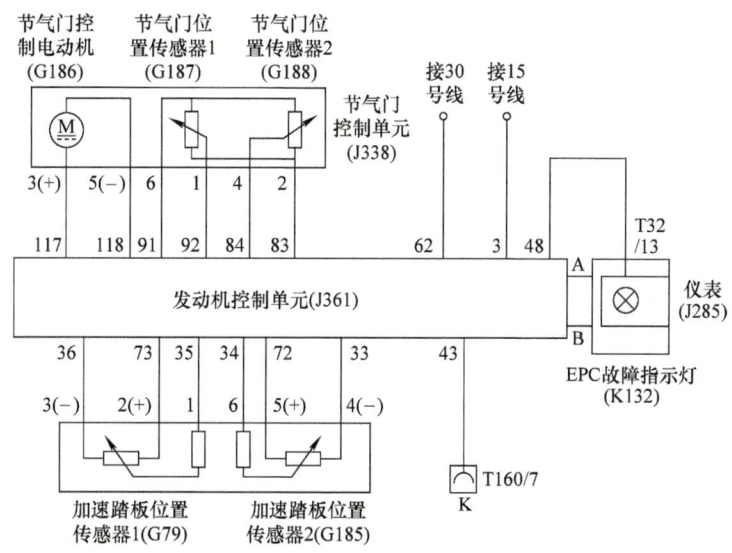

图 2-30　电子节气门系统电路原理

考虑到节气门控制部件线束的 6 根线直接连向发动机控制单元（J361），中间不存在连接点，于是把检查工作的重点放在节气门控制部件（J338）的导线连接器和发动机控制单元（J361）的导线连接器上。首先观察节气门控制部件（J338）的导线连接器，发现导线连接器的端子内部有些松旷。通过分析认为，由于导线连接器接触不良。在通过大电流时会产生一定的电压降，直接影响了节气门体电动机的驱动电压，不能按照指令打开节气门到合适的开度，造成与加速踏板位置不同步，发动机控制单元（J361）将该信息通过 CAN 总线传输给仪表，仪表通过接收信息后控制 EPC 故障指示灯点亮，与此同时该信息通过 CAN 传输给 ABS 控制单元，ABS 控制单元传输给仪表（J285），J285 控制 ESP 故障指示灯点亮，造成加速不走车的故障现象。

故障排除 将节气门控制部件（J338）导线连接器的端子用大头针退出来，使用小尖嘴钳对导线连接器的端子进行处理，然后装复导线连接器，试车，故障再没有出现。

维修总结 在该车故障诊断过程中，故障诊断仪直接显示出了故障的范围，要找到具体的故障点，还取决于对系统的了解程度，故障诊断仪显示节气门控制部件（J338）故障，此时不能盲目更换，首先应该检查线束和相关导线连接器，如果检查完线束没有问题，接下来可以对节气门控制部件（J338）进行解体，观察碳膜电阻及滑动触点的磨损程度，给节气门电动机供电，观察电动机工作情况，视情况决定是否需要更换整个节气门控制部件（J338）。

第二节　加速踏板位置传感器

加速踏板位置传感器应用在采用电子节气门的发动机中，安装在汽车加速踏板附近，可用于检测加速踏板的行程，向发动机电控单元反映驾驶人驾驶意图的信息。

一、可变电阻式加速踏板位置传感器

可变电阻式加速踏板位置传感器如图2-31a所示。它的构造和运行基本上和可变电阻式节气门位置传感器的相同。从两个系统来的信号之一是VPA信号，它能在加速踏板踩下全程范围内，呈线性关系地输出电压。另一个VPA2信号，能输出偏离VPA信号的偏置电压。可变电阻型加速踏板位置传感器的控制电路和输出特性如图2-32所示。

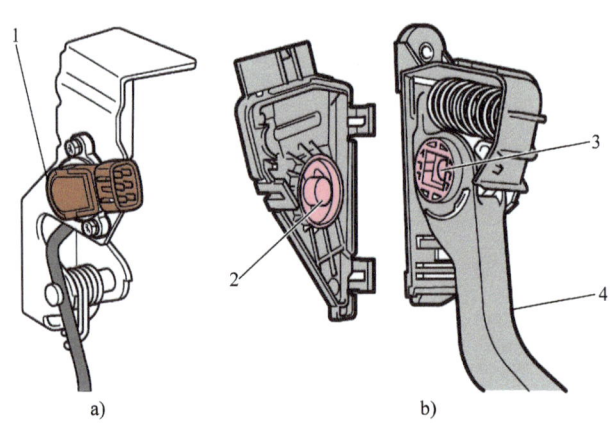

图2-31　加速踏板位置传感器
a）可变电阻式加速踏板位置传感器　b）霍尔式加速踏板位置传感器
1—加速踏板位置传感器　2—霍尔元件　3—磁铁　4—加速踏板

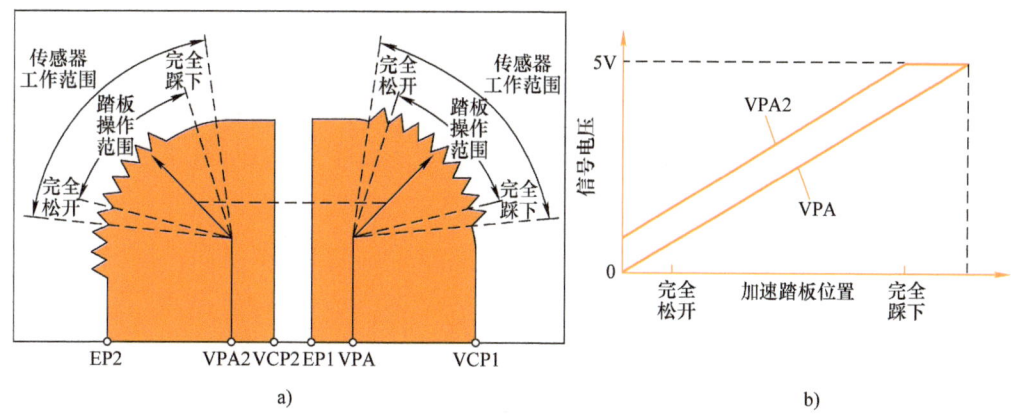

图 2-32 可变电阻型加速踏板位置传感器的控制电路和输出特性

a）控制电路 b）输出特性

二、霍尔式加速踏板位置传感器

霍尔式加速踏板位置传感器如图 2-31b、图 2-33 所示。为保证其信号的可靠性，两个电位器的控制电路完全独立，即采用各自独立的电源、搭铁和信号端子，因此加速踏板位置传感器通常有 6 个接线端子，如图 2-34 所示。

图 2-33 霍尔式加速踏板位置传感器的结构

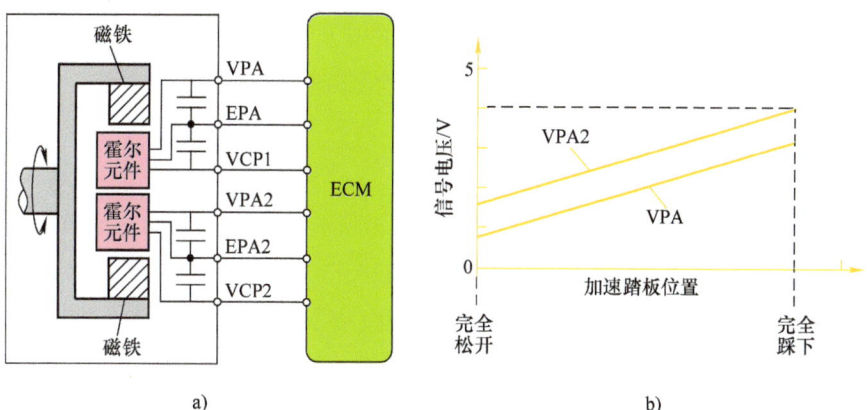

图 2-34 霍尔式加速踏板位置传感器的控制电路和输出特性

a）控制电路 b）输出特性

与节气门位置传感器一样，发动机控制单元通过加速踏板位置传感器的两个电位器信号，不但可获知加速踏板的位置，还能对该传感器进行故障监测，一旦发现两信号电压的差值（或两电压之和）与标准不符，即判定该传感器有故障，立即起动失效保护模式，按"未踩踏板"来进行控制。

三、速腾新型加速踏板位置传感器

1. 加速踏板位置传感器的结构

如图2-35所示，速腾采用了一种新型的加速踏板模块，由加速踏板、机械部件、薄金属盘、盖板和PCB印制电路板等组成，带有加速踏板位置传感器1-G79、加速踏板位置传感器2-G185。这两个加速踏板位置传感器是加速踏板模块的一部分，作为感应式传感器以非接触方式工作，其安装位置如图2-36所示。它的优点是：非接触传感器无摩擦，寿命长，整体式传感器不需要进行强制低速档基本设定。

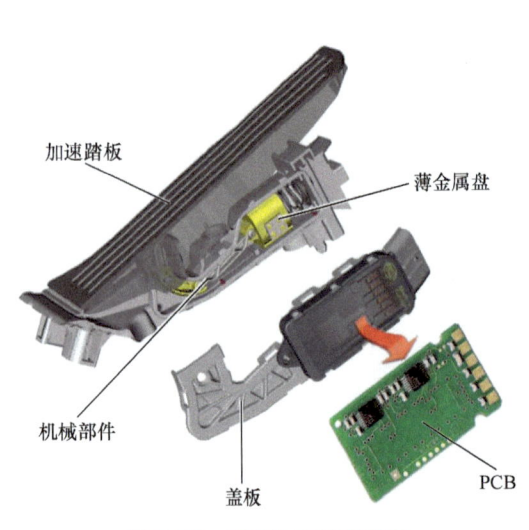

图 2-35　新型加速踏板模块

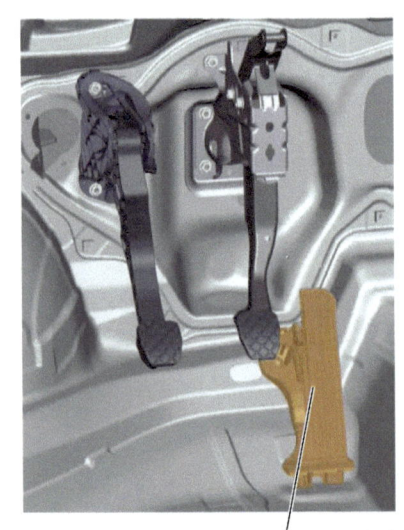

图 2-36　带加速踏板位置传感器的加速踏板安装位置

图2-37所示为加速踏板位置传感器结构，加速踏板位置传感器由一个激励线圈、一个金属薄片、一个接收线圈和信号处理电路组成，如图2-38所示，激励线圈产生磁场，当加速踏板被踩下时，金属薄片被带着在激励线圈产生的磁场中做直线运动，所造成的磁场变化在接收线圈中感应出电压，经过信号处理器处理后，传送给ECU。

第二章 位置和角度传感器

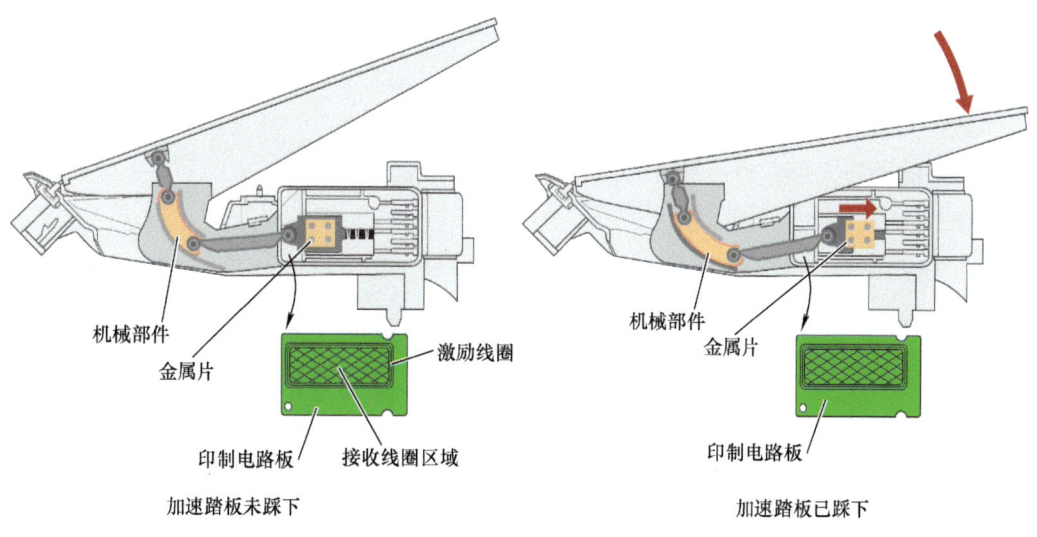

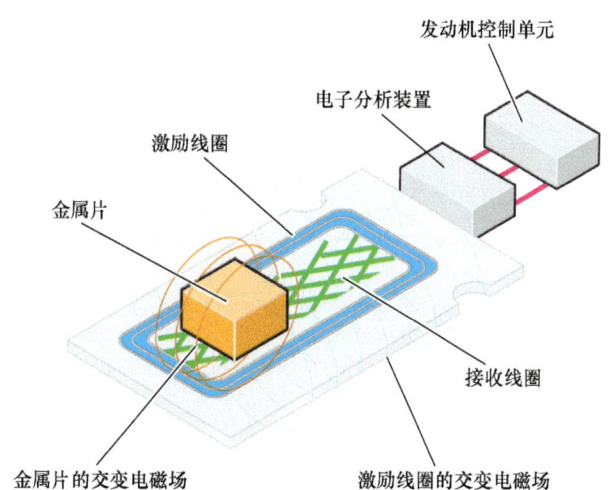

图 2-37 加速踏板位置传感器结构

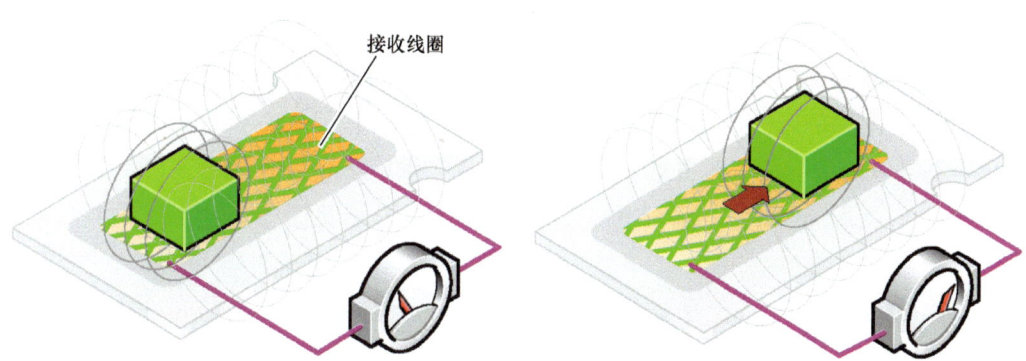

图 2-38 加速踏板位置传感器工作原理

两个加速踏板位置传感器随加速踏板行程变化而产生电压变化,如图 2-39 所示。两个传感器有两条不同的特性曲线,这对于安全功能和检查功能来说也是必需的。加速踏板位置传感器一个或两个都失效后,系统会有故障码记忆,同时 EPC 故障指示灯也会亮起。车辆的一些便捷功能,如定速巡航或发动机制动辅助控制功能也将会失效。当一个加速踏板位置传感器信号失真或中断时,如果另一个加速踏板位置传感器处于怠速位置,则发动机进入怠速工况;如果另一个加速踏板位置传感器处于负荷工况,则发动机转速上升缓慢。若两个传感器同时出现故障,则只能以发动机高怠速(1500r/min)运转。

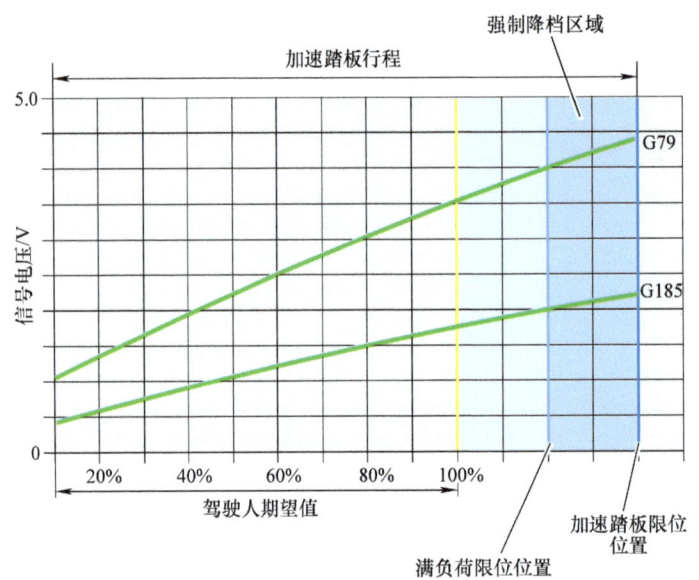

图 2-39　加速踏板位置传感器特性曲线

2. 加速踏板位置传感器的检测

速腾电子节气门踏板连接线有 6 根,分别为 2 个霍尔传感器 G185 和 G79 信号与发动机控制单元的连接线,检查时将 VAS5052 连接到诊断插座上,起动发动机,进入发动机电控系统,选择功能"读测量数据块"。慢慢将加速踏板踩到底,同时注意显示区 3 和 4 的百分比显示值,应均匀升高,并且显示区 3 中的显示值总应是显示区 4 的 2 倍。如果显示值没有达到此要求,则继续进行下一步检查。

拆下驾驶人侧杂物箱,拔下加速踏板位置传感器插头。打开点火开关,测量插头端子 T6h/1 和 T6h/5 之间约为 5V、T6h/2 和 T6h/3 之间约为 5V[参见图 2-20,2012 款一汽大众速腾 1.6L(CLRA)EPC 系统电路]。按电路图检查加速踏板位置传感器插头各端子至发动机控制单元线束端子之间的导线是否断路,然后检查导线相互之间是否导通。打开点火开关,松开加速踏板,正常电压值 G79 为 0.9 ~ 1.2V,完全踩下时电压值为 ≥ 4V;打开点火开关,松开加速踏板,正常电压值 G185 为 0.4 ~ 1.0V,完全踩下时电压值为 ≥ 3.6V。如果导线无故障，则应更换加速踏板位置传感器。

3. 强制降档自适应

如果更换了加速踏板位置传感器或发动机控制单元，对于装备自动变速器的汽车，必须进行强制降档功能自适应。将 VAS5052 连接到诊断座上，起动发动机，进入发动机电控系统，选择功能"基本设置"。显示区 1 显示加速踏板位置传感器 1-G79 的开度百分比，规定值为 79%～94%；显示区 2 显示加速踏板位置传感器 2-G185 的开度百分比，规定值为 79%～94%；显示区 3 显示加速踏板位置，应显示"Kick down"；显示区 4 显示自适应状态，可能显示"ADPi.o.""ERROR""ADPlauft"等。自适应完成应显示"ADPi.o."，表示要求"操纵强制降档功能"。应立即踩下加速踏板，一直踩过强制降档作用点，并保持该状态至少 2s。注意：在强制降档作用点自适应过程中，VAS 5052 屏幕上会显示"Kick down ADPlauft"，完成自适应后会显示"Kick down ADPi.o."。

四、案例：丰田 RAV4 无法加速

故障现象 一辆 2014 款丰田 RAV4，自动变速器，行驶里程 1.5 万 km，驾驶人反映踩下加速踏板无任何反应，无法加速行驶。

故障诊断 接车后首先验证故障现象，踩下加速踏板没反应，打开发动机舱盖，发现电子节气门也无任何反应。但发动机起动、怠速均正常，发动机故障灯也未点亮。

连接故障诊断仪，经检测无任何故障码存储。为尽快解决故障，调换同款车的加速踏板，但故障依旧。又调换了电子节气门，仍无法解决问题。

在准备更换发动机 ECU 之前，测量加速踏板位置传感器工作电压为 4.5V，拔下电子节气门插接器，测量节气门位置传感器工作电压，也为 4.5V。而节气门和加速踏板内置传感器工作电压均来自发动机控制单元 ECU，正常情况下，这个供电电压是 5V。取出变压器连接到本车蓄电池，把变压器输出电压调整到 5V。然后把 5V 直流电压直接输送到节气门和加速踏板位置传感器的工作电源线上，重新起动车辆，发现车辆加速恢复正常。

故障排除 最后顺着电子节气门线束检查，变速器输出轴转速传感器电源线与车身搭铁处于半短路状态，把 ECU 提供给传感器的 5V 工作电压"拉低"成了 4.5V，导致相关传感器不能正常工作。于是，重新包扎整理破损线束，并撤掉变压器，重新起动车辆，检验一切正常。

维修总结 一般加速踏板位置传感器、节气门位置传感器、曲轴位置传感器、变速器输出轴转速传感器都是霍尔式的，其工作电压一般为 5V。本车由于变速器输出轴转速传感器工作电源线破损短路，导致 5V 工作电压被拉低至 4.5V，进而使加速踏板位置传感器不能正常工作，所以出现无法加速现象。由于电压仅仅被拉低至 4.5V，只出现了稍许偏差，因此发动机和变速器控制单元却均未存储相关故障码。

第三节　曲轴位置传感器

一、功用和安装位置

曲轴位置传感器（CKP 或 CPS，Crankshaft Position Sensor），又称为发动机转速与曲轴转角传感器，其功用是采集曲轴转动角度和发动机转速信号，并输入 ECU，以便确定喷射顺序、喷射正时、点火顺序、点火正时，然后根据信号监测到的曲轴转角波动大小来判断发动机有无失火现象。它是发动机集中控制系统中最主要的传感器之一，是控制发动机燃油喷射和点火时刻时确认曲轴位置的信号源，同时也是测量发动机转速的信号源。曲轴位置传感器用来检测活塞上止点及曲轴转角的信号，并将其输入发动机 ECU，用来对点火时刻和喷油正时进行控制。

在现代电控发动机上，曲轴位置传感器和发动机转速传感器制成一体，既可用于曲轴位置、活塞上止点位置的测定，又可用于发动机转速的测定。曲轴位置传感器一般安装于曲轴前端，或者靠近飞轮的变速器壳体位置，如图 2-40 所示。该传感器按工作原理的不同，可分为磁感应式曲轴位置传感器、光电式曲轴位置传感器和霍尔式曲轴位置传感器等。

图 2-40　曲轴位置传感器的安装位置

二、磁感应式曲轴位置传感器

1. 结构与工作原理

磁感应式曲轴位置传感器，又称为磁脉冲式传感器、可变磁阻式传感器。它主要是由导磁材料制成的信号转子、永久磁铁、信号线圈等组成，传感器的位置是固定的，软磁铁心与信号转子齿间隙必须保持固定数值，如图 2-41 所示。

传感器插头接线形式主要有二线制和三线制两种。二线制的两根线为信号回路线，信号正负交替变化，三线制中多出的一根线为屏蔽线。

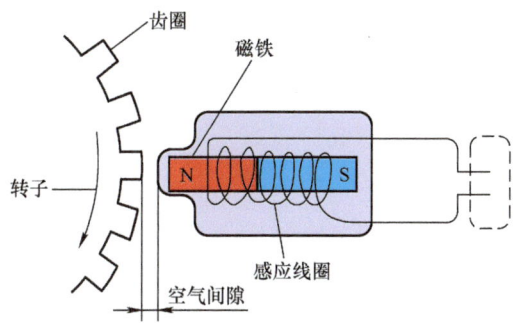

图 2-41　磁感应式曲轴位置传感器的结构

1）当信号转子凸齿靠近传感器时，磁头与齿间隙逐渐缩小，磁路中的磁阻逐渐减小，传感器的磁场便开始产生集中的现象，磁场强度增大，磁通量的变化率也逐渐增大，因此产生一个逐渐增大的正的感应电动势，磁场的变化越大，则感应出的电压也越强，其相对位置如图 2-42a 所示；磁通量和感应电动势的变化如图 2-43 的 a-b 段所示。

2）当凸齿继续靠近磁头时，磁通量仍在增大，但磁通量的变化率则减小，因此产生一个正的逐渐减小的感应电动势，其相对位置如图 2-42b 所示；磁通量和感应电动势的变化如图 2-43 的 b-c 段所示。

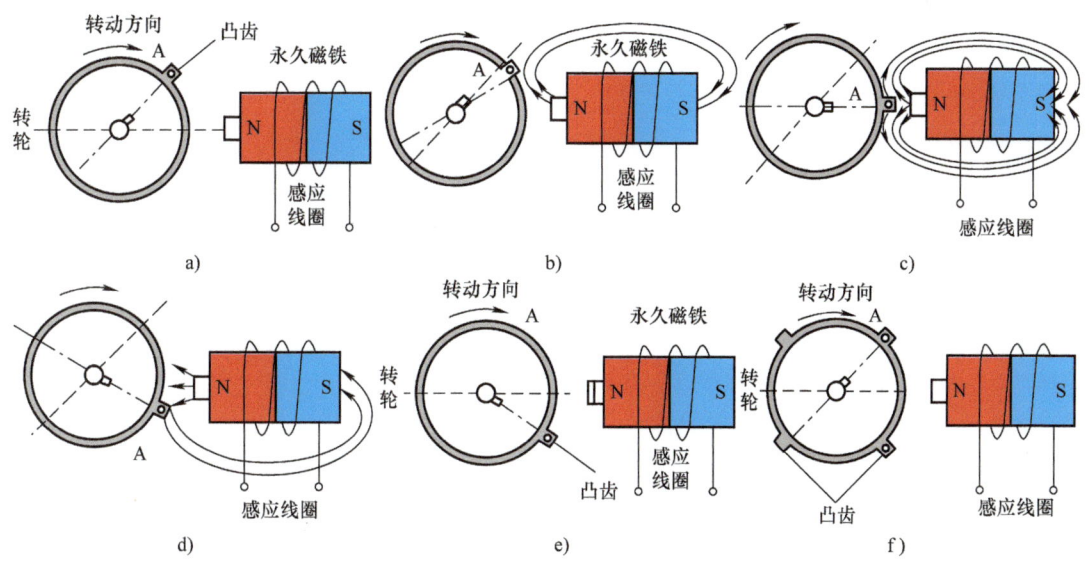

图 2-42　磁感应式传感器的工作原理示意图

3）当信号转子凸齿与传感器尖端对齐成一直线时，磁头与齿间隙最小，磁路中的磁阻最小，磁场强度最强，磁通量最大，但在该点磁场强度没有变化，磁场变化率为0，所以感应电压和电流强度为0，其相对位置如图2-42c所示；磁通量和感应电动势的变化如图2-43的c点所示。

4）信号转子凸齿继续转动，其相对位置如图2-42d所示，凸齿远离磁头准备离开传感器时，二者间隙逐步变大，磁路中的磁阻逐渐增大，磁通量逐渐减小，但磁通量的变化率仍逐渐增大，所以产生一个负的但绝对值仍逐渐增大的感应电动势，如图2-43的c-d段所示。

5）当凸齿继续转动离开磁头时，磁路中的磁阻继续增大，磁通量继续减小，但磁通量的变化率也逐渐减小，因此产生一个负的绝对值逐渐

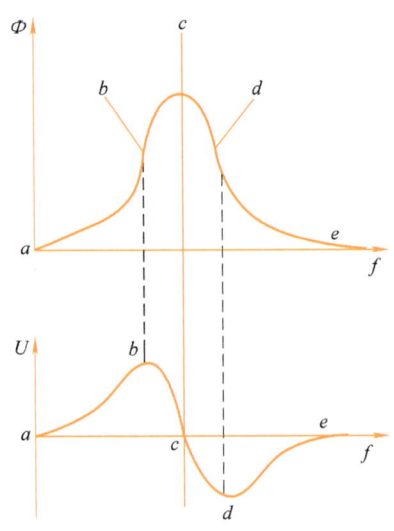

图2-43 传感器的磁通量和感应电动势的变化

减小直至为0的感应电动势，其相对位置如图2-42e所示；磁通量和感应电动势的变化如图2-43的d-e段所示。

2. 2011款捷达曲轴位置传感器的检测

（1）结构原理 2011款捷达的磁感应式曲轴位置传感器安装在气缸体左侧、发动机后端靠近飞轮处，零件编号G28，传感器用螺钉固定在发动机缸体上，信号转子为齿盘式，齿数为60－2齿，即在原来为60齿的圆周上，切掉两个齿，形成在其圆周上均匀间隔的58个凸齿、57个小齿缺和1个大齿缺。因为原来的60个齿在圆周上呈均匀分布，齿与齿的间隔度数为360°/60＝6°，因此每个凸齿和小齿缺所占的曲轴转角均为3°。曲轴旋转一圈360°，将会产生58个脉冲信号。大齿缺所占的弧度相当于两个凸齿和3个小齿缺所占的弧度，大齿缺所占总的曲轴转角为15°（2×3°＋3×3°＝15°）。大齿缺输出基准信号，对应发动机气缸1或气缸4压缩上止点前一定角度。

信号转子上设有一个产生基准信号的大齿缺，所以当大齿缺转过磁头时，信号电压所占的时间较长，即输出信号为一宽脉冲信号，该信号对应于气缸1或气缸4压缩上止点前一定角度。ECU接收到宽脉冲信号时，便可知道气缸1或气缸4上止点位置即将到来，至于即将到来的是气缸1还是气缸4，则需根据凸轮轴位置传感器输入的信号来确定。由于信号转子上有58个凸齿，因此信号转子每转一圈（曲轴转一圈），传感线圈就会产生58个交变电压信号输入ECU。因此，ECU每接收到曲轴位置传感器58个信号，就可知道曲轴旋转了一圈。依此类推，ECU根据每分钟接收曲轴位置传感器脉冲信号的数量，便能计算出曲轴旋转的转速和曲轴的位置。传感器的结构如图2-44所示，曲轴位置传感器的输出波形如

图 2-45 所示。

曲轴位置传感器 G28 安装位置如图 2-46 所示，与 ECU J361 的电路连接如图 2-47 所示。端子 T3i/2 为传感器与 ECU 的 T80/64 端子相连；端子 T3i/3 为传感器与 ECU 的 T80/53 端子相连；端子 T3i/1 为屏蔽线端子在发动机线束内的搭铁连接。

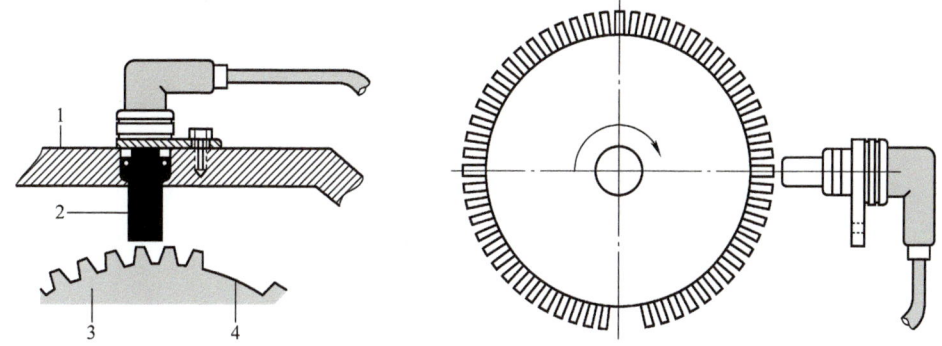

图 2-44　2011 款捷达曲轴位置传感器的结构

1—缸体　2—传感器磁头　3—信号转子　4—大齿缺（输出曲轴位置基准标记）

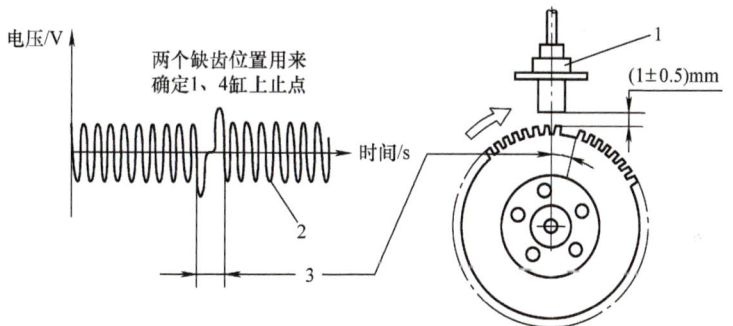

图 2-45　曲轴位置传感器的输出波形

1—曲轴位置传感器　2—正常齿波形　3—缺齿波形

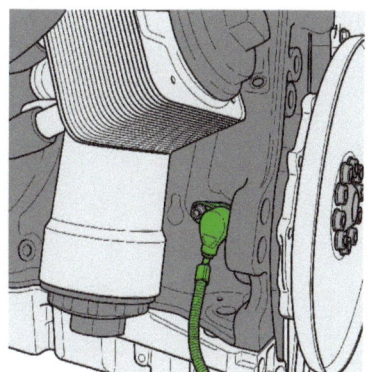

图 2-46　曲轴位置传感器的安装位置

（2）检测　2011 款捷达磁感应式曲轴位置传感器的检测方法如下。

1）故障征兆检测。在发动机运行中，当曲轴位置传感器出现故障时，会导致信号中断，发动机不能起动或在运行时立即熄火，这时 ECU 可以诊断到故障并进行故障码存储。

2）曲轴位置传感器的电阻检查。关闭点火开关，拔下传感器插接器插头，检测传感器上 3 和 2 端子间的电阻，应为 450～1000Ω。若电阻为无穷大，则说明信号线圈存在断路，应更换传感器。检查传感器上端子 T3i/3 或端子 T3i/2 端子与屏蔽线端子 T3i/1 之间的电阻，电阻应为无穷大，如果电阻不是无穷大，则应更换传感器。

3）信号转子与磁头间的间隙检查。用塞尺检查信号转子与磁头间的间隙，该间隙的标准值为 0.2～0.5mm，若该值不在标准值范围内时，则需进行调整。

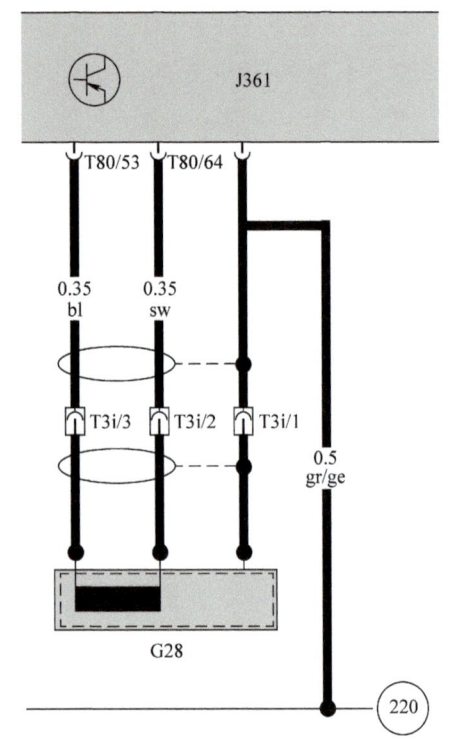

图 2-47　2011 款捷达曲轴位置传感器电路

4）输出电压测量。用万用表的交流电压档，在线路正常连接、发动机运转时测量端子 T3i/3 或端子 T3i/2 端子间的电压，该电压值在 0.2～2V 范围内波动。

5）检查传感器与 ECU 之间的连接线束。分别检查 T3i/2 与 ECU T80/64 端子、T3i/3 与 ECU T80/53 端子、T3i/1 端子与发动机线束内电源线间的电阻值，应不超过 1.5Ω。如果电阻为无穷大，则说明存在导线断路或接触不良，需进行维修。

6）利用 VAS 5052 故障诊断仪通过故障诊断插座可以读取故障信息，如果曲轴位置传感器发生故障，则会出现"00513——发动机转速传感器 G28"故障码。

3. 2006 款凯美瑞曲轴位置传感器的检测

2006 款凯美瑞的曲轴位置传感器安装在曲轴正时护罩内，曲轴的正时转子由 34 个齿组成，带有 2 个齿缺。曲轴位置传感器每 10° 输出曲轴旋转信号，齿缺用于确定上止点，曲轴位置传感器安装位置如图 2-48 所示。该磁感应式曲轴位置传感器的检测方法如下。

1）曲轴位置传感器的电阻检查。关闭点火开关，拔下传感器插接器插头，检查传感器上 122 和 121 端子间的电阻，20℃时应为 1850～2450Ω。若电阻为无穷大，则说明信号线圈存在断路，应更换传感器，相关电路如图 2-49 所示。

2）检查传感器上端子 122 或端子 121 端子与屏蔽线端子 C 之间的电阻，电阻值应为无穷大,如果电阻不是无穷大,则应更换传感器。

图 2-48 曲轴位置传感器的安装位置

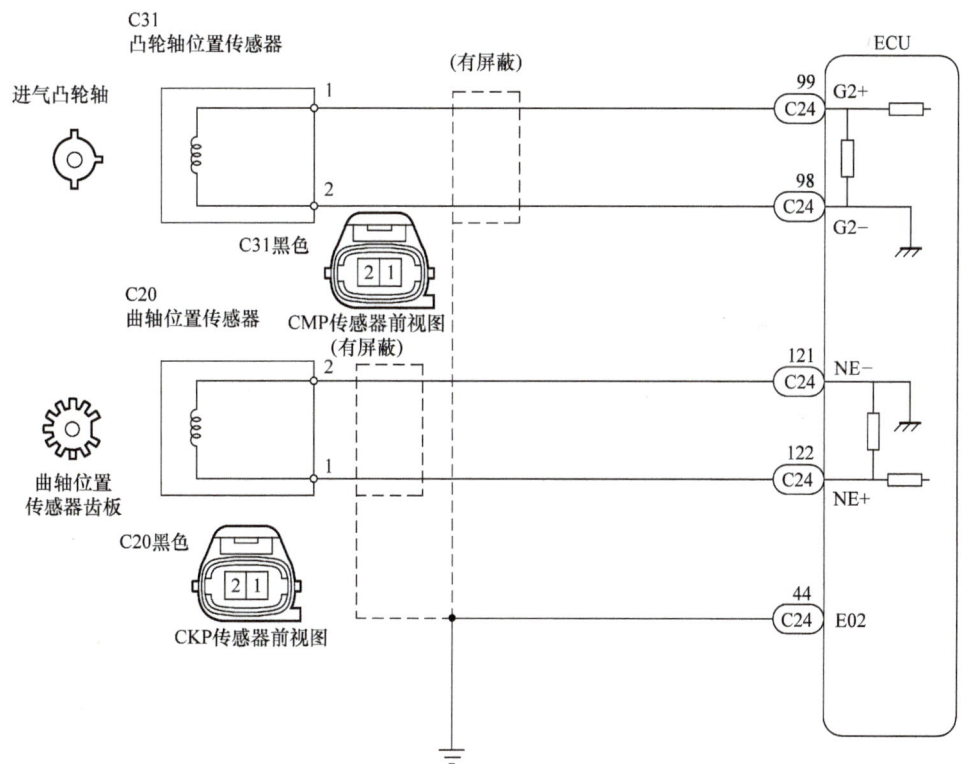

图 2-49 传感器与 ECU 电路图

三、霍尔式曲轴位置传感器

霍尔式曲轴位置传感器是利用霍尔效应产生与曲轴转角相对应的电压脉冲信号的。它是利用触发叶片或轮齿改变通过霍尔元件的磁场强度,从而使霍尔元件产生脉冲的霍尔电压信号,经放大整形后即为曲轴位置传感器的输出信号。它可以分为触发叶片式和触发轮齿式两种霍尔式曲轴位置传感器。

1. 霍尔式传感器的结构原理

如图 2-50 所示,把一块半导体基片(霍尔元件)放在磁场中。当在与磁场垂直的方向上通以电流时,则在与磁场和电流相垂直的另外横向侧面上产生电压。这一现象是物理学家霍尔发现的,因此命名为霍尔效应。

实验证明:霍尔效应中产生的电压 U_H(霍尔电压)的大小与通过半导体基片的电流 I 和磁场的磁感应强度 B 成正比,与基片的厚度 d 成反比,即:

$$U_H = \frac{R_H}{d} IB$$

式中 U_H——霍尔电压(V);

R_H——霍尔系数(m^3/C);

d——半导体基片厚度(m);

I——电流(A);

B——磁感应强度(T)。

由上式可知,当通过的电流 I 为定值时,产生的霍尔电压与磁感应强度 B 成正比。即霍尔电压随磁感应强度的大小而变化。当 $B \neq 0$ 时,半导体产生霍尔电压,当 $B = 0$,霍尔电压降为 0,这一原理在电子控制领域被广泛使用。

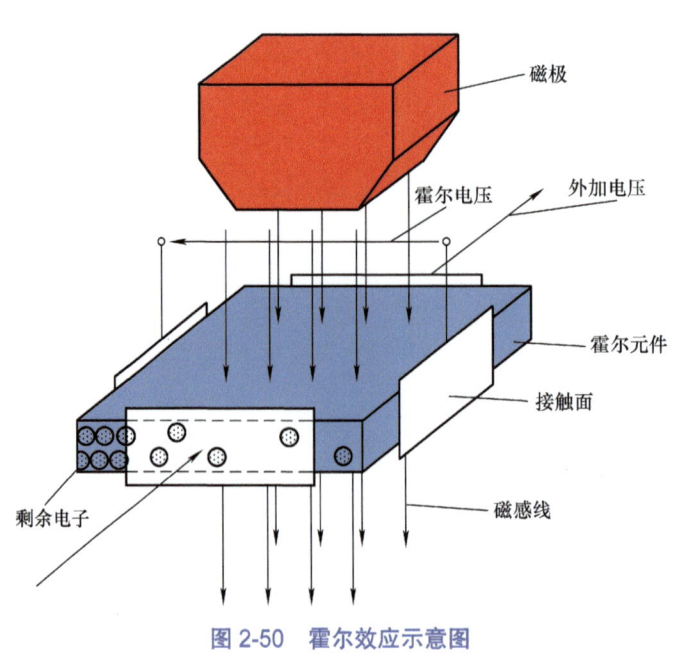

图 2-50　霍尔效应示意图

2. 触发叶片霍尔式曲轴位置传感器

（1）**结构** 触发叶片霍尔式曲轴位置传感器的基本结构如图 2-51 所示，主要由触发叶轮、霍尔集成电路、导磁钢片（磁扼）与永久磁铁等组成。触发叶轮安装在转子轴上，叶轮上制有叶片。霍尔集成电路由霍尔元件、放大电路、稳压电路、温度补偿电路、信号变换电路和输出电路等组成。其中触发叶轮安装在转子轴上，随转子轴一起转动，叶轮上制有叶片；当曲轴带动转子轴转动时，触发叶轮随其一起转动，叶片便在霍尔集成电路与永久磁铁之间转动。

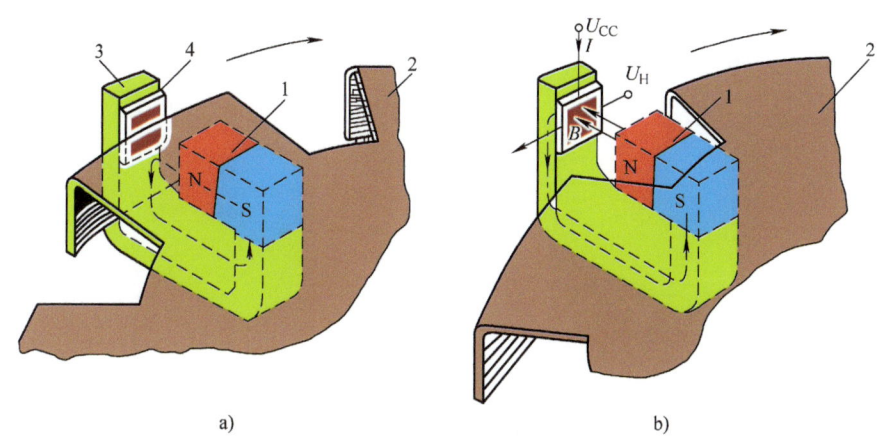

图 2-51 霍尔式传感器结构原理
a）叶片进入气隙，磁场被旁路 b）叶片离开气隙，磁场饱和
1—永久磁铁 2—触发叶轮 3—磁扼 4—霍尔集成电路

（2）**工作原理** 当触发叶轮随转子轴一同转动时，叶片便在霍尔集成电路与永久磁铁之间转动，霍尔式集成电路中的磁场就会发生变化，霍尔元件中就会产生霍尔电压，经过信号处理电路处理后，就可输出方波信号。当传感器轴转动时，触发叶轮的叶片便从霍尔集成电路与永久磁铁之间的气隙中转过。当叶片进入气隙时，霍尔集成电路中的磁场被叶片旁路，如图 2-51a 所示，霍尔电压 U_H 为零，集成电路输出极的晶体管截止，传感器输出的信号电压 U_O 为高电平。实测表明：当电源电压 U_{CC} = 14.4V 时，信号电压 U_O = 9.8V；当电源电压 U_{CC} = 5V 时，信号电压 U_O = 0.1～0.3V。

当叶片离开气隙时，永久磁铁的磁通便经霍尔集成电路和导磁钢片构成回路，如图 2-51b 所示，此时霍尔元件产生电压（U_H = 1.9～2.0V），霍尔集成电路输出极的晶体管导通，传感器输出的信号电压 U_O 为低电平。实测表明：当电源电压 U_{CC} = 14.4V 或 U_{CC} = 5V 时，信号电压 U_O = 0.1～0.3V。

ECU 根据输入的传感器脉冲信号计算出曲轴转角及活塞上止点位置，从而对发动机的点火和喷油时刻进行控制。

3. 触发轮齿霍尔式曲轴位置传感器

（1）结构 触发轮齿霍尔式曲轴位置传感器即差动霍尔式曲轴位置传感器，也称双霍尔式曲轴位置传感器，其结构与磁脉冲式曲轴位置传感器相似，由带凸齿的信号转子和霍尔信号发生器组成，其基本结构和输出信号电压波形如图2-52所示。

（2）工作原理 触发轮齿霍尔式曲轴位置传感器的工作原理与触发叶片霍尔式曲轴位置传感器的工作原理相同。触发轮齿霍尔式曲轴位置传感器的信号转子即凸齿转子，安装在曲轴上（部分汽车以发动机的飞轮为信号转子），当曲轴或飞轮转动时，传感器的信号转子随其一起转动，从而使信号转子的齿缺与凸齿转过霍尔电路（与触发叶片式霍尔电路相同，它也由霍尔元件、放大电路、稳压电路、温度补偿电阻、信号变换电路和输出电路等组成）的探头，使齿缺或凸齿与霍尔探头之间的气隙发生变化，磁通量随之变化，即磁感应强度 B 发生变化，根据霍尔效应，在传感器的霍尔元件中就会产生交变电压信号，如图2-52b所示，其输出电压由两个霍尔信号电压叠加而成。因为输出信号为叠加信号，所以转子凸齿与信号发生器之间的气隙可以增大到（1.0±0.5）mm（普通霍尔式传感器仅为0.2~0.4mm），从而便可将信号转子设置成像磁感应式传感器转子一样的齿盘式结构，其突出优点是信号转子便于安装。

汽车用霍尔式传感器一般为三线或两线（一根电源、一根为信号线）：一根为电源线，供给工作电压，一般为12V，也有的用8V、5V或9V的；一根为信号线，需要提供5V参考电压，通过晶体管的导通或关闭，实现0V和5V的脉冲变化；第三根为搭铁线。

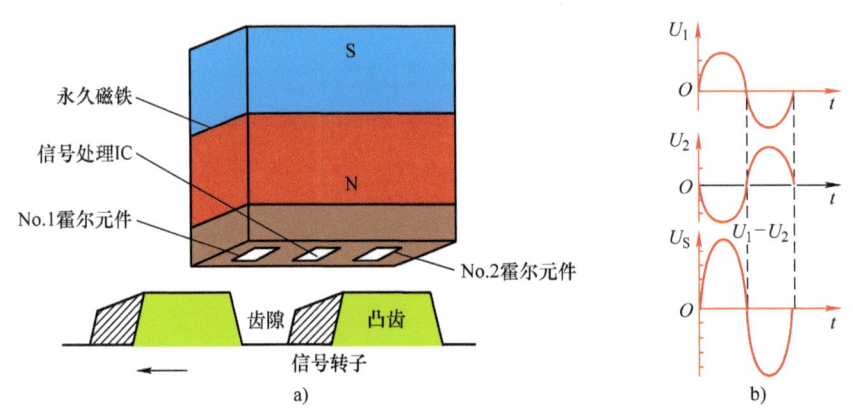

图2-52 触发轮齿霍尔式曲轴位置传感器的结构

a）基本结构 b）输出波形

4. 上海别克轿车触发叶片霍尔式曲轴位置传感器的检测

24X曲轴位置（CKP）传感器为3导线触发叶片霍尔式曲轴位置传感器，位于发动机右侧，曲轴端部，如图2-53所示。24X曲轴位置传感器主要由叶轮和信号发生器组成。信号发生器用螺栓连接在正时链盖前端，叶轮安装于曲轴配重后部。叶轮上均布有24个叶片和窗口，曲轴每转一圈，传感器产生 24 个脉冲信号。24X 参照信号直接送给 PCM，用于完成发动机的怠速点火控制。在 1200r/min 的发动机转速下，PCM 采用 24X 参照信号计算发动机转速和曲轴位置。PCM 连续监视 24X 参照电路上的脉冲数，并将 24X 参照脉冲数与正在接收的 3X 参照脉冲数和凸轮轴信号脉冲数进行对比。如果 PCM 接收的 24X 参照电路脉冲数不正确，将设置故障码 DTC P0336，且 PCM 将利用 3X 参照信号电路控制燃油和点火。发动机将继续起动，并仅采用 3X 参照信号和凸轮轴位置信号运行。

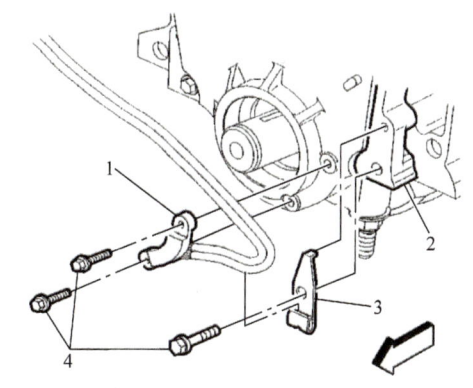

图 2-53　24X 曲轴位置传感器的位置

1—24X 曲轴位置（CKP）传感器　2—发动机正时链条盖
3—装配托架　4—紧固螺栓

24X 曲轴位置传感器与 PCM 的连接电路如图 2-54 所示。24X 曲轴位置传感器的插头端子如图 2-55 所示，其中 A 端子为电源线，B 端子为信号线，C 端子为搭铁线。24X 曲轴位置传感器的检测方法如下。

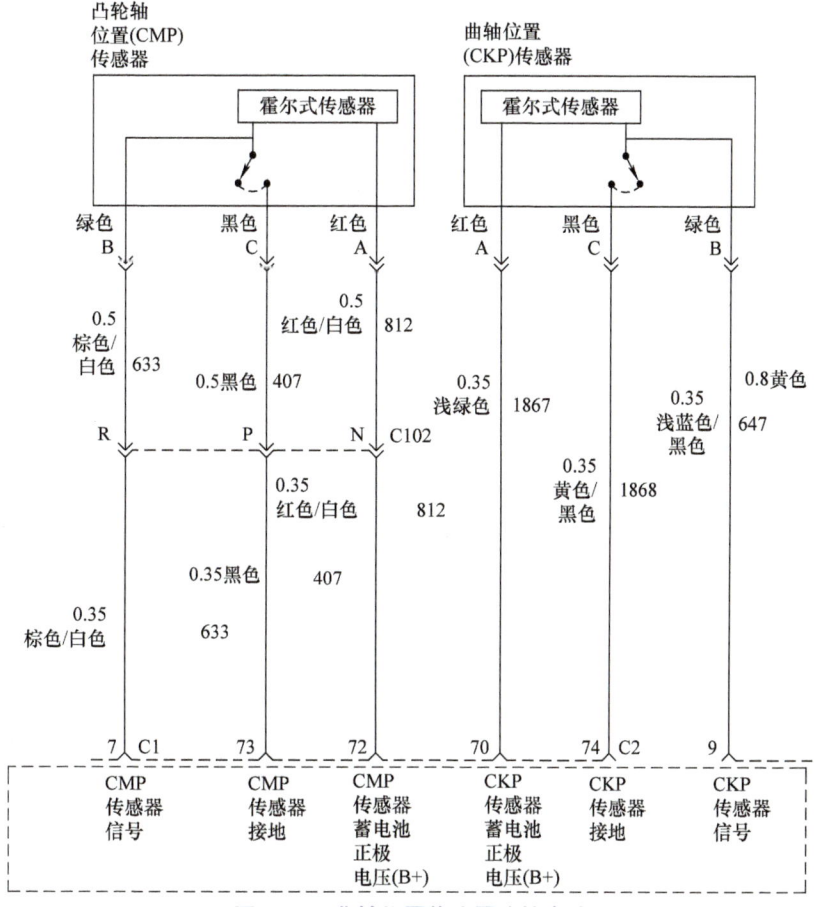

图 2-54　曲轴位置传感器连接电路

1）检测传感器的输出信号。关闭点火开关，在曲轴位置传感器的信号线路上串接一个无源试灯（或发光二极管），起动发动机，观察试灯（或发光二极管）的闪烁情况，试灯（或发光二极管）应有规律闪烁，否则说明曲轴位置传感器信号不良。

2）检测传感器的电源电压。关闭点火开关，拔下曲轴位置传感器的 3 芯插头，打开点火开关，用万用表电压档测量曲轴位置传感器插座上 A 孔与搭铁之间的电压值，应为 12V（蓄电池电压），否则说明曲轴位置传感器的电源线路不良。

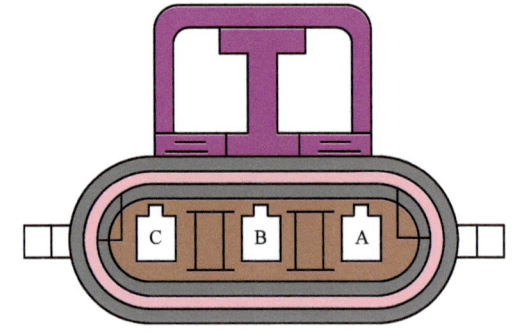

图 2-55 传感器的插头端子

5. 大众 CC 曲轴位置传感器检测

由于霍尔式曲轴位置传感器能克服电磁式传感器输出信号电压幅值随发动机转速变化而变化，响应频率不高，以及抗电磁波干扰能力差等缺点，因而被广泛应用于新型汽车。

普通霍尔式传感器有三根引线，分别为电源线、信号线和搭铁线，而新型霍尔式曲轴位置传感器只有两根引线（图 2-56），分别为电源线和信号线。新型霍尔式传感器与普通霍尔式传感器的输出信号均为方波脉冲信号，占空比范围为 30% ~ 70%，一般为 50%，如图 2-57 所示，但输出信号的高、低电压存在差异。新

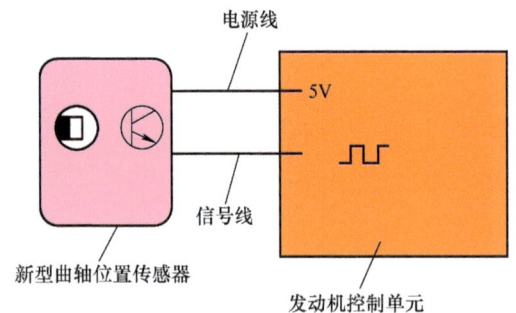

图 2-56 新型两线霍尔式曲轴位置传感器

型霍尔式传感器输出信号的高、低电压不受转速影响。主要由电控单元内部的电阻 R 决定，电阻 R 一定，高、低电压便一定，即使转速很低，发动机电控单元仍能检测到输出信号电压，这就克服了电磁式传感器输出信号电压随转速变化而变化的缺点。

（1）检测　大众 CC 汽车曲轴位置传感器与发动机 ECU 的连接电路如图 2-58 所示。

1）工作电压的检测。拔掉曲轴位置传感器插头，打开点火开关，用万用表的电压档测量线束侧 T2jp/1 端与搭铁是否有约为 5V 电压，如果没有，检查插头端子 T2jp/1 与控制单元 T60/51 的线束导通性。如果导通，说明控制单元故障。

2）检测传感器的输出信号。关闭点火开关，在曲轴位置传感器的信号线路 T2jp/1 与 T2jp/2 端子上串接一个发光二极管试灯，起动发动机，观察发光二极管试灯的闪烁情况。试灯应有规律闪烁，否则说明曲轴位置传感器信号不良。如二极管试灯不闪烁，应检查 T2jp/2 端子与控制单元的 T60/36 线束的导通性。如果导通，检查端子 T2jp/1 与搭铁应有 5V 电压。电压正常，说明传感器故障，否则说明控制单元故障。

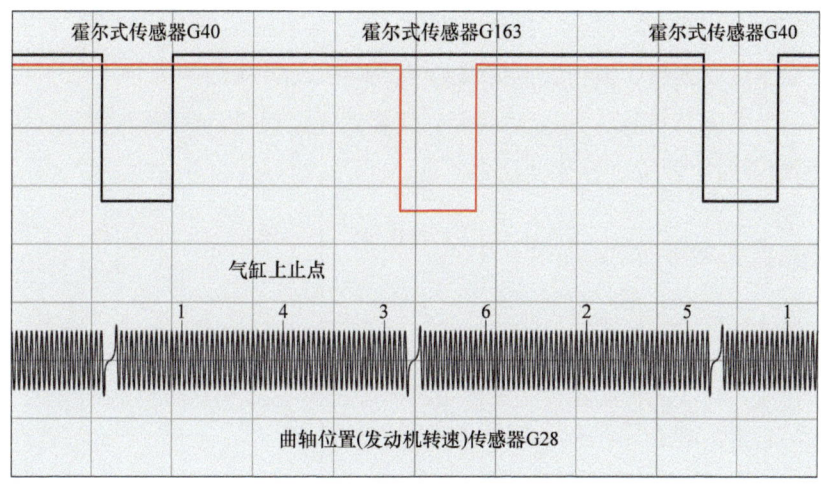

图 2-57 输出信号波形

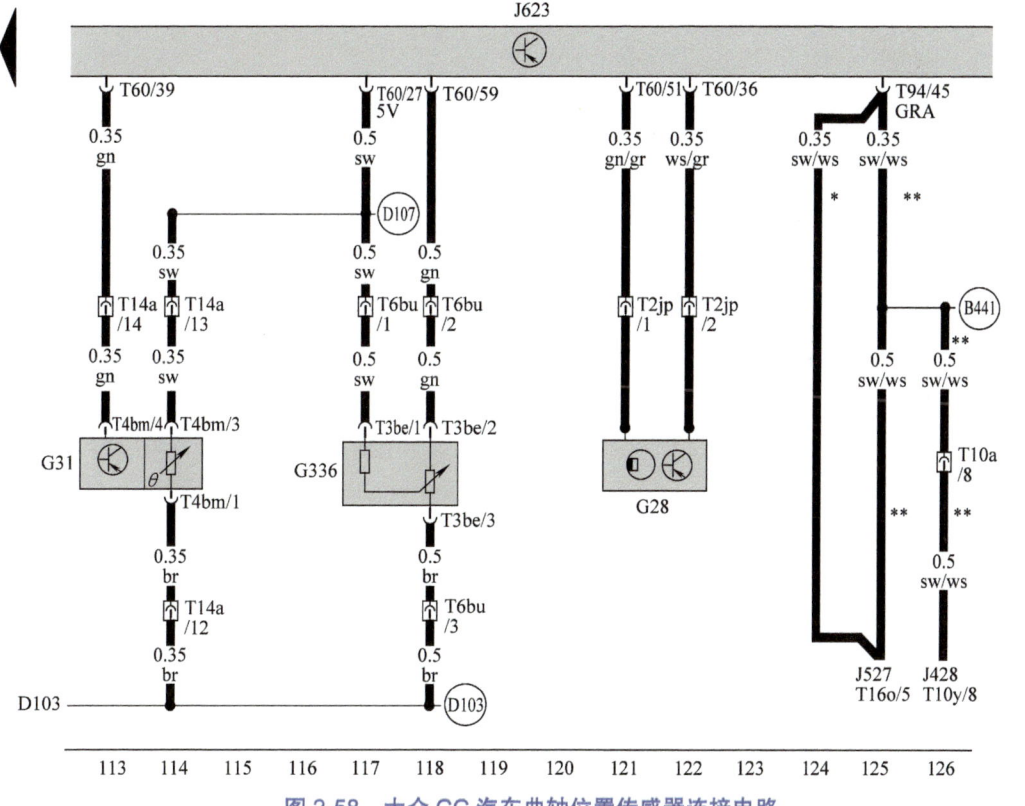

图 2-58 大众 CC 汽车曲轴位置传感器连接电路

G28—曲轴位置（发动机转速）传感器 G31—增压压力传感器 G336—进气歧管翻板电位计
J428—车距调节控制单元 J527—转向柱电子装置控制单元 J623—发动机控制单元

（2）霍尔式传感器失灵的诊断方法

1）检查霍尔式传感器线路有无断路或短路，以及连接器端子有无腐蚀。

2）清洁霍尔式传感器头部。

3）检查霍尔式传感器的供电与搭铁情况。

4）用示波器读取波形，波形应为方波信号。

5）串接一个发光二极管，起动发动机，观察发光二极管的闪烁情况，发光二极管应有规律闪烁，否则说明曲轴位置传感器信号不良。

四、光电式曲轴位置传感器

1. 结构工作原理

光电式曲轴位置传感器由发光二极管和光电晶体管和遮光盘组成（图2-59）。它通常安装在分电器内（图2-60a）。在分电器底板上固定着由两对发光二极管和光电晶体管组成的信号发生器。分电器轴上装有遮光盘，盘上开有弧形槽。在遮光盘随分电器轴转动时，弧形槽交替地阻断从发光二极管射向光电晶体管的光线，使光电晶体管导通或截止，由此产生脉冲信号（图2-60b）。遮光盘外圈弧形槽的个数与气缸数目相同，与它对应的一对发光二极管和光电晶体管产生各缸活塞到达上止点的基准信号（Ne信号）及转速信号；遮光盘内圈的弧形槽只有一个，与它对应的发光二极管和光电晶体管产生第一缸活塞到达上止点的基准信号（G信号），见图2-60c。

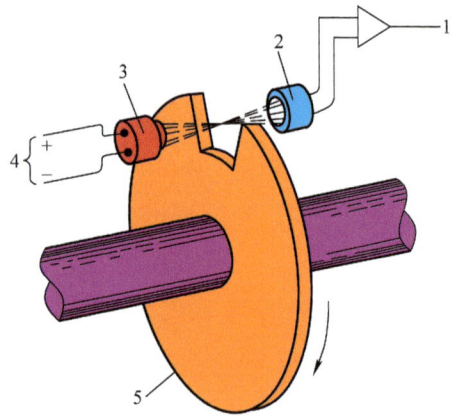

图2-59 光电式曲轴位置传感器工作原理

1—输出信号　2—光电晶体管　3—发光二极管
4—电源　5—遮光盘

光电式曲轴位置传感器输出信号和霍尔式曲轴位置传感器一样，也是矩形脉冲信号，它也能检测转速很低的运动状态。其缺点是必须保持发光二极管和光电晶体管表面的清洁，否则就会影响传感器的工作。

2. 控制电路

光电式曲轴位置传感器内部的光电元件及放大电路都需要电源才能正常工作，它通常利用蓄电池提供的12V电压作为工作电源。光电式曲轴位置传感器的控制电路和霍尔式曲轴位置传感器完全相同，由电源线、搭铁线和信号线组成（图2-61）。

在传感器内部的放大电路中，用光电晶体管组成一个晶体管开关电路，ECU中的5V基准电压通过一个较大的电阻后施加在晶体管开关电路上（图2-61）。当发光二极管的光线照射到光电晶体管时，开关电路处于饱和状态，此时传感器的信号输出端与搭铁导通，5V电压经过ECU中的电阻后在该端子处被短路，其电压变为0V；当发光二极管的光线被转子遮住时，晶体管开关电路处于截止状态，使传感器的信号输出端相对于搭铁开路，其电压变为5V。由此可知，和霍尔式曲轴位置传感器一样，光电式曲轴位置传感器的输出信号电压也是通过信号输出端相对于搭铁端导通状态的改变,由 ECU 施加在该端子上的电压产生的,在传感器转子转动一圈的过程中,传感器输出和转子叶片(或窗口)数目相同的、幅值为 5V 的矩形电压脉冲信号。

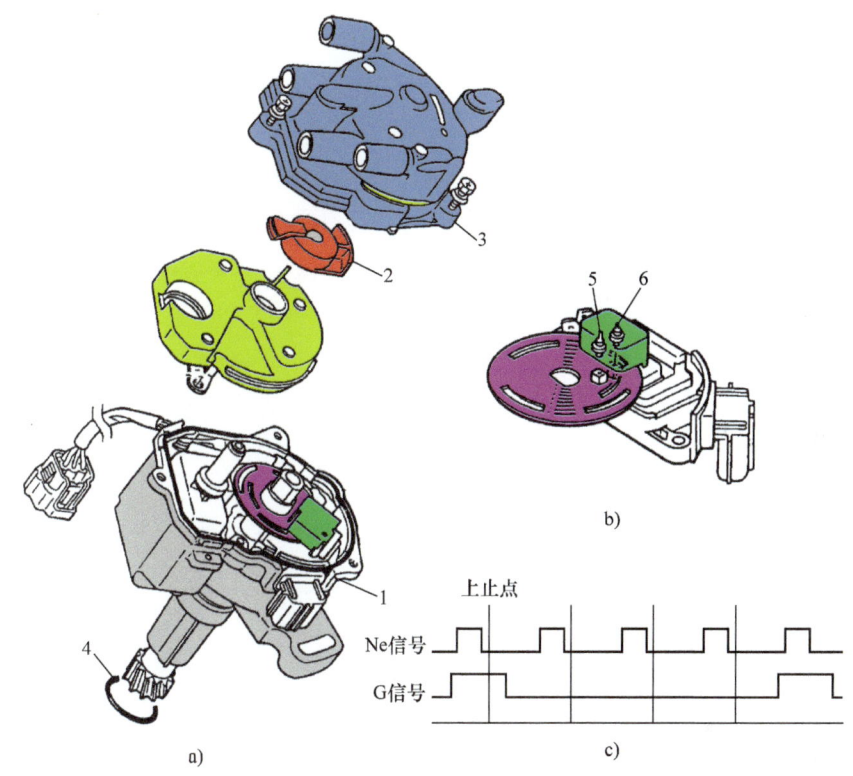

图 2-60 光电式曲轴位置传感器结构

a)分电器 b)安装在分电器内的光电式曲轴位置传感器 c)信号波形图
1—曲轴位置传感器 2—分火头 3—分电器盖 4—O 形密封圈 5—G 信号传感器 6—NE 信号传感器

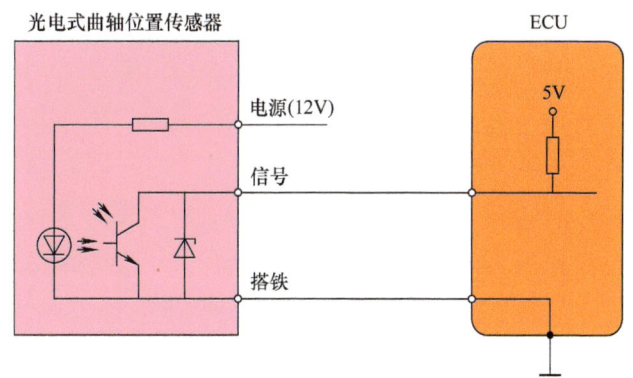

图 2-61 光电式曲轴位置传感器的控制电路

五、案例：2015 款路虎揽胜极光车怠速转速忽高忽低

故障现象 一辆 2015 款路虎揽胜极光车，搭载 2.0T 汽油发动机，行驶里程 3.2 万 km。驾驶人反映，该车怠速转速忽高忽低，很不稳定。

故障诊断 接车后试车验证故障，发现无论冷机还是热机，发动机怠速转速均忽高忽低，十分不稳定，但发动机故障灯未点亮。与驾驶人沟通得知，该故障是在其他修理厂更换进气凸轮轴后出现的，为此更换了点火线圈和火花塞，并清洗了节气门、进气管路及燃油系统，但故障依旧。

用故障检测仪 SDD 检测，发现发动机控制单元中存储了故障码"P0505-27——怠速控制系统"。查看维修手册，得知引起该故障码的原因有：发动机转速信号变化太快；进气系统堵塞；前端辅助驱动过载、故障或部件卡滞。由于故障是在更换进气凸轮轴后出现的，怀疑发动机正时有偏差。

检查发动机正时，无异常。连接 Pico Scope 示波器，读取故障车发动机正时波形（图 2-62）和正常车发动机正时波形（图 2-63），经对比，发现故障车与正常车的凸轮轴位置传感器波形一致，而曲轴位置传感器波形有偏差，怀疑曲轴位置传感器信号盘损坏。

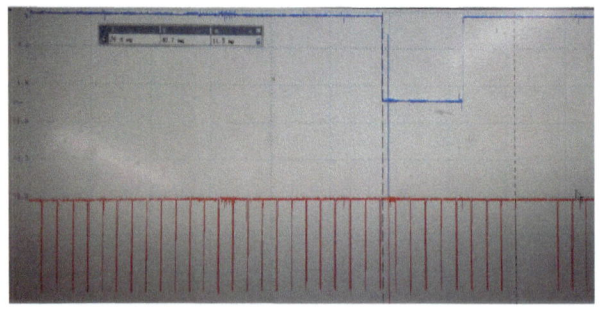

图 2-62　故障车发动机正时波形

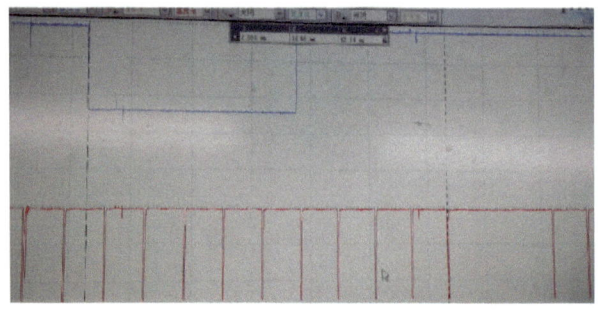

图 2-63　正常车发动机正时波形

拆下故障车曲轴位置传感器信号盘，与正常车曲轴位置传感器信号盘对比，发现故障车曲轴位置传感器信号盘发生扭曲（图 2-64），推断之前的维修人员未按照标准流程紧固曲轴位置传感器信号盘螺栓，导致瞬时大转矩使曲轴位置传感器信号盘发生扭曲。

图 2-64　曲轴位置传感器信号盘发生扭曲

故障排除　更换曲轴位置传感器并按标准流程紧固曲轴位置传感器信号盘螺栓后试车，发动机怠速转速稳定，故障排除。

维修总结　由于此故障是在更换凸轮轴后出现的，此时应着重检查与更换凸轮轴相关的部件，并与正常件对比，看有哪些区别。

第四节　凸轮轴位置传感器

凸轮轴位置传感器（Camshaft Position Sensor，CMP），又称为凸轮轴转角传感器、相位传感器、同步信号传感器、缸位传感器（Cylinder Position Sensor，CYP）、气缸识别传感器（Cylinder Identify Sensor，CIS）、气缸位置传感器（CID），有的车型还称为 1 缸上止点传感器（No.1 Top Dead Center Sensor，No.1 TDC）。

一、作用

凸轮轴位置传感器的作用主要是检测凸轮轴位置和转角，从而确定第一缸活塞的压缩上止点位置。在起动时，发动机 ECU 根据凸轮轴位置传感器和曲轴位置传感器提供的信号，识别出各缸活塞的位置和行程，控制燃油喷射顺序和点火顺序，进行准确的喷油和点火控制。在起动发动机时，凸轮轴位置传感器是一个关键性的输入件。在某些车型上，如果没有凸轮轴位置传感器的输入，发动机将不能正常起动。一旦发动机正常运转，在下一个点火循环之前，就不再需要凸轮轴位置传感器信号，发动机可以正常运转。这是因为 ECU 已经确定了第一缸的压缩上止点位置，发动机 ECU 可以利用曲轴位置传感器信号，进而可推算出其他各缸的工作情况。

随着可变气门正时技术的出现和发展，凸轮轴位置传感器也被赋予了新的内涵，除了在起动时用于压缩上止点判定外，在发动机正常工作后，还要肩负起监控可变的进气或排气凸轮是否达到预定位置的重任。

按照工作原理的不同，凸轮轴位置传感器可分为磁电式、光电式、霍尔式以及磁阻式等多种类型。

二、霍尔式凸轮轴位置传感器（形式1）

1. 结构

大众波罗 1.4L 16 气门 55kW 发动机采用霍尔式凸轮轴位置传感器，如图 2-65 所示。霍尔式凸轮轴位置传感器位于凸轮轴壳体的飞轮一端，在进气凸轮轴上方。连接到进气凸轮轴的是三个铸模齿，霍尔式传感器对其进行扫描，产生信号。

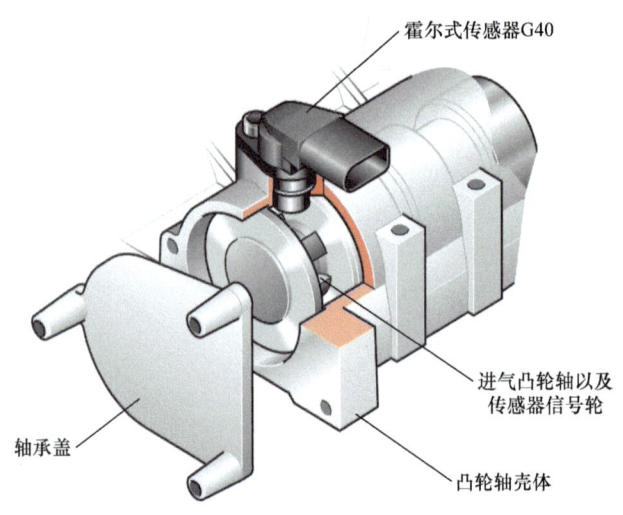

图 2-65　霍尔式传感器安装位置

由霍尔式传感器和发动机转速传感器提供的信号被用来确定第一缸的上止点。该信息被用来实现对各个气缸的喷油顺序控制和点火顺序控制。如图 2-66 所示，霍尔式传感器同节气门电位计 G69 一起由发动机控制单元提供电源。

2. 工作过程

如图 2-67 所示，当一个齿通过霍尔式传感器时会产生一个霍尔电压。霍尔电压脉冲的持续时间取决于齿的长度。该霍尔电压被传递到发动机控制单元后在那里被用于运算。霍尔电压信号可以使用 VAS 5051 的数字式示波器显示。

第二章 位置和角度传感器

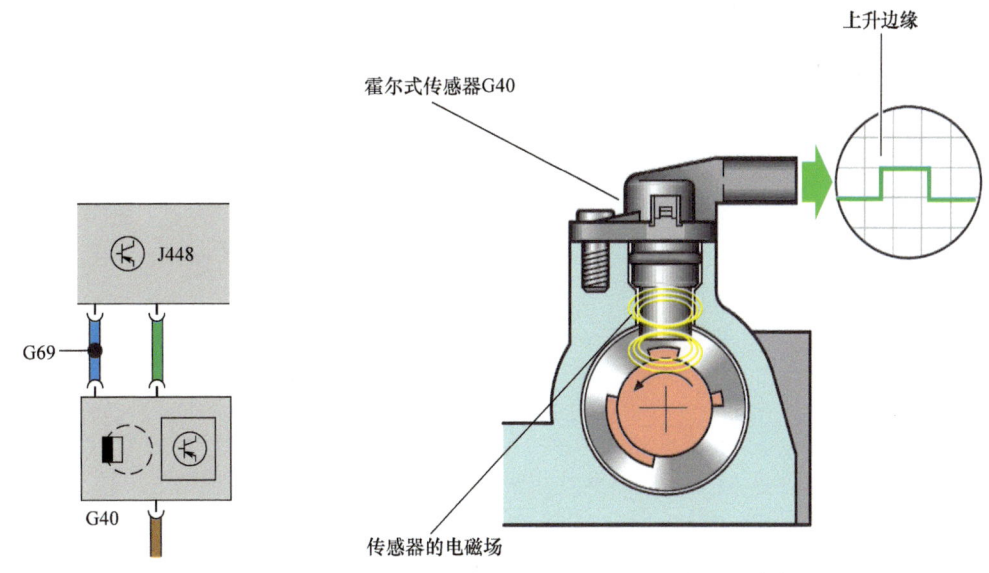

图 2-66 霍尔式传感器的电路结构　　　　图 2-67 霍尔式信号的产生

（1）第一缸识别功能　如图 2-68 所示，如果发动机控制单元在从霍尔式传感器接收到霍尔电压的同时，也从发动机转速传感器接收到参考标记信号，则表明发动机处于第一缸的压缩行程。发动机控制单元计算转速传感器轮在参考标记后的齿数，并据此计算出曲轴的位置。如参考标记后的 14 齿对应于第一缸的上止点。

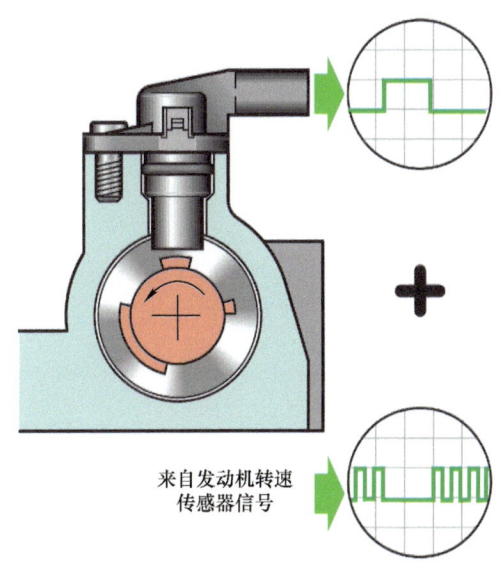

图 2-68　第一缸识别功能

（2）快速起动识别功能　如图 2-69 所示，仅仅使用三个齿就可以确定凸轮轴相对于曲轴的瞬间位置。这样第一个压缩循环就可以尽快地开始，发动机可以更快地起动。

055

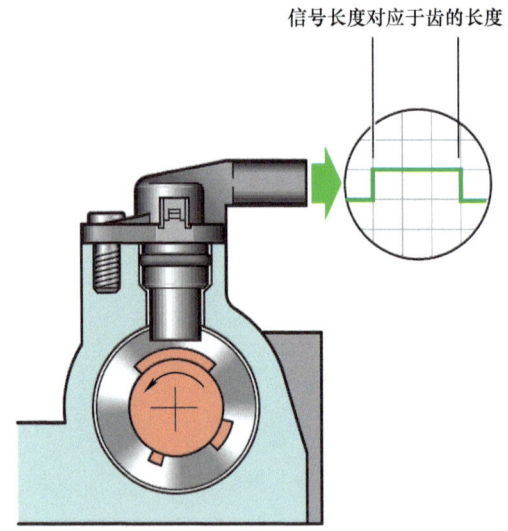

图 2-69 快速起动识别功能

（3）故障维修　如果传感器发生故障，发动机继续运转并可以重新起动。此时，发动机控制单元进入紧急运行模式。气缸内的喷油是同时进行的，而不再是按顺序进行的。

三、霍尔式凸轮轴位置传感器（形式 2）

某些车型霍尔式凸轮轴位置传感器位于凸轮轴传动轮的后侧（图 2-70）。信号轮（图 2-71、图 2-72）被固定在凸轮轴传动轮的背面。

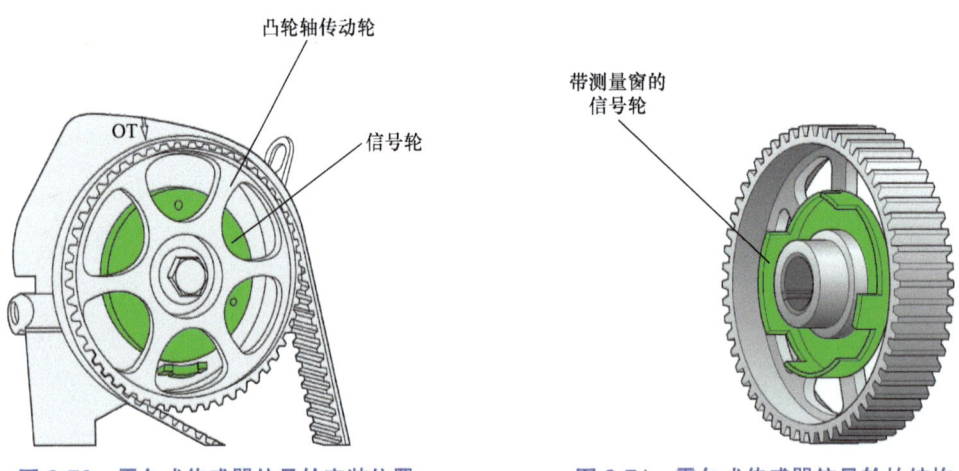

图 2-70　霍尔式传感器信号轮安装位置　　　图 2-71　霍尔式传感器信号轮的结构

（1）信号应用　通过霍尔式传感器探到凸轮轴的位置。此外，霍尔式传感器也可用作快速起动传感器。

（2）功能和结构　信号轮上有两个宽的和两个窄的测量窗。因此曲轴每转动 90° 就产生一个特征信号。在发动机转动半圈前，发动机控制单元就可探测到凸轮轴的位置，并控制燃油喷射系统和点火开关（快速起动传感器）。从而改善了冷起动状况。在冷起动过程中，废气排放较少。

（3）备用功能和自诊断系统　当霍尔式传感器失灵时，发动机可用一个备用信号继续运行。为了安全起见，取消点火角。自诊断系统自动检测霍尔式传感器。早期发动机的旋转式点火分电器由中间轴驱动（图2-73）。霍尔式传感器和节流环位于点火分电器中。

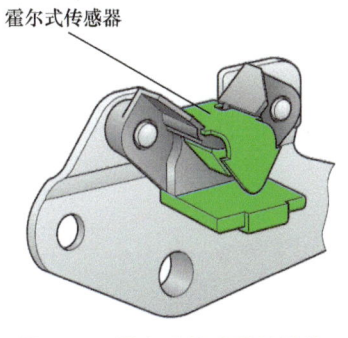

图2-72　霍尔式传感器的结构

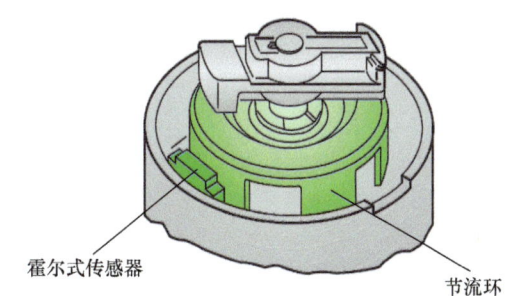

图2-73　分电器内安装的霍尔式传感器

四、磁阻式凸轮轴位置传感器

1. 磁阻效应

利用磁阻效应制成的磁敏电阻元件称为磁阻元件，简称MRE（Magneto Resistance Element）。磁阻效应是指半导体材料的电阻值随与电流相同或垂直方向的磁场强弱而变化的现象，如图2-74所示。在一个长方形半导体元件的两端面通电，在无磁场时，电流电极间的电阻值取决于最小电流分布。当长方形元件处于磁场中时，由于两电极间的电流路径因磁场作用而增长，从而使电极间的电阻值增加。利用磁阻效应，可实现磁和电→电阻的转换。对于非铁磁性物质，外加磁场通常能使其电阻率增加，即产生正的磁阻效应。

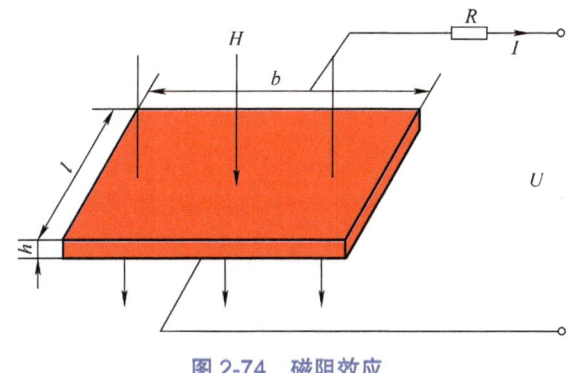

图2-74　磁阻效应

2. 检测原理

磁阻式（MRE）凸轮轴位置传感器由信号发生器、磁铁和用树脂封装的信号处理电路集成的电路模块组成，如图 2-75 所示。当传感器的磁头正对转子凹槽时，磁力线向两侧的叶片分布构成闭合磁路。此时，磁阻元件电阻较小，通过磁阻元件的磁力线较少，磁场强度较弱，且磁力线与磁阻元件成一定角度，如图 2-76a 所示，此时磁阻元件输出 5V 高电平信号。当磁阻传感器的磁头正对转子叶片时，磁力线通过正对的叶片构成闭合磁路。此时，磁阻元件电阻较大，通过磁阻元件的磁力线较多，磁场强度较强，且磁力线与磁阻元件垂直，如图 2-76b 所示，此时磁阻元件输出 0V 低电平信号。

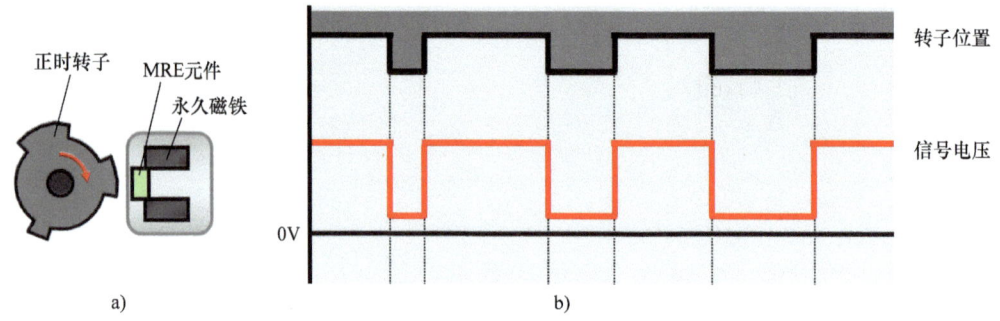

图 2-75 磁阻式凸轮轴位置传感器的结构和信号波形
a）结构 b）信号波形

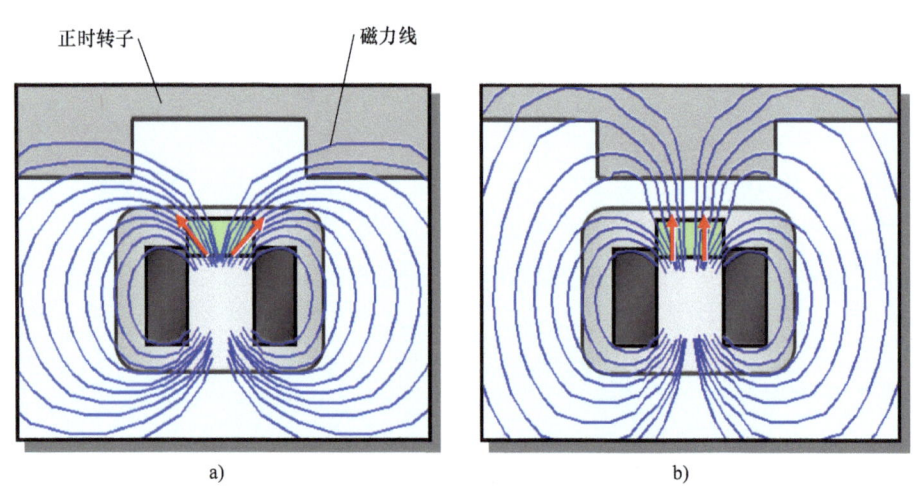

图 2-76 磁阻式曲轴位置传感器的工作原理
a）传感器输出"高电平" b）传感器输出"低电平"

因此，随着转子的旋转，叶片的凸起与凹槽交替变化，引起通过磁阻元件的磁力线的强弱和角度发生改变，由于磁阻效应的作用，磁阻元件的电阻也发生变化，通过 MRE 装置的电流也随之改变，这种电流的变化由信号放大电路、滤波电路和整形电路转换成二进制数字信号,并输送给发动机ECU。发动机ECU根据此信号判别进、排气凸轮轴的位置。

磁阻式传感器具有体积小、结构简单、精度高、灵敏度高、分辨率高、输出信号幅值大、抗电磁干扰能力强、耐油污粉尘、稳定性和可靠性良好、工作温度范围宽等特点,而且频率特性优良,在静止状态下也有信号输出。

3. 控制电路

磁阻式曲轴位置/凸轮轴位置传感器的控制电路(图2-77)由电源线、搭铁线和信号线组成;用蓄电池提供的12V电压或ECU提供的5V电压作为工作电源;其输出信号通过一个晶体管开关电路的饱和或截止状态的变化,使信号输出端改变与搭铁端的导通状态,由ECU通过一个电阻后施加在该端子上的5V电压产生的。在传感器转子转动一圈的过程中,传感器输出和转子的凸齿或叶片数目相同的、幅值为5V的矩形电压脉冲信号。

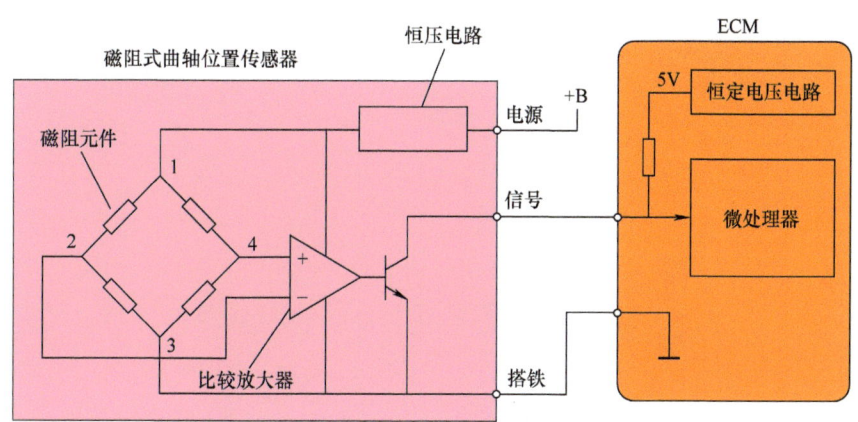

图2-77 磁阻式曲轴位置传感器的控制电路

4. 传感器检测

丰田系列新皇冠、汉兰达、雷克萨斯以及红旗HQ300等发动机的智能可变气门正时系统VVT-i,采用了MRE凸轮轴位置传感器,在每一气缸组上的进、排气凸轮轴上都装有1个磁阻式(MRE)凸轮轴位置传感器(也称为MRE式VVT传感器,共4个),其安装位置如图2-78所示。

进、排气凸轮轴上凸轮轴位置传感器正时转子有3个凸起,所对应的凸轮轴角分别为90°、60°、30°,即所对应的曲轴转角为180°、120°、60°,曲轴每旋转两周,进、排气凸轮轴旋转一圈,产生3个大小不同的脉冲,智能可变气门正时系统通过凸轮轴位置传感器的检测,由ECU占空比控制油压控制电磁阀,从而把进、排气凸轮轴分别控制在40°和35°曲轴转角之间,提供最适合发动机工作特性的气门正时,改善发动机所有转速范围内的转矩,提高燃油经济性,减少污染物的排放。磁阻式(MRE)传感器的连接电路如图2-79所示,信号波形如图2-80所示。

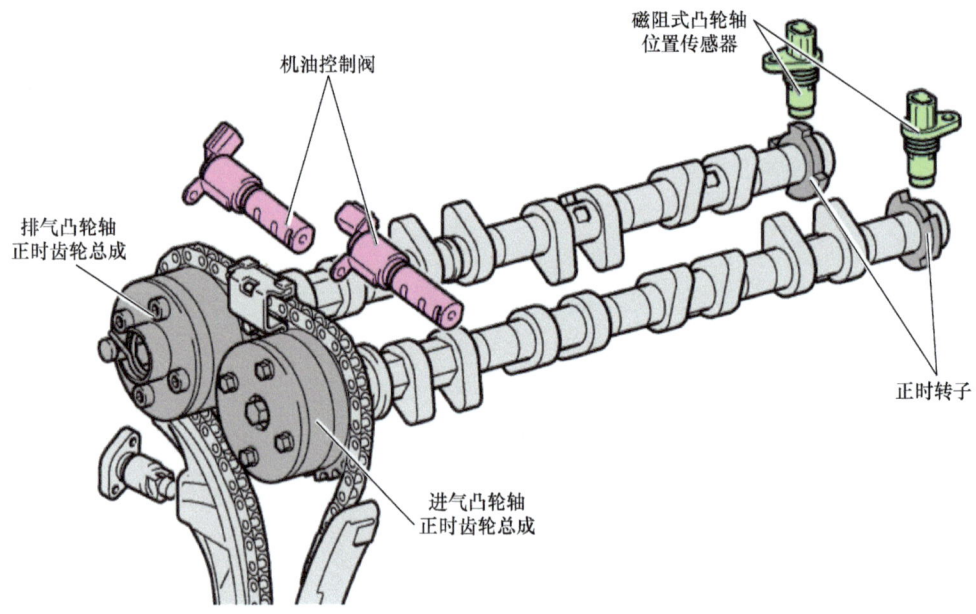

图 2-78　磁阻式凸轮轴位置传感器的安装位置

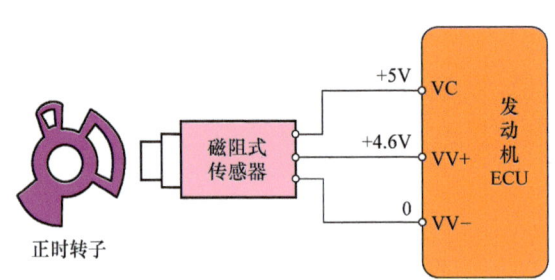

图 2-79　磁阻式传感器的连接电路

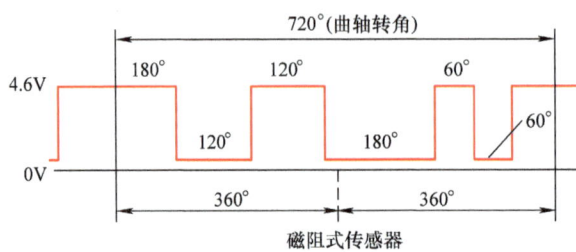

图 2-80　磁阻式传感器数字信号波形

（1）工作电压的检测　关闭点火开关，断开凸轮轴位置传感器，打开点火开关至 ON 位置，用万用表检测 VC 端子与 VV- 端子之间的电压，应为 5V，如果没有 5V 电压，则应分别检查与 ECU 间线路的连接情况，如果线路正常，则说明发动机 ECU 有故障。

（2）参考电压的检测　关闭点火开关，断开凸轮轴位置传感器，打开点火开关至 ON 位置，用万用表检测 VV+ 端子与 VV- 端子之间的电压，应为 4.6V，如果没有 4.6V 电压，则应检查 VV+ 与 ECU 间线路的连接情况，如果线路正常，则说明发动机 ECU 有故障。

（3）波形检测　在线路正常连接的情况下，使发动机运转，用示波器检测输出信号，其标准波形应与图 2-80 所示的波形相同。

五、凸轮轴位置传感器快速起动功能

1. 凸轮轴位置传感器 G40 和 G163 的功能

某些发动机（如一些 5 气门发动机）使用两个传感器来判定凸轮轴的位置（G40 和 G163）。发动机上使用了带有"快速起动转子环"的传感器系统。

如图 2-81 所示，快速起动转子环上有两个宽隔板和两个窄隔板（两个小窗和两个大窗）。如图 2-82、图 2-83 所示，如果霍尔式传感器中出现一个隔板，那么传感器信号输出电平就高。根据不同的隔板宽度，G40 的信号与 G28 一起可快速判定出凸轮轴相对于曲轴的位置。在发动机起动时，发动机控制单元也可借此快速识别出下一个气缸的点火上止点，于是发动机就可快速起动了（不一定非要与 1 缸同步）。这种情况就叫快速同步或快速起动功能。

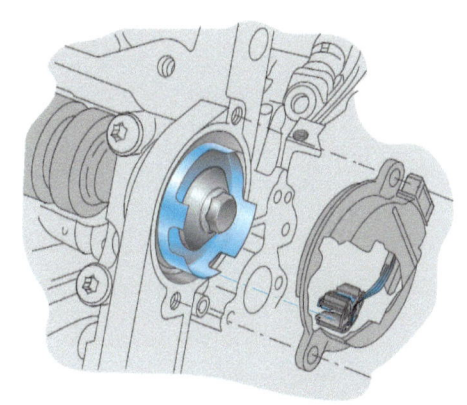

图 2-81　快速起动转子环

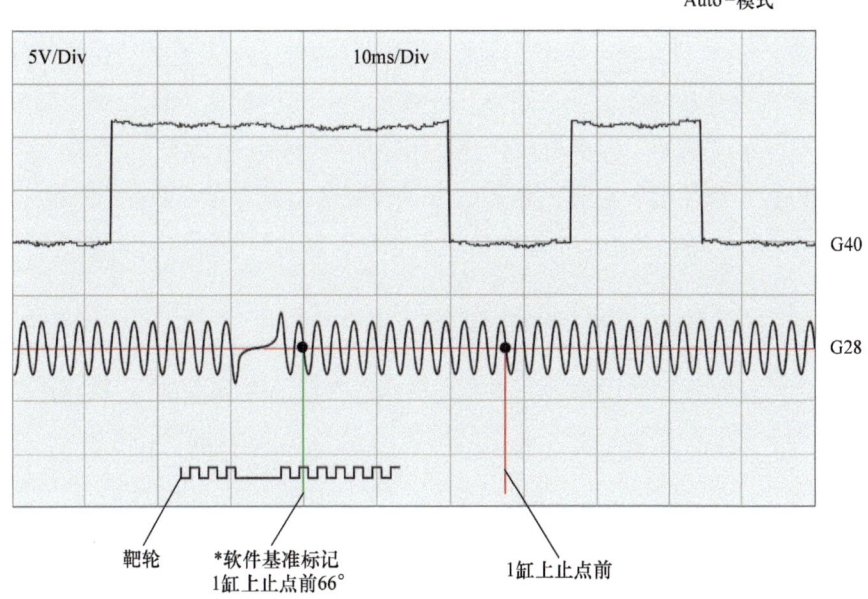

图 2-82　用 VAS5051 上的示波器显示出来的发动机转速传感器 G28 和霍尔式传感器 G40 的信号图

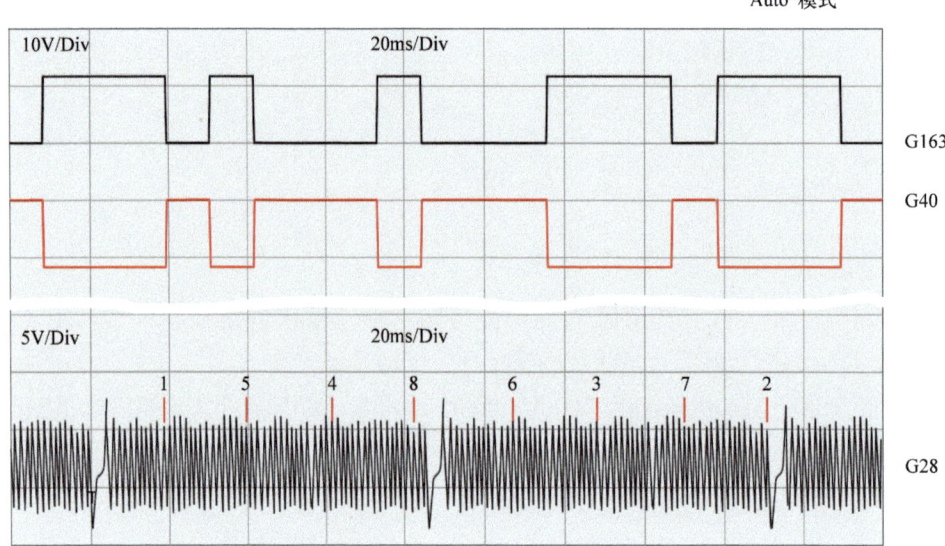

图 2-83 发动机转速传感器 G28 和霍尔式传感器 G40 及 G163 的信号图

图 2-82 中的软件基准标记是一个时刻点,控制单元从这一时刻开始计算,以便确定点火时刻。软件基准标记比硬件件基准标记错后一个齿,约相当于 1 缸点火上止点前 66°~67°。

凸轮轴位置传感器 G163 用于监控凸轮轴正时调节,在 G40 损坏时起替代信号作用。凸轮轴位置传感器 G40 位于缸体 2 上。凸轮轴位置传感器 G163 位于缸体 1 上。

2. 发动机渐停识别

发动机管理系统 ME7.1 配有一个发动机渐停识别装置,该装置通过在快速起动同步前喷射燃油来帮助快速起动功能。在关闭点火开关后的一定时间内,发动机控制单元仍在工作,它借助于 G28 来"观察"发动机从转速开始降低直至停止转动。

发动机的机械位置(处于点火上止点的下一气缸的位置)就被存储起来以便用于下次起动。ME7.1 可以马上喷油并提前准备好可燃混合气,这有助于提高起动性能。

六、新捷达霍尔式凸轮轴位置传感器检修

新捷达霍尔式凸轮轴位置传感器(简称霍尔式传感器)向 ECU J361 提供第 1 缸点火位置信号,故又称为判缸传感器。霍尔式传感器安装在气缸盖前端凸轮轴正时齿轮之后,如图 2-84 所示。霍尔式传感器是一个电子开关,按霍尔原理工作。霍尔式传感器隔板上有一个霍尔窗口,曲轴每转两周产生一个信号,根据霍尔式传感器信号和发动机转速传感器的点火时间信号,ECU 识别出 1 缸点火上止点,其电路图如图 2-85 所示。

(1)检测霍尔式传感器的供电电压

1)关闭点火开关。

第二章 位置和角度传感器

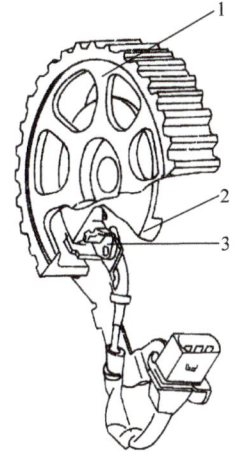

图 2-84 霍尔式凸轮轴位置传感器的外形及结构

1—凸轮轴正时齿轮 2—信号转子 3—霍尔信号发生器

2）拔下霍尔式传感器的 3 芯插头。

3）打开点火开关，用万用表的电压档测量 3 芯插头的 T3a/1 与 T3a/3 两孔之间的电压约为 5V。

4）用万用表电压档测量 T3a/2 与 T3a/3 两孔（之间）的电压值约为 12V（蓄电池电压）。

(2) 检测霍尔式传感器的线束导通性

1）关闭点火开关。

2）拔下控制单元 J361 的连接插头。

3）拔下霍尔式传感器的 3 芯插头。

4）用万用表电阻档测量 3 芯插头的 T3a/1 端子与 ECU J361 的 T80/62 端子之间，应导通。

5）测量 3 芯插头上 T3a/2 端子与控制单元 J361 的 T80/60 端子之间，应导通。

6）测量 3 芯插头上 T3a/2 端子与 220 发动机线束内传感器搭铁之间，应导通。

(3) 霍尔传感器工作情况的检测

1）关闭点火开关。

2）拔下燃油泵 G6 的熔丝 S37 号（20A）。

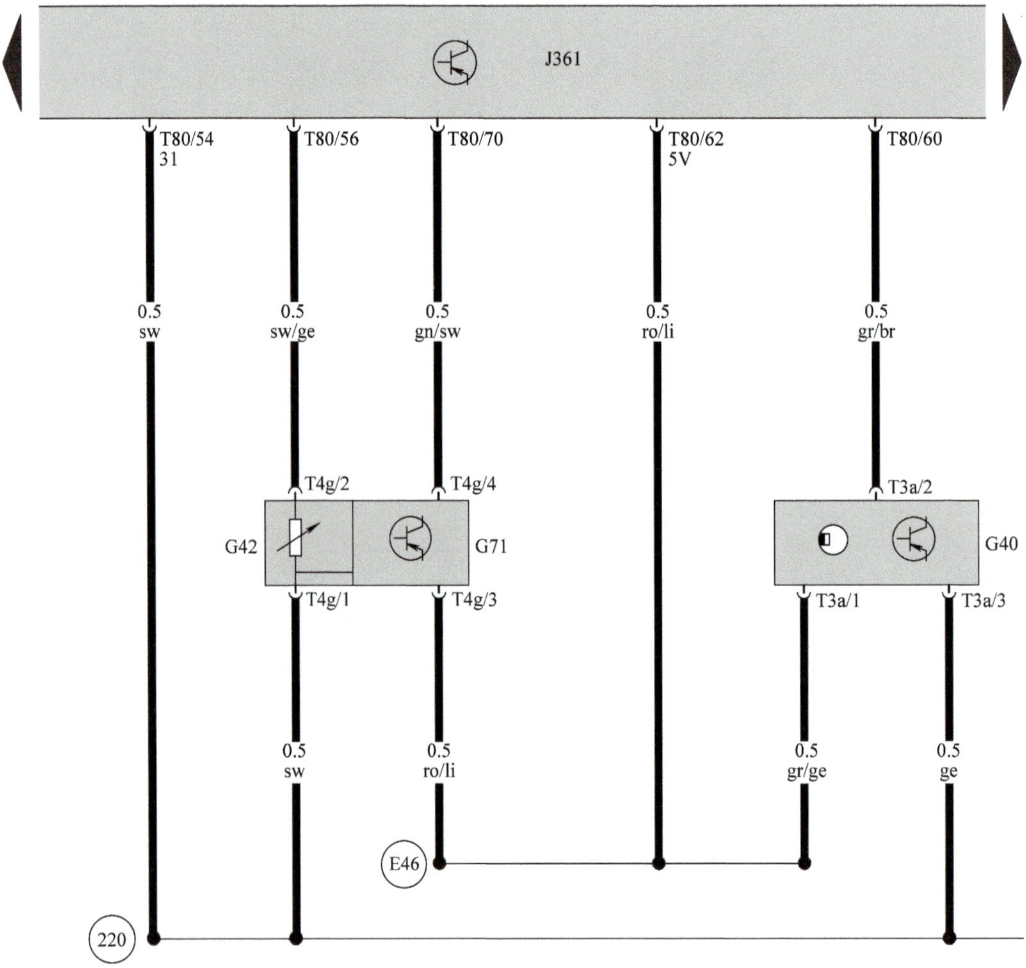

图 2-85 凸轮轴位置传感器的电路连接

G40—霍尔式传感器　G42—进气温度传感器　G71—进气压力传感器　J361—发动机控制单元
T3a—3 芯黑色插头连接　T4g—4 芯灰色插头连接　T80—80 芯黑色插头连接
⑳—发动机线束中的接地连接（传感器接地）　E46—喷射装置线束中的正极连接 1

3）释放燃油系统的压力。

4）将发光二极管连接到传感器 T3a/1 与 T3a/3 之间。

5）短暂起动发动机，发光二极管应有规律地闪烁。

七、案例：奥迪 A6L EPC 灯亮

故障现象　一辆奥迪 A6L，配置 3.0L 发动机（BBJ），行驶里程：193970km，VIN：LFV6A24F26××××××，该车行驶中 EPC 灯亮。

故障诊断　使用诊断仪检查 01 发动机控制系统里的故障码，有：P1340——凸轮轴位置/曲轴位置传感器分配不正确，超出上限　静态；P3304——气缸列 1，排气凸轮轴位置/曲轴位置传感器分配不正确，低于下极限值　静态；P0322——发动机转速传感器，没有信号间

歇性问题。

询问驾驶人得知，该车在其他维修厂更换正时传动带后就出现 EPC 灯亮的现象了。根据以往经验这是一个典型的配气正时不正确所致的案例，经检查发现配气正时没有误差。使用诊断仪引导型测试计划检查凸轮轴位置/曲轴位置传感器分配不正确。根据诊断仪提示：在发动机控制单元的故障存储器中存储了 1 个故障码，指示气缸列 1 中的霍尔式传感器被互换。按照电路图检查霍尔式传感器 G40 和 G300 的插头是否被互换。分析可能原因是：上次维修时将凸轮轴位置传感器插接器插反导致。

检查第一列凸轮轴位置传感器，发现两个传感器插接器不可能插反，因为插接器颜色和锁止卡扣不一致。难道是两个传感器和插接器整个装反了？带着这种疑问查阅了相关电路图，从电路图上可以看出第一列进气凸轮位置传感器中间信号线为绿色，而第一列排气凸轮轴位置传感器中间信号线为黑色（图 2-86）。

故障排除 实车检查发现该车进、排气凸轮轴位置传感器整体装反，将传感器和插接器对调后故障排除。

维修总结 通过本故障有几个启示，一是维修不熟悉的车辆时，最好在拆解时做好标记或记录；二是现在车辆品牌众多，拥有原厂的维修手册对保证维修质量是至关重要的；三是针对每一个车型的专检，其故障引导型测试计划是非常科学的，在排除故障时应先按诊断仪提示不折不扣完成每一个细节检查。

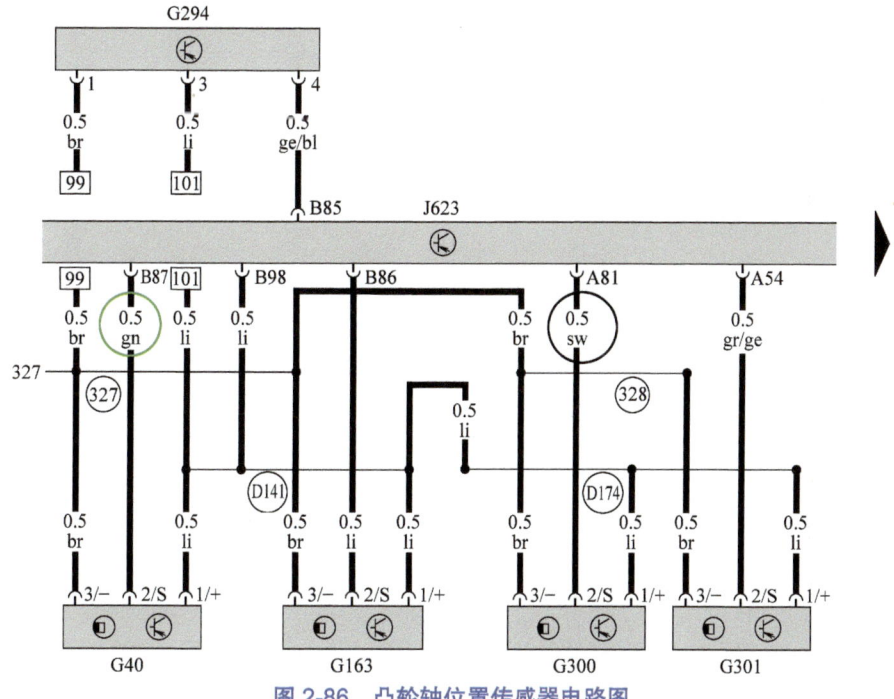

图 2-86 凸轮轴位置传感器电路图

G40—进气凸轮轴位置传感器 1　G163—进气凸轮轴位置传感器 2　G294—制动压力传感器
G300—排气凸轮轴位置传感器 1　G301—排气凸轮轴位置传感器 2　J623—发动机控制单元

第五节　方向盘转角传感器

一、大众方向盘转角传感器

1. 作用

ESP ECU 根据方向盘转角传感器和轮速传感器判断驾驶人想往什么方向行驶，同时 ECU 根据横摆率传感器和横向加速传感器判断车辆实际行驶方向。如果车辆实际行驶方向与驾驶人的意图相同，则 ESP 系统不工作；如果车辆发生跑偏或甩尾，导致车辆实际行驶方向与驾驶人意图不同的时候，则 ESP 系统工作，调节车辆实际行驶方向，防止发生事故。当车辆转向不足时，通过对内侧后轮施加相应的制动，并控制发动机和变速器管理系统，减小动力输出，ESP 在一定程度内可以阻止车辆向外驶出弯道。当车辆出现过度转向时，通过对外侧前轮施加制动，并对发动机和变速器管理系统施加控制，ESP 在一定程度内可以阻止车辆向内过度转向。ESP ECU 向带有 EDL/TCS/ESP 的 ABS 控制单元传递方向盘转角信号，测量范围为 ±720°，4 圈；测量精度为 1.5°；分辨速度为 1~2000（°）/s。

2. 安装位置与结构

如图 2-87 所示，转向角传感器位于转向柱锁开关和方向盘之间的转向柱上，与安全气囊螺旋电缆集成为一体。安装时，要保证转向角传感器在正中位置，观察孔内黄色标记可见；进行标定，如图 2-88 所示。

如果缺少转向角传感器的信息，ESP 系统就无法得知所需要的行驶方向，ESP 系统功能将失效。在更换了控制单元或传感器后，必须重新校准起始位置（零位），否则转向角传感器无法通信。注意：调整轮距后可能出现故障，一定要注意传感器与方向盘的连接。安装时，要保证 G85 在正中位置，观察孔内黄色标记可见。

转向角传感器 G85 是 ESP 系统中唯一直接通过 CAN 总线将信息传递给控制单元的传感器。只要方向盘转角达到 4.5°，接通点火开关后，该传感器就开始初始化，这相当于转动了约 1.5°。传感器的电路如图 2-89 所示。

转向角传感器 G85（它是个独立的驱动 CAN 总线用户）测量出当前的转向角值，并把该值发送到 CAN 总线上。驻车转向系统控制单元现在就可以从转向角实际值与规定值的对比中，确定出实际驻车路线与理想驻车路线之间的偏差。根据这个偏差信息计算出新的转向角规定值，并把该值发送到 CAN 总线上。打开点火开关后，方向盘被转动 4.5°（相当于

1.5cm），传感器进行初始化。

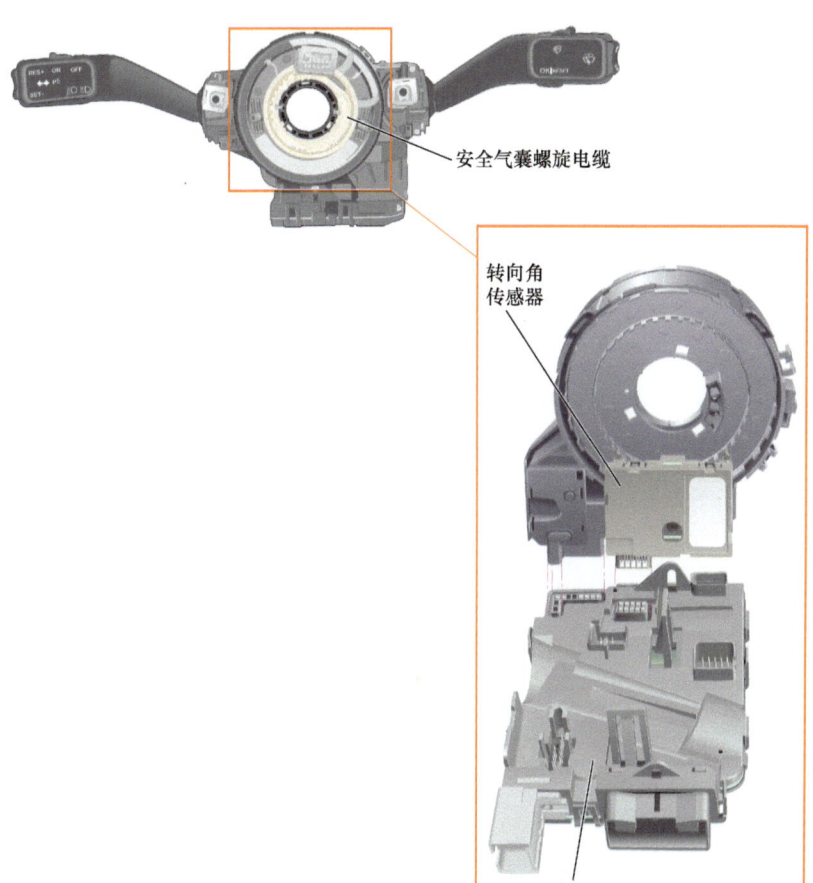

图 2-87 转向角传感器安装位置

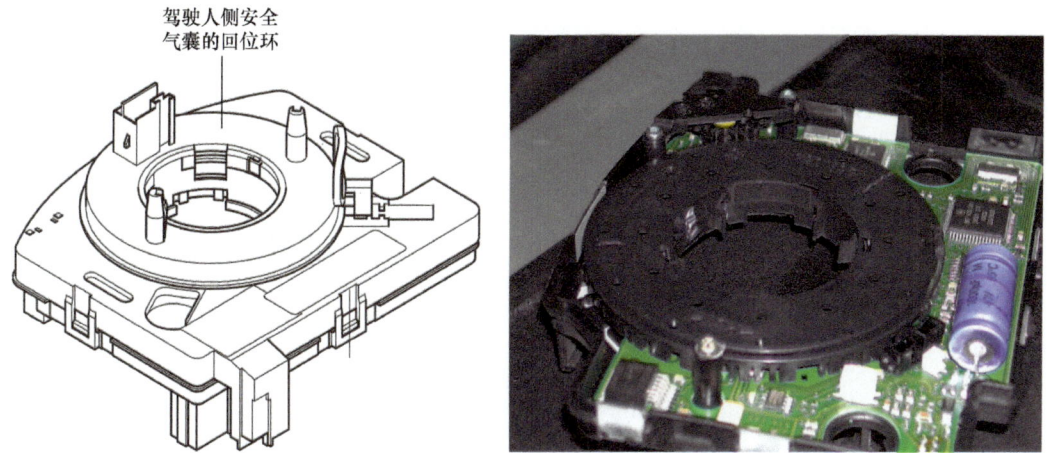

图 2-88 转向角传感器的外形

3. 工作原理

转向角传感器主要由带有两只编码环的编码盘，以及带有一只光源和一只光学传感器的光栅对组成。如图 2-90 所示，编码盘由两只环组成，在外面的一只称为绝对环，里面的一只称为增量环。增量环被分为 5 个扇区，每个扇区 72°，它由一对光栅对读取，如图 2-91 所示。该环在扇区有开口，同一扇区内的开口顺序是相同的，但不同扇区之间的开口顺序则不同，从而实现了各扇区之间的设码。

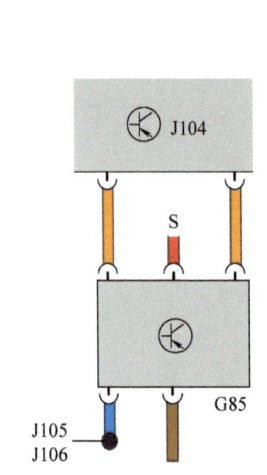

图 2-89 转向角传感器 G85 电路图

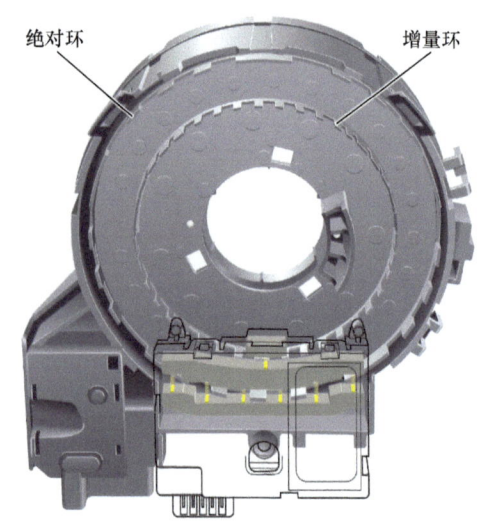

图 2-90 编码盘组成

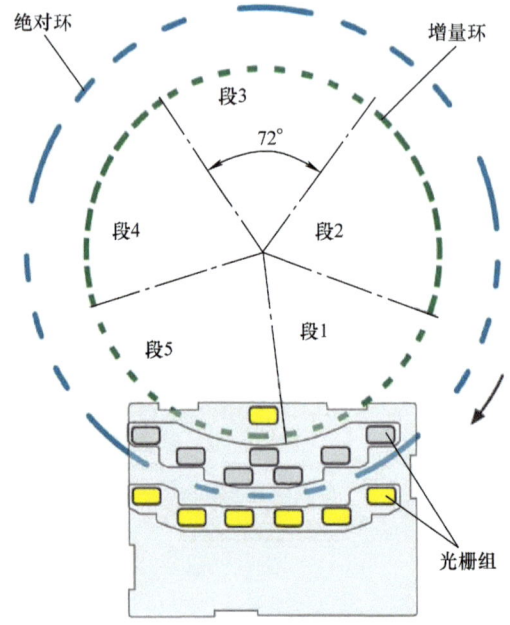

图 2-91 光电编码器

绝对环确定精度，它被 6 只光栅对读取。转向角传感器可以识别 1044° 的转向角，它对转动角度进行累加。由此当超出 360° 标记时，能够识别出方向盘完全转动了一圈。转向器的这种设计结构可以使方向盘转动 2.76 圈。

4. 角度测量原理

1）结构与测量原理。角度的测量是通过光栅原理来实现的，如图 2-92 所示。传感器基本组件由光源、编码盘、光学传感器、计数器等组成，用于传递转动的圈数编码盘由两个环构成，一个是绝对环，一个是增量环。每个环由两个传感器进行扫描。

2）信号产生机理。为了简化结构，将两个带孔蔽光框放在一起，一个为增量蔽光框，另一个是绝对蔽光框。在两个蔽光框之间有光源，其外侧是光学传感器。如果光透过缝隙照到传感器上，就会产生一个信号电压（图 2-93a）；如果光源被遮住，这个电压就又消失了（图 2-93b）。

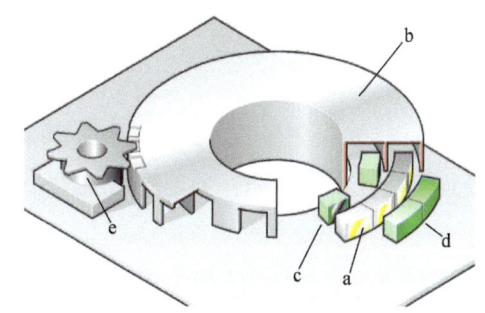

图 2-92　转向角传感器 G85 的结构

a—光源　b—编码盘　c、d—光学传感器　e—计数器

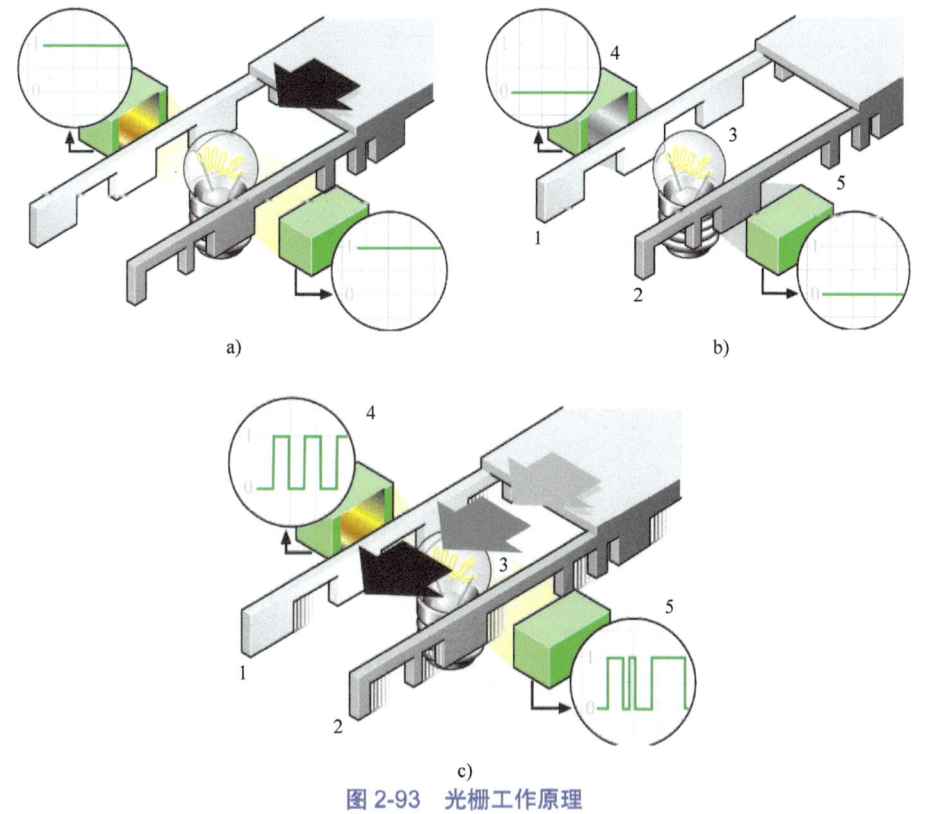

图 2-93　光栅工作原理

a）透光时　b）遮光时　c）蔽光框移动时

1—增量蔽光框　2—绝对蔽光框　3—光源　4、5—光学传感器

如图 2-93c 所示，如果移动蔽光框，就会产生两个不同的电压。增量传感器传送一个均匀的信号，这是因为间隙是均匀分布的；绝对传感器传送一个不均匀信号，这是因为间隙是不均匀分布的。系统通过对比这两个信号，就可计算出蔽光框移动的距离，于是就确定了绝对部件运动的起始点。转向角传感器的工作原理与此相同，只是运动变成了旋转运动。

二、丰田方向盘角度传感器

丰田方向盘角度传感器安装在组合开关区。该传感器能检测转向力和转向方向，向防滑控制 ECU 输出信号。方向盘转角（简称转向角）传感器包括一个带孔的信号盘、一个微型处理器和几个光电断路器（SS1、SS2、SS3），如图 2-94 所示，光电断路器包括发光二极管和光电晶体管。当转动方向盘时，信号盘会随着方向盘转动，发光二极管发出的光线以一定周期经过信号盘光孔照射在光电晶体管上，光电晶体管就发出一定的电压信号。光电断路器则检测信号，再把信号传给微型处理器，由微型处理器把这些信号转化成数字信号传给 ECU。ECU 通过这个数字信号来判断方向盘的中间位置、旋转方向和转向的角度。检测车速的方法如图 2-95 所示，方向盘角度传感器检测旋转方向的方法如图 2-96 所示。

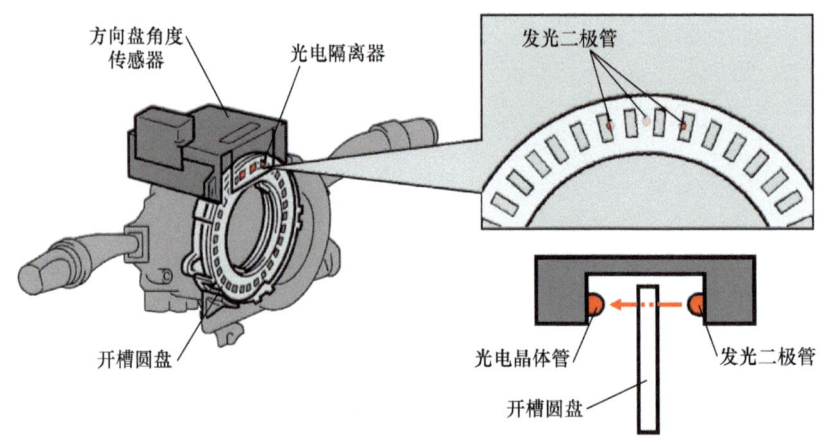

图 2-94 方向盘角度传感器的结构

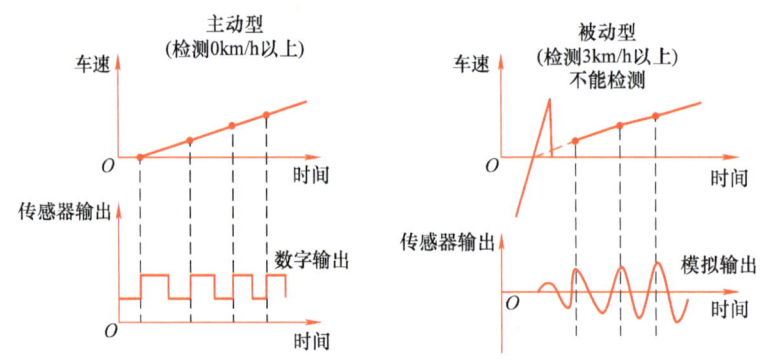

图 2-95 主动型和被动型轮速传感器车速检测方法示意图

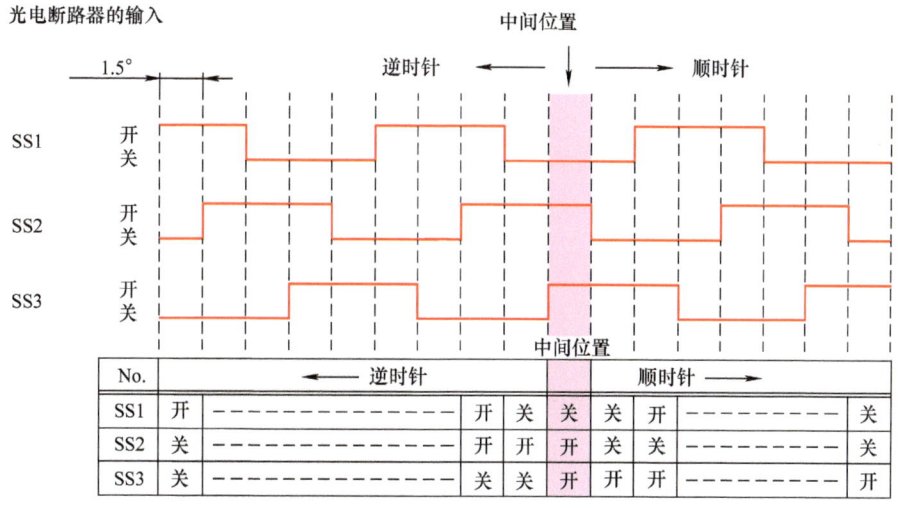

图 2-96 方向盘角度传感器检测转动方向及角度的原理图

三、案例：江淮和悦 RS 方向盘多功能开关功能紊乱

故障现象 一辆配置有方向盘多功能开关按键的江淮和悦 RS 车，驾驶人反映在使用方向盘上的音响控制键操作时，CD 机经常发生功能错乱现象，尤其是音量控制键引发的故障频率较高。故障表现为车主按"−"键时，实际响应为静音，或按"+"键时，CD 无响应。

故障诊断 针对故障车辆，技师分别从 CD 机故障、方向盘控制键故障、线路故障（包括螺旋电缆）三方面入手进行故障现场排查。更换 CD 机总成验证，试车故障依旧，说明 CD 主机并无问题。接下来拆解检查方向盘多功能开关，技师在拆下主气囊模块后，分别检测方向盘幅上多功能开关的各控键，用万用表测量方向盘开关各控键输出信号线与方向盘接地之间的电阻值，测量结果见表 2-3。

表 2-3 方向盘开关各控键输出信号线与方向盘接地之间的电阻值

控键	+键	静音键	−键	上一曲键	模式键	下一曲键
电阻值	301Ω	151Ω	51Ω	571Ω	1040Ω	2030Ω

由于维修手册并没有给出上述电阻值的检修规格，与正常车辆的方向盘多功能开关各控键电阻值进行比对，比照结果基本一致。再测量方向盘多功能开关信号线至 CD 机之间的线路（包括螺旋电缆），也未发现有短路或断路现象。

至此维修过程陷入僵局。维修人员重新整理思路，分析方向盘音响控制键工作电流的路径，CD 机方向盘多功能开关控键信号→车身线束→螺旋电缆→方向盘多功能开关（各按键）→方向盘→车身搭铁。回顾上面的检查，故障车辆的 CD 机总成、车身线束、螺旋电缆和方向盘多功能开关控键都正常，难道是方向盘与车身之间接触不良所致？

故障排除 在方向盘与汽车车身之间直接跨接一根导线后试车，故障现象立即消除，拆除跨接导线后试车，故障现象重现。至此，故障原因明确为方向盘与车身之间搭铁不实所致。因方向盘喇叭按钮可以正常控制喇叭工作，维修过程中时常忽略了检查与验证方向盘搭铁的可靠性，留下了方向盘与车身之间搭铁不良（且是偶发性的搭铁不良）的隐患。

处理方案有两个，一是在方向盘与车身之间直接跨接一根辅助搭铁线；二是将方向盘多功能开关在方向盘上的搭铁点，改为通过螺旋电缆后再与车身直接搭铁。这需要增加2个插线座，分别与螺旋电缆连接，通过改进后的方向盘多功能开关工作电流路径改变为：CD机方向盘多功能开关信号→车身线束→螺旋电缆→方向盘多功能开关各按键→螺旋电缆（闲置的两条线可任选其一）→车身搭铁（组合开关M15的1号针脚）。

维修总结 故障现象原因为方向盘多功能开关接地的不适导致，和悦RS配置方向盘多功能按钮开关的接地点，直接接到方向盘骨架上，通过车身回到CD主机，经过方向盘骨架及车身钣金，导致接触电阻过大，功能紊乱。后期该车型量产已改进，改进后的状态为多功能开关接地点通过线束直接回到CD主机（图2-97），并对和悦RS方向盘开关及相应主线束做出更改，以解决市场反馈方向盘开关紊乱问题，彻底消除此类偶发性音响功能失效的问题。

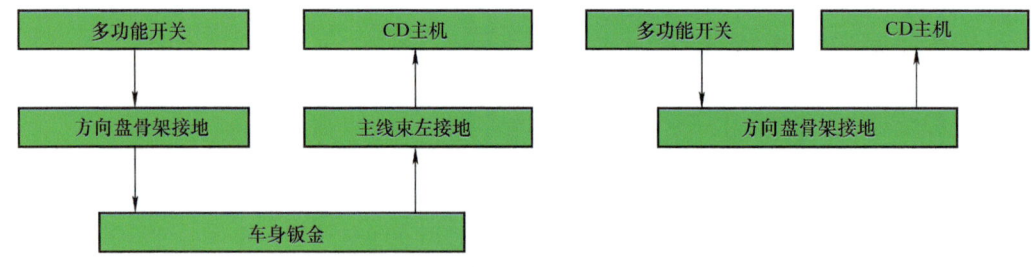

图2-97 修改前和修改后的对比

第六节 其他位置和角度传感器

一、水平位置传感器

1. 工作原理

水平位置传感器G84用于车身的水平状态检测。这种传感器是一种非接触式的转角传感器，它通过一根连动杆来判定后桥相对于车身的弹簧压缩量。G84所使用的转角传感器也是根据霍尔原理来工作的。集成在传感器内的测量电子装置将霍尔集成电路信号按角度比例转换成电压信号，如图 2-98 所示。有一块环形磁铁与传感器曲拐轴连接在一起（转子）。在分为两半的铁心（定子）之间有一个偏心安装的霍尔集成电路，与测量电子装置共同构成一个部件。根据环形磁铁的位置不同，穿过霍尔集成电路的磁场会发生变化。由此而产生的霍尔信号就被测量电子装置按角度比例转换成电压信号，这个模拟的电压信号由控制单元 J197 接收，用于判定车身的水平状态。这种转角传感器也用于前照灯照程自动调节装置上。带有前照灯照程自动调节装置的车上共装有 3 个水平位置传感器。

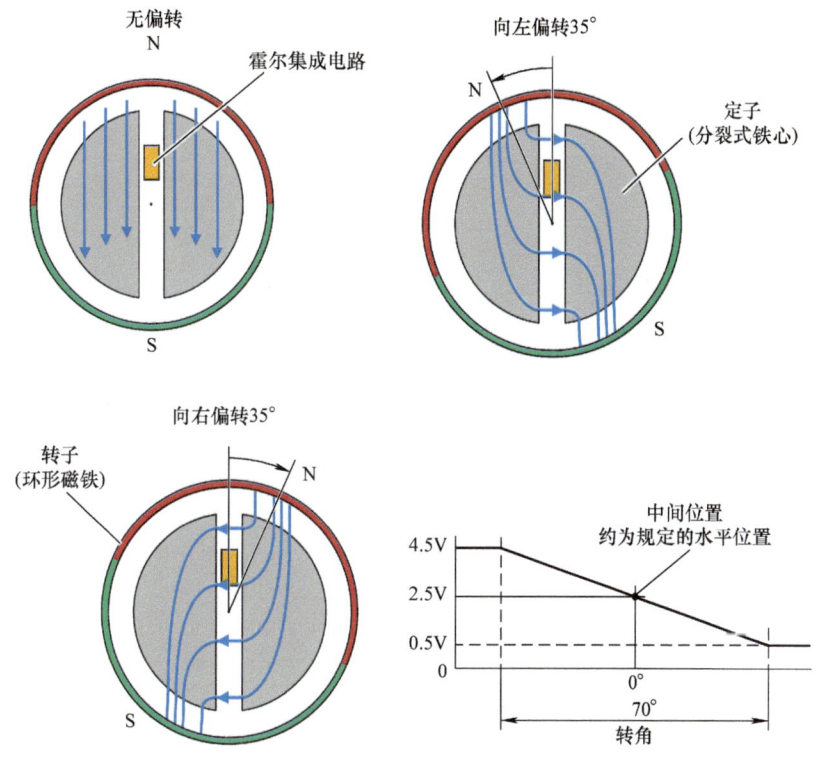

图 2-98 霍尔线性传感器工作原理

  这些水平位置传感器都采用转角传感器原理工作。借助一个连动杆机构可将车身水平变化转换成角度变化，如图 2-99、图 2-100 所示。

  此类角度传感器是非接触式的，采用感应原理。这种水平位置传感器的一个特点是，它可产生两个不同的且与转角成比例的输出信号。这种传感器既可用于空气悬架，也可用于前照灯照程调节。其中一个输出信号提供一个与角度成比例的电压（用于前照灯照程调节），另一个输出信号提供一个与角度成比例的 PWM 信号（用于空气悬架）。这四个水平位置传感器结构是相同的，只是支架和连动杆根据左右和车桥的不同而有所不同。左、右传感器臂的偏转方向是相反的，所以输出的信号也是相反的。例如，车身一侧的传感器输出信号在空气悬架压缩时如果是增大的话，那么在车身另一侧该输出信号则是减小的。

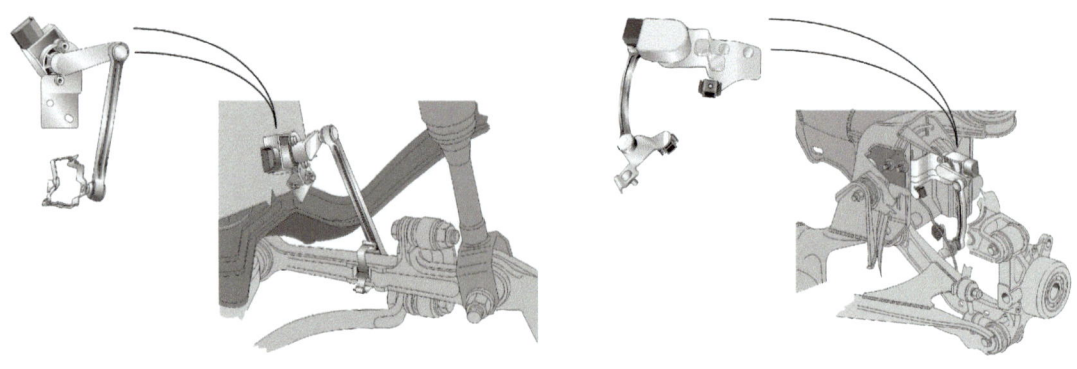

图 2-99　前桥水平位置传感器　　　　　图 2-100　后桥水平位置传感器

2. 结构

转角传感器主要是由定子和转子组成的，如图 2-101 所示。定子由多层电路板构成，电路板上有激励线圈、三个接收线圈以及控制/分析电子装置。这三个接收线圈布置为多角星形，相位是彼此错开的。激励线圈装在电路板的背面。转子由一个封闭的线匝构成，线匝上连着传感器臂（匝与传感器臂一同转动）。线匝的形状与接收线圈的形状是一样的。

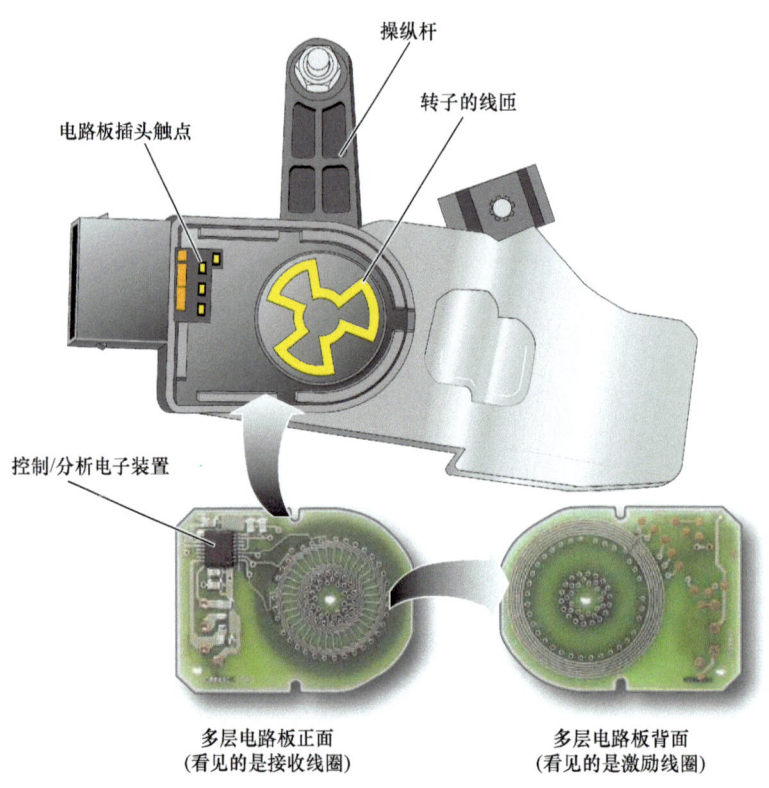

图 2-101　传感器结构

3. 检测

交变电流流过激励线圈，于是就产生了一个交变电磁场，其电磁感应会穿过转子。转子中感应出的电流又会在线匝（转子）周围感应出一个次级交变磁场，如图 2-102 所示。这两个交变磁场（分别由激励线圈和转子产生的）共同作用在接收线圈上，在接收线圈内感应出交流电压。转子中的感应与角度位置无关，但接收线圈的感应取决于它与转子之间的距离和相互间的角度位置。

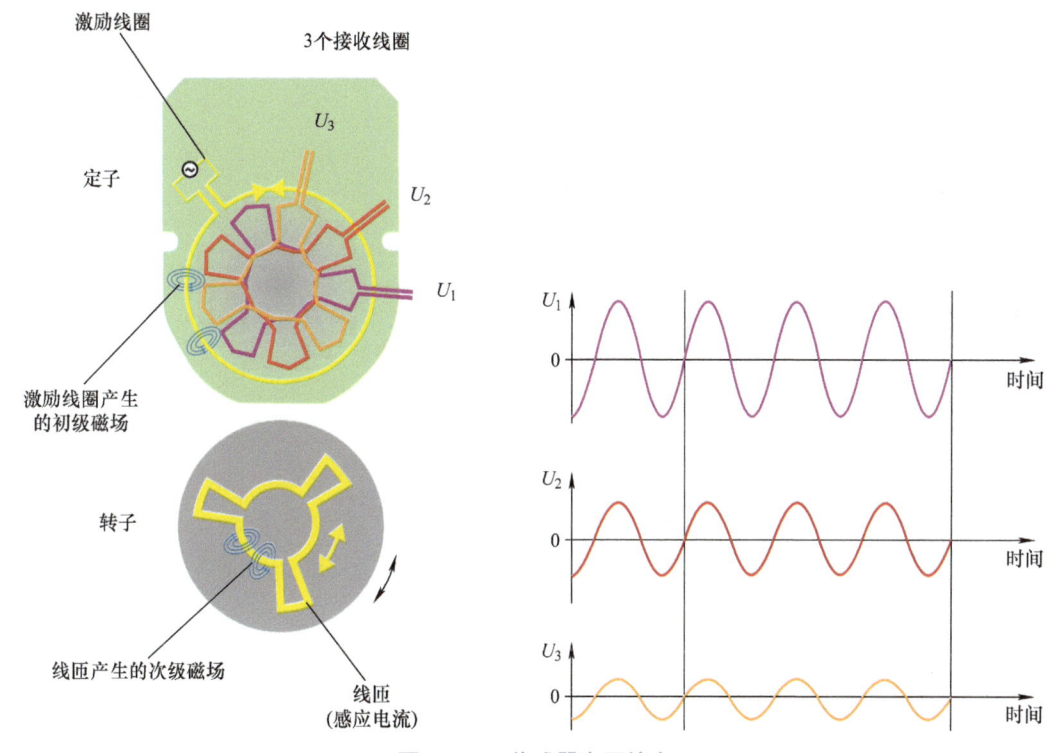

图 2-102　传感器电压输出

由于角度位置不同，转子与接收线圈的重合度就不同，因而对应于角度位置的感应电压幅值也就不同。电子分析装置会对接收线圈的交变电压进行整流并放大，并使得三个接收线圈的输出电压成比例（相对比例测量）。分析完电压后，分析结果转化成水平位置传感器的输出信号，送至控制单元进一步处理。

二、离合器位置传感器

1. 作用

大众车系离合器位置传感器 G476 信号的作用是切断定速巡航的控制，换档时减少喷油，保证换档平顺，识别离合器的接合状态。对于安装手动变速器的车型，要起动 EPB 的坡道起步辅助功能必须事先确定离合器踏板的位置。EPB 的控制单元要综合分析下列因素才能确定制动起动点的位置，即离合器踏板位置、所选档位、道路坡度以及发动机转矩等。

同样，在具备坡道辅助功能的车型中，EPB 的控制单元要确定何时释放系统中的电磁阀以及已降低的制动力。这两种情况下，为了防止翻车，在降低制动力之前都必须达到足够的发动机转矩。

2. 结构

离合器位置传感器的安装位置如图 2-103 所示，离合器位置传感器用卡箍固定在工作缸上，该传感器监测离合器踏板的动作。主缸通过一个卡扣，安装在轴承支撑架上。当踩下离合器踏板时，推杆推动工作缸的活塞。离合器踏板及离合器位置传感器的结构如图 2-104 所示。

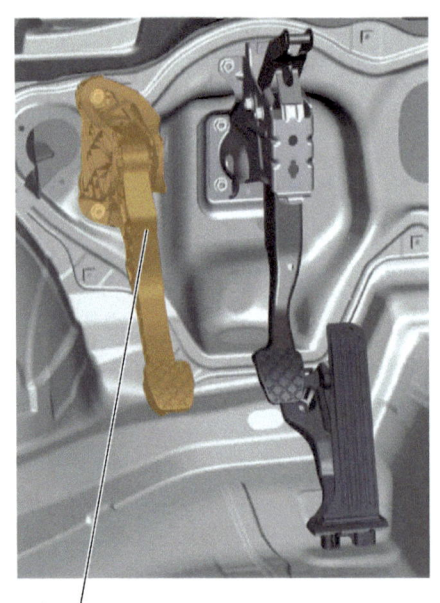

图 2-103　离合器位置传感器的安装位置

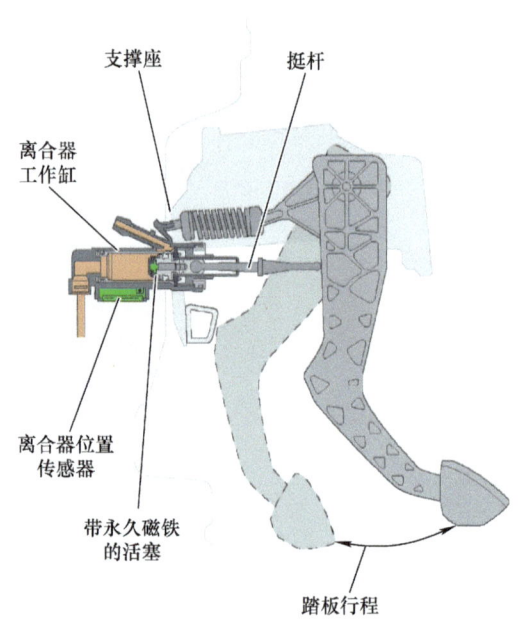

图 2-104　离合器位置传感器 G476 结构

3. 工作原理

当踩下离合器踏板时，推杆头和推杆一起沿离合器位置传感器方向被推动。在活塞的最前端是一块永久磁铁。集成在离合器极板中有一排 3 个霍尔传感器。永久磁铁一经过霍尔传感器，电子机构就会向相应的控制单元发送信号，如图 2-105 所示。

① 霍尔传感器 1 是一个数字传感器。它将电压信号发送到发动机控制单元，该信号用于关闭巡航控制系统。

② 霍尔传感器 2 是一个模拟传感器。它将一个频宽可调脉冲信号（PWM 信号）发送到电控机械驻车制动控制单元。这样就可监测到离合器踏板的准确位置，控制单元可在动态起步时，计算出驻车制动的最佳解除时间点。

第二章 位置和角度传感器

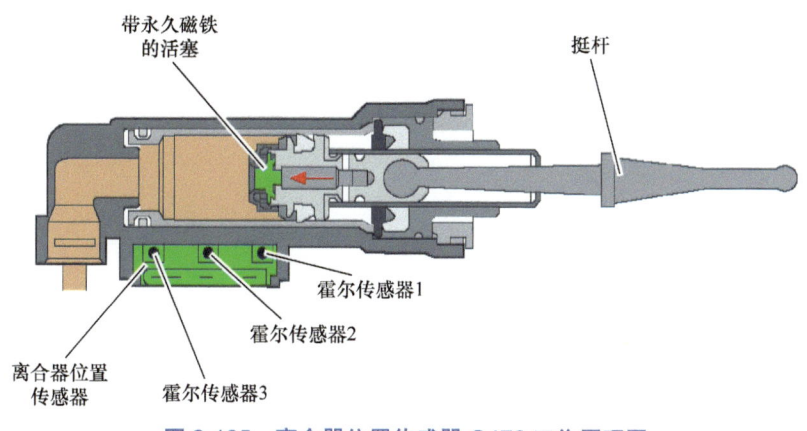

图 2-105 离合器位置传感器 G476 工作原理图

③ 霍尔传感器 3 是一个数字传感器。它将电压信号发送到车载网络控制单元。控制单元用它监测是否踩下了离合器踏板。仅在踩下离合器踏板后才可起动发动机（互锁功能），如图 2-106 所示。

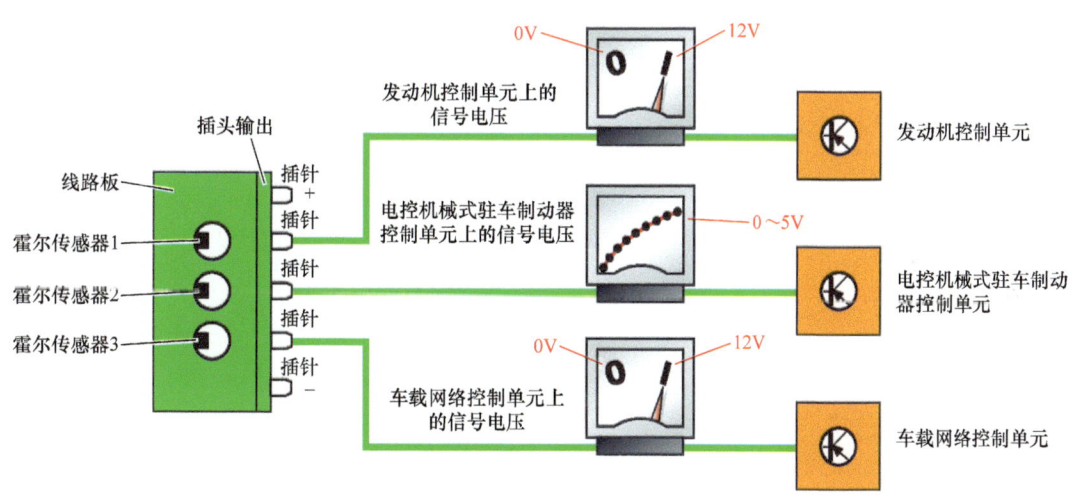

图 2-106 离合器电路控制

1）离合器踏板未踩下。如图 2-107 所示，离合器踏板未踩下时推杆和活塞处于静止位置。离合器位置传感器内的电子分析装置将一个电压信号发生给发动机控制单元，有供电电压（蓄电池电压）时该电压为 2V。发动机控制单元识别是否踩下了离合器踏板。

2）离合器踏板已踩下。如图 2-108 所示，踩下离合器踏板时推杆与活塞一起向离合器位置传感器方向移动。活塞前端有一个永久磁铁。

只要永久磁铁经过霍尔传感器的开关点，电子分析装置就会将一个 0~2V 的电压信号发送给发动机控制单元。借此识别离合器踏板是否踩下。

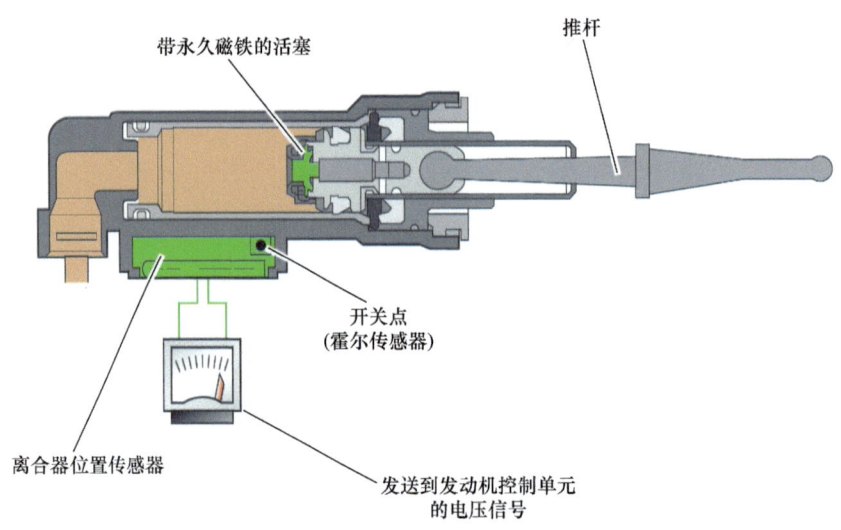

图 2-107　离合器踏板未踩下

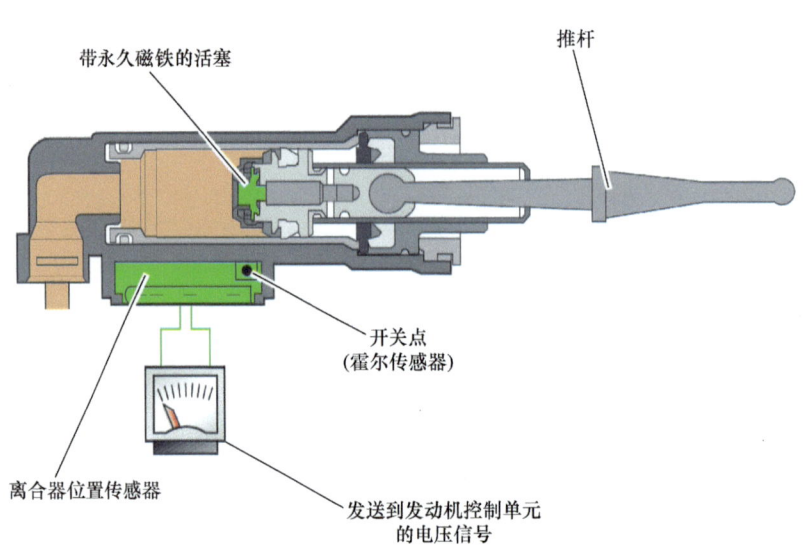

图 2-108　离合器踏板已踩下

4. 检测

1）如图 2-109 所示，正常情况下测量离合器位置传感器的 2、3、4 号脚的电压。数据流如表 2-4 所示。

第二章 位置和角度传感器

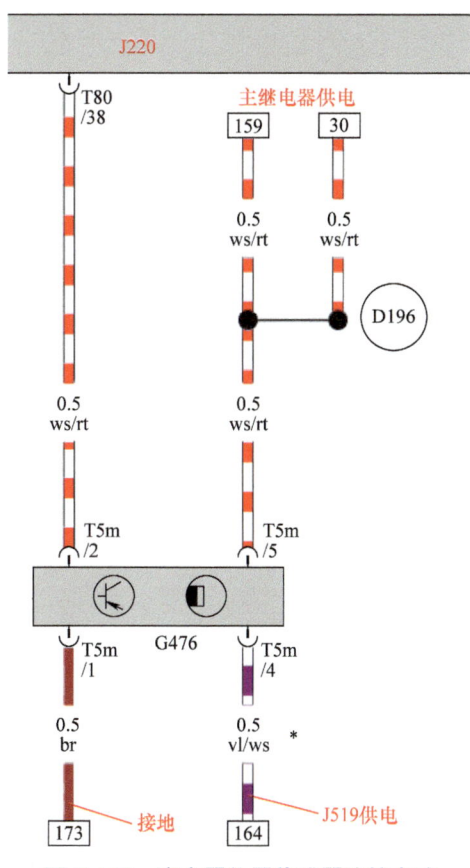

图 2-109 离合器位置传感器连接电路

G476—离合器位置传感器　J220—发动机控制单元　J519—车载网络控制单元

表 2-4 正常情况下测量离合器开关的 2、3、4 号脚的数据流

项目	01-08-66-02	09-08-15-03	03-08-03-01
不踩离合器	00000000	关	00
踩下 1/3	00000100	关	10
踩下 2/3	00000100	开	11

2）分别断开离合器位置传感器 G476 的 2、3、4 脚后数据流如表 2-5 所示。

表 2-5 断开 G476 的 2、3、4 脚后的数据流

项目	01-08-66-02	09-08-15-03	03-08-03-01
不踩离合器	00000000	关	00
到 J540 断路，踩下离合器	00000100	开	11
到 J220 断路，踩下离合器	00000100	开	11
到 J519 断路，踩下离合器	00000100	关	10

从上述试验得出，ABS 控制单元 J104 中可以读出 G476 到 J540、J220、J519 的线路通

断状态，J104 从 J220 中得出第 1 状态位，从 J519 中得出第 2 状态位。

三、电动机械式助力转向电动机位置传感器

1. 电动机械式助力转向电动机

如图 2-110 所示，电动机械式助力转向电动机 V187 安装在转向器壳体内，与齿条是平行的。它将所需的助力经同步带传至循环球机构上。该电动机可提供最大为 4.5N·m 的转矩来帮助驾驶人转向。

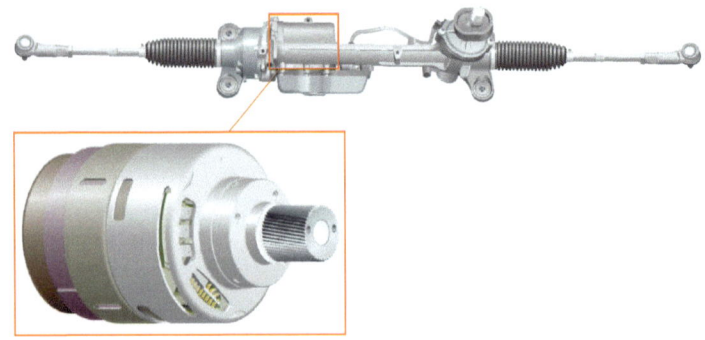

图 2-110　电动机械式助力转向电动机安装位置

电动机械式助力转向电动机 V187 是一种三相同步电动机。在同步电动机上，转子与定子电流磁场是同步转动的。该同步电动机的效率很高，因为它省去了异步电动机中的预励磁（这要消耗电流的）。因此，在转向系统差不多时（指可比时），电流消耗相应就降低了。该电动机若是损坏了，就不会有转向助力了。

与异步电动机相比，由于同步电动机采用永久磁铁做转子，具有重量轻、无磨损（因为无电刷）、不需预励磁以及节能，反应快的优点。

（1）结构　如图 2-111 所示，电动机械式助力转向电动机有一个转子和一个定子。这个转子就是一个 6 极环形磁铁。它使用了一种稀土永久磁铁。稀土永久磁铁在能使磁场强度非常高的同时，还能使部件的尺寸非常小。这个定子由 9 个线圈和 9 个片组构成，这个数量与转子磁极无法匹配成对。这些线圈以一个接一个的正弦曲线形式交替通电，于是每三个磁场就合成为一个磁场，并吸拉其后面的转子。为了提高工作平稳性，6 极环形磁铁的磁极方向采用斜向布置。

（2）工作过程　如图 2-112 所示线圈通上了电后，就在定子中形成了一个动态的旋转磁场。转子的磁铁按照线圈所产生的旋转磁场方向来调整其位置，就像一个指南针处于地球磁场中那样。通过通电可以决定转速和旋转方向。由于 9 个线圈和转子的 6 个磁极不成对，所以转子就会自发地转动了，也就不需要预励磁了。转子与定子电流磁场是同步转动的，所以这种电动机称为同步电动机。

第二章 位置和角度传感器

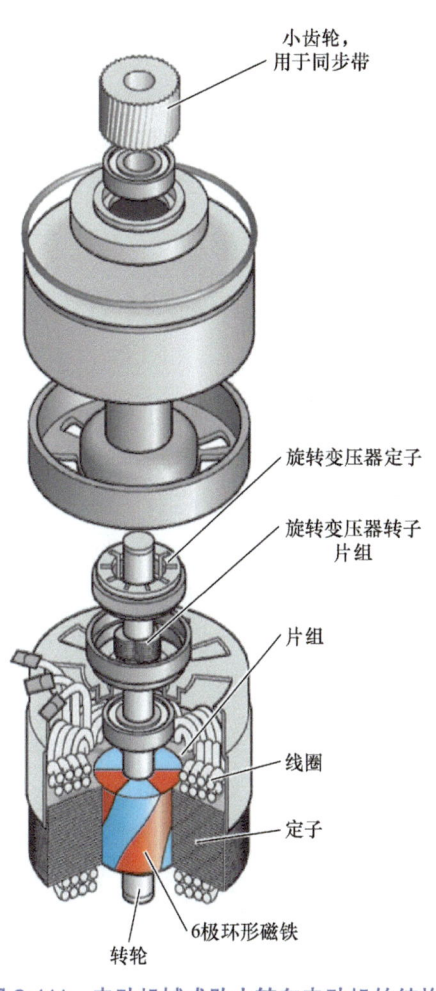

图 2-111 电动机械式助力转向电动机的结构

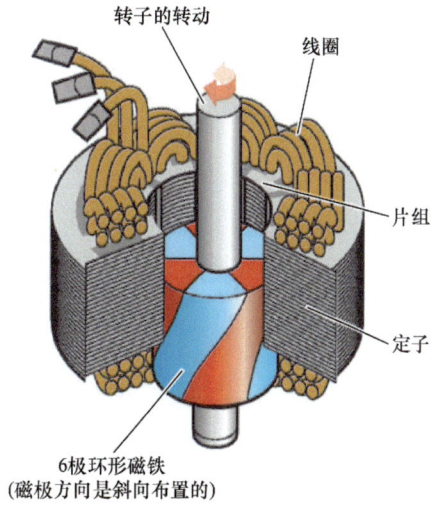

图 2-112 电动机的工作过程

2. 电动机位置传感器

电动机位置传感器是电动机械式助力转向电动机 V187 的一个组件，从外面是无法看到它的。

（1）结构　如图 2-113 所示，电动机位置传感器处于轴端位置。电机位置传感器是以旋转变压器原理来工作的（旋转变压器也称解算器或分解器）。该传感器由带有 10 个线圈的旋转变压器定子和旋转变压器转子构成。旋转变压器转子就是一个铁质片组。

（2）信号应用　电动机位置传感器用于获知在旋转一圈的过程中，转子的绝对位置在哪里。另外，从该信号中也可推算出转子转速和旋转方

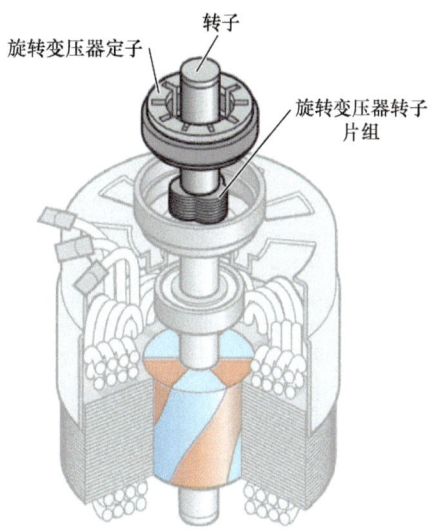

图 2-113 电动机位置传感器结构

081

向。因此，该传感器用于感知电动机械式助力转向电动机 V187 的准确位置，该信息对于精确控制电动机是非常重要的。

如果这个传感器损坏了，那么转向助力系统就停止工作了。电动机械式助力转向指示灯 K161 会呈红色而亮起，表示有故障了。

四、电容式液位传感器

1. 结构原理

电容式液位传感器常用作燃油、机油和冷却液液位的测量。如图 2-114 所示，将电容式传感器放入燃油或冷却液中，随着燃油或冷却液液面高度发生变化，引起电容电极间的电介质的不同而引起电容的变化，电容的变化引起了电路振荡周期的变化，通过计算振动频率，就能获知液面状态。

机油状态传感器是大众车系所配备的反映机油状况的一个重要传感器，主要作用是随时监控机油液位、机油温度。下面以大众 CC 车型发动机为例，说明其构造和检测方法。

如图 2-115 所示，机油油位传感器 G266 安装在油底壳中的下部，通过持续测得的油位和温度数据作为脉冲宽度调制的输出信号传递给组合仪表。该传感器由两个重叠安装的筒形电容器组成。两根金属管作为电容器电极嵌套安装在电极之间，如图 2-116 所示。发动机机油作为电介质。机油状态通过下面的原理测得，作为电介质的机油因磨屑不断增加以及添加剂的分解而使介电常数发生变化，相应的电容值将在传感器内的电子装置中被处理成数字信号，并作为发动机机油状态信息传送给仪表电脑。机油油位传感器在机油状态传感器的上部，它测量机油油位这一部分的电容值，该电容值会随着机油油位的变化而发生变化，并由传感器电子装置处理成数字信号再传送到仪表电脑。

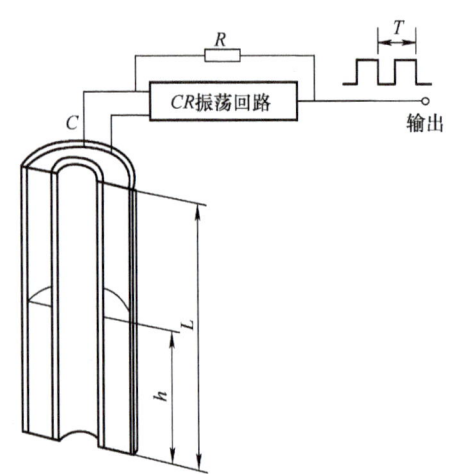

图 2-114　电容式液位传感器的构造

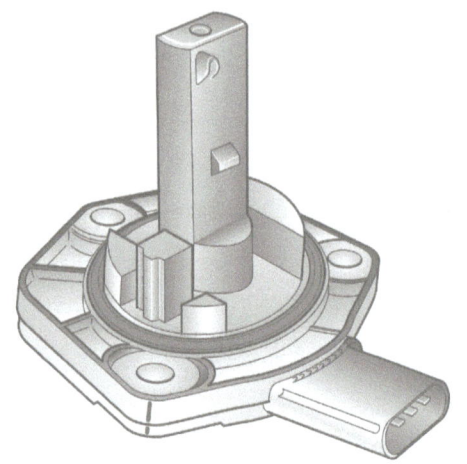

图 2-115　机油油位传感器外形

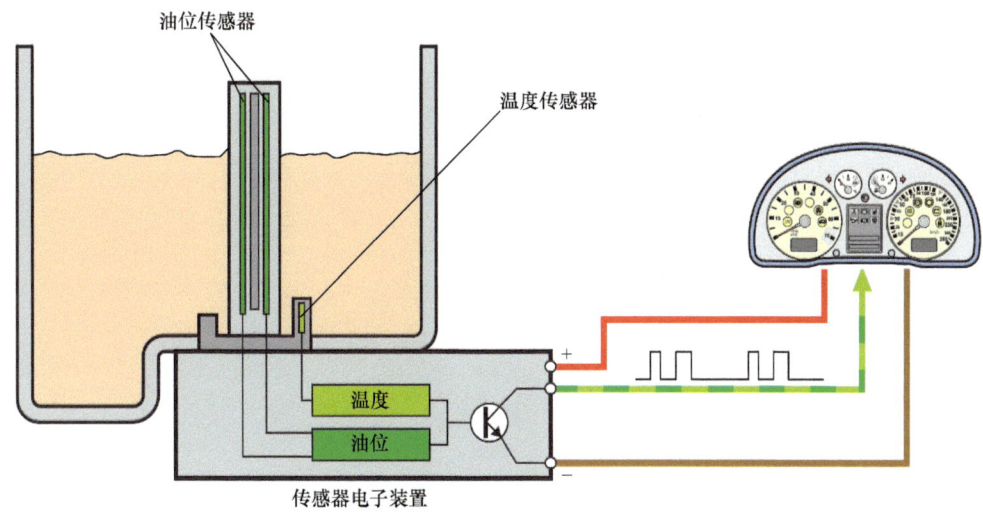

图 2-116 机油油位传感器

如图 2-116 所示，在机油状态传感器的底座上装有一个铂温度传感器，该传感器检测机油温度，并将检测到的温度信号传送到仪表电脑，再输出到机油温度表显示。只要在输出信号端连续测量，即可测得机油油位、机油温度和发动机机油状态信号的变化。

2. 机油油位和机油温度传感器 G266 检测

如图 2-117 所示，机油状态传感器 G266 是一个三线式数字信号传感器。

（1）供给电源检测　用数字式万用表对传感器 1 号端子进行工作电压检查。用数字万用表电压档检测机油状态传感器 T3bu/1 号端子与 T3bu/2 的电压，点火开关打开时，其电源端电压应是蓄电池电压。

（2）搭铁线检测　检测 T3bu/2 号线与搭铁间电阻，正常值应为 0Ω，否则说明搭铁不正常。

（3）信号线参考电压　检测检测 T3bu/3 号线信号电压应在 9.8～10.5V 范围内。在怠速时测量电压值应基本不变化。

（4）解码器检测　使用 VAS5052 解码器可以查询故障码，如果机油油位传感器本身或线路出现问题，会出现故障码 00562。

（5）波形检测　运用示波器对机油状态传感器输出端的信号进行波形分析，可以进一步确定该传感器信号特征。该信号是一个脉冲矩形方波信号。机油状态传感器波形如图 2-118 所示。

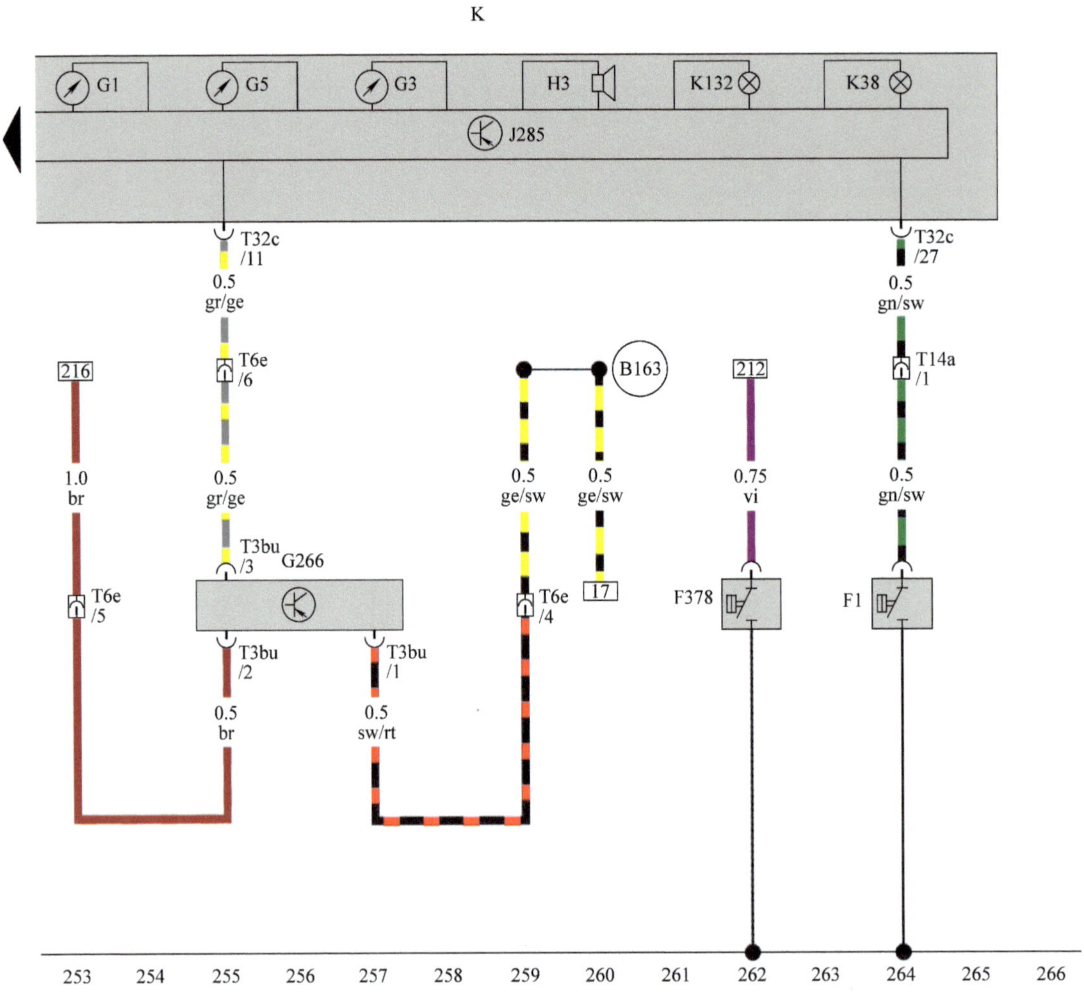

图 2-117 机油油位和机油温度传感器电路图

F1—机油压力开关　F378—机油压力过低开关　G1—燃油储备显示　G3—冷却液温度表
G5—转速表　G266—机油油位和机油温度传感器　H3—警报蜂鸣器
J285—仪表板中的控制单元　K—仪表板　K38—油位指示灯　K132—电子节气门故障信号灯

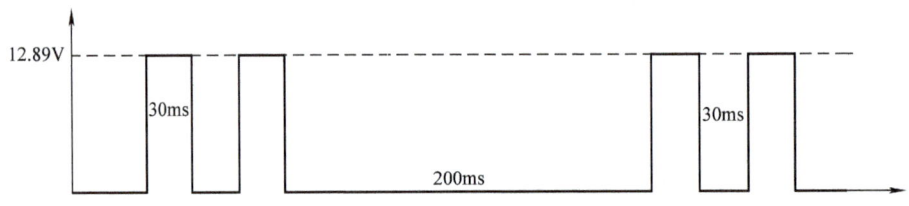

图 2-118 机油状态传感器波形

（6）油位显示　发动机油压指示灯也用来显示油位，指示灯为黄色表示油位过低；黄色指示灯闪烁表示油位传感器损坏；油位过高时无信号显示。

五、进气歧管风门位置传感器

1. 作用

进气歧管风门位置传感器（图 2-119）元件集成于进气歧管风门驱动系统（进气歧管风门电动机 V157）中。它用于记录进气歧管风门的当前位置。如图 2-120 所示，传感器位于进气歧管风门模块塑料罩盖下的印制电路板上。它是一个磁阻式传感器，在不与风门接触的情况下，可以检测风门控制轴上的永久磁铁的位置。

图 2-119　进气歧管风门位置传感器安装位置

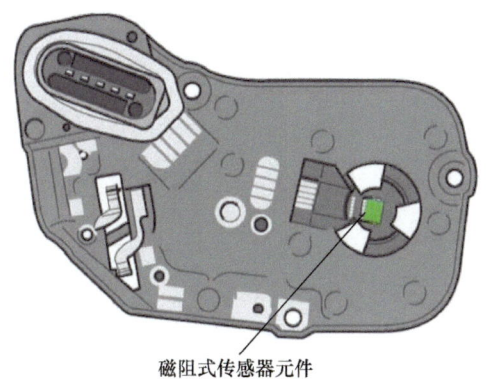

图 2-120　进气歧管风门位置传感器内部结构

发动机控制单元利用该信号判断进气歧管风门的当前位置。此外，控制单元需要这一位置信号来控制废气再循环阀以及微粒滤清器。

传感器信号发生故障时，废气再循环系统将关闭。此时进气歧管风门驱动系统也会停止工作，而调节风门由回位弹簧拉至"开"的位置。故障信息被添加入进气歧管风门电动机 V157 下的故障记录中。

2. 结构

磁阻式传感器为无接触式运行，可用于测量转角，例如进气歧管风门的调节角度。传感器的这一特殊内部结构设计，使之能够测量 0°～180° 之间的转角。它的更多的优点包括：

① 对温度引起的磁场强度变化不敏感

② 对参照磁铁老化不敏感

③ 对于机械误差不敏感

如图 2-121 所示，磁阻式传感器由一个表层涂有铁磁物质的电子传感器元件，以及一个作为参照磁铁的磁铁组成。磁铁与被测转角轴相连接。轴带动柱形磁铁转动，磁铁形成的磁力线位置相对传感器元件变化。因此，传感器元件的电阻值发生变化。接着，传感器电子部件通过此电阻值来计算出此轴相对于传感器的绝对转角。

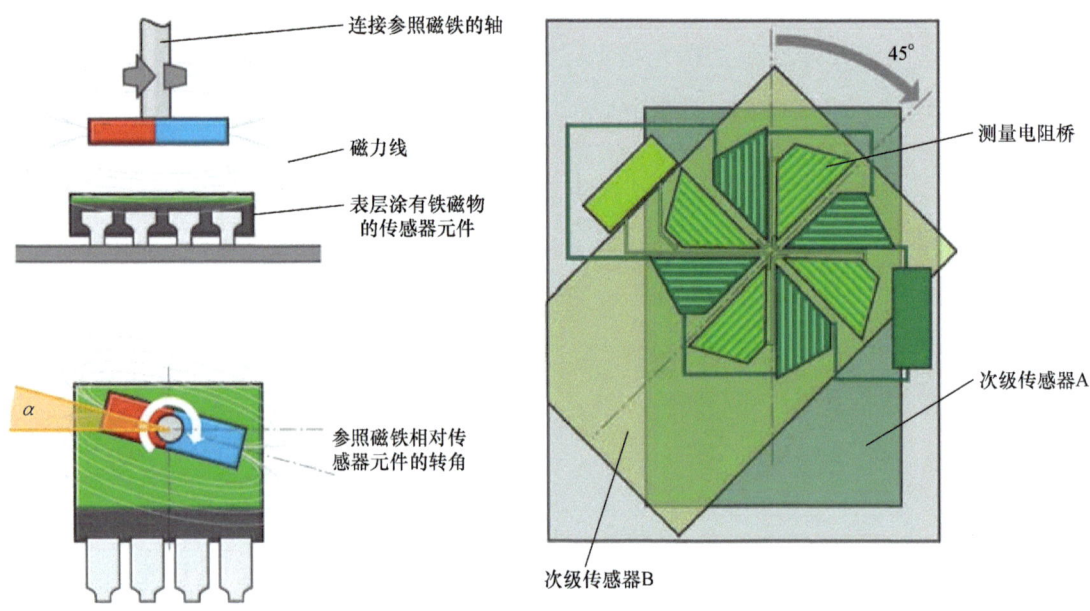

图 2-121 传感器工作原理

传感器元件由两个次级传感器 A 和 B 组成,互呈 45° 角。每个次级传感器由四个测量电阻桥组成,围绕着同一个中心,每 90° 有一个。

3. 功能

如图 2-122 所示,轴相对次级传感器转动会引起次级传感器电阻值的正弦变化。但一个次级传感器仅能在正弦曲线的 −45°~+45° 范围之间判定出一个确定角度。例:R 电阻值对应转角 α = 22.5°,而在 −90°~+90° 范围内,同一阻值有两个可能的转角值。因此仅一个次级传感器不足以得出此测量范围内的正确值。例:R 电阻值对应转角 α = 22.5° 以及 α = 67.5°。

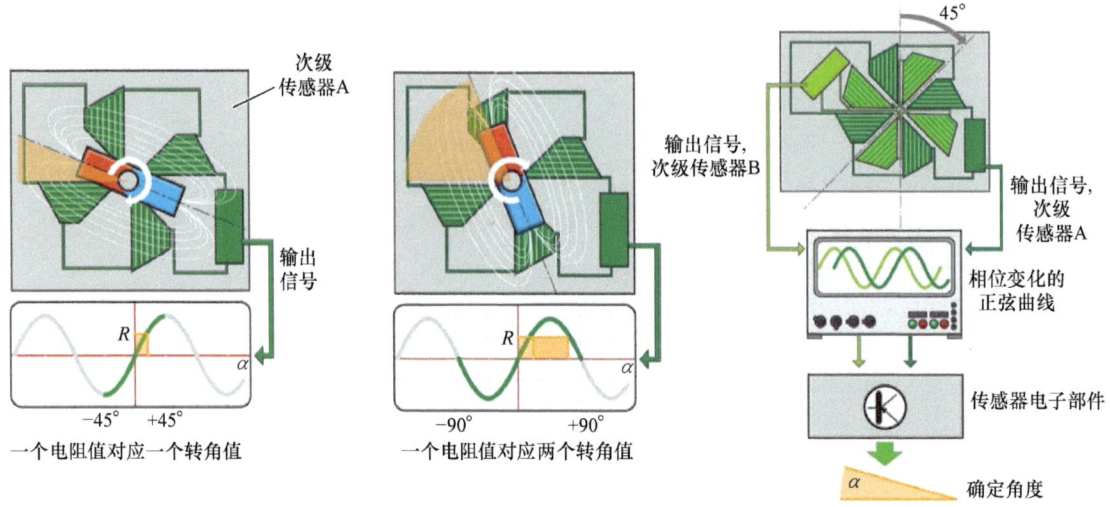

图 2-122 传感器信号产生过程

第二章 位置和角度传感器

利用两个相隔45°安装的次级传感器,使输出的测量信号为两条相位差45°的正弦曲线。通过计算,传感器电子部件现在能够通过两条曲线计算出一个在0°~180°之间的确定角度,并将此数值传递至指定的控制单元。

六、废气再循环电位计

废气再循环电位计 G212 记录 EGR 阀门内阀片的位置(废气再循环阀),它在发动机上的安装位置如图 2-123 所示。通过阀片的升程可以控制再循环废气进入进气歧管的流量。

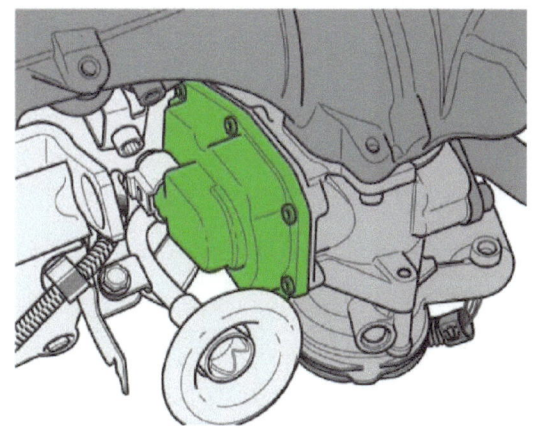

图 2-123 废气再循环电位计安装位置

1. 结构

如图 2-124 所示,传感器集成在 EGR 阀塑料罩盖中,它是一个霍尔传感器,在不与驱动轴上的永久磁铁接触的情况下可对阀片位置进行检测。它根据磁场强度的变化提供信号,由此可计算出阀片的升程。发动机控制单元利用该信号判断阀片的位置。此外,该信号还用于调节再循环废气的流量,从而减少废气排放中氮氧化合物的含量。

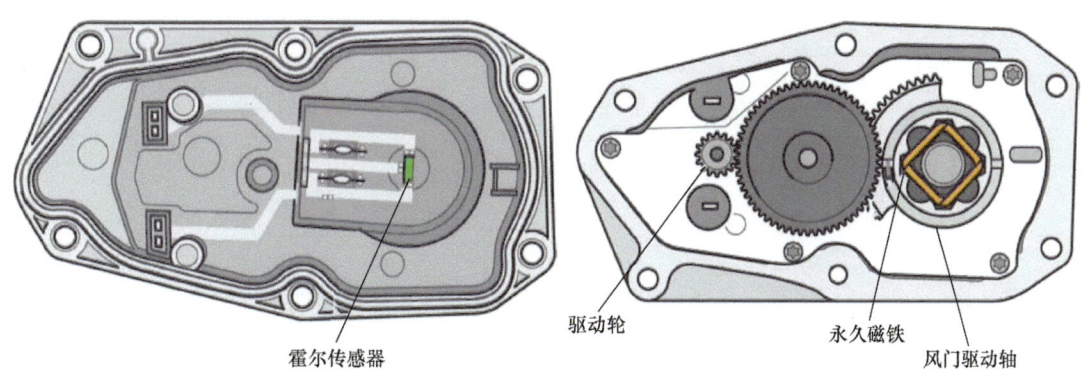

图 2-124 霍尔传感器的结构

如果传感器发生故障，废气再循环系统将关闭。EGR 阀的驱动部件也同时停止通电，因此阀片由回位弹簧拉至关闭位置。

2. 功能

废气再循环电位计的核心结构为霍尔传感器，霍尔传感器可用于测量转速以及检测位置。用于位置检测时，它可记录线性位置变化以及旋转角度。

如图 2-125 所示，霍尔传感器可记录一定电压范围内的电压变化。为测量一个线性移动，以增压压力调节位置传感器 G581 为例，磁铁与霍尔集成电路分开，霍尔集成电路移动时会经过磁铁。磁场强度随其与霍尔集成电路的距离变化而变化。若霍尔集成电路向磁场内移动，霍尔电压升高。若远离磁场，则电压再次降低。传感器电子部件能够根据霍尔电压的变化判断其位置。

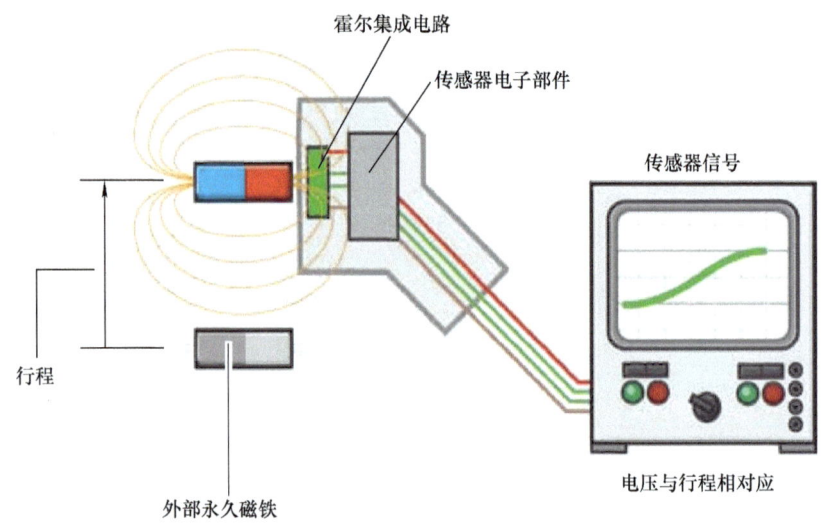

图 2-125　霍尔传感器的信号产生过程

根据霍尔传感器和永久磁铁的结构，也可根据霍尔原理来测量和记录旋转角度。为此，传感器上安装有两个正交的霍尔集成电路。这样的位置安排能够使两个霍尔集成电路提供两个互为反向的霍尔电压（图 2-126）。传感器电子部件利用这两个电压值来计算旋转轴的变化角度。永久磁铁由两个柱形磁铁组成，通过两个金属桥接，使两个条形磁铁中的磁力线平行。

七、转向位置和转向转矩传感器

如图 2-127 所示，转向位置传感器 G268 以及转向转矩传感器 G269 位于转向机外壳内，具体位于转向齿轮上方的蜗轮蜗杆传动机构传动轴上，通过 6 芯插头与控制器相连。

第二章 位置和角度传感器

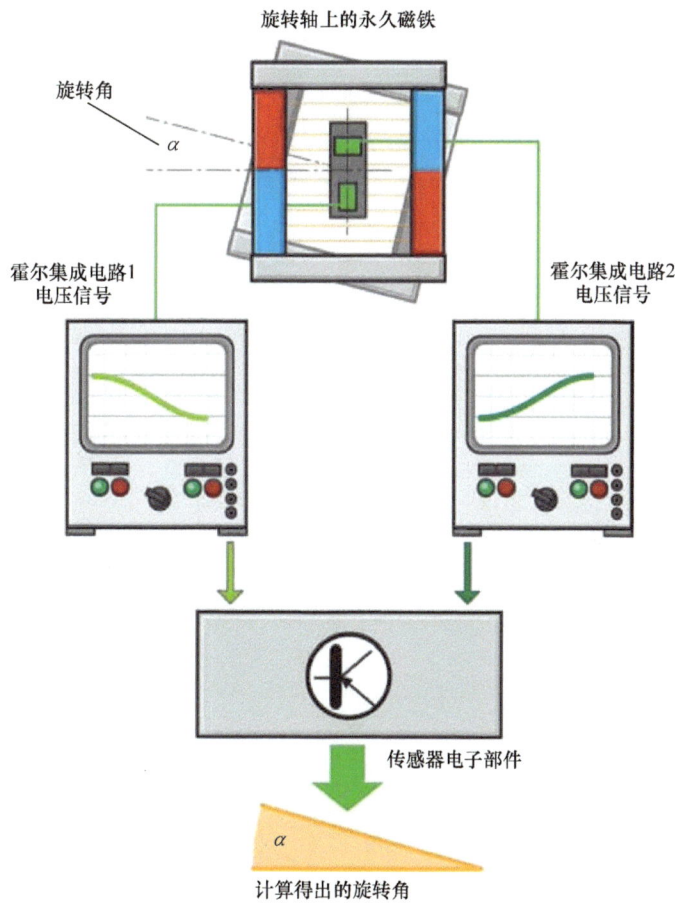

图 2-126 霍尔传感器的工作过程

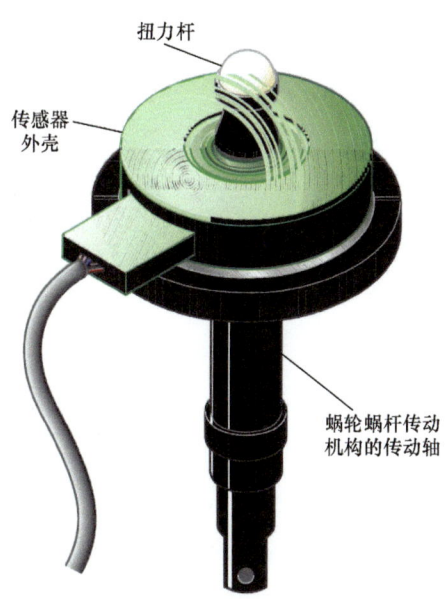

图 2-127 G268 和 G269 传感器外壳

1. 转向位置传感器 G268

如图 2-128 所示，G268 传感器是与蜗轮蜗杆传动机构的传动轴相连的。它会记录下方向盘转动角度或者转向系统的当前位置。

2. 转向转矩传感器 G269

如图 2-129 所示，G269 传感器与扭力杆相连。它能够识别出扭力杆相对于中间轴的扭转角。控制器可以由此计算出转矩。如果这个计算出来的转矩超过 0.01N·m，那么控制器就会认为需要转向助力。

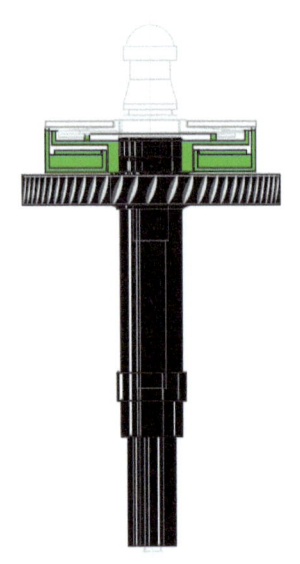

图 2-128　转向位置传感器原理

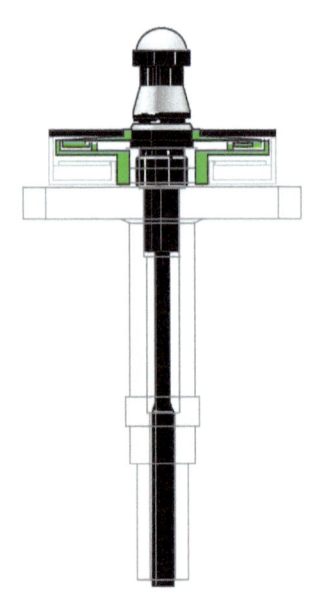

图 2-129　转向转矩传感器原理

如图 2-130 所示，G268、G269 这两个传感器通过各自的三根导线分别与控制器相连。如果转向转矩传感器失灵，那么此系统会被关闭。如果转向位置传感器失灵，那么"主动复位"功能也会被关闭。在这两种情况下，故障指示灯都会亮起。

3. 传感器的结构

如图 2-131 所示，两个传感器都是滑动式电位计，内环位于外壳内，通过扣环将内环插到蜗轮蜗杆传动机构的传动轴上，由此它可以相对于外壳进行转动。通过内环相对于外壳下部的转动，转向位置传感器会识别出转向系统的转动，并且转向转矩传感器会识别出扭力杆的扭转。

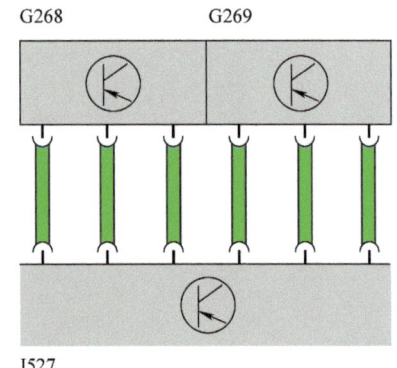

图 2-130　转向位置传感器和转向转矩传感器的电路

同时，两对电位计触点也会与位于外壳内的电路板上的内部滑轨相接触。该部分就是转向位置传感器。其他滑轨的作用是转发转向转矩传感器的信号。

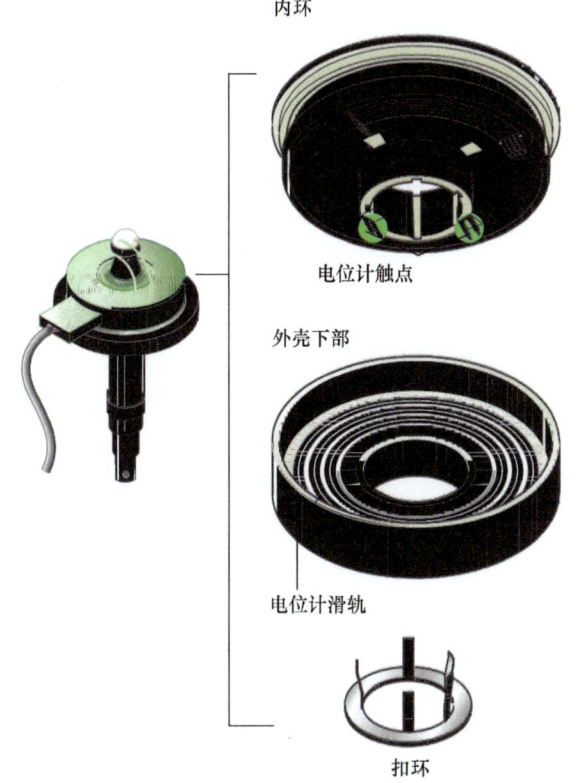

图 2-131　转向位置传感器的结构

如图 2-132 所示，在内环上装有转向转矩传感器，这是一个塑料环，上面有两对电位计触点。这些触点与内环中的四根导轨相接触。传感器环固定在外壳盖上。另一方面，它又和扭力杆杆头紧密契合。当扭力杆转动时，外壳盖也能相对于内环扭转。这个转动会通过电位计触点检测到，然后转化为信号通过外壳底部的导轨传递给控制器。

八、助力转向装置传感器

1. 助力转向装置传感器 G250（TRW 公司）

如图 2-133 所示，TRW 公司的助力转向装置传感器 G250 位于转向传动装置上方，且装于转向传动装置输入轴上。它负责测定方向盘转角并算出转向角速度。G250 不是一个绝对角度传感器（方向盘角度与方向盘转过的角度成比例）。

（1）信号处理　助力转向装置传感器 G250 的结构如图 2-134 所示，为了识别转向运动，助力转向装置控制单元中必须输入必要的信号。转向角速度越大，则助力泵的转速也越大，进而液压系统流量也越大（在不考虑车速的情况下）。助力转向装置传感器电路如图 2-135 所示。

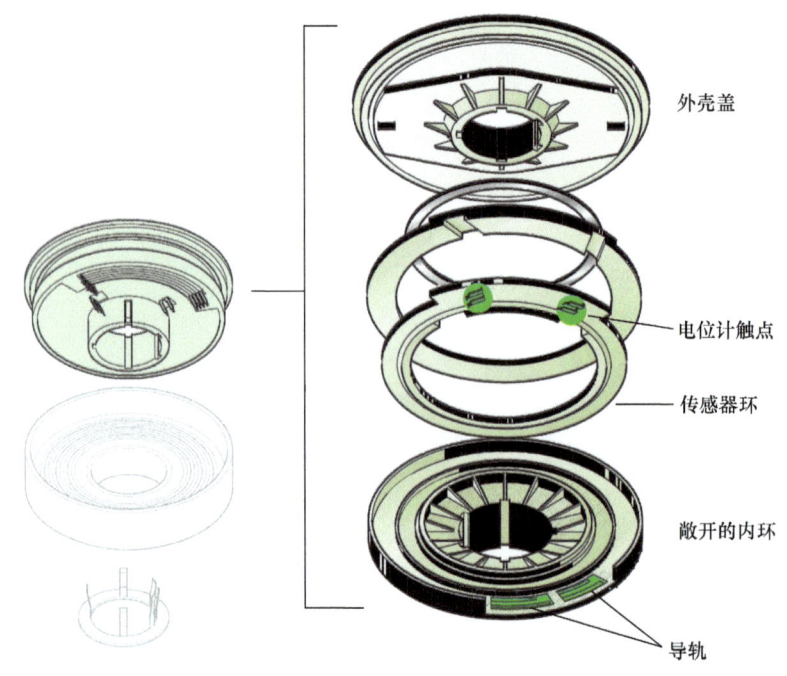

图 2-132 转向转矩传感器的结构

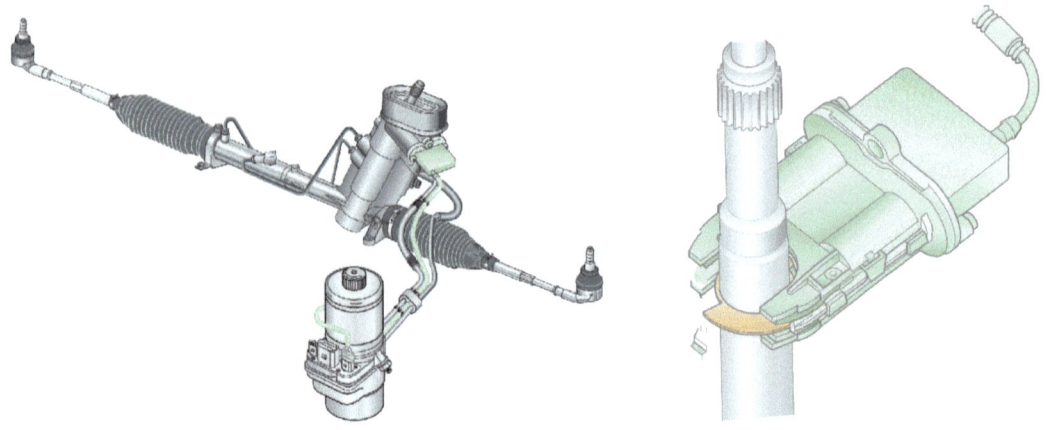

图 2-133 助力转向装置传感器 G250 的安装位置　　图 2-134 助力转向装置传感器 G250 的结构

（2）切换功能　当 G250 传感器失灵时，助力转向系统即进入程序设定的紧急运行状态。此时转向功能仍得以保证，但转向较重。

（3）自诊断　G250 传感器被连接在自诊断系统中。助力转向装置控制单元可储存 G250 传感器的故障。在功能 02 故障存储器访问中可以识别以下故障：接地后短路，接地后断路/短路以及传感器损坏等。

（4）电容式传感器　如图 2-136、图 2-137 所示，固定在输入轴上的转子在 9 个小型平板电容器之间旋转。平板电容器的电容将由此而变化。传感器电子元件根据这些电容的变化，计算出助力转向装置控制单元所需的信号（转向角及转向角速度）。

第二章 位置和角度传感器

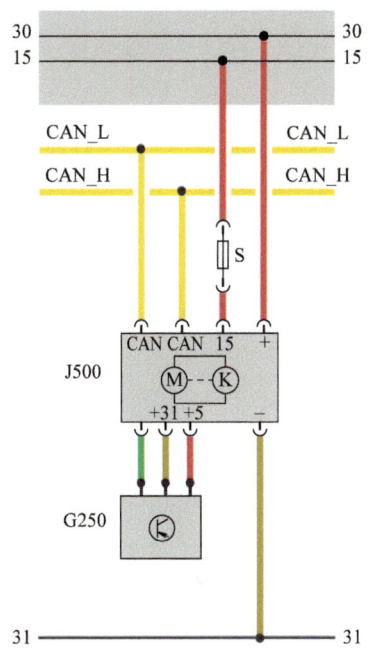

图 2-135 助力转向装置传感器电路
G250—助力转向装置传感器
J500—助力转向装置控制单元

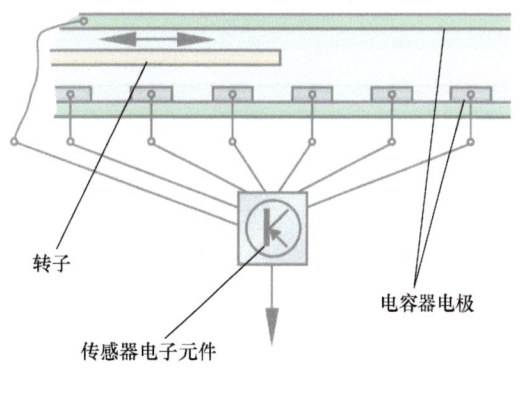

图 2-136 电容式传感器工作原理图

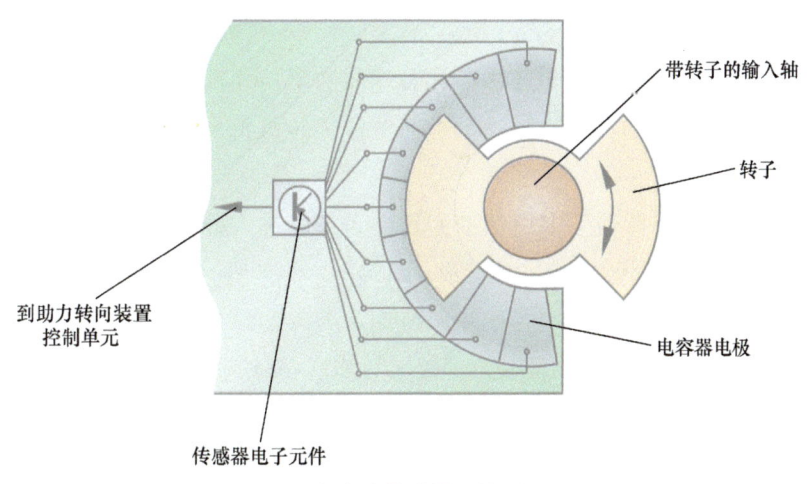

图 2-137 电容式传感器工作原理平面图

2. 助力转向装置传感器 G250（KOYO 公司）

如图 2-138 所示，KOYO 公司助力转向装置传感器 G250 位于转向传动装置输入轴的上端。它测定方向盘转角并算出转向角速度。它不是一个绝对角度传感器（方向盘角度与方向盘转过的角度成比例）。助力转向装置传感器 G250（KOYO）电路如图 2-139 所示。

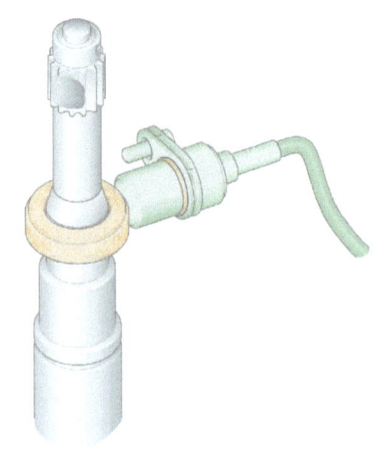

图 2-138　助力转向装置传感器 G250 的结构

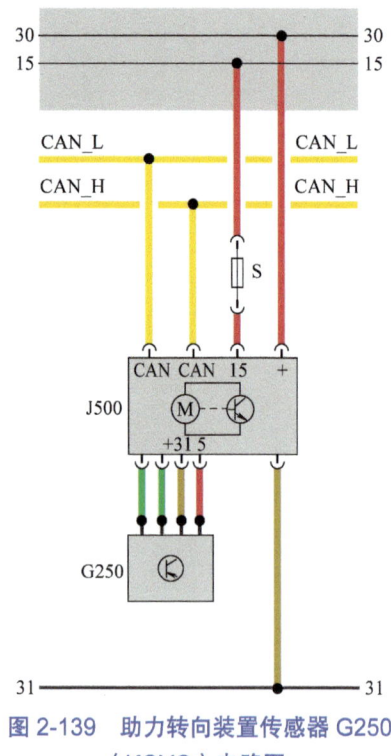

图 2-139　助力转向装置传感器 G250（KOYO）电路图

G250—助力转向装置传感器
J500—助力转向装置控制单元

（1）信号处理　为了识别转向运动，助力转向装置控制器中必须输入必要的信号。转向角速度越大，则助力泵的转速也越大，进而液压系统流量也越大（在不考虑车速的情况下）。

（2）切换功能　当传感器失灵时，助力转向系统即进入程序设定的紧急运行状态。此时转向功能仍得以保证，但转向较重。

（3）自诊断　传感器被连接在自诊断系统中。助力转向装置控制单元储存传感器的故障。在功能 02 故障存储器访问中可以识别以下故障：接地后短路，接地后断路／短路路以及传感器损坏等。

（4）霍尔传感器原理　如图 2-140 所示，霍尔传感器是一个电子控制开关。它由一个转子（带 60 块磁铁的磁环）、集成在传感器中的半导体层及霍尔集成电路所组成。在霍尔集成电路中，供电流流过半导体层。转子在空隙中旋转。通过转子中如此多的磁铁可以测得一个非常精确的转向角。

如图 2-141 所示，如果转子的磁铁直接位于霍尔集成电路的范围之内，则人们将这个位置称为磁栅栏。在这种情况下，霍尔集成电路内部的半导体层上会产生一个霍尔电压。该霍尔电压的大小取决于永久磁铁之间的磁场强度。

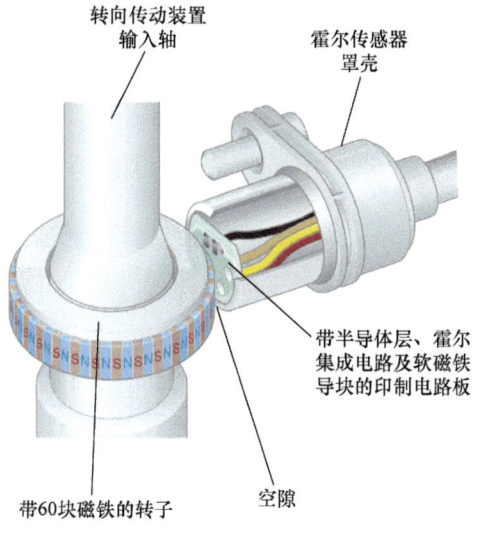

图 2-140　霍尔传感器的结构

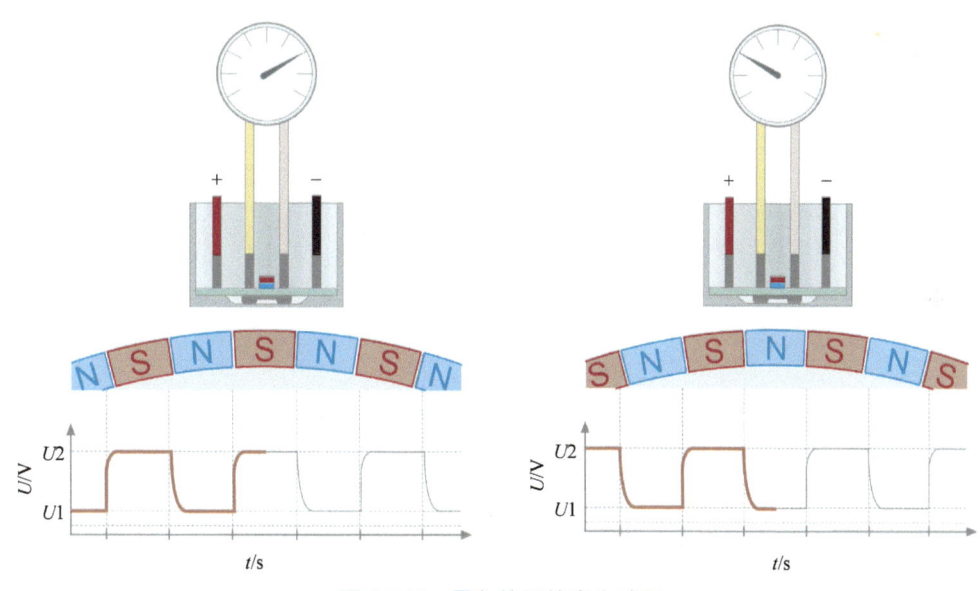

图 2-141　霍尔信号的产生过程

如果转子相应的磁铁通过转动离开了磁栅栏，则霍尔集成电路的磁场将发生偏转，或者集成电路中的霍尔电压将下降，且霍尔集成电路将断开。

3. 转向角传感器 G85

转向角传感器 G85（图 2-142）通过 CAN-BUS，将驾驶人向左或向右转动方向盘的角度传送给 ABS 控制单元 J104 及转向装置控制单元 J500。

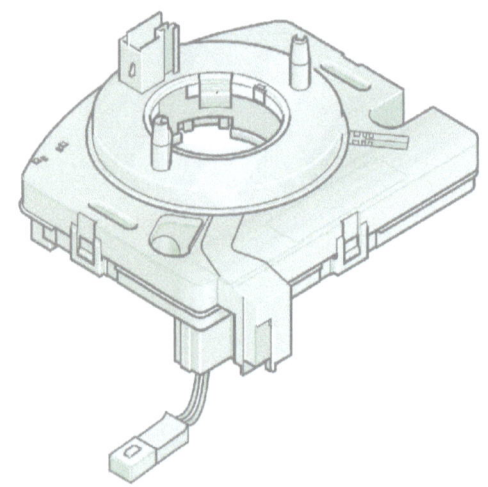

图 2-142 转向角传感器 G85

（1）信号处理　该信号协同车速信号及发动机转速信号一起来确定助力泵的转速，并进而确定流过助力转向装置控制单元 J500 的液压系统流量。

（2）切换功能　当传感器失灵时，助力转向系统即进入程序设定的紧急运行状态。此时转向功能仍得以保证，但转向较重。转向角传感器和助力转向装置的电路如图 2-143 所示。

（3）自诊断　控制器或传感器更换之后，必须重新校准零位。传感器被连接在自诊断系统中。助力转向装置控制单元储存传感器的故障。

在"功能 02—故障存储器访问"中可以识别转向角传感器中：没有信号、调整错误、机械故障、损坏以及不可信信号等故障。

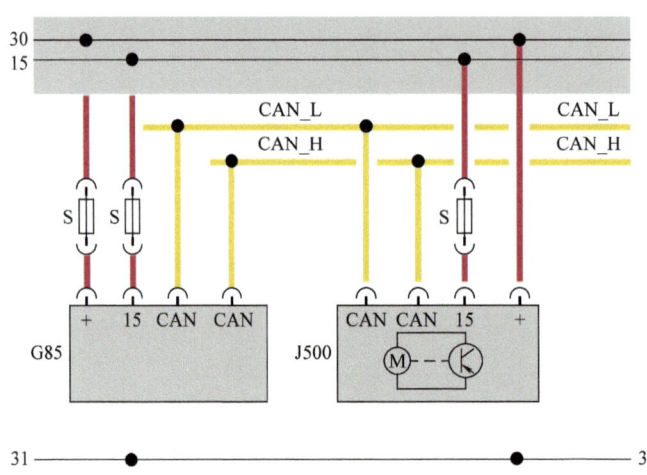

图 2-143 转向角传感器和助力转向装置电路

G85—转向角传感器　J500—助力转向装置控制单元

第三章 流量传感器

第一节 空气流量传感器

一、空气流量传感器概述

1. 空气流量传感器的功用

空气流量传感器是测定吸入发动机的空气流量大小的传感器。空气流量传感器（Air Flow Sensor，AFS）又称为空气流量计（Air Flow Meter，AFM），是进气歧管空气流量传感器（Manifold Air Flow Senso，MAFS）的简称，其功用是检测发动机进气量的大小，并将空气流量信号转换成电信号输入电控单元（ECU），以供 ECU 计算确定喷油时间（即喷油量）和点火时间。空气流量信号是发动机 ECU 计算喷油时间和点火时间的主要依据。如果空气流量传感器或其线路出现故障，ECU 得不到正确的进气量信号，就不能正常地进行喷油量的控制，将造成混合气过浓或过稀，使发动机运转不正常。

2. 空气流量传感器的类型

根据检测进气量的方式不同，空气流量传感器分为 D 型（即压力型）和 L 型（即流量型）两种类型。

L 型中热丝式空气流量传感器是目前轿车发动机上应用最多的空气流量传感器，按照其热丝的类型又分为 3 种，即热丝式、热膜式、热阻式。

二、热丝式空气流量传感器

1. 结构原理

这种空气流量传感器在进气道中套有一个小喉管，在小喉管中架有两个极细的铂丝（直径为 0.01～0.05mm），如图 3-1 所示。其中一个铂丝被电流加热至 120℃左右，故称之为热丝；另一个铂丝是温度补偿电阻，也称为冷线。

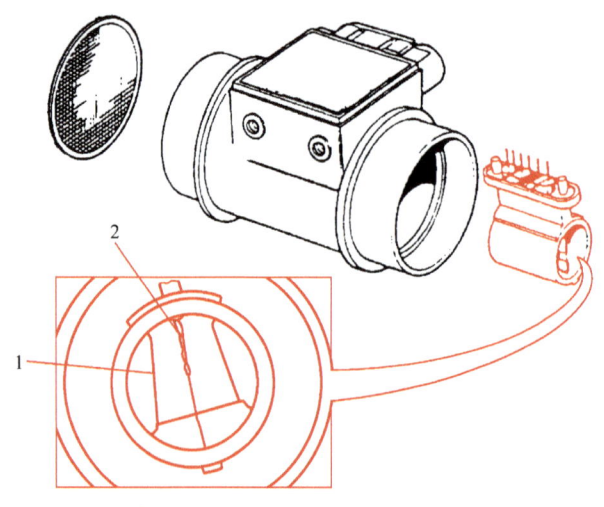

图 3-1 热丝式空气流量传感器

1—热丝 2—冷线

在热丝式空气流量传感器电路中，热丝是惠斯通电桥的 1 个桥臂，如图 3-2a 所示。由比较放大器控制的电源转换器供给电桥 4 个臂电流，使电桥保持平衡，即 A、B 两点的电位相等。当空气通过流量传感器时，进入小喉管的气流流过热丝周围，使其冷却，温度下降，电阻随之减小。热丝电阻的减小使 A 点电位高于 B 点电位，电桥失去平衡。为了使电桥恢复平衡，此时比较放大器会使电源转换器增加供给电桥的电流，流过热丝的电流也因此增大，使其温度升高、电阻增大，直至电桥达到新的平衡。所增加的电流大小取决于热丝被冷却的程度，也就是取决于通过流量传感器的空气流速。由于电流的增加，电阻 C 的电压降也增加，这就将电流的变化转换为电压的变化，以此作为该传感器的输出信号。这一信号输入 ECU，用来指示通过流量传感器的空气量，如图 3-2b 所示。

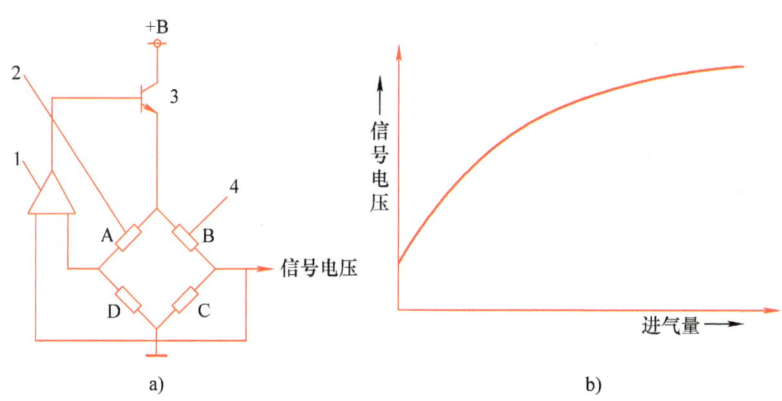

图 3-2　热丝式空气流量传感器工作原理

1—比较放大器　2—冷线电阻　3—电源转换器　4—铂热丝

温度补偿电阻的作用是防止因进气温度变化而影响进气量的测量精度。由于进气温度变化时，热丝的温度也会发生变化，因此，在靠近热丝的地方另外装有一根温度补偿电阻（也称为冷线），它也是电桥的一个部分，由于其电阻会随着进气温度的不同而发生变化，起到一个参照标准的作用，使进气温度的变化不至于影响进气量的测量精度。在工作中，比较放大器使热丝温度始终高于冷线温度100℃。

热丝式空气流量传感器的优点是测量精度高、响应速度快、进气阻力小、不会磨损。其缺点是使用一段时间后，热丝表面受空气中尘埃的污染，热辐射能力降低，影响测量精度。为克服这一缺陷，可采取的一种方法是在 ECU 中设计自洁电路，即在发动机熄火后，ECU 自动将热丝加热至1000℃（约1s），从而烧掉黏附在热丝上的尘埃；另一种方法是提高热丝的保持温度（一般使保持温度升高至200℃以上），以防止污物黏附。此外，由于热丝很细且暴露在空气中，在空气高速流动时，空气中的砂粒很容易击断热丝，因此热丝式传感器目前已较少使用。

2. 检测

别克君威轿车采用的 MAF 传感器为热丝式空气流量传感器，该传感器使用热丝电阻式元件，此元件与温度补偿电阻、精密电阻、电桥电阻及环境温度传感器共同组成惠斯通电桥。热丝式空气流量传感器为三导线型传感器，安装在进气管中。它的外形如图 3-3 所示，其插接器端子如图 3-4 所示，传感器与 ECU 的连接电路图如图 3-5 所示。

对热丝式空气流量传感器进行检测时，应主要检测空气流量传感器的输出信号电压。首先关闭点火开关，拔下传感器插接器；然后将点火开关转至 ON，但不起动发动机；用数字万用表电压档测量空气流量传感器信号端子和搭铁端子之间的电压，即 A 端子与 B 端子间的电压，该电压应为 5V；当传感器输出电压正常时，可用吹风机向此传感器进气口处吹风，其信号电压应随吹风量大小的变化而变化，且应符合标准规定值的范围，否则说明空气流量传感器已损坏，应当予以更换。

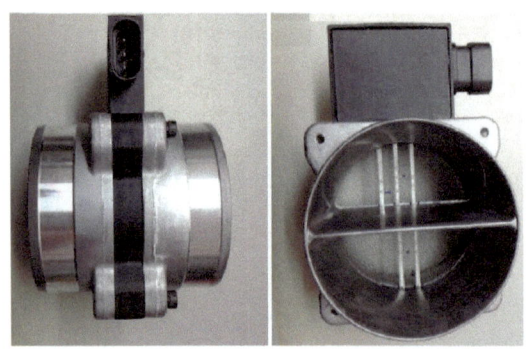

图 3-3 君威轿车热丝式空气流量传感器

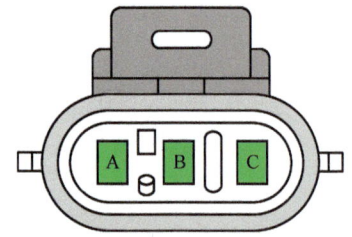

图 3-4 传感器插接器端子

A—空气流量传感器信号端子　B—搭铁端子
C—电源电压输入端子

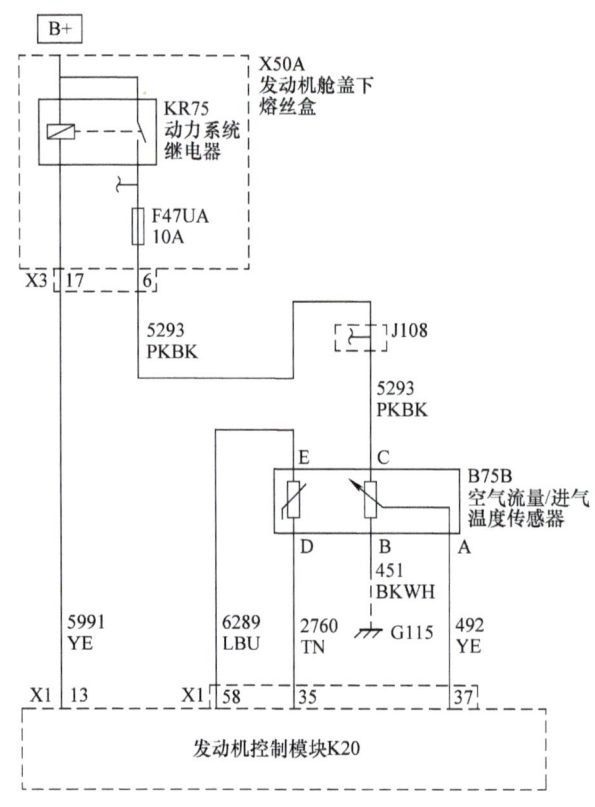

图 3-5 君威轿车空气流量传感器电路

三、热膜式空气流量传感器

1. 结构原理

热膜式空气流量传感器的发热体是热膜（由发热金属铂固定在薄的树脂膜上制成），而不是热丝。热膜式空气流量传感器发热体不直接承受空气流动所产生的作用力，增加了发热体的强度，提高了流量传感器的可靠性。同时与热丝式空气流量传感器相比，热膜式空气流量传感器的热膜电阻的电阻值较大，消耗电流较小，使用寿命也较长。但由于其发热元件表面的一层保护薄膜存在辐射热传导作用，因此响应特性稍差。

如图3-6所示，热膜式空气流量传感器内部的进气通道上设有一个矩形护套（相当于取样套），热膜电阻设在护套中。为了防止污物沉积到热膜电阻上影响测量精度，在护套的空气入口一侧设有空气过滤层，用以过滤空气中的污物。为了防止空气温度变化使测量精度受到影响，在热膜电阻附近的气流上游设有铂金属膜式温度补偿电阻。温度补偿电阻和热膜电阻与传感器内部控制电路连接，控制电路与线束连接器插座连接，线束设在传感器壳体中部。

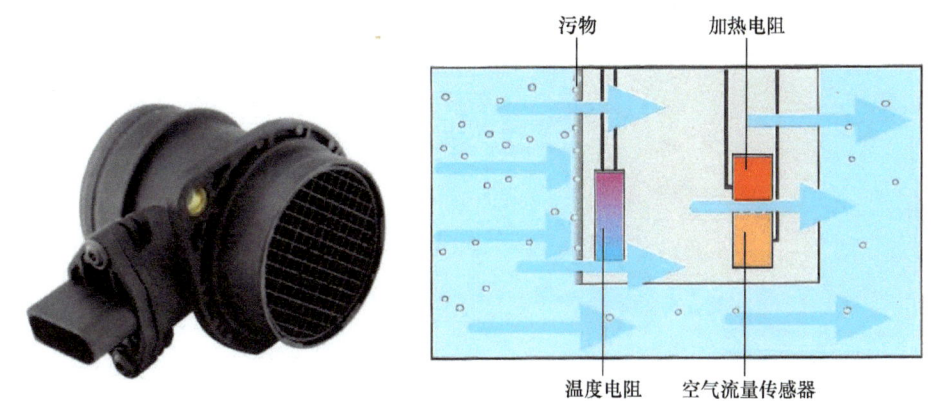

图3-6　热膜式空气流量传感器的外形及结构

2. 工作原理

热膜式空气流量传感器与热丝式空气流量传感器的工作原理大致相同。传感器的热膜电阻 R_H、温度补偿电阻 R_T、精密电阻 R_1 及 R_2、信号取样电阻 R_S 在电路板上以惠斯通电桥的方式连接，如图3-7所示。

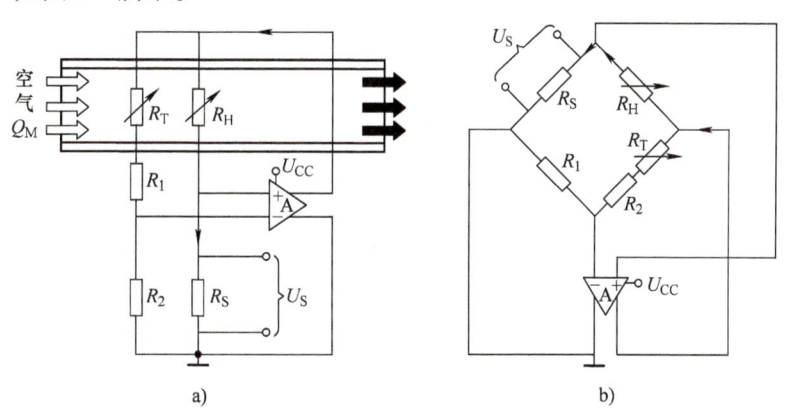

图3-7　热膜式空气流量传感器电路

a）热膜式空气流量传感器的连接电路　b）空气流量传感器的电桥
R_T—温度补偿电阻　R_H—热膜电阻　R_S—信号取样电阻　R_1、R_2—精密电阻
U_{CC}—电源电压　U_S—信号电压　A—控制电路

如图 3-8、图 3-9 所示，热膜式空气流量传感器的主件是一个加热电阻，该电阻处于气流中并保持恒定的温度。加热电阻的温度一直在被测量中。根据流过空气流量传感器的空气量及其温度，加热电阻就需要不同大小的加热电流来保持加热电阻的温度不变。加热电阻所需的加热电流的大小就是吸入空气量的一个直接量度。

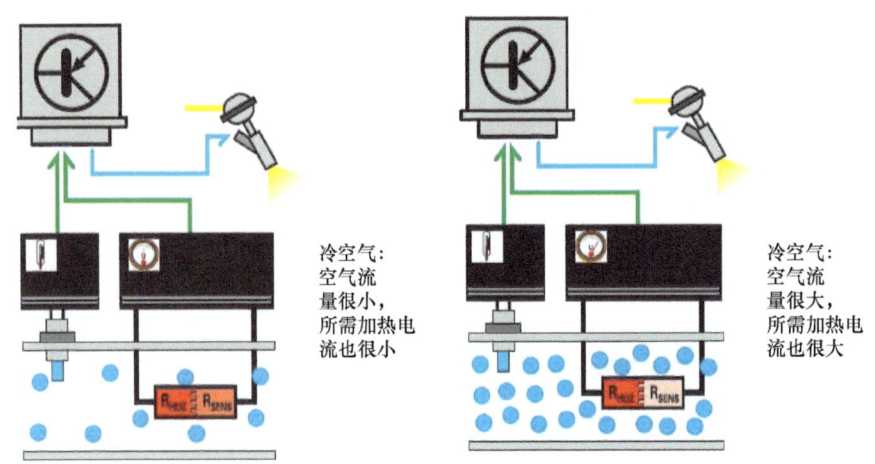

图 3-8　空气流量传感器检测机理（冷空气时）

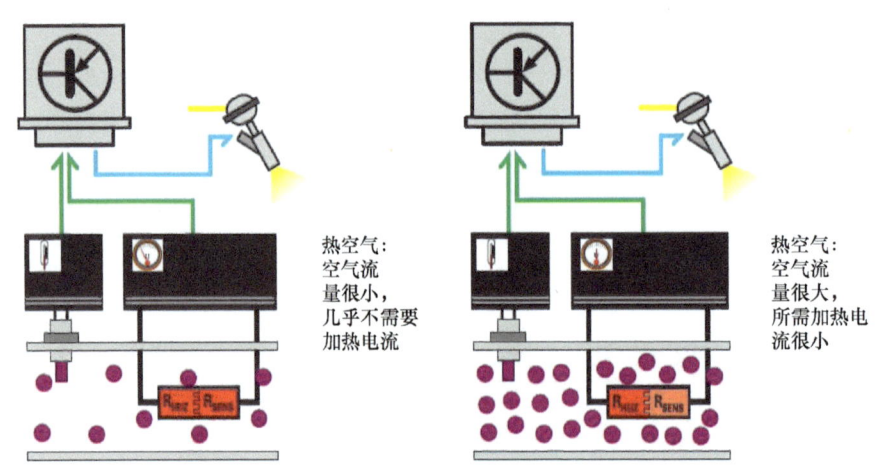

图 3-9　空气流量传感器检测机理（热空气时）

当空气气流流经发热元件并使其受到冷却时，发热元件即热膜电阻温度降低，电阻值减小，电桥电压失去平衡，控制电路将增大供给发热元件的电流，使其温度保持高于温度补偿电阻温度一个固定值（一般仍为 100℃）。电流增量的大小取决于发热元件受到冷却的程度，即取决于流过传感器的空气量。当电桥电流增大时，信号取样电阻 R_S 上的电压就会升高，从而将空气流量的变化转化为电压信号 U_S 的变化。信号电压输入 ECU 后，ECU 可根据信号电压的高低计算出空气流量的大小。

当发动机怠速或空气为热空气时，因为怠速时节气门关闭或接近全闭，所以空气流速低,空气量少;又因空气温度越高,空气密度越小,所以在体积相同的情况下,发热元件受到冷却的程度小,电阻值减小的幅度小,所以电桥平衡需要的电流小,如图 3-10 所示,故信号取样电阻上的信号电压低。控制单元 ECU 根据信号电压即可计算出空气量。

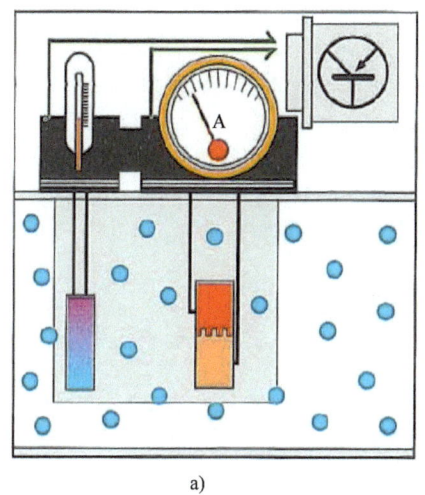 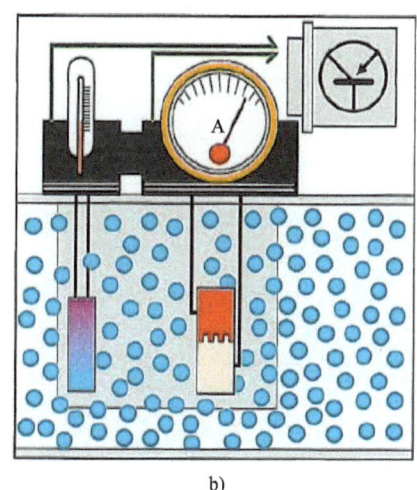

a) b)

图 3-10 热膜式空气流量传感器的测量原理
a)怠速或热空气时 b)负荷增大或冷空气时

当发动机负荷增大或空气为冷空气时,因为节气门开度增大,空气流速加快使空气流量增大;冷空气密度大,在体积相同的情况下冷空气质量大,所以发热元件受到冷却的程度增大,电阻值减小幅度大,保持电桥平衡需要的电流增大,因此当发动机负荷增大时,信号电压升高。

四、新型热膜式空气流量传感器

1. 结构

如图 3-11 所示,新型热膜式空气流量传感器(HFM6)主要部件包括:具有回流识别功能的微型机械式传感器元件和进气温度传感器,一个具有数字信号处理功能的传感器电子单元,一个数字接口。

与老式的空气流量传感器相比,新一代空气流量传感器的信号可以通过数字接口传递给发动机控制单元,进行准确、稳定的分析。空气流量传感器的电路和传感器元件安装在一个紧凑的塑料外壳内。

在空气流量传感器总成的最下端是一条测量管路,伸入到传感器元件组中。测量管路从进气歧管的气流中引入一部分气流,并引导其流经传感器元件。传感器元件测量这部分气流中进气以及反方向的空气流量。对于空气流量的测算信号由电路进行处理分析,并传递给发动机控制单元。

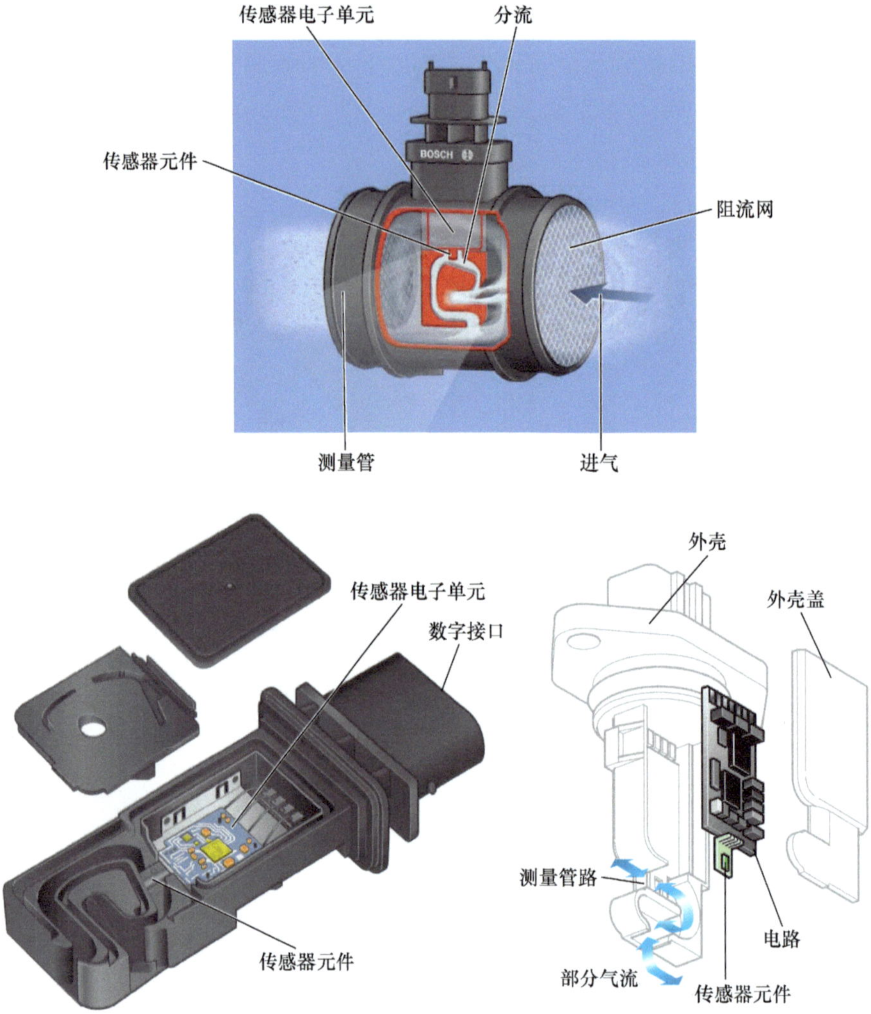

图 3-11　新型热膜式空气流量传感器 HFM6 的结构

2. 旁路通道

新一代空气流量传感器的旁路通道在流动性方面进行了优化。用于空气流量测量的空气分流在阻流边后面被吸入旁路通道，如图 3-12 所示。通过阻流边这种结构在其后产生负压。在这个负压的作用下，空气分流被吸入旁路通道，以进行空气流量测量。迟缓的污粒跟不上这种快速的运动，通过分离孔被重新导入到进气中。这样，测量结果不会因污粒而失真，传感器元件也不会因其而损坏。

3. 测量方法

传感器元件位于传感器电子单元旁边，并伸入用于空气流量测量的空气分流内。在传感器元件上有一个热电阻、两个与温度相关的电阻 R_1 和 R_2，以及一个进气温度传感器，如图 3-13 所示。

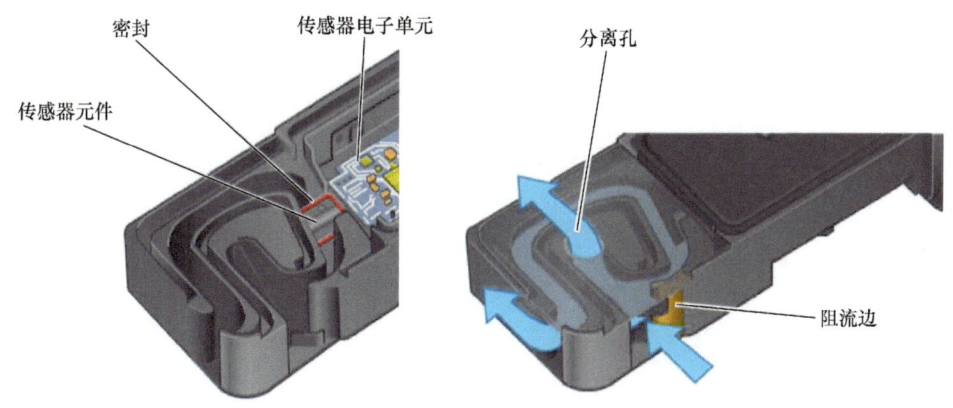

图 3-12　传感器的旁路通道

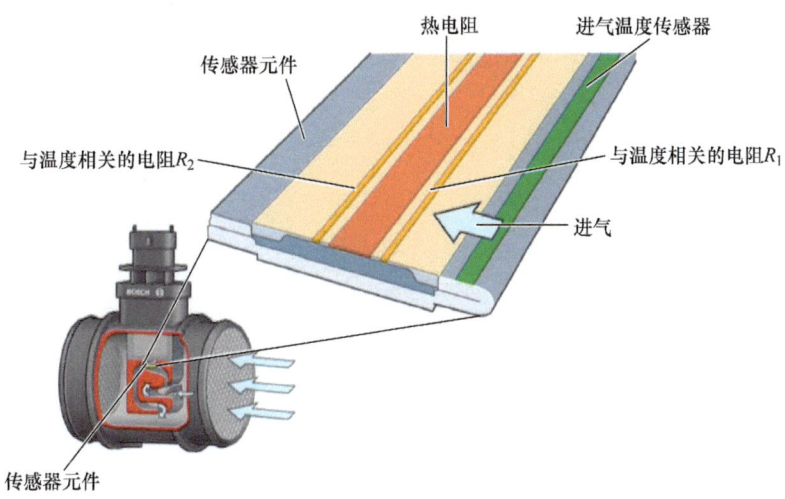

图 3-13　传感器元件位置

传感器元件在中间通过热电阻被加热到高于进气温度120℃。如进气温度30℃、热电阻被加热至120℃，测得温度为120℃+30℃=150℃。由于与热电阻之间的间距，传感器至边缘的温度逐渐降低，如表3-1所示。电子模块通过R_1和R_2的温度差识别出进气空气质量和流向。

表 3-1　测量值显示

测量项目	显示温度/℃	测量项目	显示温度/℃
进气温度	30	无进气流时，R_1和R_2的温度	90
传感器元件边缘温度	30	有进气流时R_1的温度	50
热电阻	150	有进气流时R_2的温度	大约90

4. 回流识别

为保证最佳的空燃比和低的燃油消耗，发动机管理系统需要知道到底有多少空气最终进入发动机气缸内。气门的开关动作会导致进气歧管内的空气朝相反的方向流动。带反向流量识别的热膜式空气流量传感器探测气流的反向流动，并将此信号发送给发动机控制单元。由此，空气流量得以精确地测算。

进气门关闭时，吸入的空气受其阻碍回流到空气流量传感器。如果回流未被识别出来，则测量结果就会出错。回流的空气碰到传感器元件，先流过与温度相关的电阻 R_2，接下来流过热电阻，然后流过与温度相关的电阻 R_1。电子模块通过 R_1 和 R_2 的温度差识别出回流空气流量和流向，如图 3-14 所示。

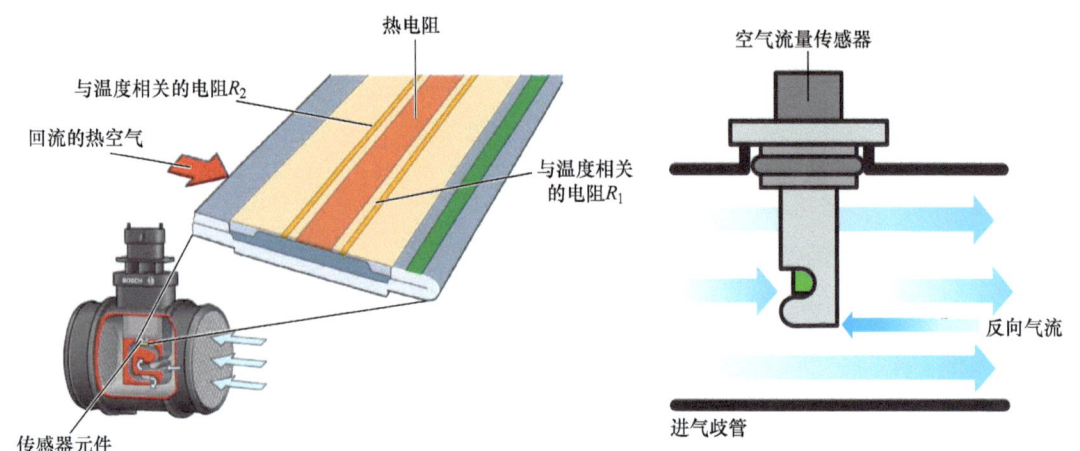

图 3-14　传感器回流识别

集成在传感器元件上的是两个温度传感器（T1 + T2）和一个加热元件。连接传感器和加热元件的基板由玻璃膜片组成，如图 3-15 所示。之所以使用玻璃，是因为它的导热性极差。这可以防止热量从加热元件由玻璃膜片传给传感器，如果传给传感器将导致测量误差。

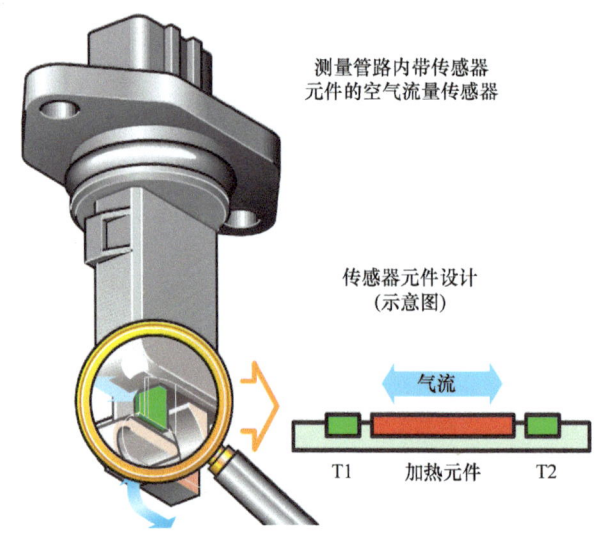

图 3-15　传感器内部元件设计

第三章 流量传感器

加热元件负责加热流经玻璃膜片的空气。由于没有气流,可以使热辐射均匀,并且传感器与加热元件等距布置,因此两个传感器能测量到相同的空气温度,如图 3-16 所示。

(1) 空气流量识别 在进气行程时,气流经传感器元件从 T1 流经 T2。气流使传感器 T1 得以冷却,然后流经加热元件又重新被加热,从而使传感器 T2 达不到传感器 T1 那样的冷却程度,如图 3-17 所示,因此 T1 的温度比 T2 低。温差信号发送给电路,从而进气流量得以计算。

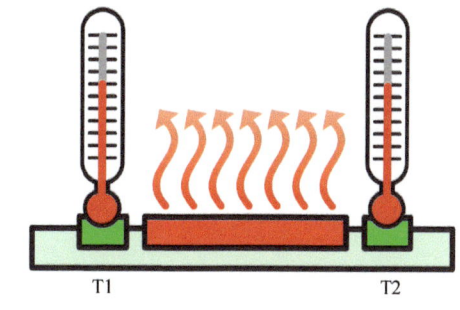

图 3-16 两个传感器测量空气温度

(2) 反向气流识别 如果气流反方向流过传感器元件,则 T2 温度受冷却而下降的程度比 T1 大,由此,电路能识别出气流的反向流动。它将从进气流量中减去这部分反向气流的流量,并将信号反馈给发动机控制单元,如图 3-18 所示。

发动机控制单元由此获得一个电信号,它能准确地标定出实际的空气流量,因而能更准确地标定应喷射的燃油质量。

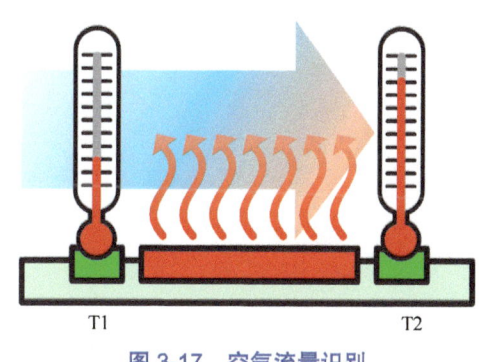

图 3-17 空气流量识别

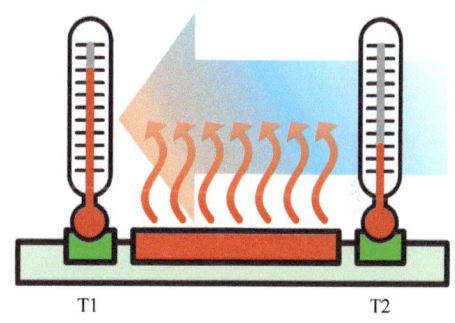

图 3-18 反向气流识别

5. 工作过程

空气流量传感器的传感器元件竖立在发动机吸入的气流中。一部分空气流经空气流量传感器的旁通气道。旁通气道内有传感器电子装置,该电子装置上集成有一个加热电阻和两个温度传感器,如图 3-19 所示。这两个温度传感器用来识别空气的流动方向,吸入的空气首先经过温度传感器 1;从关闭的气门回流的空气首先经过温度传感器 2,与加热电阻合用,发动机控制单元就可计算出吸入空气的流量。

至发动机控制单元的空气质量信号传递。空气质量传感器向发动机控制单元传递一个包含被测空气流量的数字信号(频率),如图 3-20 所示。发动机控制单元通过周期长度来识别测得的空气流量。数字信息相对于模拟线路连接来说,对干扰不敏感。

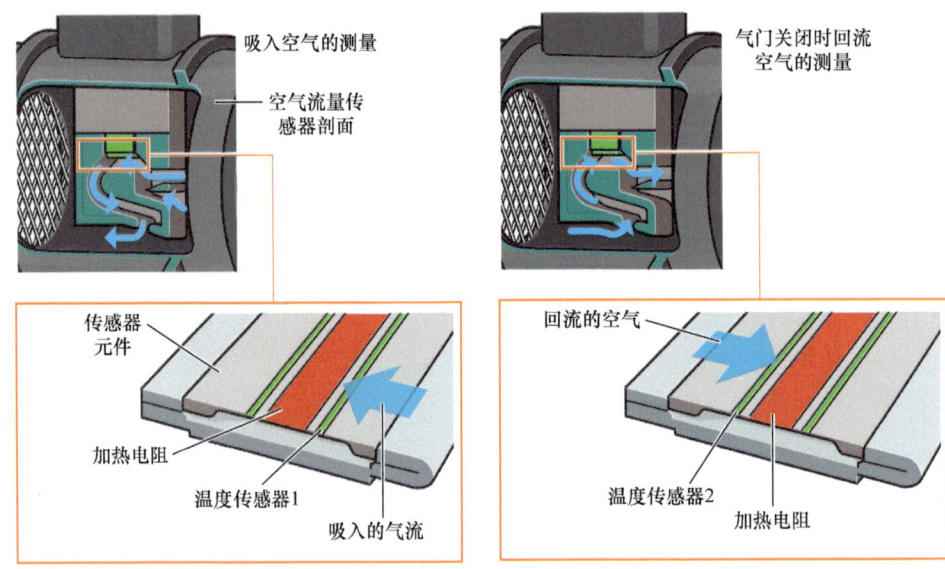

图 3-19 空气流量传感器的工作过程

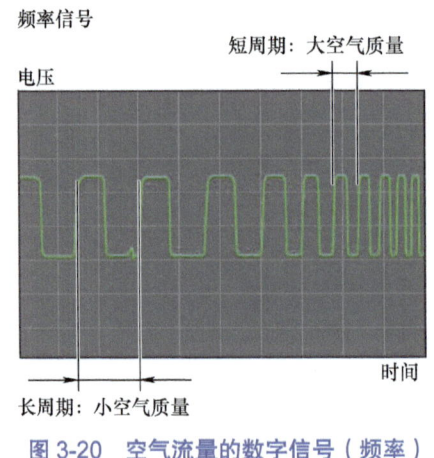

图 3-20 空气流量的数字信号（频率）

五、热膜式空气流量传感器检测

大众 CC、新款帕萨特 1.8TSI 发动机使用的是改进的三线（取消了进气温度传感器）热膜式空气流量传感器 G70，它用来计量发动机的进气量。图 3-21、图 3-22 所示为该传感器与 J519 车载网络控制单元、ECU 的连接电路。

（1）热膜式空气流量传感器各插头的端子说明

① T5f/1 为空气流量传感器信号线，由 J623 发动机控制单元提供 5V 电压。

② T5f/2 空气流量传感器搭铁线。

③ T5f/3 为电源线，打开点火开关时，由点火开关 15 号线向 J519 提供电源信号，J519 向 J329 提供电源继电器吸合，并经熔丝 SC10（10A）向空气流量传感器提供蓄电池电压。

第三章　流量传感器

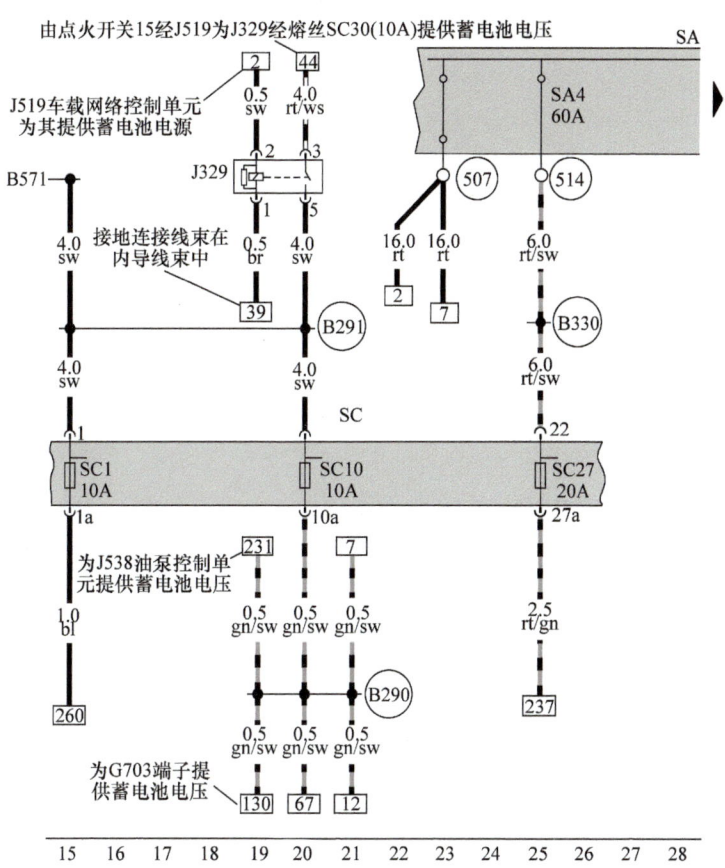

图 3-21　端子 15 供电继电器、熔丝座 A、熔丝座 C 连接电路

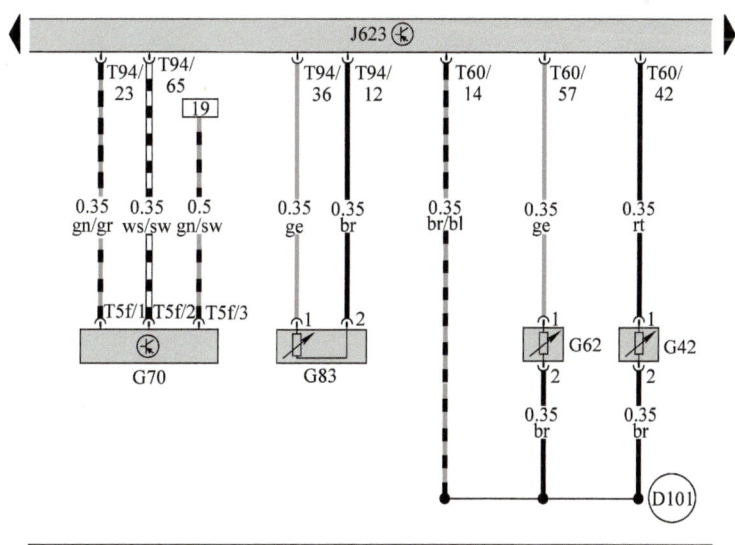

图 3-22　空气质量传感器与发动机控制单元连接电路

G42—进气温度传感器　G62—冷却液温度传感器　G70—空气质量传感器
G83—冷凝器出口上的冷却液温度传感器，黑色　J623—发动机控制单元

（2）检测传感器的供电电压及信号电压

① 检测电源电压。关闭点火开关，拆下空气滤清器，打开点火开关，即置于"ON"位置不起动发动机。用万用表的电压档测量空气流量传感器插头中的 T5f/1 端子（正信号线）与 T5f/2 搭铁线端子（负信号线）之间的电压值，应为 5V。然后用万用表测量插头 T5f/3 端子与 T5f/2 搭铁（或车身）间的电压，应为蓄电池电压（如无电源，应检查熔丝 SB30 及供电继电器 J329）。

② 检测信号电压。用万用表红表笔插入空气流量传感器 T5f/1 号端子线束中，黑表笔插入 T5f/2 号端子的线束中。然后用电吹风（冷风档）向流量传感器空气入口吹气，观察信号电压的变化值。若信号电压不变化，说明空气流量传感器失效，应更换。

③ 检测线束导通性（断路）。关闭点火开关，拔下空气流量传感器的插头，拔下电控单元 J623 的线束连接器，用万用表检测插头 T5f/1 端子与 J623 连接器的 T94/23 端子间的电阻值，标准值应小于 1Ω。用万用表检测插头 T5f/2 端子与 J623 连接器的 T94/65 端子间的电阻值，标准值应小于 1Ω。

六、热阻式空气流量传感器

热阻式空气流量传感器和热膜式空气流量传感器相似，它将加热丝绕成线圈形式固定在石英玻璃管内或暴露在空气通道内，如图 3-23 所示。由于热阻式空气流量传感器热丝被固定，故热丝寿命延长，但由于热阻面积很小，只能部分采集空气流量，要求空气通道内空气流速均匀，所以常在进气侧安装梳流格栅。

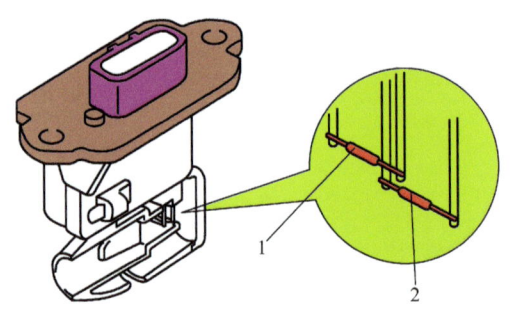

图 3-23 热阻式空气流量传感器
1—热丝电阻 2—冷线电阻

由于热膜式和热阻式空气流量传感器均是部分采集空气计量空气量，故精度较热丝式较差。另外，热丝式、热膜式和热阻式空气流量传感器还都易受空气中水分及灰尘的污染，所以在控制电路上都做了专门的设计，每次打开点火开关或关闭点火开关后，流量传感器中的热丝会由电路提供瞬时大电流加热，使热丝瞬间产生高温（700~1000℃），烧掉污染在热丝、热膜或热阻表面的杂质，保持空气流量传感器量精度。

热膜式和热阻式空气流量传感器的特点和热丝式空气流量传感器相同，而且可靠、耐用，是目前轿车发动机上使用最多的空气流量传感器。

七、案例：大众迈腾 1.8T FSI 轿车怠速抖动

故障现象 一辆一汽大众迈腾 1.8T FSI 轿车，行驶里程 1.7 万 km，驾驶人反映该车怠

速时抖动严重，无法正常行驶。

故障诊断　接车后，首先使用 VAS5052A 对发动机电控系统进行检查，发现系统存储有多个故障码：00768（P0300）——随机/多缸检测不到发火；00772（P0304）——4 缸检测不到发火；00771（P0303）——3 缸检测不到发火；00770（P0302）——2 缸检测不到发火；00769（P0301）——1 缸检测不到发火。由调得的故障码可以看出，此车发动机是典型的多缸失火故障。

询问驾驶人得知，该车在做首次维护时，没有参照 4S 店意见添加 G17 燃油添加剂。首先怀疑该车发动机抖动是由喷油器积炭堵塞造成的，于是为故障车辆添加了燃油添加剂，并将喷油器拆下进行了超声波清洗。装复后试车，故障依旧。而奇怪的是在路试过程中又出现了新的故障现象：发动机怠速达到了 1100r/min，高于正常值。通过检查，发现发动机电控系统中多出了一个故障码：01287（P0507）——怠速控制系统转速高于期望值。

针对这些故障现象，对该车分别进行了火花塞、喷油器与点火线圈的替换试验，但是均未能找出故障原因。随后检查燃油压力和气缸压力，均在正常范围之内。点火和供油系统也没有问题，于是怀疑重点便转移到了进气系统上。使用故障诊断仪读取数据流 01-08-002 区，发现进气量为 1.4g/s，而怠速正常值应在 2.0～40g/s，测量数据明显低于正常值范围。

故障排除　由此怀疑该车失火及怠速过高的故障现象，是由空气流量传感器损坏造成的。损坏的空气流量传感器向发动机控制单元传送错误的进气量数据，使得发动机控制单元不能准确地控制喷油量、点火时刻等参数，从而产生燃烧不正常甚至失火的现象。更换空气流量传感器，故障排除。

第二节　液体流量传感器

一、光电式燃油流量传感器

1. 结构

光电式燃油流量传感器的基本构成见图 3-24，它由光电耦合元件、叶轮、遮光板组成。当叶轮旋转时，遮光板也随叶轮在光电耦合件之间旋转，光电晶体管就会导通和截止，根据导通的次数就可以计算出旋转的速度，进而乘以每一转的排量，就可以推算出燃油流量，光电式燃油流量传感器的电路图如图 3-25 所示。

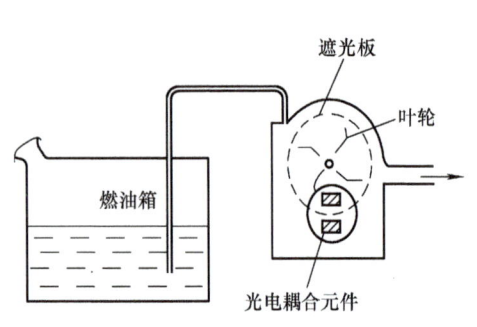 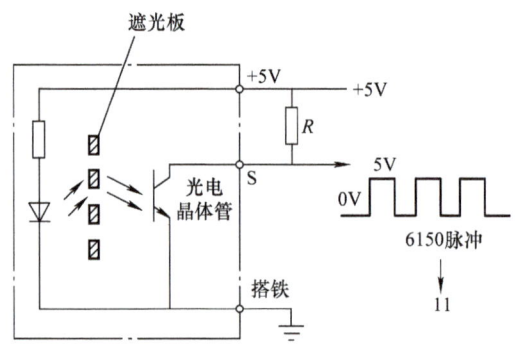

图 3-24 光电式燃油流量传感器的结构图　　图 3-25 光电式燃油流量传感器的电路图

2. 检测

点火开关置于"ON"位置,首先检查供电电压,应为 5V,在发动机处于怠速运转状态时,用万用表电压档测量光电式燃油流量传感器信号输出端子间的电压变化情况。电压应该以脉冲形式发生,并且脉冲间的时间间隔均匀;当发动机转速升高时,脉冲传感器的电压变化频率应明显加快。

二、静电式制冷剂流量传感器

1. 结构

静电式制冷剂流量传感器可用于微机控制的汽车空调上检测制冷剂流量,其结构如图 3-26 所示。传感器的内部有多个电极,通过传感器的制冷剂流量发生变化时,则电极间的电容量也发生变化。静电式制冷剂流量传感器的原理图如图 3-27 所示,两个平行电极之间的静电容 C 由下式确定:

$$C = \frac{\varepsilon S}{r}$$

式中　ε——介电常数;

　　　S——电极面积;

　　　r——电极之间的距离。

当通过传感器的物质的状态变化时,或者混入少量的气体时,介电常数 ε 变化,其静电容 C 也发生变化,再经振荡电路把变化的静电容转换成频率,输入到空调控制 ECU 中,ECU 就能测得制冷剂的流量。

这种静电式制冷剂流量传感器利用其静电容的变化检测制冷剂流量的变化。如图 3-28 所示,静电式制冷剂流量传感器接在储液罐和膨胀阀之间,通过传感器的电极检测出制冷剂流量的变化,把这种变化转换成频率之后,再输入空调控制 ECU 中,ECU 再把这种传感器输入的脉冲信号变换成电压,并判断制冷剂流量是否正常。当出现异常时,利用监控显示系统向驾驶人报警。

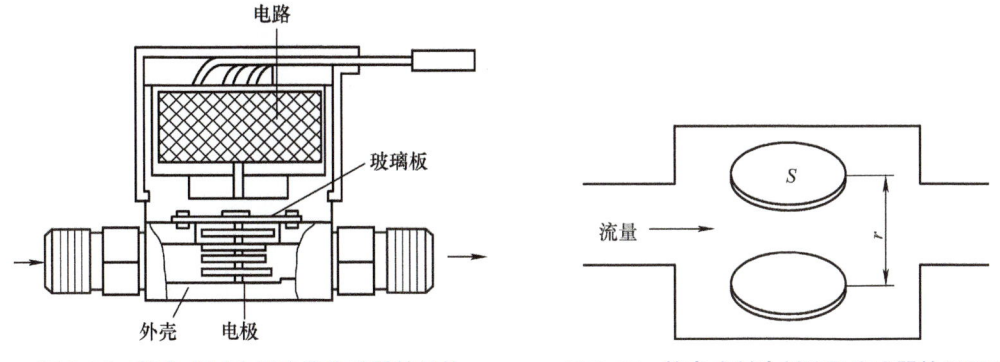

图 3-26 静电式制冷剂流量传感器的结构   图 3-27 静电式制冷剂流量传感器的原理图

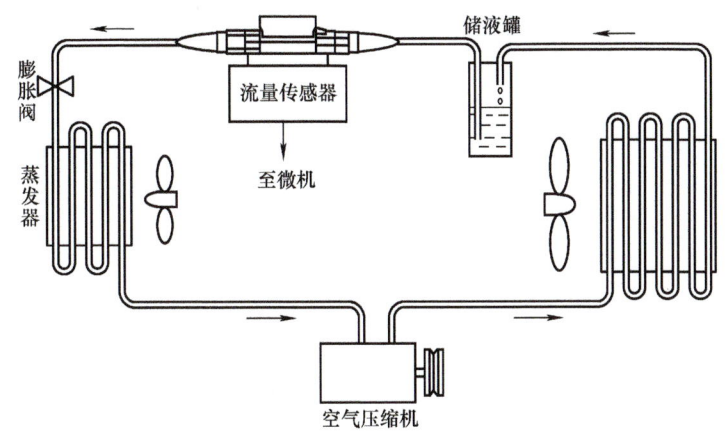

图 3-28 制冷剂循环过程图

2. 检测

拔开静电式制冷剂流量传感器导线连接器橡胶套,在发动机运转期间,打开空调系统,用万用表电压档测量信号输出端子间的电压变化频率,然后使出风量最大、温度最低,并提高发动机转速,以改变流过流量传感器的制冷剂流量。此时,观察万用表指示电压变化频率有无变化,无变化则需更换静电式制冷剂流量传感器。

第四章 压力传感器

第一节 进气压力传感器

进气压力传感器用于 D 型汽油喷射系统和缸内直喷系统中。它在汽油喷射系统中所起的作用和空气流量传感器相似。进气压力传感器根据发动机的负荷状态测出进气歧管内绝对压力（真空度）的变化，并转换成电压信号，与转速信号一起输送到电控单元（ECU），作为确定喷油器基本喷油量的依据。

一、进气压力传感器结构原理

1. 功用与结构

进气压力传感器的外形及安装位置如图 4-1 所示，进气压力传感器的安装位置比较灵活，只要将节气门至进气歧管之间的进气压力引入传感器，就可将传感器安放在任何位置。

进气压力传感器是一种间接测量发动机进气量的传感器，其功用是通过检测节气门至进气歧管之间的进气压力来检测发动机的负荷状况，并将压力信号转变为电信号输入 ECU，以供 ECU 计算确定喷油时间（即喷油量）和点火时间。如果进气压力传感器工作不良，则一般会使发动机出现起动困难、怠速抖动、加速无力、油耗增大、排放超标等故障。

> **注意**
>
> 在发动机燃油喷射系统中，如果安装了进气压力传感器（MAP）就无需安装空气流量传感器（AFS）。反之，如果安装了 AFS，那么就无需安装 MAP，两种传感器均配置的情况较少。

图 4-1 进气压力传感器的外形及安装位置

如图 4-2 所示，半导体压敏电阻式进气压力传感器由压力转换元件（硅膜片）和把转换元件输出信号进行放大的混合集成电路组成。

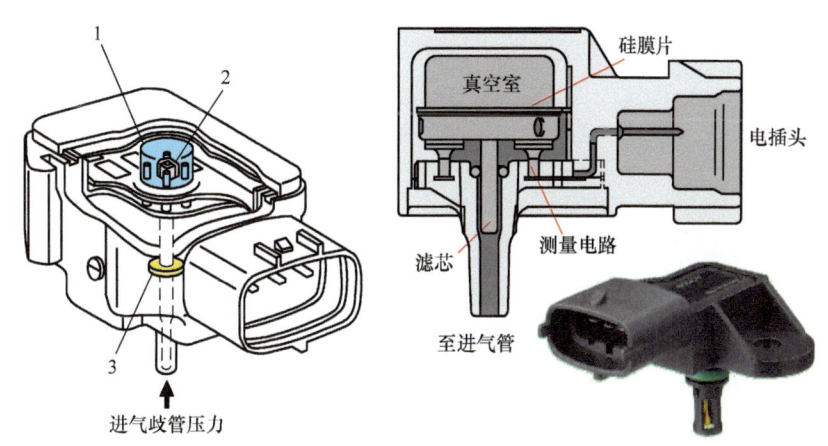

图 4-2 进气压力传感器
1—真空室　2—硅膜片　3—滤芯

压力转换元件是利用半导体的压阻效应制成的硅膜片。硅膜片用单晶硅制成。硅膜片的一侧是真空室，另一侧导入进气歧管内的压力。硅膜片为边长 3mm 的正方形，它的中部经光刻腐蚀形成直径约 2mm、厚约 50μm 的薄膜片。薄膜片周围有四个应变电阻，以惠斯通电桥的方式连接，根据压敏电阻扩散制作的方向不同，分为径向电阻和切向电阻，扩散电阻的长边与膜片半径垂直的电阻称为切向电阻 R_t（图 4-3 中电阻 R_1、R_3），扩散电阻的长边与膜片半径平行的电阻称为径向电阻 R_r（图 4-3 中电阻 R_2、R_4）。所以进气歧管内绝对压力越高，硅膜片的变形越大，其变形量与压力成正比。附着在薄膜上的应变电阻的电阻值则产生与其变形量成正比的变化。利用这种原理，可把进气歧管内压力的变化变换成电信号。硅杯与壳体以及底座之间形成的腔室制作成为真空室。壳体顶部设有排气孔，利用排气孔将该腔室抽真空后，再用锡焊密封，从而形成真空室。真空室为基准压力室，基准压力一般为零。在导压管入口设有滤清器，用于过滤导入空气中的尘埃或杂质，以免硅膜片受到腐蚀和脏污而导致传感器失效。

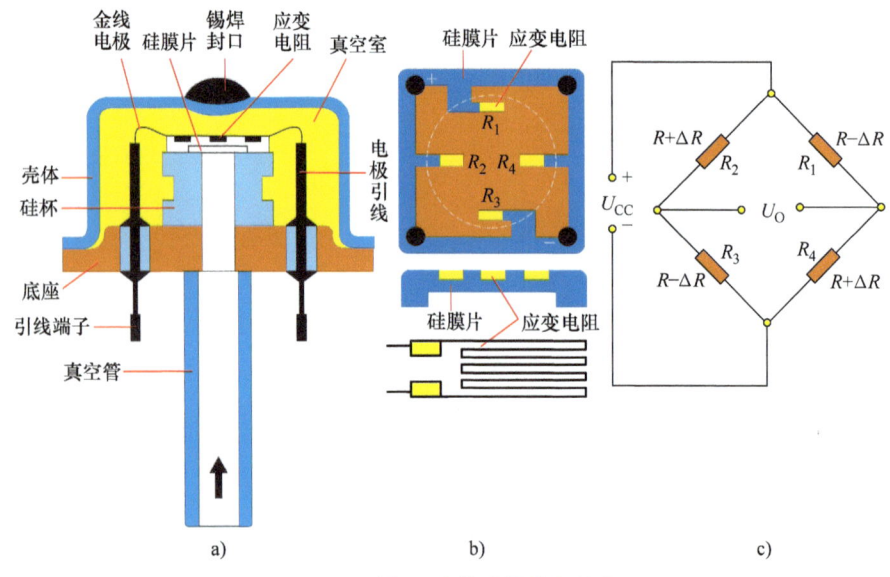

图 4-3 进气压力传感器内部结构

a）剖视图 b）硅膜片结构 c）等效电路图

2. 工作原理

压阻效应式压力传感器的工作原理如图 4-4 所示，硅膜片一面通真空室，另一面导入进气歧管压力。在歧管压力作用下，硅膜片就会产生应力。在应力作用下，半导体压敏电阻的电阻率就会发生变化而引起电阻值变化，惠斯通电桥上电阻值的平衡就被打破、当电桥输入端输入一定的电压或电流时，在电桥的输出端就可得到变化的信号电压或信号电流。根据信号电压或信号电流的大小，就可检测出进气歧管进气压力的高低。

当发动机工作时，进气歧管压力随进气流量的变化而变化。当节气门开度增大（即进气流量增大）时，空气流通截面增大，气流速度降低，进气歧管压力升高，膜片应力增大，压敏电阻的电阻值变化量增大，电桥输出的电压升高，经混合集成电路放大和处理后，传感器输入电控单元（ECU）的信号电压升高。反之，当节气门开度由大变小（即进气流量减小）时，进气流通截面减小，气流速度升高，进气歧管压力降低，膜片应力减小，压敏电阻的电阻值变化量减小，电桥输出电压降低，输入 ECU 的信号电压降低。实测进气压力传感器信号电压与进气歧管压力的关系如表 4-1 所列。

第四章　压力传感器

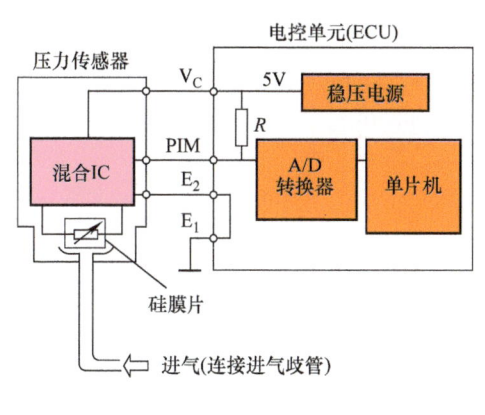
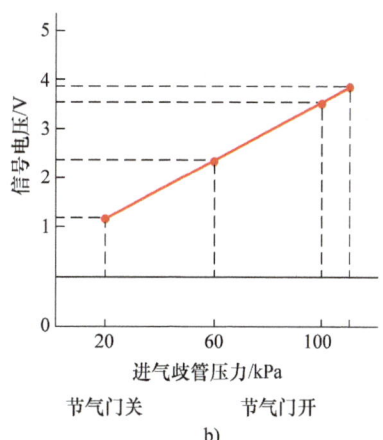

a)

b)

图 4-4　进气压力传感器的电路原理及信号电压

a）电路原理　b）信号电压

表 4-1　进气压力传感器信号电压与进气歧管压力的关系

歧管压力 p/kPa	13	27	40	54	67
传感器信号电压 U_o/V	0.3～0.5	0.7～0.9	1.1～1.3	1.5～1.7	1.9～2.1

在图 4-4a 所示的进气压力传感器的控制电路中。进气压力传感器的 3 个接线端子分别是电源、进气歧管压力信号和搭铁。进气压力传感器的电源线 V_C，由 ECU 为其提供 5V 基准电压作为工作电源。进气歧管压力信号是一个大于 0V、小于 5V 的电压，并随着进气压力值的增大而增大，如图 4-4b 所示。该信号送入 ECU，作为 ECU 计算并判定进气量的依据。搭铁线通常先接入 ECU，再由 ECU 的搭铁端子搭铁，以保证搭铁电路的可靠性。

二、传感器的检测

2011 款高尔夫、捷达型轿车半导体压敏电阻式进气压力传感器与进气温度传感器制成一体，安装在进气系统的动力腔上，这两种传感器配合工作能准确地反映气缸的进气量。该传感器插接器的 4 个连接端子 1、2、3、4 分别与 ECU 的 220、D101、T60/59、T60/42 端子相连接，其连接电路如图 4-5 所示。此种进气压力传感器的检测方法如下所述。

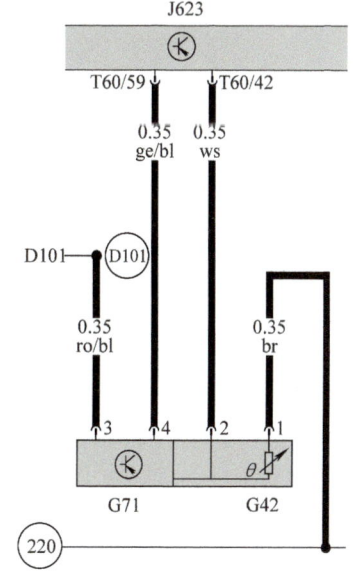

图 4-5　2011 款高尔夫、捷达进气压力传感器电路

G42—进气温度传感器　G71—进气压力传感器
J623—发动机控制单元，在排水槽中部
T60—20 芯插头连接
⑳—接地线连接（传感器接地），在发动机线束中
D101—连接1，在发动机线束中

117

（1）电阻检测　关闭点火开关，拔下 ECU 线束插接器和进气压力传感器线束插接器。用万用表的电阻档检测 ECU 与传感器有关端子间的电阻。该电阻值应符合表 4-2 中列出的标准规定值，如果电阻值过大或为无穷大，则说明线束与端子接触不良或有断路，应更换传感器。

表 4-2　进气压力传感器线束电阻值的检测

检测项目	检测部位	标准电阻值 /Ω
传感器正极线	发动线束中 D101 与端子 3	< 0.5
传感器信号线	T60/59 与端子 4	< 0.5
传感器负极线	发动线束中 220 与端子 1	< 0.5
温度传感器信号线	T60/42 与端子 2	< 0.5

（2）电压检测　用万用表直流电压档检测传感器电压，打开点火开关，检查进气压力传感器插接器端子 3 与端子 1 间的电源电压，标准值应为 5V 左右；打开点火开关，发动机不运转，检查进气压力传感器信号输出端子 4 与搭铁端子 1 间的信号电压，标准值应为 3.8 ~ 4.2V，当发动机怠速运转时，信号电压应为 0.8 ~ 1.3V；当节气门开度加大时，信号电压应上升。如果信号电压经检查不符合上述规定，则说明传感器已经损坏，应进行更换。

三、案例：全新朗逸尾气排放灯偶尔点亮

故障现象　一辆全新朗逸，配置 1.6L CSR 发动机和自动变速器。VIN：LSVAB45E4EN-××××××，行驶里程 47258km。驾驶人反映车辆行驶中尾气排放灯偶发性报警。

故障诊断　首先确定车辆的故障现象，发现仪表中尾气排放灯并未点亮而且发动机运行平稳；使用 VAS6150B 进行发动机系统诊断，存储器中有故障码：P010600——进气管压力 / 空气压力，不可信信号。

从存储器中的故障信息可以说明发动机系统曾发生过故障；但从发动机目前的运行情况来看，一切又完全正常。为了让故障重现，随后清除故障存储器存储并进行路试；沥青路和凸凹路都试了，但尾气排放灯并未点亮，而且发动机运行平稳。

故障出现频率较低，是偶发性的，想通过故障再现去寻找故障点基本无法实现；接下来只有对故障码及其发生条件进行分析，希望能从中找到有用信息。故障码信息如图 4-6 所示。

从故障码含义来看有可能存在以下几种情况：
① 进气系统漏气，排气不畅。
② 传感器本身损坏或是传感器线路故障。
③ 发动机控制单元损坏。

在使用 ODISS 系统进行诊断时，可以看到该车出现故障时的转速为 900r/min，但车速却是 0，也就是说故障有可能出现在发动机刚起动或是起步加油的瞬间；从环境气压（实测

第四章 压力传感器

是进气歧管压力）28kPa 来看，进气歧管漏气的可能性较小，与驾驶人交流中得知，尾气排放灯点亮的时候发动机未出现任何抖动。接下来检查排气系统，拆卸上游氧传感器观察三元催化器无堵塞，而且加油排气顺畅。

```
P010600 ($2341 / 9025) 进气管压力/空气压力 不可信信号
DTC 文本: Manifold Abs.Pressure or Bar.Pressure Range/Performance

日期                    09:43:25 - 15.05.2017
行驶里程                47,210 km
优先权                  2
故障频率计数器          1
计数器未学习            255
发动机转速              974.50 r/min
标准负荷值              20.4 %
车速                    0 km/h
冷却液温度              93 ℃
进气温度                65 ℃
环境气压                280 mbar
端子30电压              12.415 V
动态环境数据            20 96 28 14 B4 0E 10
```

图 4-6　故障码

接下来只有围绕传感器和发动机控制单元展开排查。检测进气歧管压力传感器到发动机控制单元的连线，无断路和短路，而且针脚接触良好。再次使用 VAS6150B 读取进气歧管压力传感器的相关数据，其截图如图 4-7 所示。从诊断数据来看，进气压力和环境气压显示无异常，说明传感器目前运行良好，那么行驶过程中数据显示是否也正常呢？带着疑问拿着诊断仪进行路试观察数据的变化。当行驶 20km 后，诊断仪的数据发生了变化，其截图如图 4-8 所示，绝对进气压力值和标准压力值发生了偏差，同时环境气压值从 98kPa 升到了 110kPa。环境气压怎么会突然间升这么高呢？看来应该是环境气压传感器出现了故障，而环境气压传感器在发动机控制单元内部，与控制器融为一体。

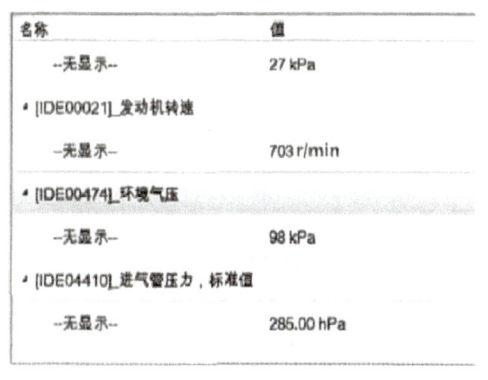

图 4-7　进气歧管压力传感器的相关数据　　　图 4-8　诊断仪的数据

故障排除　更换发动机控制单元，观察一周，故障未出现，故障排除。

维修总结　进气歧管压力传感器所测的压力值是以环境大气压力为基准的，以发动机转速、负荷、进气歧管压力、节气门开度等数据为基础，设计出进气歧管压力传感器在不同转速下的测量范围，当进气歧管内的压力值超出其设计范围值时，就会报"不可信信号"。该车由于丢失环境压力的正确测量值，从而也就导致以上故障的出现。

第二节 轮胎压力传感器

轮胎压力监控系统（Tire Pressure Monitor System，TPMS），通过采用无线射频通信的胎压传感单元和胎压监控单元，实现了对轮胎压力的实时监控。轮胎压力监控系统（TPMS）的作用是在汽车行驶过程中对轮胎气压进行实时自动监控，并对轮胎漏气和低气压进行报警，以确保行车安全。

轮胎的胎毂或气门嘴上安装了一个内置传感器，传感器中包括感应气压的电桥式电子气压感应装置，它将气压信号转换为电信号，通过无线发射装置将信号发射出来。TPMS通过在每一个轮胎上安装高灵敏度的传感器，在行车或静止的状态下，实时监视轮胎的压力、温度等数据，并通过无线方式发射到接收器，在显示器上显示各种数据变化，或以蜂鸣等形式，提醒驾车人，并在轮胎漏气和压力变化超过安全门限（该门限值可通过显示器设定）时进行报警，以保障行车安全。

一、轮胎压力监控系统的结构组成

轮胎压力监控系统由下述部件构成：5个轮胎压力传感器、4个轮胎压力监控天线、轮胎压力监控控制单元、组合仪表、功能选择开关，如图4-9所示。

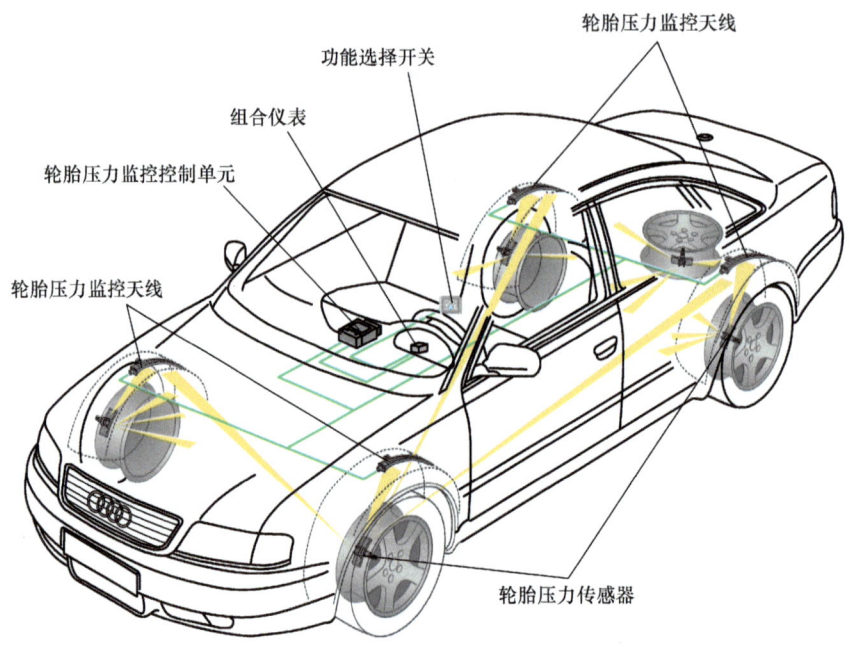

图4-9 轮胎压力监控系统部件位置

1. 轮胎压力传感器（G222~G226）

轮胎压力传感器拧在金属气门嘴上，在更换车轮或轮辋时，该传感器仍可再用。轮胎压力传感器将轮胎的实时压力信息（绝对压力测量）发送给轮胎压力监控控制单元，用以评估压力情况。温度信号用于补偿因温度改变而引起的压力变化，同时还用于自诊断。当温度高于某一限定值时，传感器就停止发送无线电信号。温度补偿由轮胎压力监控控制单元来进行，测出的轮胎压力以 20℃时的值为标准值。

轮胎压力传感器内部集成部件，如图 4-10 所示。压力传感器、温度传感器及测量/控制电子装置都集成在一个智能型传感器上。

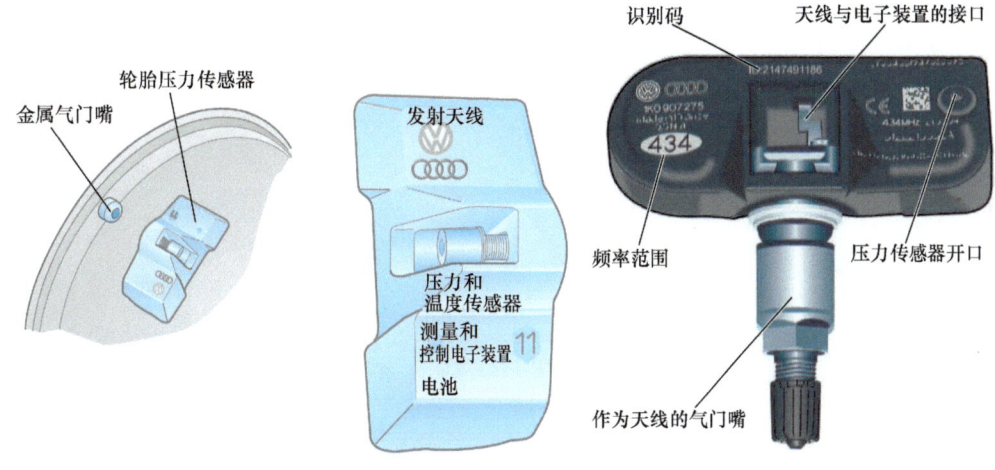

图 4-10 轮胎压力传感器

现使用两种不同的载波频率，多数国家使用 433MHz 的载波频率；少数国家（如美国）使用 315MHz 的载波频率。传感器、天线和控制单元上打印有相应的载波频率。另外，从零件号上也可看出用的是哪种载波频率。一个封闭系统内的空气压力变化与温度是成比例的。正常情况下，温度每变化 10℃，压力变化约 104Pa。输入"存储压力"后，轮胎充气压力就被标准化为 20℃时的值。

> **注意**
>
> 为了避免调整不当，应特别注意必须在"轮胎冷态"时检查、校正存储轮胎的充气压力。

轮胎压力传感器的发射天线发送下述信息：专用识别码（ID-Code）、实时轮胎压力（绝对压力）、实时轮胎空气温度、集成电池的状态，为保证数据的安全传递所需的状态、同步和控制方面的信息。以上所列的信息都包含在一段 12 位长的数据电码内。数据传递是调频式的，传递时间约 10ms。

> **注意**
>
> 只有当系统部件都使用相同的载波频率时，轮胎压力监控系统才能正常工作。

每个轮胎压力传感器都有一个专用的识别码（ID-Code），用于"轮胎识别"。为了避免接收到错误信息，当轮胎压力传感器接收到的温度达到120℃时，它就不再发送无线电信号（数据电码）了。就在发射电子装置马上切断轮胎压力传感器前，轮胎压力控制单元得到了"温度切断"信息，于是"故障内容"就被记录在故障存储器内。温度低于某一值时，轮胎压力传感器又能恢复无线电通信，电子部件对高温是很敏感的，高温会导致部件功能故障甚至部件损坏（图4-11）。当一个或多个轮胎压力传感器发生温度切断时，会出现图4-12所示的提示信息。

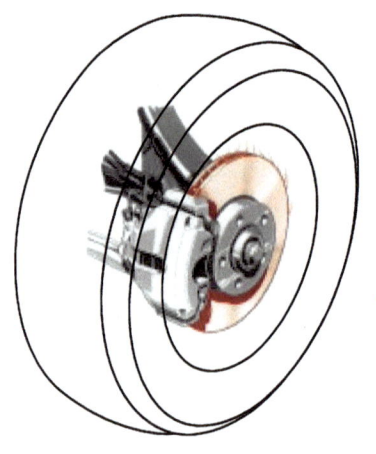

图4-11 制动盘产生的高温

图4-12 轮胎压力传感器发生温度切断

测量、控制及发射电子装置是通过集成的锂电池供电的。为了使轮胎压力传感器的使用寿命尽可能长，其控制电子装置有专用的"能源管理"功能。

测量轮胎压力的数据传递量是很小的，但应能立即识别出气压不足，并将此信息传递给控制单元。"能源管理"功能可以根据不同的测量和发射时间间隔，区分出是正常发射模式还是快速发射模式。当轮胎气压值保持恒定时，轮胎压力传感器就处于正常发射模式。当气压损失高于$2×10^4$Pa/min时，轮胎压力传感器立即切换到快速发射模式，如图4-13所示。"能源管理"可在保证压力监控功能的同时，使传感器电池所承受的负荷尽可能小。电池寿命理论上可达7年。

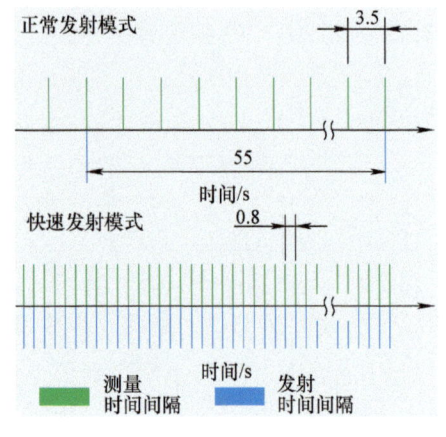

图4-13 轮胎压力传感器发射模式

> **注意**
>
> 电池是轮胎压力传感器的一个组成部件，它不能单独更换，可以通过自诊断功能来查询电池的理论寿命。

2. 轮胎压力监控天线（R59 ~ R62）

如图 4-14 所示，轮胎压力监控天线接收来自轮胎压力传感器的无线电信号，并将此信号传至轮胎压力监控控制单元以便进一步处理。轮胎压力监控系统共有 4 根用于轮胎压力监控的天线，分别安装于左前、右前、左后、右后车轮罩内的衬板后。如图 4-15 所示，这 4 根天线经高频天线导线与轮胎压力监控控制单元相连，并根据安装位置与控制单元进行匹配。天线接收所有处于接收范围和频率范围内的无线电信号，每根天线都会接收所有处于其作用半径以内的传感器信号。无线电信号会被传送至控制单元内并经过选择，以便得出正确的信息。为了保证轮胎压力监控系统能正常工作，该系统上使用的各部件的载波频率必须相同，从零件号上也可看出载波频率。

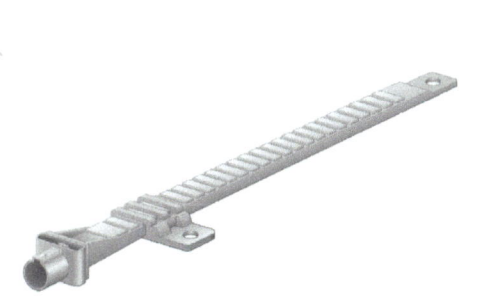

图 4-14 轮胎压力监控天线的外形

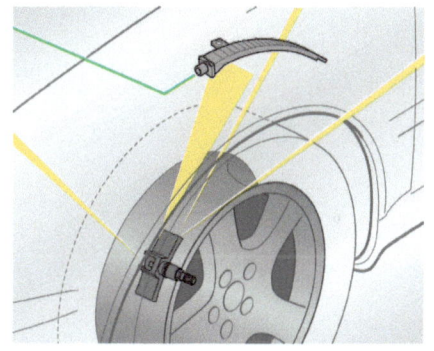

图 4-15 轮胎压力监控天线安装位置

为了不干扰高频数据传递，对于损坏的天线导线目前不可以修理。如果天线导线损坏，应更换整个线束。轮胎压力监控天线目前还不能用自诊断功能来查找故障，但故障存储器内记录的关于轮胎压力传感器"无信号故障"，也可能是天线和天线导线的原因。

3. 轮胎压力监控控制单元

轮胎压力监控控制单元 J502（图 4-16）对轮胎压力监控天线发来的信号进行处理并排队，然后把相应的信息送至组合仪表。驾驶人信息系统（FIS）的显示屏会显示相应信息。车辆外围设备是通过 CAN 总线进行通信的。通过对各种不同的界限值和按时间变化的压降（压降梯度）进行分析，就可对系统状况信息进行排队（按其重要性）。输入"存储压力"后，不但要求控制单元存储新的轮胎充气压力，还要"学习"以前存储的传感器信号及其位置，因此控制单元内存储了两套彼此毫无关系的轮胎压力值。

1)用控制单元编码输入的部分负荷及全负荷时的轮胎充气压力。该压力值可在油箱盖上的不干胶标签上查到,它是按编码表输入的。根据部分负荷的压力可计算出一个最低压力极限值,如图 4-17 所示。

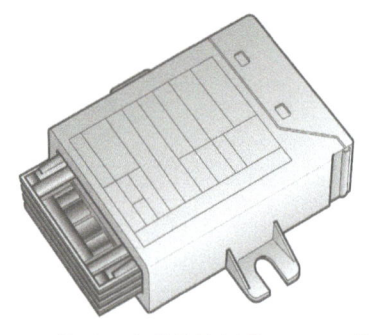

图 4-16　轮胎压力监控控制单元 J502 的外形

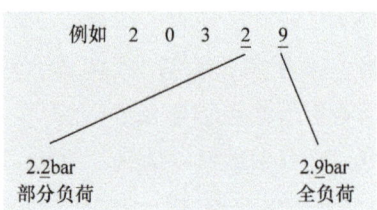

图 4-17　轮胎压力值

2)通过驾驶人信息系统显示屏的"存储压力"功能,由驾驶人存储轮胎充气压力(见随车使用说明书)。用驾驶人信息系统的菜单可以存储个性化的轮胎充气压力值(如满负荷或冬季轮胎)。

4. 金属气门嘴

轮胎压力监控系统所用的气门嘴是新设计的,无监控系统轮胎使用的是橡胶气门嘴,现在用的是金属气门嘴,如图 4-18 所示。

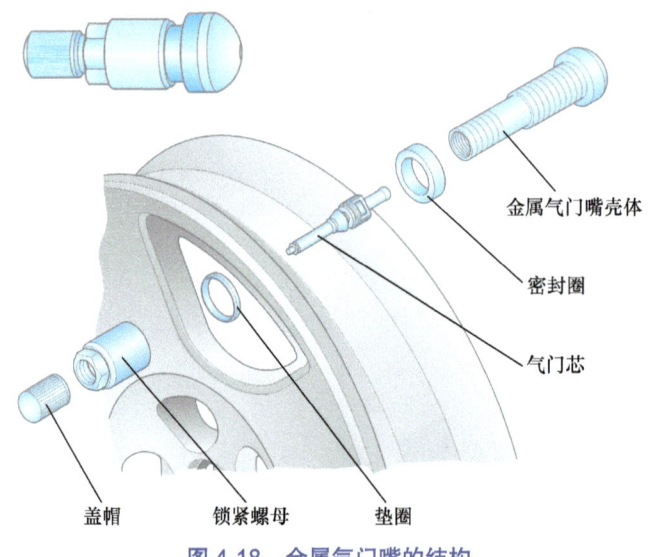

图 4-18　金属气门嘴的结构

二、轮胎压力监控系统的工作过程

如图 4-19 所示,当打开驾驶人侧车门或 15 号接线柱接通时,系统就开始初始化过程,然后控制单元给轮胎压力监控发射器 G222～G226 和天线 R59～R62 各分配一个 LIN 地址（分配时在时间上是错开的）。初始化完成后，这几个发射器一个接一个从控制单元接收到一条信息，随后这些已经分配地址的发射器发射出无线电信号（频率为 125kHz，只发射一次）。由于这种无线电信号的作用半径很小，所以它们只会分别被相应的轮胎压力传感器所接收，传感器被无线电信号激活，然后就会发送测量到的当前压力和温度值，这些测量值由天线接收后，再经 LIN 总线传送到控制单元。

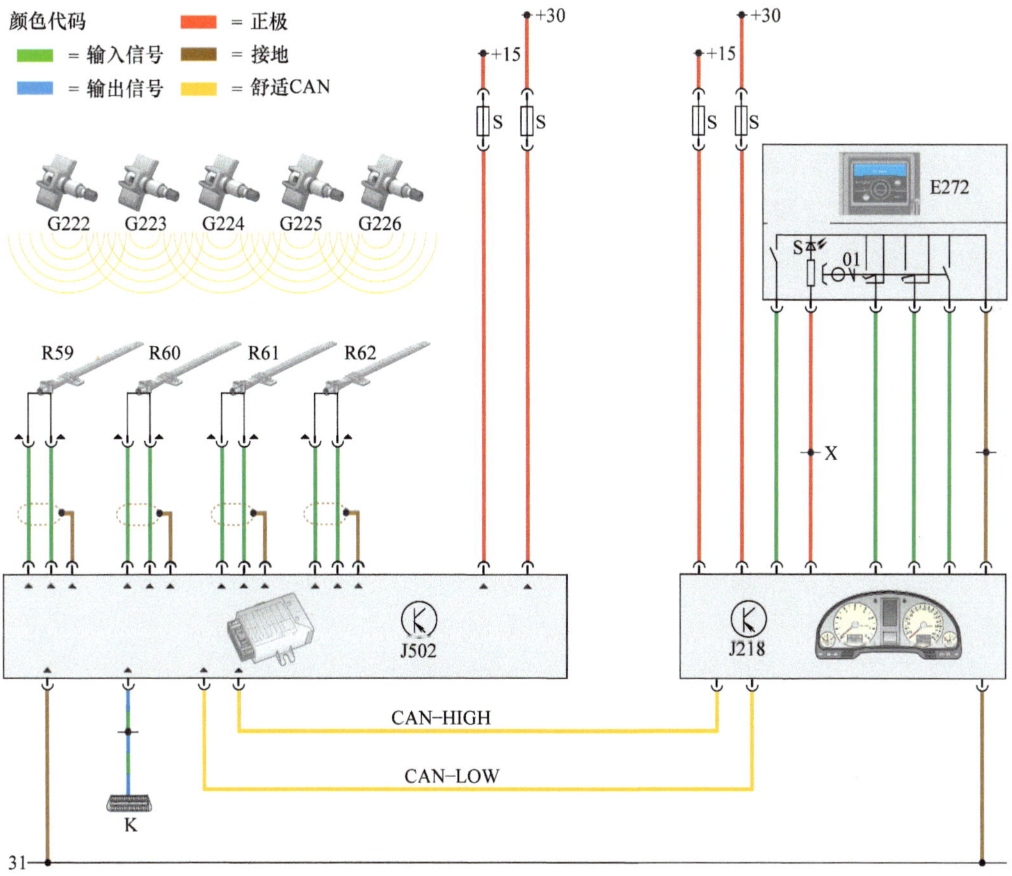

图 4-19 奥迪车用轮胎压力监控系统功能图

E272—功能选择开关　G222—左前轮胎压力传感器　G223—右前轮胎压力传感器　G224—左后轮胎压力传感器　G225—右后轮胎压力传感器　G226—备胎轮胎压力传感器　J218—仪表板内组合处理器　J502—轮胎压力监控控制单元　K—自诊断连接　R59—左前轮胎压力监控天线　R60—右前轮胎压力监控天线　R61—左后轮胎压力监控天线　R62—右后轮胎压力监控天线　X—接线柱 58s　▲—镀金触点

随后，只要是车停着，就不再进行任何通信联系了。轮胎压力传感器上装有离心力传感器，该传感器可以识别出车轮是否在转动。与前代系统相比，新型系统的一个突出优点是：只要 15 号接线柱接通就可立即显示出警告信息，同时传感器的寿命也得到了提高。

车辆起步时，传感器在约 2min 后开始与车轮位置进行匹配。当车速超过约 20km/h 时，每个传感器会自动发射当前的测量值，而不需等待来自各自发射器的信号。发射出的无线电信号中包含有传感器的 ID，这样控制单元就可识别出是哪个传感器发出的信息及其位置了。正常情况下，发射器每隔 30s 就发射一次信号。如果传感器发现压力变化较快（$>2 \times 10^4$Pa/min），那么传感器会自动切换到快速发送模式，这时每隔 1s 就发送一次当前测量值。

三、轮胎压力监控系统操作和显示

1. 轮胎压力监控系统操作

在轮胎压力子菜单里通过功能选择开关可以关闭或再次接通轮胎压力监控系统，还可以存储轮胎的实时压力。存储轮胎压力时为了避免错误信号，建议每次检查及校正完轮胎充气压力后，在 FIS 菜单里执行一次"存储压力"功能。如果没有遵守这个说明且使用了不同的充气仪器来检查和校正轮胎气压，那么根据充气仪器的误差范围情况，系统信号可能提前或延迟。在轮胎温度不同（热/冷）或外界温度不同（夏天/冬天）时，校正完轮胎压力后，但没有每次都存储压力值时，也会出现系统信号提前或延迟现象。用功能选择开关的旋/压钮来选择所需要的功能，就是确定小方框（□）或钩（√），详见随车使用说明书。

输入"存储压力"后，轮胎充气压力就被标准化为 20℃时的值。为了避免调整不当，应特别注意：必须在"轮胎冷态"时检查、校正及存储轮胎的充气压力。该系统可由驾驶人在菜单里关闭。每次接通点火开关后短时出现"系统已关闭"的信息以提醒驾驶人。选择"存储压力"时，轮胎压力监控系统自动接通。

2. 轮胎压力监控系统的显示

根据对车辆行驶性能的影响，将系统信号分成两个优先等级：

优先等级 1 的信号（最重要），表示已不能保证行驶安全性了。优先等级 1 的信号由 FIS 显示屏上的红色警告符号，以及声音信号（锣声）来指示，这时要求驾驶人立即检查轮胎状态。

优先等级 2 的信号（次重要），表示还没有直接影响行驶安全性，FIS 显示屏出现黄色符号来提醒驾驶人现在系统的状态如何。

优先等级 1 的信号和优先等级 2 的信号又都可分成"无位置"和"有位置"两种形式。所谓"无位置"是指系统不能准确说明故障原因的位置，或者有多个故障位置。所谓"有位置"是指系统可以准确说明故障位置，且只有该位置是引起故障的原因。优先等级 1 的信号在下列条件下才显示，如图 4-20 所示。

1）实际的轮胎充气压力值降至警告线 2 以下。

2）压力损失梯度大于 2×10^4Pa/min。

3）优先等级 1 的信号。

4）压力损失很快。

第四章 压力传感器

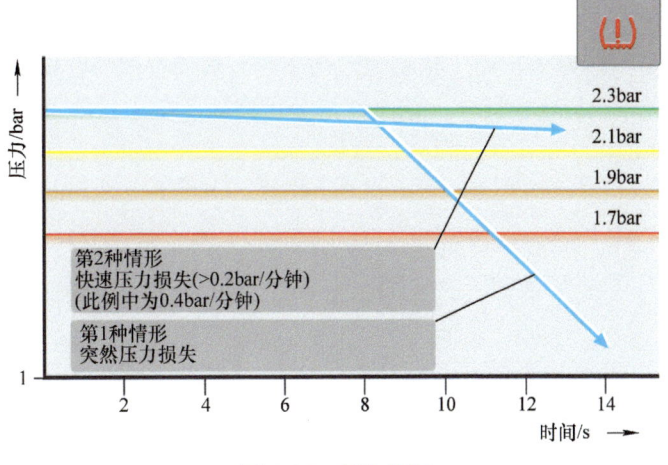

图 4-20 优先等级

例如,按编码表,轮胎的规定值是 $22 \times 10^4 Pa$,最低压力极限值是 $4 \times 10^4 Pa$(制造厂规定的奥迪 A8 车的部分负荷值)。

优先等级 1 的信号在处理完成后会立即显示出来,超过警告线 3 以后就总是显示优先等级 1 的信号。可能会显示图 4-21 所示的优先等级 1 的信号:当至少满足优先等级 1 的一个条件,且不能明确指出是哪个车轮时,就会显示这个信息(优先等级 1,无位置),可能与一个或多个车轮有关。这些信息(优先等级 1,有位置)与前面说过的信息是不同的,不同之处在于:此处有明确的车轮位置指示,如图 4-22 所示。

图 4-21 优先等级 1 的信号

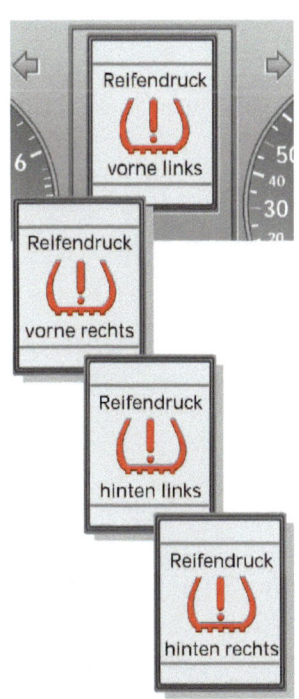

图 4-22 车轮位置指示

在出现优先等级 1 的信号时，若按下 CHECK 按钮，就会出现图 4-23 的提示。如果导航系统已激活，那么很快就会用这个指示符号指示所有优先等级 1 的信号（先是全图，然后是小图）。这个指示符号出现在驾驶人信息系统显示屏的上部，这样就不会干扰行车路线指示了，如图 4-24 所示。

图 4-23　车轮提示

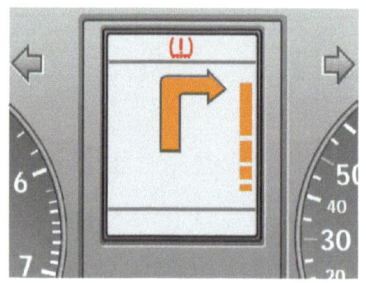

图 4-24　驾驶人信息系统提示

优先等级 1 的信号在满足下列条件时自动撤销：

1）所有的压力传感器接收到的轮胎充气压力都高于警告线 1（比存储的轮胎充气压力规定值低 $2 \times 10^4 Pa$）。

2）重新存储了轮胎的压力（通过菜单）。

3）调整不当。

4）缓慢漏气。

例如，按编码表，轮胎的规定值是 $20 \times 10^4 Pa$，最低压力极限值是 $17 \times 10^4 Pa$（制造厂规定的奥迪 A8 车的部分负荷值）。

当某个车轮的实际压力比通过菜单存储的轮胎压力规定值低 $2 \times 10^4 Pa$ 时，就会显示如图 4-25 中所示的这些信息（警告线 1）。这时轮胎压力监控控制单元应识别出轮胎压力传感器的位置（优先等级 1，有位置）。另外，其他三个轮胎的实际压力与存储的压力规定值相差不能大于 $2 \times 10^4 Pa$。

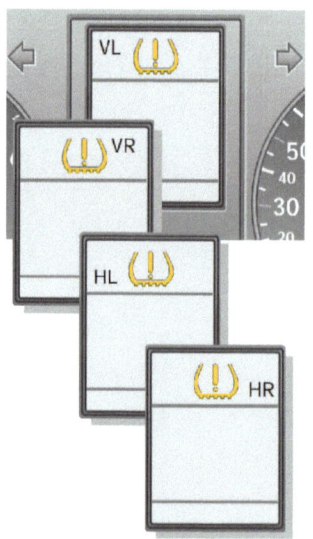

图 4-25　警告线 1

如果某个轮胎压力达到警告线 1，而其他轮胎中有一个或多个轮胎的压力比存储的压力规定值低 $2 \times 10^4 Pa$，就会显示无位置信息，如图 4-26 所示。这时就要求驾驶人检查并校正所有轮胎的压力。这样就可避免警告过于频繁，因为下次车轮故障在短时间内是不会发出警告的。如果未识别出位置，那么在 1）和 2）的条件下就不会显示优先等级 2 的信息。

在点火开关接通的情况下，传感器传递的温度不应该比环境温度高 15℃以上，如果超过了这个界限，就不会发出警报。驾驶人可以通过菜单将压力监控系统关闭。当装有轮胎压力传感器的轮胎（如冬季轮胎）放在行李舱内运输或装用的轮胎无传感器时，关闭压力监控系统就变得非常有意义。每次接通点火开关后，会出现如图 4-27 所示的显示，用以提示驾驶人压力监控系统已关闭。

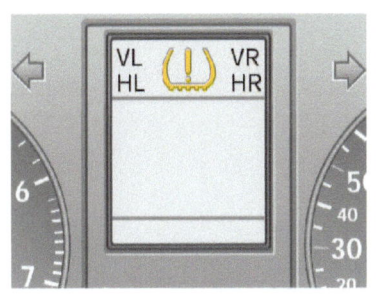 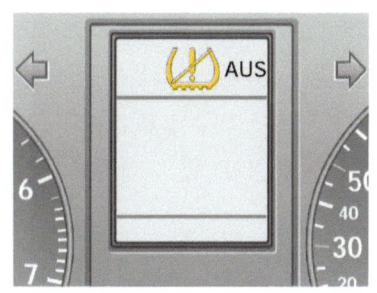

图 4-26　显示无位置信息　　　　图 4-27　轮胎压力监控系统关闭示意图（一）

如果故障压力监控系统已无法使用，会出现显示以提醒驾驶人。例如，因无线电干扰而导致传感器无法接收信号，就会出现如图 4-28 所示的这个显示。可能产生干扰的因素包括火花塞间隙过大（火花塞插头未插好）或使用了无线耳机等。如果无线电干扰消失且传感器接收到信号，那么这个提醒信息就会消失。只有当车速高于 5km/h 时才会出现这个提醒信息。

当出现其他系统干扰时，会出现信息提示，表示轮胎压力监控系统已无法使用，如图 4-29 所示。如系统故障（导线断路、轮胎压力监控控制单元损坏等），轮胎压力传感器没有接收到无线电信号（装上了防滑链或无传感器的轮胎后），车辆行驶 30min 内还未完成车轮识别和位置识别，在车辆行驶中接收到 5 个以上传感器发出的信号（在行李舱内运输有传感器的车轮），当轮胎压力监控控制单元编码错误或根本就未编码等。

图 4-28　轮胎压力监控系统受干扰示意图　　　　图 4-29　轮胎压力监控系统关闭示意图（二）

四、轮胎压力监控系统的功能

1. 轮胎识别

每个轮胎压力传感器都有一个单独的识别码（即 ID 码），它是一个 10 位的数字。这个 ID 码包含在传感器信号中并传给控制单元，车辆用它就可识别传感器的位置。控制单元在一定条件下确定并存储传感器的信息，这个过程就称为轮胎识别。系统最多可以"管理"5 个传感器（包括备胎）。接收到的 ID 码与存储的 ID 码不断地进行对比，以便对存储的数据进行进一步处理，这样就可避免在无线电作用范围内发现"未知传感器"，影响系统。

轮胎识别有"自学习"能力，轮胎如果装上了新换装的传感器，控制单元会识别出来，并在一定条件下（算法处理）接受并存储"新传感器"。只有在车辆行驶过程中才能完成传感器的自适应，这样可避免暂停在附近的车辆的影响（如果它也有轮胎压力监控系统的话）。轮胎识别码（ID 码），车轮位置识别码（ID 码）如图 4-30 所示。

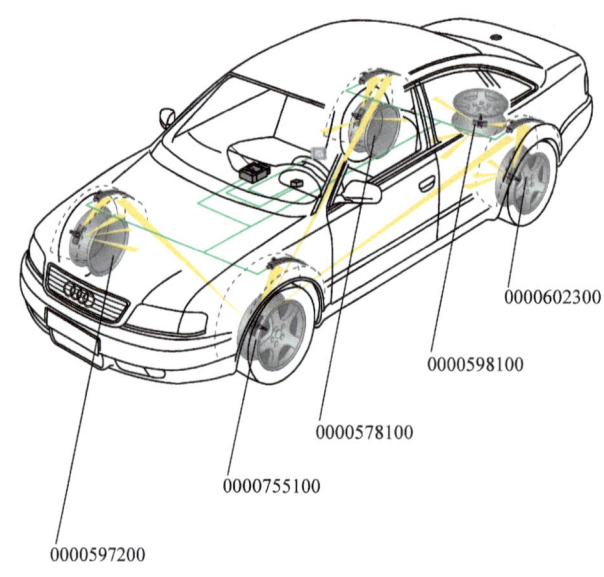

图 4-30　车轮位置识别码（ID）

2. 位置识别

为了能向驾驶人提供轮胎位置信息，轮胎压力监控控制单元必须知道传感器在车上的安装位置。位置识别是控制单元的一个扩展功能。该功能可以自动完成车轮与传感器的匹配，即定义出左前（VL）、右前（VR）、左后（HL）、右后（HR）及备胎（RR）。为此车上安装了 4 个接收天线，通过分析各个传感器传来的不同强度信号，即可完成位置识别。控制单元根据计算和统计数据就可确定传感器的理论位置（车轮的安装位置 VL—0000755100，VR—1000597200，HL—0000602300，HR—0000578100 和 RR—0000598100）。

在无线电传输的过程中，有很多影响接收信号强度的因素（如金属件的屏蔽作用，发射器到天线的距离，环境影响等）。所以并不能 100% 保证准确确定传感器的位置，这就是为什么说识别出的是"理论位置"的原因。

3. 车在停止时的监控功能

为了使车在停止时仍能监控轮胎压力，轮胎压力监控控制单元在关闭点火开关后也仍在工作。只是这时的控制单元处于省电状态，当它接收到车轮传感器定期发来的信号时会马上激活。该功能要求仔细维护蓄电池，这样才能保证在出车前就会得到及时的提示（如胎压不足）。

备胎在轮胎压力监控系统中占有很重要的位置，备胎上也装有轮胎压力传感器，如图 4-31 所示，但与其他轮胎不同的是，备胎没有自己单独用于轮胎压力监控的天线。备胎发出的无线电信号（数据电码），由天线接收后再传给轮胎压力监控控制单元，通过轮胎识别和位置识别就可判断出这个"第五个"轮胎就是备胎，并将该信息存入控制单元。备胎由控制单元来"管理"，但涉及备胎的警告信息都被抑制而不显示出来。

4. CAN 舒适接口

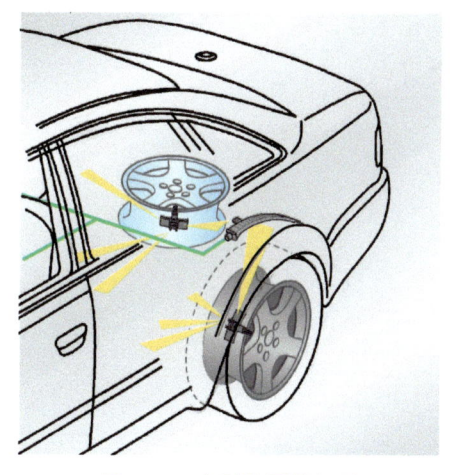

图 4-31 备胎位置的识别

轮胎压力监控控制单元与车辆的信息交换是在组合仪表上通过 CAN 舒适总线来完成的。

五、自诊断

自诊断，可以快速查询故障，地址码为 65，可选功能：

01—查询控制单元版本号；02—查询故障存储器；05—清除故障存储器；06—结束输出；07—给控制单元编码；08—读取测量数据块；10—自适应。

匹配轮胎气压监控系统的步骤如下：

1）首先检查轮胎气压，必要时进行气压调整并在 MMI 中储存。规定的气压值在油箱盖内侧标注，或查找轮辋和轮胎指导说明书。

2）确认"车轮更换功能"并存储在 MMI 中。

3）当匹配轮胎气压监控控制单元 J502 时，需要满足如下条件：

① 以超 40km/h 的车速持续行驶至少 20min，避免时走时停地驾驶，与其他车辆并行行驶时间不要超过 5min，以避免接收到其他车辆车轮信号。

② 匹配结果可通过轮胎气压系统读取测量数据块 17 组的系统状态显示。

③ 系统状态数据块 17 记录 1。

④ 状态 0049 表示系统已经匹配成功。

六、案例：2011 款北京现代第八代索纳塔轮胎警告灯点亮

故障现象　一辆 2011 年北京现代第八代索纳塔轿车，行驶里程 11 万 km，在行驶的过程中轮胎压力过低警告灯突然点亮（图 4-32）。

故障诊断　接车后，连接北京现代原厂诊断仪 HI-DS 读取 TPMS 轮胎监控系统的故障码，发现有 3 个故障码：C1334——传感器 3 硬件故障；C1662——自动学习失败；C1314——传感器 3 无线通信 RF 故障（图 4-33）。故障码 C1314 含义为左后传感器无线电

通信不良，只有当 TPMS 控制单元没有接收到左后轮压力传感器的 RF 信号时，才会记录此故障码。

图 4-32　警告灯点亮

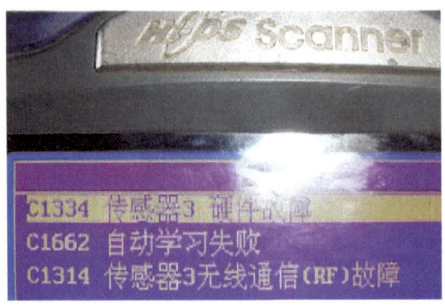

图 4-33　故障码

那么该车的故障原因很有可能是左后轮传感器本身的故障，或是 TPMS 控制单元的故障。用原厂诊断仪 HI-DS 读取了轮胎监控系统的数据流，显示该车的 3 号传感器（左后轮压力传感器）在关于传感器的输出类型和传感器方面都显示为"UNKNOWN"，含义为不确定的或是未知的。而正常的压力传感器数据流在传感器输出类型上应显示为"INITIATED"，含义为触发，传感器电压应显示"NORMAL"，含义为正常。

通过对传感器数据流的对比，可以判断该车的故障原因为左后轮压力传感器的故障。TPMS 相关电路如图 4-34 所示。

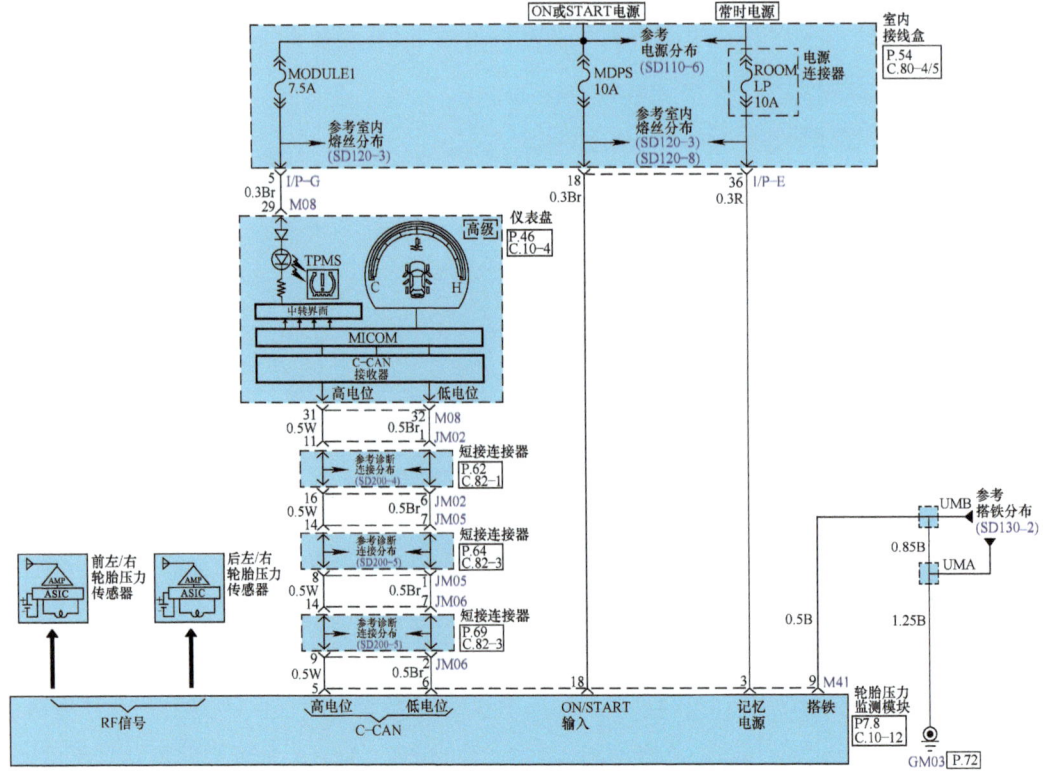

图 4-34　TPMS 相关电路

询问驾驶人得知，该车的左后轮胎原来扎漏过，在外面的补胎店补过胎，没几天就出现了轮胎压力警告灯点亮，将左后轮胎完全拆下后，发现轮胎压力传感器已经断裂并且完全分开了（图 4-35、图 4-36）。这样可以基本确定该车的故障是由于外面补胎店没有按照规范操作导致的。更换新的压力传感器后，发现轮胎压力警告灯还是点亮。

故障排除 找到维修手册，发现在更换新的压力传感器后需要对压力传感器进行注册，注册的方式有两种，一种是自动注册，另一种是利用原厂控制单元 GDS 注册。自动注册就是在更换新的压力传感器之后，驾驶车辆以 20km/h 以上的速度行驶 7min，就能完成自动注册。于是将该车以平均 30km/h 的速度行驶 5min 后，轮胎压力警告灯自动熄灭。左后轮压力传感器故障排除。

维修总结 对于安装配备轮胎监控系统的车辆，在拆装轮胎的过程中，一定要避开气门嘴（压力传感器），必须规范操作，以免带来不必要的麻烦。

图 4-35 已经分开的轮胎压力传感器

图 4-36 损坏的轮胎压力传感器

第三节 制动压力传感器

一、压阻式制动压力传感器

1. 结构

如图 4-37 所示，在 MK60 产品系列中的制动压力传感器集成在 ESP 单元内。以前的车型中制动压力传感器安装在串联制动主缸上。

该传感器通过四个接触弹簧 4 与控制单元连接。两个触点用于供电，另外两个触点提供两个彼此独立的压力信号。该传感器根据压阻原理工作，利用结构变形引起的材料电导率变化量测量。四个压阻测量元件构成一个电桥5，这些元件固定在一个隔膜6上。压阻测量元件是半导体材料制成的电阻，如图4-38所示。

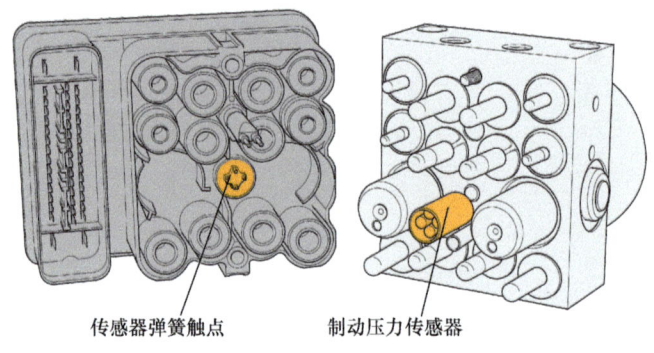

传感器弹簧触点　　制动压力传感器

图4-37　制动压力传感器安装位置

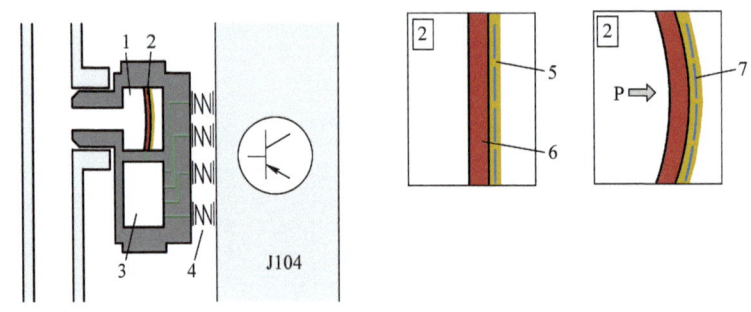

图4-38　制动压力传感器的结构

1—测量室　2—压阻厚膜传感器元件　3—传感器电子装置和信号放大器　4—连接至控制单元J104的接触弹簧
5—压阻测量电桥　6—柔性厚隔膜　7—测量电桥内的压电电桥元件

2. 功能

压力提高时隔膜6和与其连接的压阻测量电桥5的长度发生变化。长度变化时测量电桥内的压电电桥元件7上出现作用力，这些作用力使压电元件内的电荷分布发生改变。

电荷分布发生变化时，压电电桥元件的电气特性会发生改变。其电气信号与压力成正比，并作为放大后的传感器信号传输给控制单元。当某一压力传感器失灵时，系统将ESP功能降低到只剩ABS和EBV（电子制动力分配）功能。

3. 工作原理

制动压力传感器安装在电子稳定程序ESP系统中的行驶动力调节液压泵中，该压力传感器不能从液压泵中拧出（该传感器拧在液压泵内），要和液压泵一起更换。它向电子控制单元传送制动管路的实际制动压力，电子控制单元据此算出车轮制动力及作用在车辆上的轴向力，如果需要ESP起作用，电子控制单元会利用上述数值计算侧向力。

制动压力传感器的核心部件是一只会受到制动液作用的压电元件和一只传感器电子元

件。若制动液挤压压电元件，压电元件上的电荷分布就会起变化，电荷位置移动，由此产生电压。压力越大，电荷分得越开，电压越大。电压被内置的电子元件放大后，以电压信号的形式送给电子控制单元。故由电压的大小可以直接测量出制动力的大小。

4. 检测

如图4-39所示，用于奥迪A6轿车上的ESP制动压力传感器，集成在液压单元上，传感器在液压控制单元输入端的初级电路中测量出制动压力，这种集成结构可以减少线束的使用，并可提高安全性。它的最大测量值为17MPa；最大能量消耗为10mA、5V。

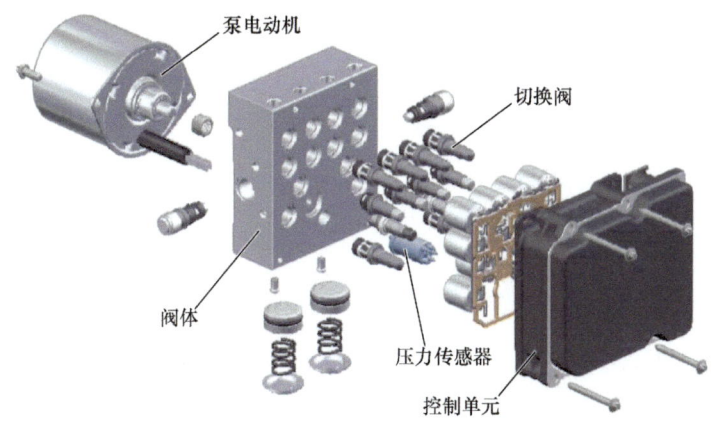

图4-39 奥迪A6制动压力传感器安装位置

传感器由4个压电晶体电阻组成，形成电桥，并附在柔性的变形片上。当控制单元发现两个信号偏离了误差范围后，控制单元会出现故障记忆，同时ESP功能失效，但ABS和EBD功能仍然有效。ESP制动压力传感器的检测方法如下。

① 首先检查线路是否损坏断路。
② 其次检查正极线路是否短路。
③ 最后检查负极线路是否短路。
④ 如果以上检查均未出现错误，说明传感器已损坏，应更换新传感器。

二、压电式制动力传感器

如图4-40所示，在带ESP的制动系统中，制动力传感器直接装在液压单元中，用于记录制动系统中的实际制动力。

制动力传感器的核心件是一个压电元件。如图4-41所示，制动力传感器通过元件内部的电荷分布变化，对压力变化做出反应，由电荷变化产生可测量的电压变化。传感器的电压变化由控制单元感知并分析。

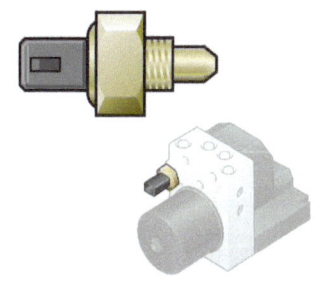

图4-40 制动力传感器安装位置

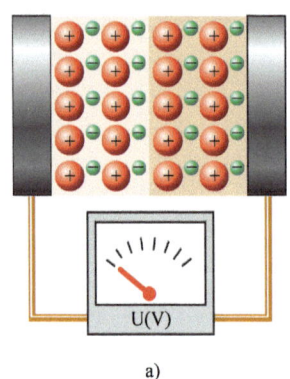
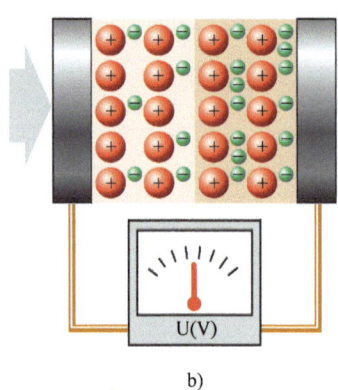

图 4-41 制动力传感器工作原理

a）均匀电荷分布情况　b）非均匀电荷分布情况

综上所述，通过传感器的信号与时间段的比值可得到压力斜度，该斜度被设定为制动辅助系统的接通条件。没有制动力传感器的信号，制动辅助系统和 ESP 将不起作用。传感器的功能异常将被自诊断系统记录下来，并储存到故障存储器中。

三、制动压力传感器（BOSCH/ITT）

1. 功用

制动压力传感器装在行驶动态调节制动泵内。该传感器向发动机控制单元提供制动管路内的实际压力信号，发动机控制单元根据这个压力信号计算出车轮制动力及作用在车上的纵向力。如果需要 ESP 系统工作，控制单元会将此值用于计算侧导向力，制动压力传感器的外形如图 4-42 所示。该传感器一般是双重布置的（G201、G204），以便尽可能保证安全性。这可看成一种超稳定结构。每个制动压力传感器通过三根导线与控制单元 J104 相连（图 4-43）。

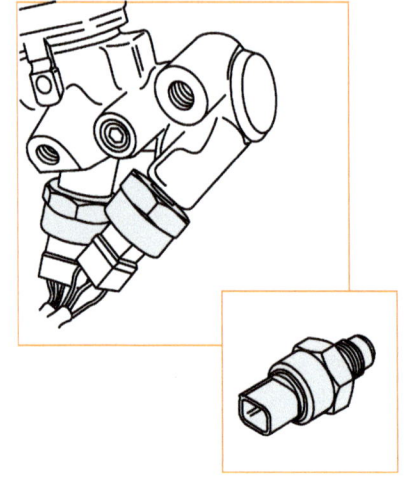
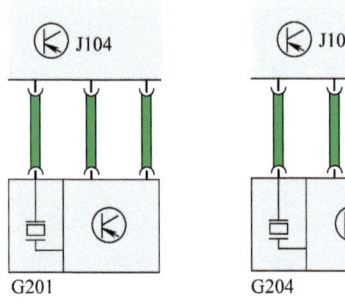

图 4-42 制动压力传感器 G201 的外形　　图 4-43 制动压力传感器连接电路

如果缺少实际制动压力信号,那么系统就无法计算正确的侧导向力,ESP 系统也就失效了。自诊断系统会确定导线是否断路及对地/正极短路,此外,系统还将判定传感器是否损坏。维修时不可从制动泵上拧下制动压力传感器,而应与制动泵一同更换。

2. 工作原理

(1)压电式制动压力传感器 如图 4-44 所示,制动压力传感器的核心部件是一个压电元件,制动液的压力就作用在其上。另一组是传感器的电子元件。如果制动液的压力作用到压电元件上,那么该元件上的电荷分布就会改变。

如果没有压力作用,电荷分布是均匀的,如图 4-45a 所示。有压力作用时,电荷分布在空间发生变化,如图 4-45b 所示,于是就产生了电压。压力越大,电荷分离的趋势越强,产生的电压就越高。这个电压由电子元件放大,然后作为信号传给控制单元。电压的高低就是制动压力大小的直接反应。

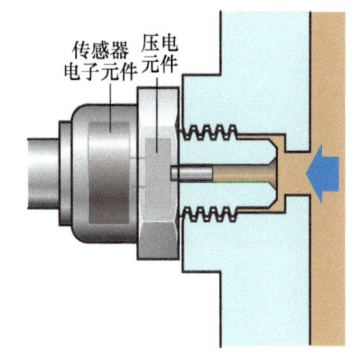

图 4-44 制动压力传感器的结构

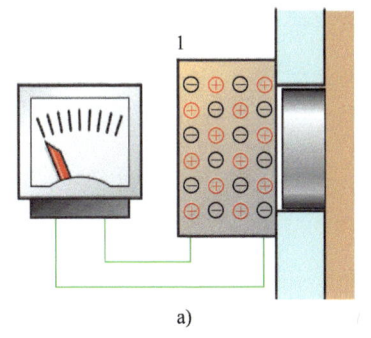 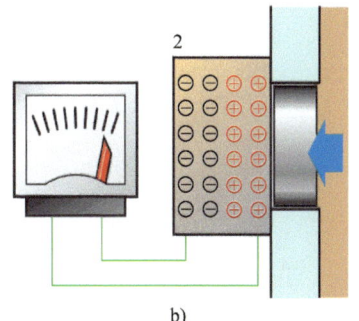

图 4-45 制动压力传感器 G201 的工作原理

a)没有压力作用时 b)有压力作用时

(2)电容式制动压力传感器 如图 4-46 所示,电容式制动压力传感器内部有一个平板式电容器,制动液压力就作用在这个电容器上。

电容式制动压力传感器的工作过程如图 4-47a 所示,电容器的两个平板间有一定距离(s),因此它有一定的电容量,也就是说它可以容纳一定量的电荷,电容量单位是法。一个平板是不动的,另一个平板在制动液的作用下可以移动。

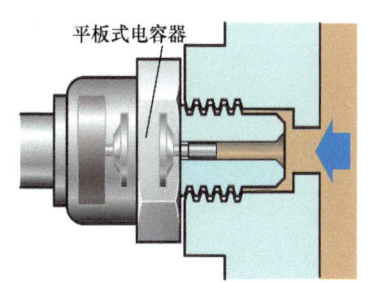

图 4-46 电容式制动压力传感器结构

如图 4-47b、c 所示,当制动压力作用到活动的平板上时,两平板之间距离(s_1)就变小,电容 C_1 就变大了。如果阻止了该压力,那么平板就回位。电容 C_1 又变小了。电容的变化就可直接作为压力变化的量度。

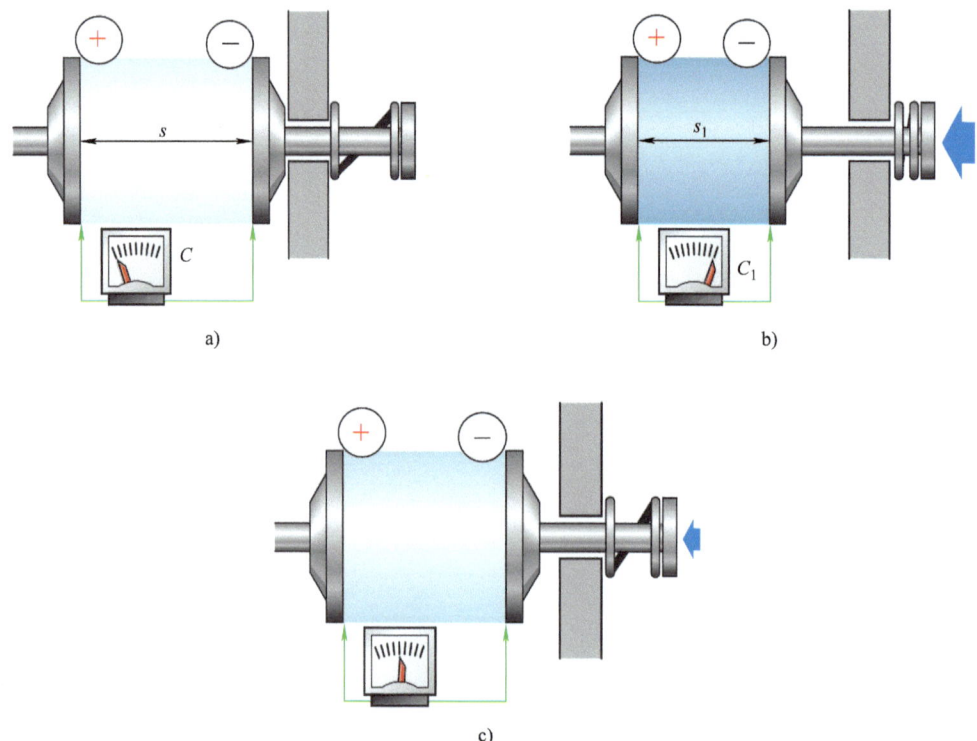

图 4-47 电容式制动压力传感器的工作过程

四、案例：大众迈腾 ESP 和 ABS 指示灯报警

故障现象 一辆迈腾轿车，BYJ 缸内直喷发动机。车主反映该车驻车时，车身电子稳定系统（ESP）和 ABS 指示灯报警、驻车制动指示灯闪烁、电子驻车制动系统（EPB）指示灯闪烁。车辆起动后，除上述指示灯闪烁外，EPC 指示灯点亮，多功能仪表显示驻车制动系统故障。

故障诊断 维修人员连接故障诊断仪查询，发现在 ABS 控制单元内，存储了制动压力传感器故障码，且无法消除。因制动压力传感器集成在 ABS 控制单元内，于是更换了 ABS 控制单元总成。

更换后，用故障引导功能对传感器 G85 和制动压力进行基本设定，均能成功，但做横向加速度传感器 G200、纵向加速度传感器 G251 和偏航率传感器 G202 的基本设定时，总是无法执行。查询故障存储器，结果如下。

01- 发动机中检测到 3 个故障码：049448——与驻车控制单元没有联系；053271——未知错误编码；053271——未知错误编码。

03-ABS 系统中检测到 4 个故障码：01042——控制单元没有编码；01542——偏航率传感器 G202 没有或错误的基本设定；01423——横向加速度传感器 G200 没有或错误的基本设定；01279——纵向加速度传感器 G251 没有或错误的基本设定。

第四章 压力传感器

53-EPB 系统中检测到 5 个故障码：01087——没有进行基本设定；03182——未知故障码 010—对正极开路或短路；01316——检查 ABS 控制单元故障存储器；01042——控制单元未编码；01279——纵向加速度传感器没有或错误的基本设定。

根据以上各控制单元存储的故障码分析，判断故障为：纵向加速度传感器 G251 没有成功标定。查询维修手册，G200、G202 和 G251 都集成在电子驻车制动系统控制单元 J540 内，因此怀疑 J540 控制单元损坏，于是更换 J540 控制单元，结果故障依旧。

故障排除 于是向厂家技术人员咨询，对方建议用 VAS5051 的自诊断功能在 ABS 内测试通道号 061。维修人员按照 03—16—40168—04—061 的操作步骤进行调试，ESP 故障灯熄灭，且故障码可清除，但仪表上 EPB 指示灯仍然报警。于是重新对 J540 控制单元进行基本设定，设定成功后，EPB 和 EPC 指示灯熄灭，发动机故障码可清除，故障彻底排除。

维修总结 因制动压力传感器集成在 ABS 控制单元内，传感器损坏时需要更换 ABS 控制单元。更换 ABS 控制单元后需要做匹配。因 VAS5051 故障引导内的引导项可能与国产车的通道存在差异，故无法用故障引导功能的匹配功能对横向加速度传感器 G200、偏航率传感器 G202、纵向加速度传感器 G251 进行匹配，因此需要使用特殊通道 03—16—40168—04—061 完成这 3 个传感器的匹配。

第四节　座椅占用识别传感器

大众新款速腾智能安全气囊系统区别于以前的安全气囊系统的重要一点，就在于智能安全气囊系统采用了乘客位置感知系统。

一、座椅占用识别传感器安装位置

如图 4-48、图 4-49 所示，前乘客侧座椅占用识别传感器 G128 安装在前乘客座椅的座椅套和座垫之间。座椅占用识别传感器的位置包括前乘客座椅的后部区域，选择位置时应确保能够探测到座椅面的相关区域。前乘员侧座椅占用识别传感器 G128 是一塑料膜，该膜覆盖座椅的后部。由几个单独的压力电阻组成，感知座椅相关部位的压力。

前乘客侧座椅占用识别传感器 G128 根据负重改变其电阻。如果前乘客侧座椅未被占用，前乘客侧座椅占用识别传感器 G128 的电阻很高。负重越大，电阻就越小。负重达到约 5kg 起，安全气囊控制单元 J234 就将座椅识别为"座椅已被占用"。G128 的电阻大于 430Ω 时，控制单元认为座椅未被占用；当 G128 的电阻小于 140Ω 时，控制单元认为座椅已被占用。

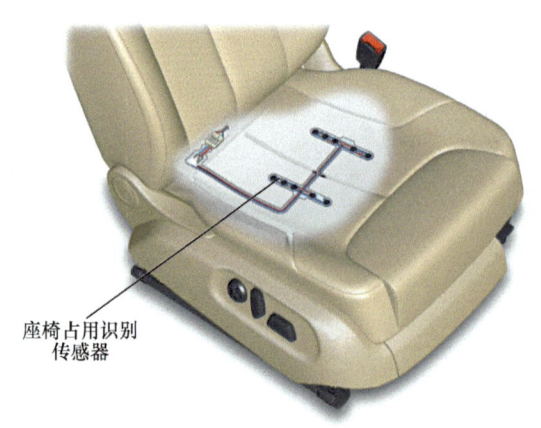

图 4-48 前乘客侧座椅占用识别传感器 G128 安装位置

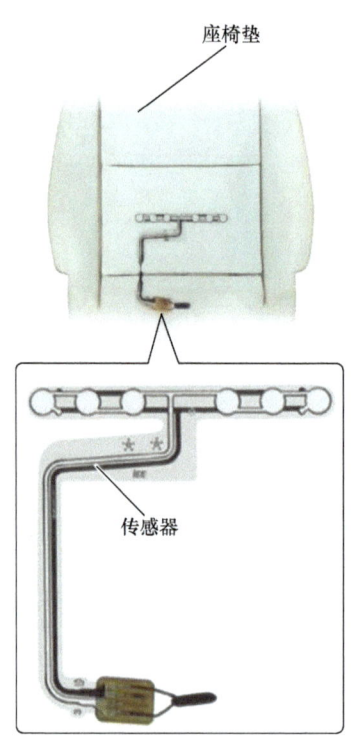

图 4-49 前乘客侧座椅占用识别传感器

二、座椅占用识别压力传感器结构

如图 4-50 所示,座椅占用识别压力传感器 G452 和座椅占用识别垫是一个部件。座椅占用识别垫充有硅凝胶,位于前乘客座椅的座垫下。如果前乘客座椅被占用,则座椅占用识别垫中的压力发生变化。座椅占用识别压力传感器识别出该压力变化,并以电压信号形式将这一情况报告给座椅占用识别控制单元 J706。

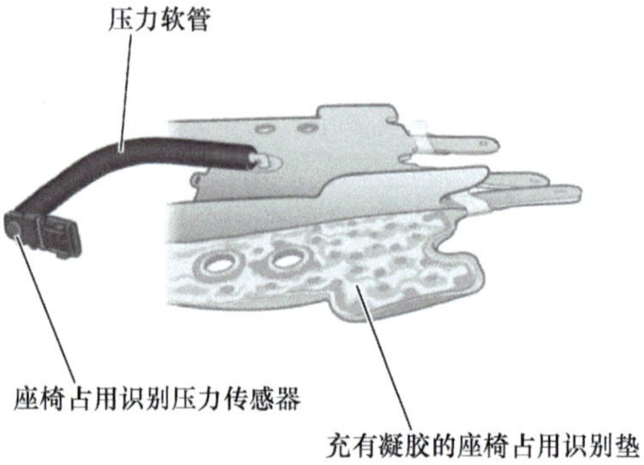

图 4-50 座椅占用识别压力传感器 G452

根据负重情况,电压在 0.2V(大负重)~4.8V(小负重)之间变化。座椅占用识别控制单元向传感器提供的电压为 5V。

三、座椅占用识别控制单元

座椅占用识别控制单元 J706 用于分析座椅占用识别压力传感器 G452 和座椅占用识别安全带拉紧力传感器 G453 的信号。

如表 4-3 所示,座椅占用识别安全带拉紧力传感器的信号用于说明安全带上的拉力有多大。借助座椅占用识别压力传感器的信号,座椅占用识别控制单元可识别出前乘客座椅的负重情况。如果前乘客座椅负重约小于 20kg,并且识别出没有安全带拉紧力或者安全带拉紧力很小,则座椅占用识别控制单元确定为"儿童座椅",并将这一情况通知安全气囊控制单元。前乘客正面安全气囊即被安全气囊控制单元关闭。

表 4-3 座椅占用的识别

座椅负重	安全带拉紧力	识别
约小于 20 kg	非常小或者没有	儿童座椅
例如 25 kg	非常高	儿童座椅
约大于 25 kg	小	成人

如果前乘客座椅负重约 25kg,并且安全带拉紧力超过一个预定的值,则座椅占用识别控制单元识别到,儿童座椅被具有儿童座椅固定功能的安全带额外压在坐垫上。则识别为"儿童座椅",安全气囊控制单元将前乘客正面安全气囊关闭。

从负重约大于 25 kg 和很小的安全带拉紧力起,座椅占用识别控制单元将座椅视为被一个成人占用,前乘客正面安全气囊保持激活状态。接通点火开关后,传感器的信息将被持续分析。这样可以确保座椅占用识别控制单元识别到座椅占用的变化情况,并对此做出反应。

为了在行驶中不会因前乘客座椅上出现的负重交变而导致立即停用前乘客正面安全气囊,系统在行驶期间工作时会有一定的延迟。安装在座椅占用识别控制单元中的加速度传感器向电子装置报告汽车的运动情况。

安全气囊控制单元 J234 和座椅占用识别控制单元 J706 之间的数据交换通过 LIN 数据总线进行。诊断监控由安全气囊控制单元承担。

四、座椅占用识别安全带拉紧力传感器

如图 4-51 所示,座椅占用识别安全带拉紧力传感器集成在前乘客座椅的安全带锁中。它主要由两个可相互移动的部件和一个位于电磁铁 Ⅰ 和 Ⅱ 之间的霍尔传感器组成。一根设定过的弹簧使这两个部件停在静止位置。在该位置上,电磁铁 Ⅰ 和 Ⅱ 对霍尔传感器没有影响。

按规定系好安全带后即在安全带锁上产生拉力。霍尔传感器至电磁铁 Ⅰ 和 Ⅱ 之间的距离发生改变。因此,电磁铁对霍尔传感器的影响也会改变,进而改变霍尔传感器的电压信号。安全带锁上的拉力越大,这两个部件相对位移也越大。座椅占用识别控制单元收到这些信息,并对其加以分析。机械挡块用于确保在碰撞时传感器元件不会彼此裂开。

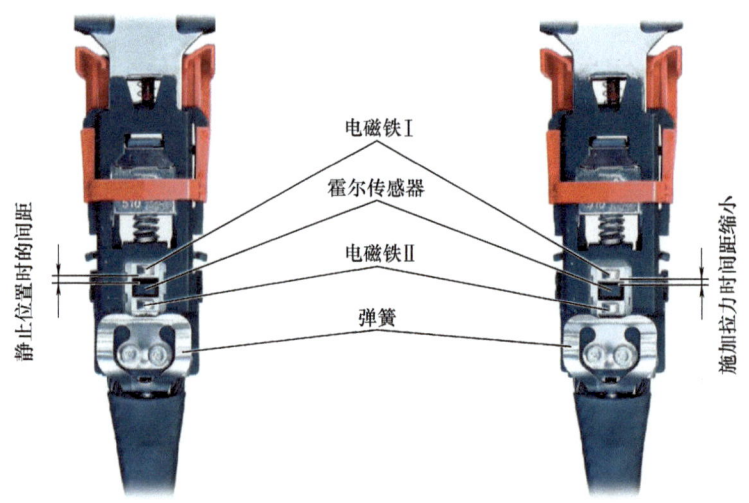

图 4-51　座椅占用识别安全带拉紧力传感器的结构

五、系戴安全识别开关

如图 4-52、图 4-53 所示,有的车型配置的系戴安全识别开关直接装在安全带锁内,开关内有两个电阻。根据开关位置通过一个或两个电阻进行测量。通过测得的电阻,安全气囊控制单元识别出乘客是否已系安全带。

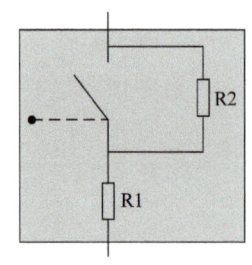

图 4-52　系戴安全识别开关电路结构

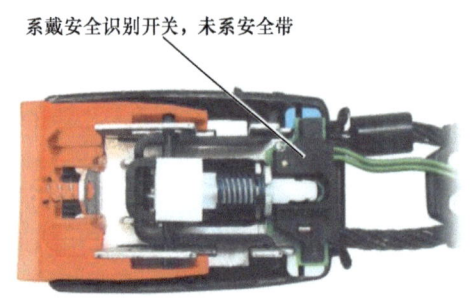
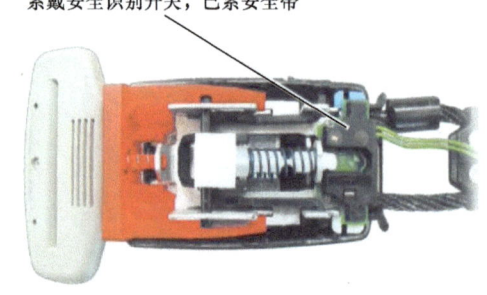

图 4-53　系戴安全识别开关的识别

六、座椅占用识别系统组件的联网

如图 4-54 所示,如果安全气囊控制单元 J234 得到前乘客座椅未被占用或者安装有儿童座椅的信息,则安全气囊控制单元关闭前乘客正面安全气囊。如果前乘客正面安全气囊已被停用,则会通过前乘客侧安全气囊关闭指示灯(PASSENGER AIRBAG OFF)和组合仪表中的字符向乘员显示这一情况。

所安装的组件位置均有规定,严禁改动。同样也禁止更换系统零部件。修理时必须严格按照原厂的维修手册和"引导型故障查询"进行操作。

如图 4-54 所示,座椅占用识别系统系统主要由座椅占用识别垫、座椅占用识别压力传感器 G452、座椅占用识别控制单元 J706、前乘客侧安全带开关 E25、座椅占用识别安全带拉紧力传感器 G453、前乘客侧安全气囊关闭指示灯 K145(PASSENGER AIRBAG OFF)以及安全气囊控制单元 J234 等部件组成。

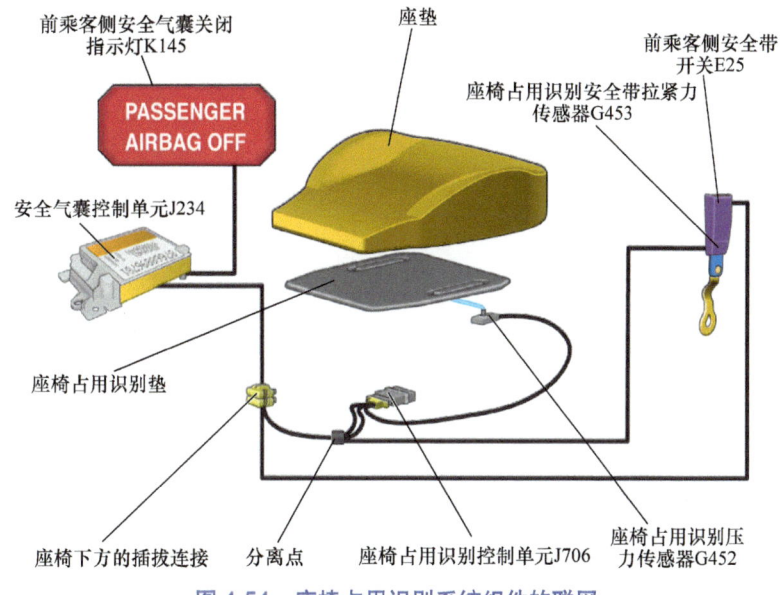

图 4-54 座椅占用识别系统组件的联网

七、座椅占用识别传感器检测

前乘客侧座椅占用识别传感器相关电路如图 4-55 所示,相关检测如下。

(1)检测步骤

① 打开点火开关,检测 G128 传感器端子 T2be/1 与 T2be/2 之间的电压应约为 5V。

② 检测 T2be/2 端子与搭铁之间的导通性。

③ 测量前乘客侧安全带开关 E25,电阻为 2Ω,插上开关时电阻为无穷大。

(2)控制逻辑分析　舒适型速腾安全气囊电控系统功能,当车辆车速超过一设定目标值,安全气囊电脑监控在乘客侧座位处于占用状态(由占用传感器 G128 识别),且前乘客侧安全带开关不插合时,仪表将发出安全带未系提示音报警。

(3)电路图分析

1)根据电路图所示,电脑供 5V 电→占用传感器 G128→前乘客侧安全带开关 E25→接地。

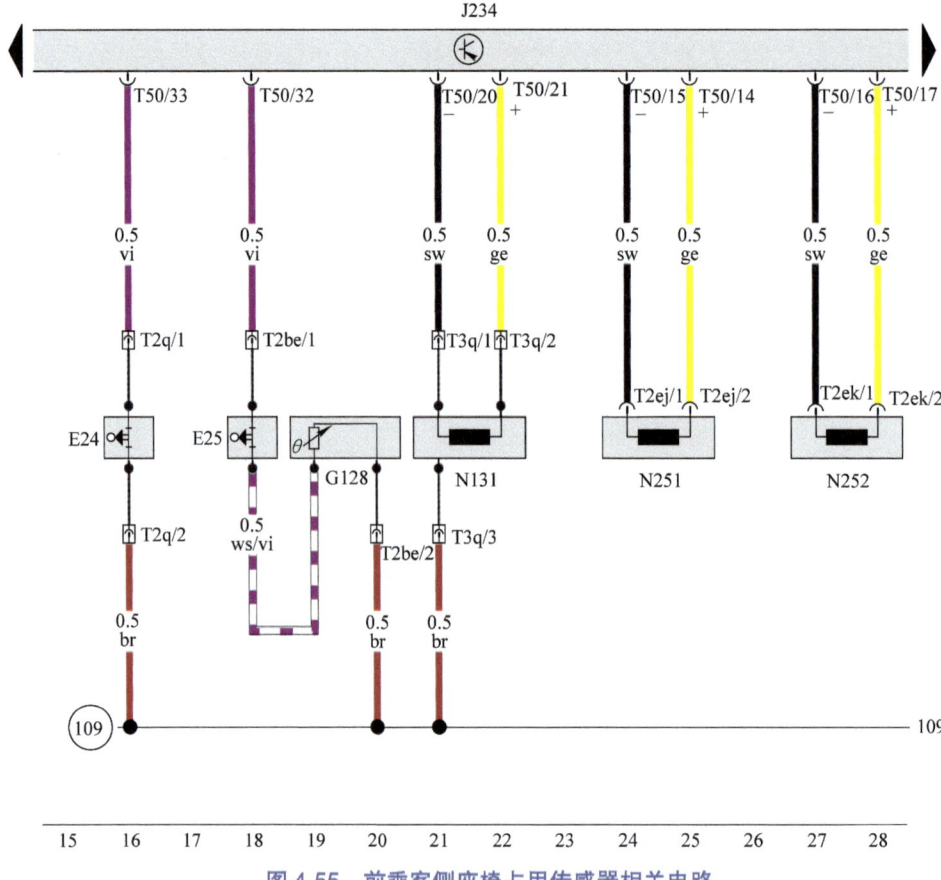

图 4-55 前乘客侧座椅占用传感器相关电路

E24—驾驶人侧安全带开关　E25—前乘客侧安全带开关　G128—前乘客侧座椅占用传感器　J234—安全气囊控制单元
N131—前乘客侧安全气囊引爆装置1　N251—驾驶人侧头部安全气囊引爆装置
N252—前乘客侧头部安全气囊引爆装置

2）当无乘客时，整个回路是闭合的，G128 和 E25 产生电压降，前乘客通过 T50/32 电位变化进行监测（实际上前乘客通过内部分压电阻器的电压变化进行监测）。

3）当有乘客未系上安全带时（E25 闭合），G128 电阻发生变化，电压降发生变化，前乘客通过 T50/35 的电位变化进行监测，此时乘客未系安全带，则系统发出报警提示音。

4）当乘客系上安全带时，安全带开关 E25 将断开回路，无电压降，电位约 5V，前乘客通过 T50/35 进行监测。

5）座椅占用传感器标准电阻值如表 4-4 所示。

表 4-4　座椅占用传感器标准电阻值

G128 的电阻值	分析结果
约 430～480Ω	座椅上未坐人
120Ω 或更小	座椅上已坐人
大于 480Ω	故障，断路

八、案例：奔驰 C180 行驶中仪表提示前乘客未系安全带

故障现象　一辆新款奔驰 C180，底盘号 LE4205140，装配 274 发动机，行驶里程 20370km。驾驶人反映行驶时前乘客侧没坐人，但是仪表上一直提示前乘客未系安全带。

故障诊断　接车后同驾驶人一起试车，发现故障现象确实一直存在。连接诊断仪进行快速测试，未发现相关故障码。进入 SRS 控制单元查看前乘客座椅占用识别传感器的实际值，在前乘客未坐人的情况下，实际值显示已占用（图 4-56），显然不正常，说明是传感器（图 4-57）自身测量错误造成误报警。

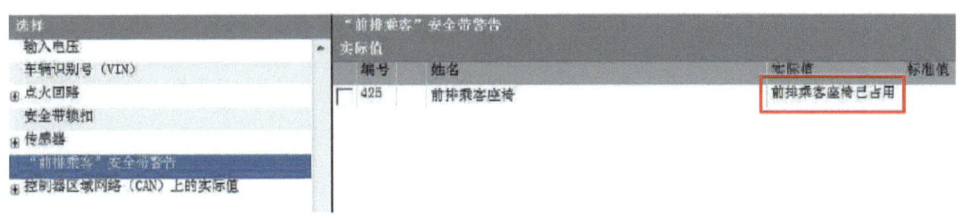

图 4-56　不正常的实际值

故障排除　于是把座椅占用传感器更换掉，再次试车系统恢复正常。

维修总结　前乘客座椅占用识别由前乘客座椅占用识别系统传感器记录，它可检测"座椅占用"或"座椅非占用"状态，辅助防护系统控制单元读取前乘客座椅占用识别系统的相关信号。通过施加在座椅上的重量确定前乘客座椅占用状态，为此，

图 4-57　座椅占用识别传感器

重量传感系统（装配前乘客气囊自动关闭功能的车辆）控制单元测量施加在充有硅胶的座垫上的压力，并将座椅占用识别系统的状态发送至辅助防护装置控制单元。如果前乘客座椅已占用，那么前乘客侧气囊将会启用。前乘客座椅的占用状态不会影响到辅助防护装置的触发行为，仪表需要识别占用状态，用于确定是否起动安全带警告功能。

第五节　其他压力传感器

目前用在汽车上的液体压力传感器主要有机油压力传感器、发动机机油液面传感器、制动主缸油压传感器、蓄压器压力传感器、燃油压力传感器、共轨燃油压力（柴油机用）传感器和制冷剂（空调）压力传感器等。

一、机油压力传感器

1. 结构和原理

机油压力传感器外形和结构如图4-58、图4-59所示。它用于检测发动机机油压力的大小。它一般通过螺纹拧在缸体的油道内,其内有一个可变电阻,一端输出信号,另一端和搭铁的滑动臂连接。当油压增大时,压力通过润滑油道接口推动膜片弯曲,膜片推动滑动臂移动到低电阻位置,使电路中的输出电流增大;反之,当油压降低时,膜片推动滑动臂移动到高电阻位置,使电路中的输出电流减小,通过机油压力表将机油压力的大小以指针(指示灯)指示出来。

图4-58 机油压力传感器外形

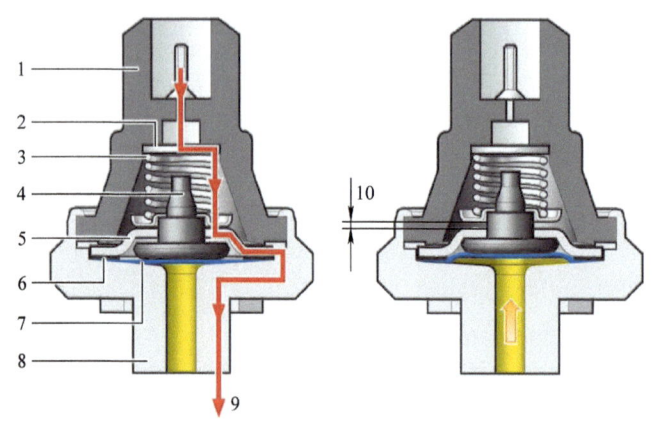

图4-59 机油压力传感器的结构

1—由塑料制成的壳体上部件 2—触点顶端 3—弹簧 4—压板 5—隔板 6—密封环
7—隔膜 8—由金属制成的壳体 9—触点闭合时的电流 10—触点打开时的间隙

2. 检测方法

1)将点火开关置于OFF位置,断开发动机机油压力开关的线束连接器,将点火开关置于ON位置,用万用表测量线束连接器电压为12V,正常,说明ECM和线束都没有问题;测量机油压力开关与缸体间的电阻为345Ω,过大,正常电阻值应该接近0Ω,说明是机油压力开关内部失效了。

2)检查机油压力开关及机油压力时应满足的条件有:机油油位正常;点火开关打开后,机油压力警告灯必须亮;自动检查系统的显示屏必须显示"OK";机油温度约80℃。

3)机油压力传感器的检查。断开机油压力开关连接导线,拧下机油压力开关,并装上机油压力检测仪VAG1342(图4-60),将机油压力传感器装到机油压力检测仪VAG1342上,检测仪导线1接地。将二极管测试灯VAG1527连接到机油压力传感器及蓄电池正极。测试灯应不亮；若测试灯亮，则需更换机油压力传感器。起动发动机，压力达 120～160kPa 时测试灯应亮，若测试灯不亮。则需更换机油压力传感器。

断开机油压力开关连接导线。拧下机油压力开关，并装上机油压力测试仪 VAG1342。将机油压力开关装到 VAG1342 上。起动发动机，机油温度约为 80℃，机油压力参考值是，怠速时机油压力为 100～250kPa，2000r/min 时应不小于 200kPa；3000r/min 时机油压力为 300～500kPa；转速更高时机油压力不允许超过 700kPa。若未达到上述规定值，应更换带限压阀的机油滤清器支座或机油泵。

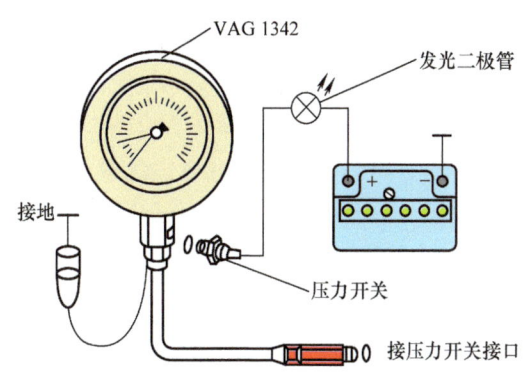

图 4-60 机油压力传感器和机油压力的检测

二、大众直喷发动机燃油压力传感器

1. 结构与原理

燃油压力传感器用于检测发动机实际燃油压力。如图 4-61 所示，传感器由印制电路板、传感器元件、隔离块（间隔块）和壳体等组成，安装在进气歧管下方靠近飞轮一侧，用螺栓紧固在塑料制成的油轨上。它监控燃油系统高压部分的压力，并且把信号传给发动机控制单元。油轨内的压力保持恒定对减少排放、降低噪声和提高功率有重要影响，燃油压力在一个调节回路中进行调节，传感器的测量误差小于 2%，传感器的核心是一个钢膜，在钢膜上有应变电阻。要测的压力经压力接口作用到钢膜的一侧，钢膜弯曲，引起应变电阻的电阻值发生变化，分析电路将电信号处理放大后传递给控制单元。

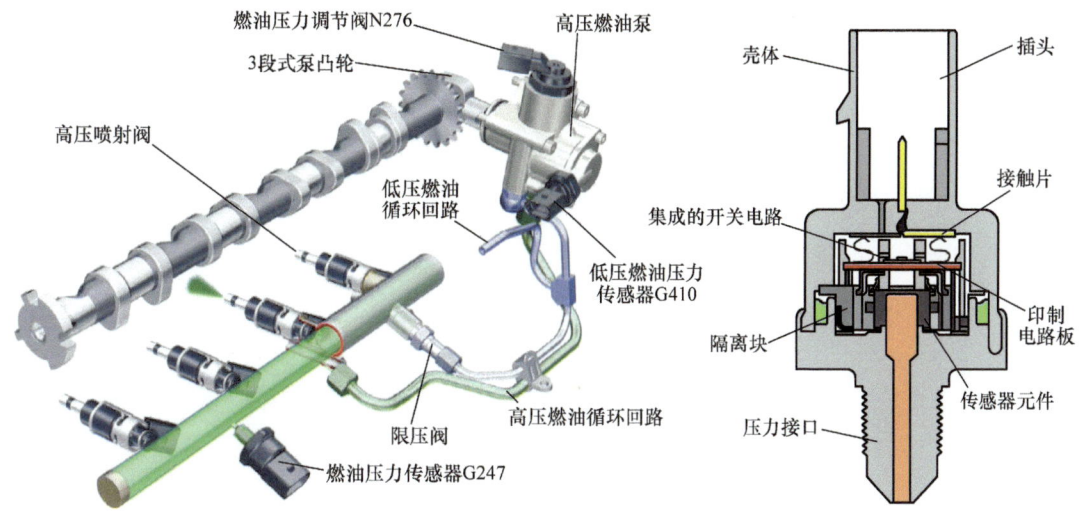

图 4-61 燃油压力传感器及安装位置

发动机控制单元给传感器供电,供电电压5V。压力升高时电阻降低,于是信号电压升高。燃油压力传感器的特性曲线如图4-62所示。

2. 信号作用

发动机控制单元根据这个信号,调节燃油压力调节阀来控制油轨内的燃油压力。如果这个信号反映出燃油压力无法调整了,燃油压力调节阀会在泵油行程也通电,处于常开状态,这时整个燃油系统的压力降低至低压端的5bar。

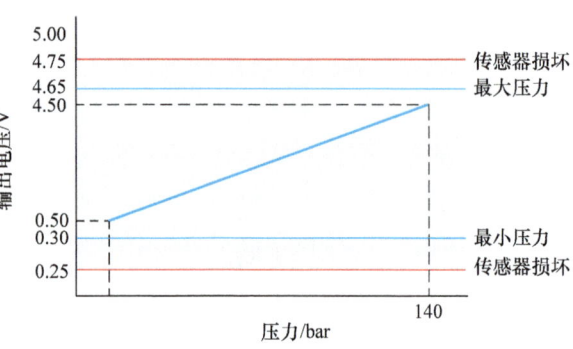

图4-62 燃油压力传感器的特性曲线

3. 失效影响

如果这个信号失效了,燃油压力调节阀会在泵油行程也通电,处于常开状态,这时整个燃油系统的压力降低至低压端的5bar。发动机的输出转矩和功率都会大幅下降。

4. 检测方法

燃油压力传感器的相关控制电路如图4-63所示,其电路的检测方法如下。

（1）电路检测

1）打开点火开关,检查燃油压力传感器插头1和3端子的电压为5V。

2）检查传感器线束与发动机线束和ECU连接器端子有无损坏之处,若有损坏之处应修复或更换传感器线束。

3）当燃油压力随着工况变化时ECU认为是故障,并以故障码268的形式存储该故障。由于故障的存在,将直接导致发动机功率或转速降低,并且发动机工作粗暴。起动发动机,怠速运转,连接诊断仪确认是此故障码后清除。

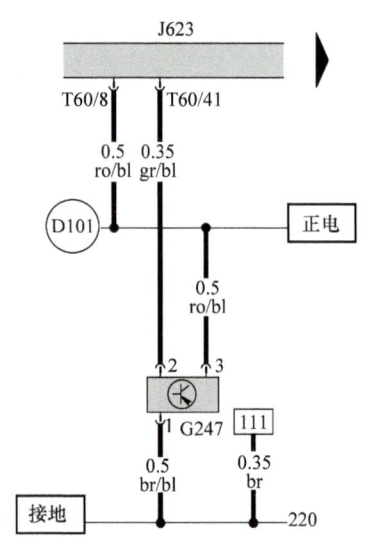

图4-63 燃油压力传感器电路

G247—燃油压力传感器　J623—发动机控制单元

（2）油压检测　在打开高压范围前,如拆卸高压油泵、燃油分配器、喷射阀门、燃油管或燃油压力传感器G247之前,高压范围内的燃油压力必须被降低到剩余压力大约为6bar。

三、电控柴油机共轨燃油压力传感器

1. 结构

共轨燃油压力传感器以足够的精度,在较短的时间内,测定共轨中的实时压力,并向ECU提供电信号。它的结构如图4-64所示,燃油经过一个小孔流向共轨燃油压力传感器,传感器的膜片将孔的末端封住。高压燃油经压力室的小孔流向膜片。膜片上装有半导体材料的敏感元件,可将压力转换为电信号。通过连接导线将产生的电信号传送到一个向ECU提供测量信号的求值电路。

2. 工作原理

燃油压力传感器的测量元件安装于其中心部位,它与一个被微机械蚀刻的硅膜制成一体,四个变形的电阻分布在硅膜的膜片上,如图4-65所示。

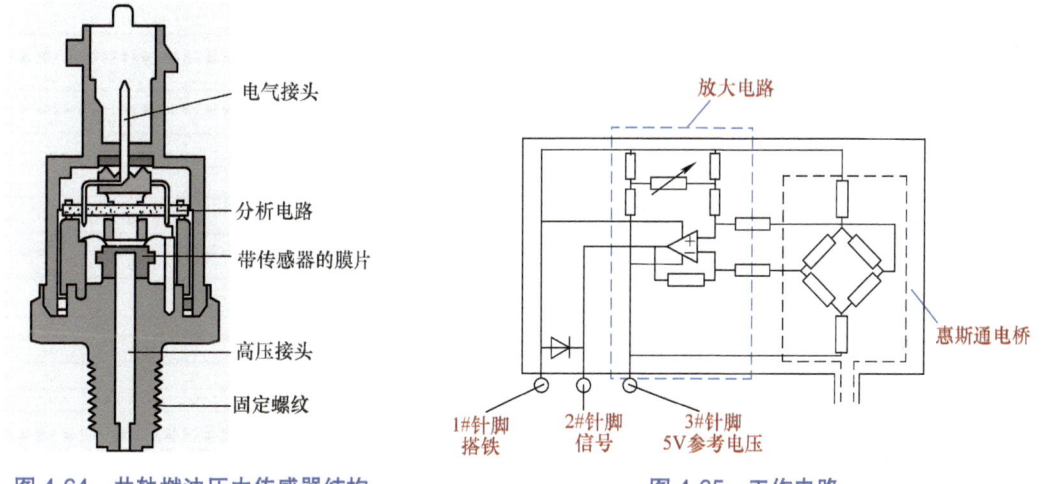

图 4-64 共轨燃油压力传感器结构　　　　图 4-65 工作电路

当有微小压力作用于硅膜膜片上时,它们的电阻值发生变化,测量元件的四周被一盖子环绕,测量元件与盖子一起将参考真空封闭。根据压力测量的范围,传感器的膜片可以制成10~1000μm厚度(150MPa时变化量约为1mm)。压力传感器以惠斯通电桥原理工作,当膜片在气压作用下发生变形时,四个测量电阻的其中两个电阻值升高而其他两个电阻值降低,这将导致电桥的输出端产生电压,以该电压值代表压力。信号处理电子电路被集成在传感器内部,该电路用于对电桥电压进行放大,同时补偿温度的影响,产生线性的压力特性曲线。其输出电压在0~5V范围,通过端子与发动机的ECU连接,发动机ECU以此输出电压计算压力。共轨燃油压力传感器失效时,具有应急行驶功能的调压阀以固定的预定值进行控制。

如图4-66所示,共轨燃油压力传感器应用于第三代柴油机电控燃油系统中,该系统将喷油量和喷油时间控制融为一体,使燃油的升压机构独立,也就是燃油压力与发动机转速、负荷无关，具有可以独立控制压力的蓄压器——共轨。喷油量、喷油时间等参数直接由装在各个气缸上的喷油器控制。

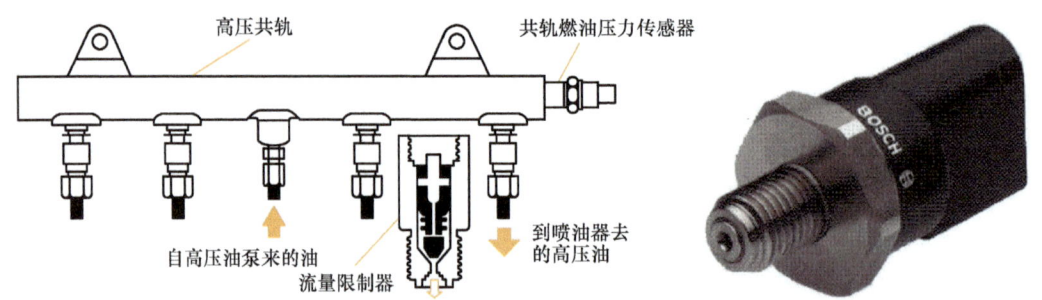

图 4-66　柴油机共轨燃油压力传感器及安装位置

第三代柴油机电控燃油系统采用高速电磁阀，是全新一代的燃油系统，它将发挥巨大的作用，尤其在降低柴油机的排放、保护环境方面将会起到不可替代的作用。图 4-67 和图 4-68 是电控共轨式燃油系统的控制原理图及电路图。

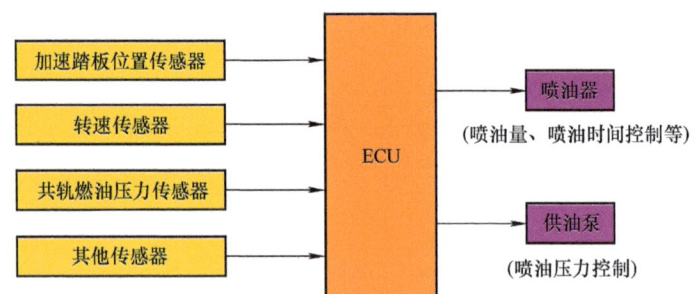

图 4-67　电控共轨式燃油系统的控制原理图

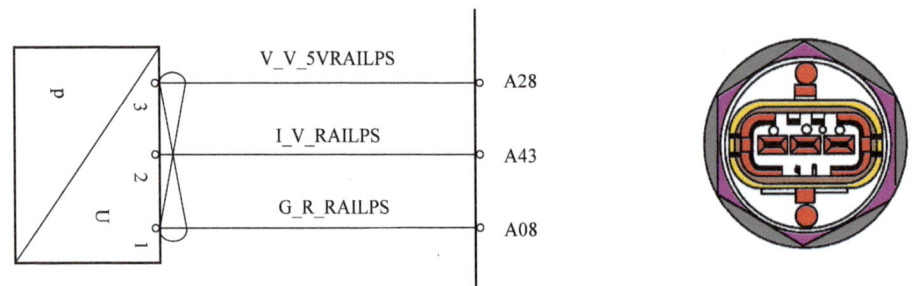

图 4-68　电控共轨式燃油系统的控制电路图

共轨式燃油系统中喷油压力的控制方法如图 4-69 所示。根据各个传感器的信息，ECU 演算单元经过演算后定出目标喷油压力。根据装在共轨上的燃油压力传感器的信号，ECU 计算出实际喷油压力，并将其值和目标压力值比较，然后发出命令控制供油泵，升高或降低压力。将 ECU 中的目标喷油压力特性用具体数据表示成三维图形，即所谓 MAP 图，可以得到最佳喷射压力特性。

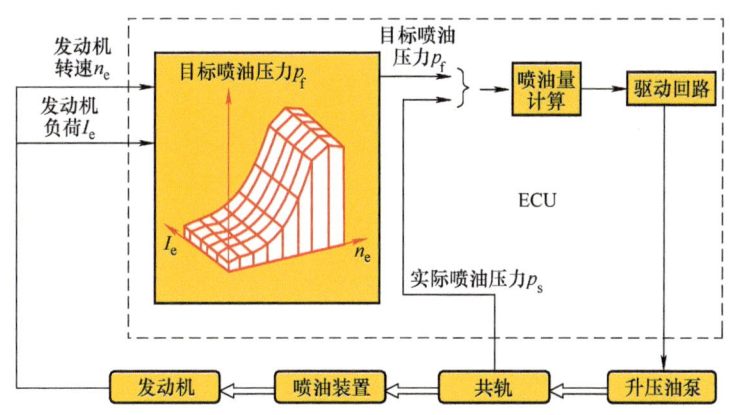

图 4-69 喷油压力控制方法示意图

3. 检修

（1）BOSCH 高压共轨系统可能会有的故障码　P0194 共轨燃油压力传感器信号太弱；P0191 共轨燃油压力传感器信号太强；P0192 共轨燃油压力传感器电压太低；P0193 共轨燃油压力传感器电压太高。

（2）可能会有的实际值　检查共轨燃油压力传感器的电源供应；拔出共轨燃油压力传感器插塞接头；在线束一侧的端子 1 上对应于端子 3 进行检测。触发系统已接通，额定值为 4.5～5.5V，如果未达到额定值，检查电线。

（3）检查信号电压　插上共轨燃油压力传感器的插塞接头；在部件一侧的端子 2（+）和端子 1（-）之间进行测量，触发系统已接通，额定值为 0.3～0.7V；当发动机处于热温和怠速运转状态中，额定值为 0.8～1.2V，踩下加速踏板时的标准电压值为 1.2～4.5V。

（4）其他可能出现的故障　电缆断路、正极短路或者接地短路；插塞接头没有连接或者连接处导电不佳；共轨燃油压力传感器故障。

四、制冷剂压力/温度传感器

1. 作用及位置

如图 4-70 所示，制冷剂压力/温度传感器 G395 位于发动机舱内压缩机与冷凝器之间的高压管路上，它将制冷剂温度与制冷剂压力信号送到 Climatronic 控制单元。这两个信号用于控制散热器风扇、控制压缩机以及检测制冷剂的损耗。

在制冷剂发生大的泄漏而逸出时，压力会急剧下降。在此情况下，压力传感器的信号足以让控制单元检测到故障。

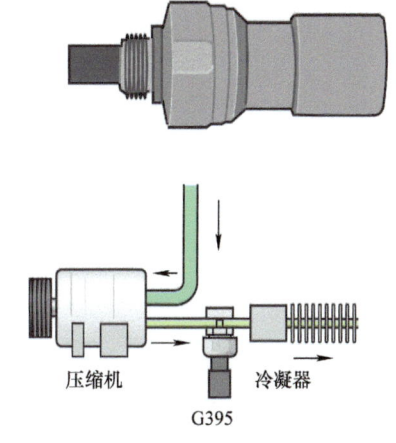

图 4-70　制冷剂压力/温度传感器 G395 外形及安装位置

如果制冷剂逐渐损耗，那么此信号就不会足够强，因为少量制冷剂的损耗不会使压力变化达到系统可测量的程度。但是，由于制冷剂的量与蒸发器的温度精确相关，所以缺少制冷剂会导致蒸发器中膨胀的制冷剂气体热到可测量的程度，从而使压缩机后的制冷剂温度上升。

由于较少的制冷剂吸收了等量的热量来将空气冷却到默认值，因此会造成这种温升。该传感器检测这种温升，并发送电压信号给 Climatronic 控制单元。若温度或压力信号失败，制冷功能将关闭。

2. 功能

如图 4-71 所示，制冷剂压力传感器元件按照电容原理进行工作。它的工作模式可以用平行极板电容器进行简单说明。制冷剂回路中的压力变化改变了传感器中电容极板之间的间距。由于电容极板之间的间距发生改变，电容量也就发生了改变，即电容器存储电能的能力发生改变。若间距减小，电容量下降；若间距增大，电容量上升。传感器电子装置检测这种变化，并按比例将压力转换成电压信号。

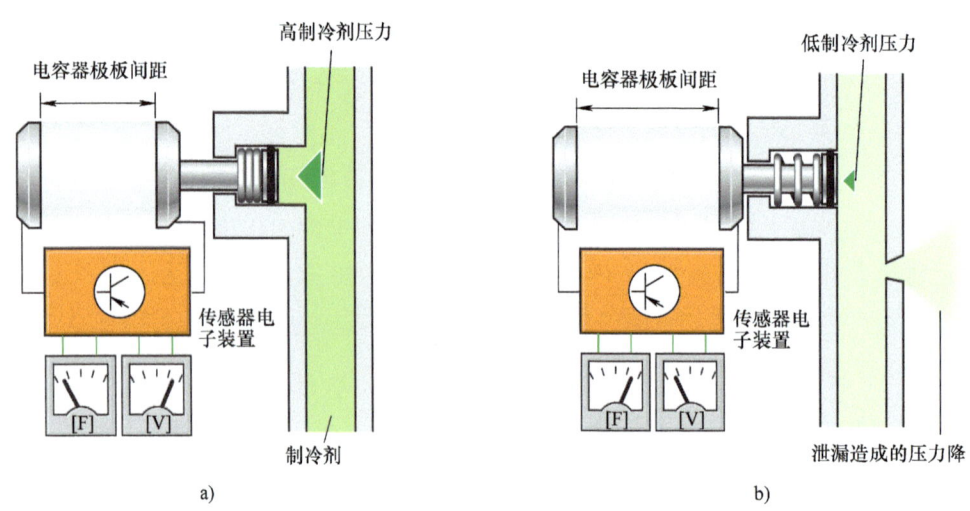

图 4-71 制冷剂压力传感器工作原理

a）制冷剂回路完好时的压力信号　b）制冷剂损耗时的压力信号

五、制冷剂高压传感器

制冷剂高压传感器 G65 如图 4-72 所示，当压缩机工作时，管路的压力会升高，制冷剂高压传感器可以防止管路制冷剂压力过高。当压力高于一定值（约 16MPa）时，高压传感器会给自动空调 ECU 信号，ECU 将会终止压缩机工作以防止管路压力过高。

如图 4-73a 所示，制冷剂高压传感器 G65 在低压情况下输出一个小的脉冲宽度，20ms 的脉冲周期，这相当于 100%，在 0.14MPa 的低压下，脉冲宽度为 2.6ms，这相当于 13%。

如图 4-73b 所示，脉冲宽度随压力增加而也增加，在 3.7MPa 的高压下，脉冲宽度为 18ms，相当于 90%。

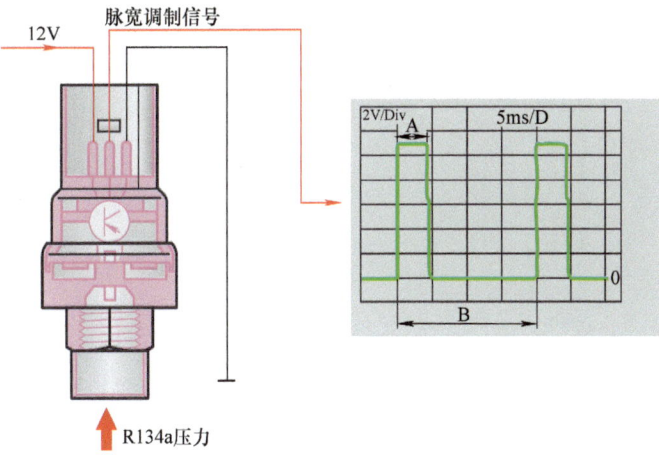

图 4-72 制冷剂高压传感器

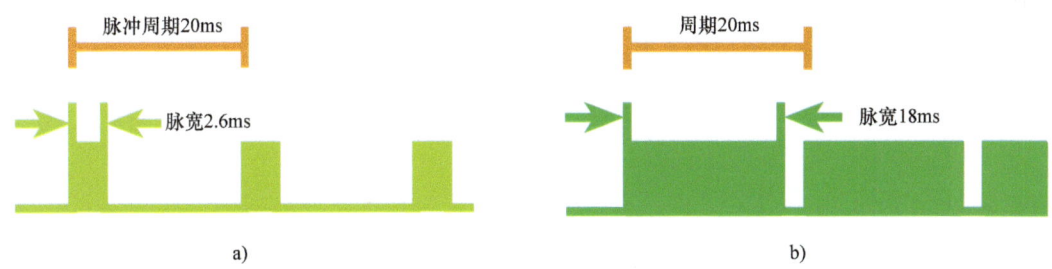

图 4-73 脉冲宽度
a）低压 b）高压

在低压下，晶体的变形最小，输出一个小脉冲，如图 4-74 所示。在高压下，晶体变形增加，脉冲宽度随着压力的增加而变宽，如图 4-75 所示。

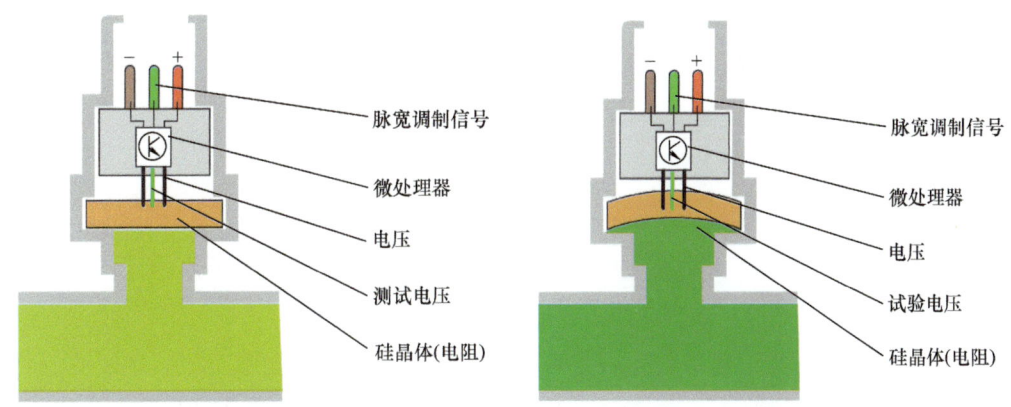

图 4-74 低压下的晶体变形　　　　　图 4-75 高压下的晶体变形

制冷剂高压传感器 G65 的控制电路如图 4-76 所示。电路图中 T3ae/3 与 T3ae/1 之间电压为 12V，T3ae/3 与 T3ae/2 之间电压在 0~5V 之间变化。

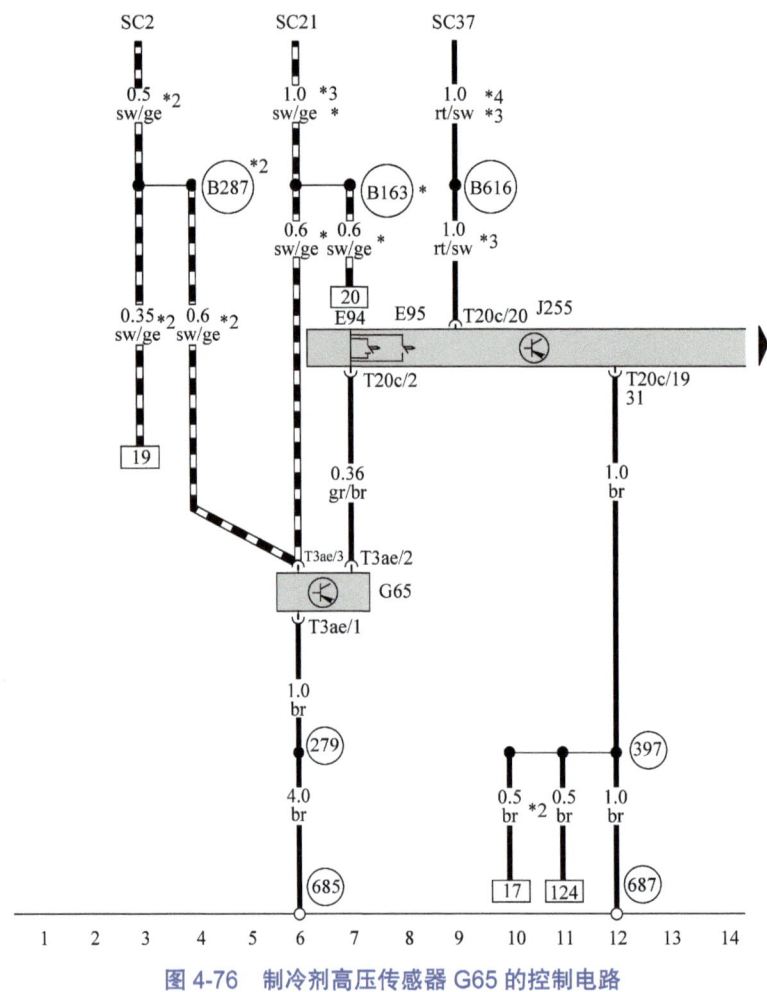

图 4-76　制冷剂高压传感器 G65 的控制电路

E94—可加热驾驶人座椅调节器　E95—可加热前乘客座椅调节器
G65—制冷剂高压传感器　J255—Climatronic 控制单元

六、增压压力调节位置传感器

1. 功用

如图 4-77 所示，增压压力调节位置传感器集成于增压器真空单元内。它是一个动态传感器，发动机控制单元通过它来获知增压器导片的位置。

发动机控制单元一方面根据增压压力传感器将增压压力调节到所希望的规定值，另一方面还根据传感器信号来计算出每个工作循环中每个气缸吸入的空气流量，这个输入量将决定喷油时刻、喷油量以及点火提前角。如果增压压力传感器损坏，那么在整个负荷转速范围内的混合气成分都是不正确的,因为空气流量的计算就已经是错误的,这也会引起喷油量错误,结果导致废气排放出现问题。在增压工况,传感器若出现故障,就会导致增压压力错误,这有可能损坏发动机。因此,在打开点火开关后,这些传感器一直都在彼此互检,以及对照替代模块进行检查,一旦发现有异常,就会记录下故障,同时切换到对应的传感器,或者切换到替代模块。这样就可使车辆尽可能地处于正确的状态来行驶,从而防止出现不良后果。

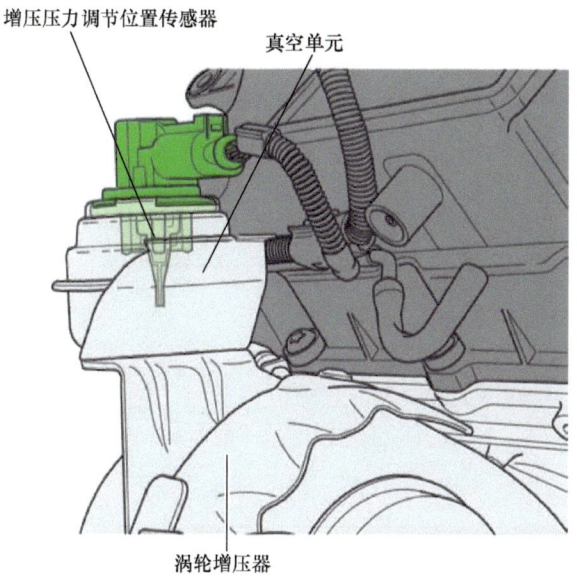

图 4-77 增压压力调节位置传感器安装位置

2. 结构

如图 4-78 所示,增压压力调节位置传感器通过一个带磁铁的可移动导板,对真空单元中的膜片位移变化进行测量。若膜片随导片的调节而移动,磁铁移动时会经过一个霍尔传感器。根据磁场强度的变化,传感器电子部件可检测到膜片的位置以及导片的位置。

3. 信号的故障

传感器信号直接向发动机控制单元提供涡轮增压器导片的当前位置信息。其结合增压压力传感器 G31 的信号对增压压力的状态进行控制。

若传感器发生故障,增压压力传感器的信号以及发动机转速信号会被用来确定导片的位置。排气警告灯 K83 点亮。

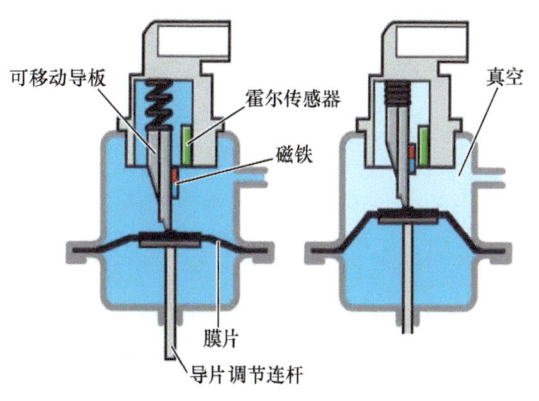

图 4-78 增压压力调节位置传感器结构

七、燃油压力传感器

1. 低压燃油压力传感器 G410

（1）作用　如图 4-79 所示，低压燃油压力传感器安装在至高压燃油泵的供油管路内。该传感器测量低压燃油系统内的燃油压力，并将信号发送给发动机控制单元。

（2）信号的使用　系统利用该信号调节低压燃油系统内的压力。根据发动机工况燃油压力位于 50~500kPa 之间。

（3）信号失灵时的影响　如果低压燃油压力传感器失灵，系统将以一个固定的 PWM 信号控制电动燃油泵，且低压燃油系统内的压力将提高。

2. 高压燃油压力传感器 G247

（1）作用　高压燃油压力传感器位于进气管下部（图 4-80），并用螺栓拧在燃油分配器内。该传感器测量燃油分配器内的燃油压力，并将信号发送给发动机控制单元。

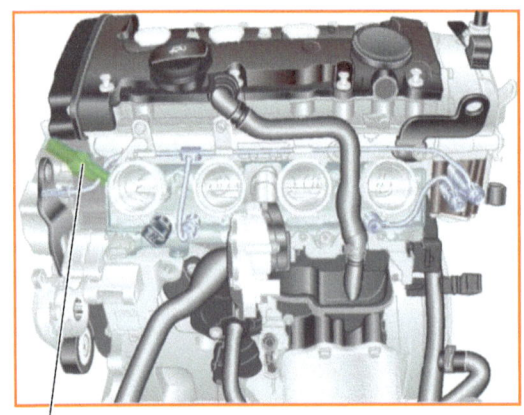

低压燃油压力传感器G410

图 4-79　低压燃油压力传感器 G410 安装位置

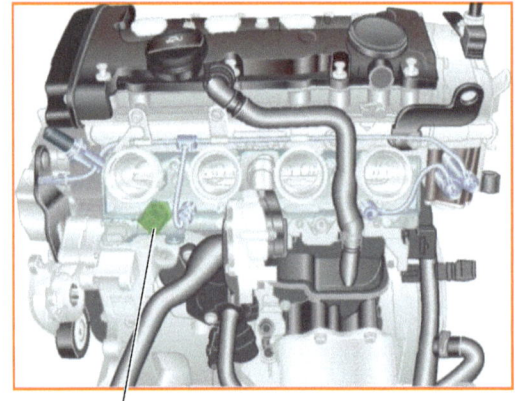

高压燃油压力传感器G247

图 4-80　高压燃油压力传感器 G247 安装位置

（2）信号的使用　发动机控制单元分析这个信号，并通过燃油压力调节阀调节燃油分配器内的压力。根据发动机工况燃油压力位于 3~11MPa 之间。

（3）信号失灵时的影响　如果燃油压力传感器失灵，发动机控制单元将以一个固定值控制燃油压力调节阀。

八、案例：2006 款君越风扇一直高速常转

故障现象　一辆别克君越，配置 3.0L LZD 发动机，VIN：LSGWV53C86S××××××，行驶里程 137821km。热车时风扇一直高速转不停，只有熄火后才会停。

故障诊断　起动车辆，冷车时风扇正常，当温度达到正常温度后，节温器打开风扇一直常转。目测检查发动机外观状态：无漏油、无移位、部件连接无松动、电气插头安装牢

固、无异味、无过热现象，工作状况都正常。

用诊断仪检测故障，无故障码，检查风扇继电器电路（图4-81）都正常，无搭铁和断路、短路。风扇高速常转时，冷却液温度正常到80℃还是一样常转，检查上下水管，上水管热，下水管凉，此时节温器已关闭，冷却系统已没有循环。熄火后排空空气试车，故障依旧。拆下散热器发现里面都是黄色的污垢，清洗后试车故障依旧。查阅维修手册，当冷却液温度过高，变速器油温过高，空调压力过高时将指令风扇工作。

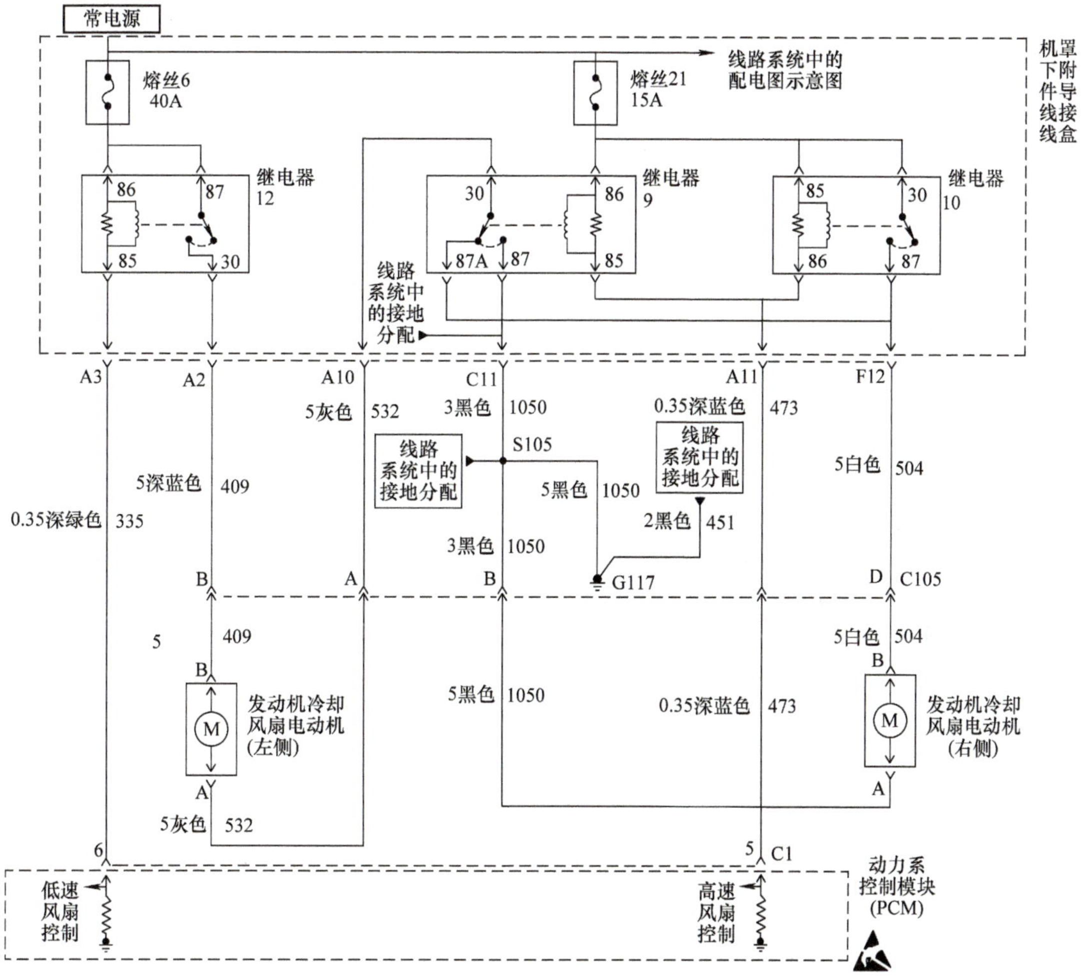

图4-81 风扇继电器电路图

查看冷却液温度数据正常，基本都在100℃左右，查看变速器油温也正常，和冷却液温度一样差不多是98℃。查看空调压力传感器数据发现，当空调高压传感器的数据为896kPa时，ECM就指令风扇工作，拔掉空调压力开关的插头，风扇高速常转不停，更换新的压力传感器，试车故障依旧。将空调制冷剂抽空，试车，风扇能正常工作，再将空调制冷剂加注200g，查看空调压力数据为840kPa（如图4-82所示），当加到300g空调制冷剂后，空调压力数据变成850kPa左右，而且压力会越来越大，此时风扇就会一直高速常转，而正常车将空调制冷剂加足了也只有686kPa左右，如图4-83所示。

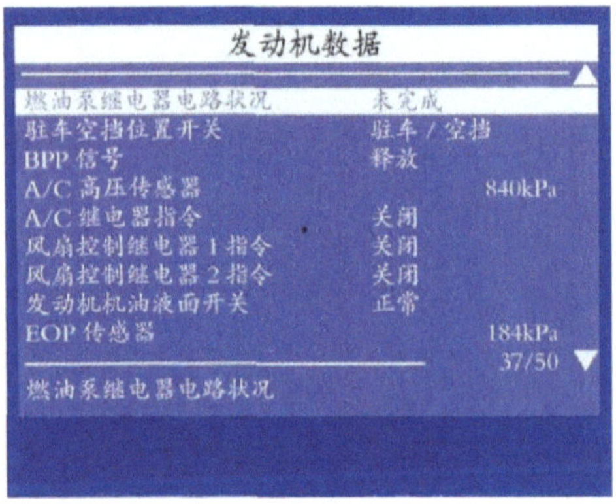

图4-82　空调压力数据为840kPa

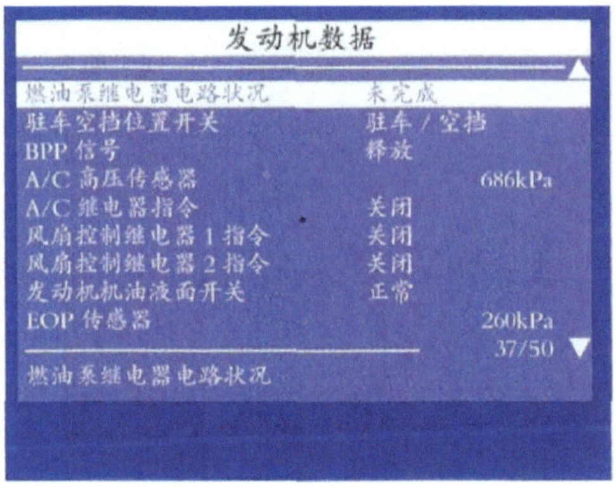

图4-83　正常发动机数据

故障排除　将空调压力膨胀阀拆下，发现里面有黑色杂质（如图4-84所示），更换新空调压力膨胀阀，故障排除。

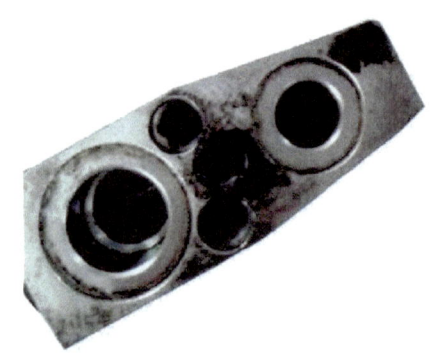

图4-84　空调压力膨胀阀内有黑色杂质

维修总结　由于空调压力膨胀阀发卡堵塞，导致高压管路压力过高，当ECM收到压力过高的信号，就输出指令，驱动冷却风扇先是中速运转，风扇起动一会儿后没有将压力降下来，ECM就再指令风扇高速运转，但压力一直没有下降，所以风扇就一直高速常转。

第五章 气体浓度传感器

第一节 氧传感器

现在的三元催化转化器大都安装在排气歧管近端,以便更有效地净化排气中 CO、HC 和 NO_x 三种主要的有害成分。但三元催化转化器只能在混合气的空燃比接近理论值的一个窄小范围内,才能有效地起到净化作用。故在排气管中安装氧传感器(图 5-1),其功用是通过监测排气中氧离子的含量来获得混合气的空燃比信号,并将空燃比信号转变为电信号输入发动机 ECU。ECU 根据氧传感器信号对喷油时间进行修正,实现空燃比反馈控制(闭环控制),从而将过量空气系数(λ)控制在 0.98~1.02 之间的范围内(空燃比 A/F 约为 14.7),使发动机得到最佳浓度的混合气,从而达到降低有害气体的排放量和节约燃油之目的。

图 5-1 氧传感器的安装位置

随着汽油缸内直接喷射（GDI）发动机和燃油分层喷射（FSI）发动机的大量使用，均质稀薄燃烧技术也日益成熟，只能在理论空燃比附近间接测量混合气浓度的二氧化钛式（TiO_2）和二氧化锆式（ZrO_2）氧传感器已不能适应监测的需要，宽域氧传感器随之出现。这种传感器在混合气极稀薄的条件下，仍可检测出空燃比，实现稀薄空燃比下的反馈控制。

一、普通氧传感器

目前使用的氧传感器有二氧化锆式和二氧化钛式两种，其中应用最多的是二氧化锆式氧传感器。氧化锆式氧传感器又分为加热型与非加热型氧传感器两种，二氧化钛式一般都为加热型传感器。

1. 二氧化锆式氧传感器（电压型）

（1）结构和工作原理　　二氧化锆式氧传感器的基本元件是二氧化锆陶瓷管（固体电解质），陶瓷体制成管状，因此也称锆管。锆管固定在带有安装螺纹的固定套中，锆管内、外表面都覆盖着一层多孔性的透气铂膜作为电极。氧传感器安装在排气管上，其内表面与大气接触，外表面与废气接触。为了防止废气中的杂质腐蚀铂膜，在锆管外表面的铂膜上覆盖着一层多孔的氧化铝保护层，并加装了一个防护套管，套管上开有通气槽。这样既可以防止废气烧蚀电极，又可保证废气渗进保护层和电极接触。氧传感器的接线端有一个金属护套，其上开有一孔，用于锆管内表面与大气相通，导线将锆管内表面电极经绝缘套从传感器引出，如图5-2所示。

锆管的陶瓷体是多孔的，允许氧渗入该固体电解质内，温度高于300℃时，氧气发生电离，氧气渗入锆管的多孔陶瓷体内，由于锆管内、外侧的氧含量不一致，存在浓度差，因而氧离子从大气侧向排气一侧扩散，从而使锆管成为一个微电池，在两电极间产生电压，如图5-3a所示。

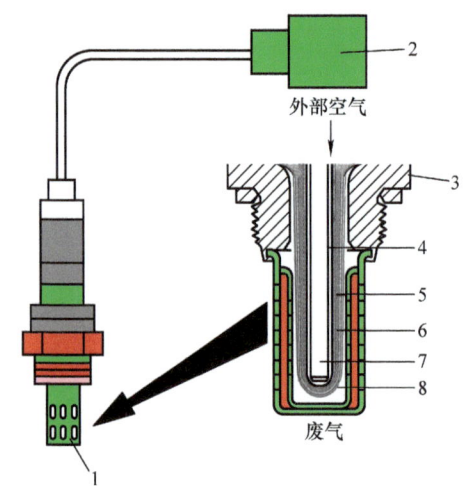

图5-2　氧传感器的结构

1—保护罩　2—接线端子　3—外壳（接地）
4—空气侧铂电极　5—氧化锆陶瓷体（锆管）
6—排气侧铂电极　7—加热器　8—陶瓷涂层

当混合气的实际空燃比小于理论空燃比，即发动机以较浓的混合气运转时，排气中氧含量少，但CO、HC和NO_x等较多。这些气体在锆管外表面的铂催化作用下与氧发生反应，将耗尽排气中残余的氧，使锆管外表面氧气浓度变为零，这就使得锆管内、外侧氧浓度差加大，两电极间的电压陡增，可以产生约1V的电压；当混合气的实际空燃比大于理论空燃比，即发动机以较稀的混合气运转时，氧气浓度高，CO、HC和NO_x浓度低，在锆管外表面的铂催化作用下，使 CO、HC 和 NO_x 气体完全与氧发生反应，而排气中仍有残余的氧存在，由于内、外两侧氧的浓度差较小，几乎不能产生电动势，此时输出电压几乎为零。结果，二氧化锆式氧传感器产生的电压将在理论空燃比时发生突变，如图 5-3b 所示。

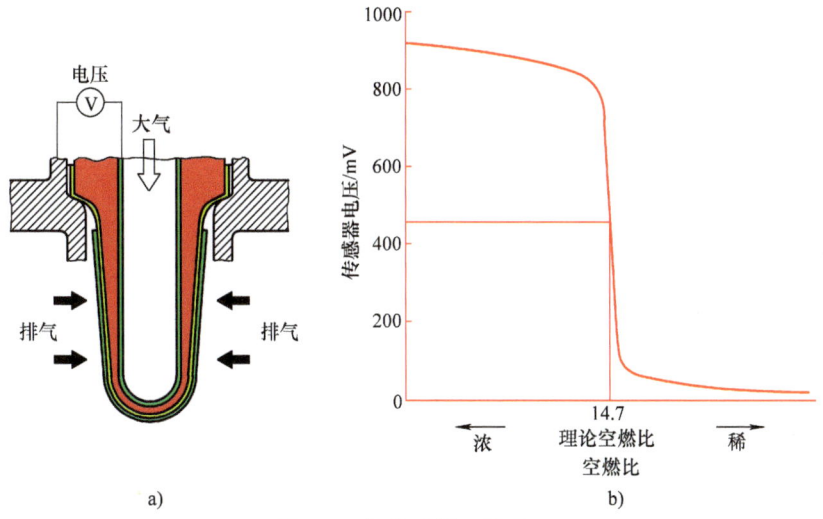

图 5-3 氧传感器工作原理

根据氧传感器所产生的电压值就可测量氧传感器外表面的氧气含量，而发动机废气排放中的氧含量主要取决于混合气的空燃比，因此，ECU 根据氧传感器输入的电信号分析汽油的燃烧状况，以便及时修正喷油量，使空燃比处于理想状况，即使空气过量系数 $\lambda = 1$，所以这种传感器又称为 λ 传感器。要准确地完全保持混合气浓度为理论空燃比是不可能的，实际上氧传感器对喷油器的反馈调节是动态的，只能使混合气在理论空燃比附近一个较小的范围内波动，故氧传感器的输出电压在 0.1~0.8V 之间不断变化（通常每 10s 内变化 8 次以上）。如果氧传感器输出电压变化过缓（每 10s 内少于 8 次）或电压保持不变（不论保持在高电位或低电位），则表明氧传感器本体或线路有故障，需检查线路或更换传感器。

（2）加热型二氧化锆式氧传感器 二氧化锆式氧传感器输出信号的强弱与工作温度有关，只有在 300℃ 以上时该传感器才能正常工作，早期使用的氧传感器靠排气加热，这种传感器必须在发动机起动运转数分钟后才能开始工作，因此，电控发动机在氧传感器正常工作之前是开环控制的。现在，大部分汽车使用带加热器的氧传感器，这种传感器在原来传感器的基础上，增加了一个陶瓷加热元件用于加热传感器，可在发动机起动后的 20~30s 内迅速将氧传感器加热至工作温度，扩大了空燃比闭环控制的工作范围，故又称为加热型氧传感器。

常见氧传感器有一线制、二线制、三线制、四线制四种类型。一线制氧传感器只有一根信号线与发动机 ECU 连接，传感器的另一极直接搭铁。二线制的两根线均与 ECU 相连，一根为信号线，另一根进入 ECU 后搭铁；三线制、四线制氧传感器均属于加热型氧传感器，由于添加了两根加热电阻的接线，和氧传感器信号线组合成为三线制或四线制。加热电阻的两根接线，一根直接通控制继电器或主继电器，接受12V加热电源，一根由ECU控制搭铁端，控制加热电阻加热时间。氧传感器加热器是正温度系数热敏元件，在传感器与线束断开的情况下，可以通过测量加热器的电阻值来对加热元件进行检测，加热型氧传感器的电路如图5-4所示。

（3）双氧传感器系统　现代排放法规越来越严格，因此越来越多的车辆都在三元催化转化器的前、后端分别安装了氧传感器，称为双氧传感器系统（图5-5），一个在三元催化转化器之前，称为主氧传感器或上游氧传感器，用于混合气反馈控制，发动机ECU根据主氧传感器的反馈信号，增加或减少喷油量，将实际空燃比控制在理论空燃比附近；另一个位于三元催化转化器之后，称为副氧传感器或下游氧传感器，用于监测三元催化转化器的催化净化效率。

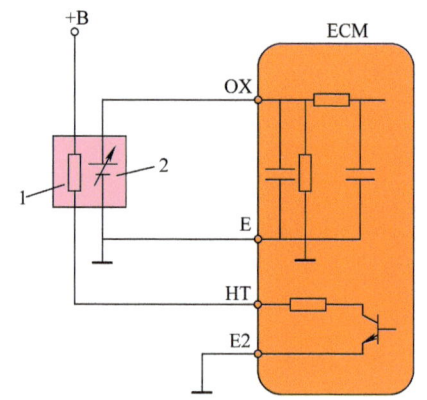

图5-4　加热型氧传感器的控制电路

1—加热器　2—氧传感器

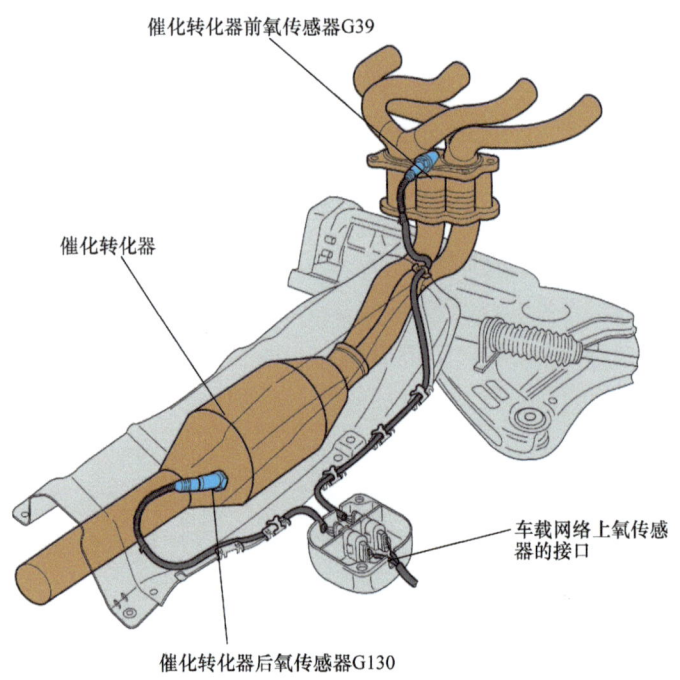

图5-5　双氧传感器系统

因为正常运行的三元催化转化器在转化HC和CO时要消耗O_2。所以副氧传感器输出的电压信号比主氧传感器输出的电压信号波动要缓慢得多，两个氧传感器电压幅度差值可反映出三元催化转化器存储氧以及转化有害气体的能力。当三元催化转化器损坏时，其转化效率丧失，这时在其前后的排气管中的氧气量十分接近，几乎相当于没有安装三元催化转化器,前、后两氧传感器的信号电压波形就趋于相同,并且电压波动范围也趋于一致,此时表明三元催化转化器转化能力下降。OBD-Ⅱ监视系统正是根据这个原理来检测三元催化转化器转化效率的。

2. 氧化钛式氧传感器(电阻型)

(1)结构与工作原理　氧化钛式氧传感器是利用二氧化钛(TiO$_2$)材料的电阻值随排气中氧含量的变化而变化的特性制成的,故又称电阻型氧传感器。二氧化钛式氧传感器的外形和氧化锆式氧传感器相似。在传感器前端的护罩内是一个二氧化钛厚膜元件(图5-6)。纯二氧化钛在常温下是一种高电阻的半导体,但表面一旦缺氧,其晶格便出现缺陷,电阻随之减小。由于二氧化钛的电阻也随温度不同而变化,因此,在二氧化钛式氧传感器内部也有一个电加热器,以保持氧化钛式氧传感器在发动机工作过程中的温度恒定不变。

(2)工作原理　由于二氧化钛半导体材料的电阻具有随氧离子浓度的变化而变化的特性,因此氧化钛式氧传感器的信号源相当于一个可变电阻,其电阻值与过量空气系数的关系如图5-7所示。

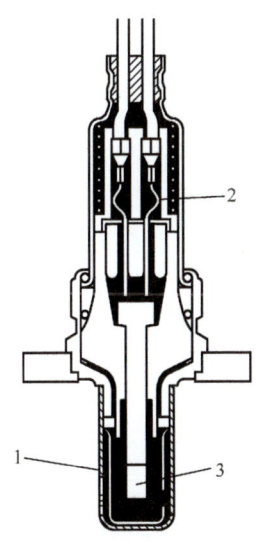

图5-6　氧化钛式氧传感器

1—保护套管　2—连接线
3—二氧化钛厚膜元件

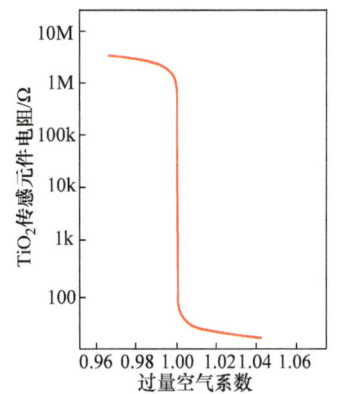

图5-7　氧化钛式氧传感器的特性

当发动机的可燃混合气浓(过量空气系数小于1)时,由于燃烧不完全,排气中会剩余少量氧气,传感元件周围的氧离子很少,二氧化钛呈现高电阻状态。与此同时,在催化剂铂的催化作用下,使剩余氧离子与排气中的一氧化碳(CO)产生化学反应,生成二氧化碳(CO$_2$),将排气中的氧离子进一步消耗掉,从而大大提高了传感器的灵敏度。

当发动机混合气稀(过量空气系数大于1)时,排气中氧离子含量较多,传感元件周围的氧离子浓度较大,二氧化钛呈现低电阻状态。

由上可见，氧化钛式氧传感器的电阻将在混合气的过量空气系数 λ 约为 1（空燃比 A/F 约为 14.7）时产生突变。当给氧传感器施加稳定的电压时，在其输出端便可得到一个交替变化的信号。该稳定电压一般由 ECU 内部的稳压电源提供。

新型二氧化钛式氧传感器由发动机 ECU 提供 1V 基准电压，它的外形和原理与二氧化锆式氧传感器相似，但为了使二氧化钛式氧传感器有着与二氧化锆式氧传感器相同的变化，即和二氧化锆式氧传感器输出的 0~1V 的电压值相一致，将参考电压由原来的 5V 变为 1V，同时，为了降低传感器的重量和更换时的成本，将其中的精密电阻转移到了 ECU 内部，因此，在传感器的接线上减少一条引出线。

3. 二氧化锆式氧传感器的检测

2011 款捷达使用二氧化锆式氧传感器，其接线图和端子布置如图 5-8 所示，安装位置如图 5-9 所示。T4c/1、T4c/2 端为加热元件插头，T4c/1 端供电，来自 J361 经燃油泵继电器的端子 87a 提供蓄电池电压，T4c/2 端为搭铁端，接 ECU，由 ECU 控制加热时间；T4c/3、T4c/4 端为氧传感器信号端，其中，T4c/3 为信号电压正极，T4c/4 为信号电压负极（即搭铁端）。

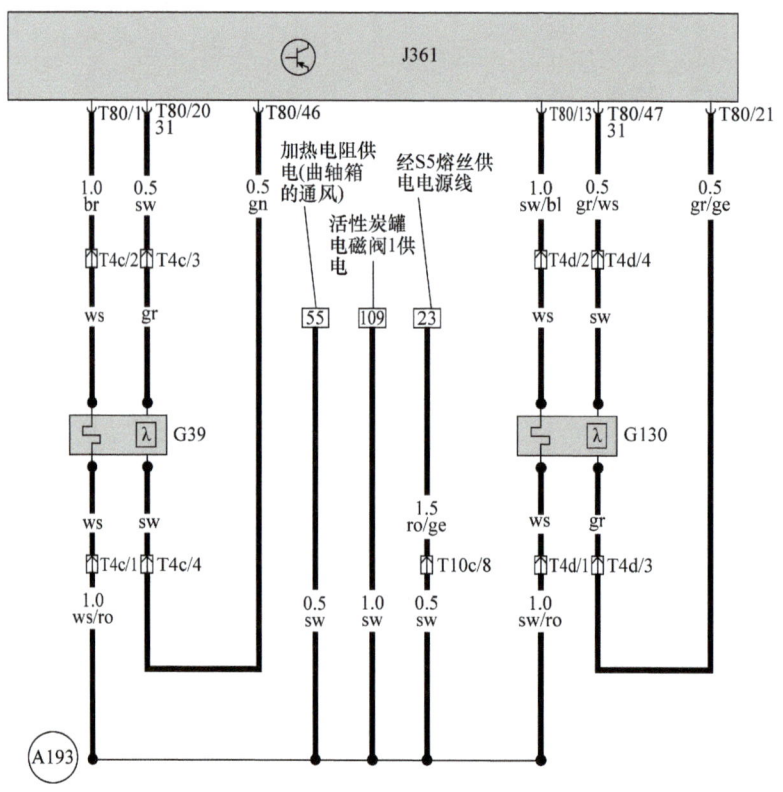

图 5-8　2011 款捷达氧传感器电路

G39—前氧传感器　G130—催化转化器后的氧传感器　J361—发动机控制单元　T4c—4 芯棕色插头连接
T4d—4 芯黑色插头连接　T10c—10 芯黑色插头连接　T80—80 芯黑色插头连接　Ⓐ193—仪表板线束中的连接（87a）

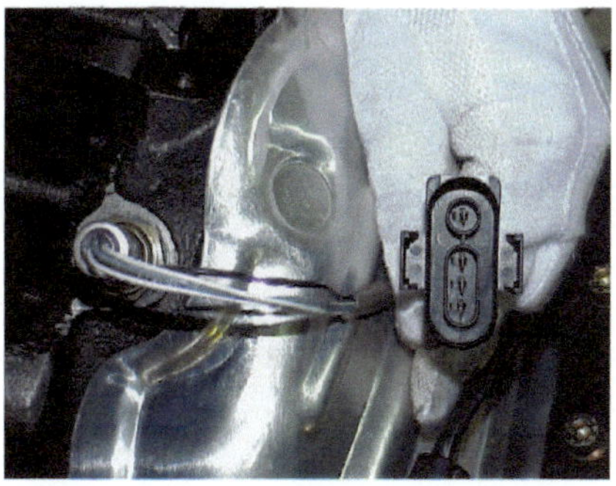

(1)故障现象判断　氧传感器对汽车电子控制燃油喷射发动机正常运转和尾气排放控制起着至关重要的作用,一旦氧传感器或其连接线路出现故障,不但会使排放超标,还会出现回火、放炮、怠速熄火、发动机运转失准、油耗增大等各种故障,使发动机工况恶化。

(2)解码器检测　氧传感器的异常工作,都会在 ECU 中存储故障码。因此,通过专用解码器或通

图 5-9　2011 款捷达氧传感器安装位置

用解码器,可以查出氧传感器的故障码 00525——氧传感器 G39、G130 无信号,或氧传感器 G39、G130 对正极短路,或者通过读取数据流来判断氧传感器是否有故障。如果氧传感器显示数长时间停滞在一个数值不变或变化缓慢,则说明氧传感器有故障。

(3)检测加热元件的电阻　在室温下,可用万用表进行检测。检测时,拔下氧传感器线束插头,检测插头上端子 T4c/1 与 T4c/2 之间的电阻,在常温下该电阻值应为 $1\sim5\Omega$。如果常温下该电阻值为无穷大,则说明加热元件断路,应更换氧传感器。

(4)检测传感器加热元件的电源电压　氧传感器加热元件的电压为蓄电池电压,当点火开关接通使燃油泵继电器触点接通时,加热元件的电源即被接通。

(5)检测传感器的信号电压　由于当氧传感器工作温度低于 300℃时,氧传感器没有达到正常工作温度,无信号输出,因此应在二氧化锆式氧传感器处于 300℃以上的工作状态时测量其输出电压。用汽车万用表测压法检查二氧化锆式氧传感器的具体方法是:使发动机转速在 2500r/min 运行约 90s 左右,插头与插座连接,将数字式万用表连接到氧传感器端子 T4c/3 与 T4c/4 连接的导线上,当供给发动机浓混合气(加速踏板突然踩到底)时,信号电压应为 $0.7\sim1.0V$;当供给发动机稀混合气(拔下空气流量传感器至发动机之间的真空管)时,信号电压应为 $0.1\sim0.3V$;否则说明氧传感器失效,应予以更换。

(6)检测氧传感器的信号变化频率　可将一个发光二极管和一个 300Ω 的电阻串联接在传感器 T4c/3 与 T4c/4 端子连接的导线之间进行检测。二极管正极连接到 T4c/3 端子上,二极管的负极经 300Ω 电阻连接到插接器 T4c/4 端子上。发动机怠速或部分负荷运转时,发光二极管应当闪亮。闪亮频率每分钟应不低于 10 次,如果二极管不闪亮或闪亮频率过低,则说明氧传感器失效,应更换传感器。用万用表检测传感器,指针在 10s 内摆动的次数应为 8 次或更多。

(7)示波器检测　用示波器检测氧传感器输出的信号波形,可以很直观地确定氧传感器是否良好。测试方法是:起动发动机,使传感器预热到 300℃以上,发动机处于闭环工作状态时,用探针连接到传感器插接器信号端子 T4c/2 和 T4c/3 上,发动机从怠速开始增大转速,观察氧传感器输出信号波形,并与标准波形比较,判断传感器的好坏。图 5-10 所示为氧传感器在怠速和转速为 2500r/min 时的标准波形。

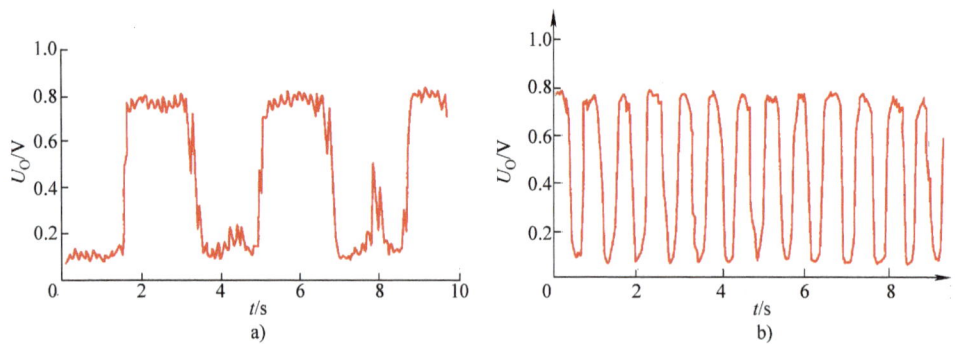

图 5-10 氧传感器在怠速和转速为 2500r/min 时的标准波形

a）怠速时的输出波形　b）转速为 2500r/min 时的输出波形

4. 二氧化钛式氧传感器的检测方法

二氧化钛式氧传感器加热电阻的检查与二氧化锆式氧传感器的基本相同。下面主要介绍其不同于二氧化锆式氧传感器的检测方法。

（1）万用表测电阻法　万用表测电阻法是利用二氧化钛式氧传感器的电阻特性来判断其在暖机状态和非暖机状态下的电阻值，以此来判断其是否损坏。正常氧传感器在充分暖机状态下的电阻值约在 300kΩ 左右（不同厂家此值不同）；拆下传感器并暴露在空气中冷却后测量其电阻值，若电阻值很大，则说明传感器良好；反之，则说明传感器已损坏，应予以更换。

（2）二氧化钛式氧传感器波形检测法　对于采用 1V 参考电压的二氧化钛式氧传感器，其测试方法、波形图等和二氧化锆式氧传感器相同。对于采用 5V 参考电压的二氧化钛式氧传感器，需要注意的是：良好的二氧化钛式氧传感器的输出端电压应以 2.5V 为中心上、下波动。

二、宽域氧传感器

在发动机电控系统中，氧传感器的作用是监测尾气中氧的含量，并将信息反馈给 ECU 以修正喷油量，实现发动机的闭环控制，确保废气空燃比始终处于三元催化转化器的最佳工作点。越来越严格的排放法规以及方兴未艾的稀薄燃烧技术，都要求发动机实现更稀薄的燃烧，尾气得到更理想的控制，这就对氧传感器提出了更高的要求。氧化锆（ZrO_2）及氧化钛（TiO_2）型氧传感器其工作范围都是在 $\lambda = 1$ 附近，一旦超出此范围，其反应性能便降低。当 ECU 要进行稀混合气控制时，甚至超稀薄燃烧时，这两种类型的氧传感器便无法胜任了。为了克服普通氧传感器的缺陷，人们开发出了新一代氧传感器——宽域氧传感器。宽域氧传感器为五、六线制，属于线性、电流型氧传感器，在全空燃比范围内（$\lambda = 0.7 \sim 4.0$）起作用。

一般来讲，宽域氧传感器只用于催化转化器之前，催化转化器之后必为普通氧传感器。后氧传感器只负责校验，当前氧传感器出现故障时，发动机进入开环紧急运行状态。查看发动机舱盖下的标识，如果标识为 HOS，则为普通氧传感器；如果标识为 A/F S，则为宽域氧传感器。

1. 宽域氧传感器的结构

传统的氧化锆式氧传感器为 4 线制，属于主动、平面型氧传感器，仅适用于标准空燃比附近范围。在 350℃ 或更高的温度下能传导氧离子，传感器两侧氧气的浓度差使两个表面之间产生电位差，且工作曲线非常陡峭。混合气在接近标准空燃比时，输出 0.45V 电压；混合气偏浓时，输出 0.6~0.9V 电压；混合气偏稀时，输出 0.1~0.3V 电压。由于该氧传感器只能在比较狭窄的范围内（0.1~0.9V）工作，当尾气过浓或过稀时都无法进行检测，因此该氧传感器的应用有一定的局限性。

宽域氧传感器（Wide-band Oxygen Sensor）的基本控制原理是以氧化锆型氧传感器为基础而加以扩充的。氧化锆型氧传感器有一特性，即当氧离子移动时会产生电动势。若采用反向程序，将电压施加于氧化锆组件上，也会造成氧离子的移动。根据这一特性即可由 ECU 控制所想要的比例值。

如图 5-11 所示，构成宽域氧传感器的组件有两个部分：一部分为感应室，另一部分是泵氧元。感应室的一面与大气接触，而另一面是测试腔，通过扩散孔与排气接触，与普通氧化锆传感器一样，由于感应室两侧的氧含量不同而产生一个电动势。一般的氧化锆传感器将此电压作为 ECU 的输入信号来控制混合比，而宽域氧传感器与此不同的是：ECU 要把感应室两侧的氧含量保持一致，让电压维持在 0.45V（这个电压只是 ECU 的参考标准值），这就需要传感器的另一部分来完成。

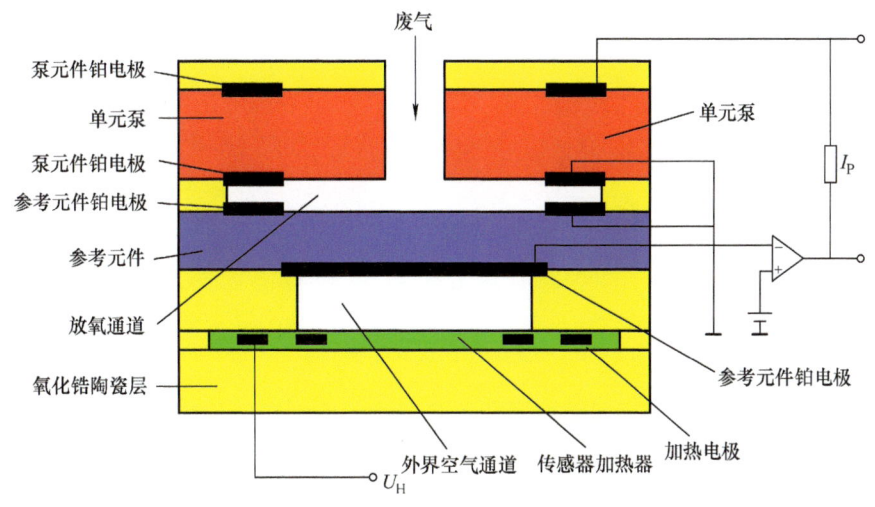

图 5-11 宽域氧传感器结构和电路

宽域氧传感器的另一部分是传感器的关键部件——泵氧元，泵氧元一边是排气，另一边与测试腔相连。泵氧元就是利用氧化锆传感器的反作用原理，将电压施加于氧化锆组件（泵氧元）上，这样会造成氧离子的移动。把排气中的氧泵入测试腔当中，使感应室两侧的电压维持在 0.45V。这个施加在泵氧元上变化的电压，才是所需要的氧含量信号。如果混合气太浓，那么排气中含氧量下降，此时从扩散孔溢出的氧较多，感应室的电压升高。为平衡 ECU，增加控制电流使泵氧元增加泵氧效率，使测试腔的氧含量增加，这样可以调节感应室的电压使其恢复到 0.45V；相反，如果混合气太稀，则排气中的含氧量增加，这时氧要从扩散孔进入测试腔，感应室电压降低，此时泵氧元向外排出氧来平衡测试腔中的含氧量，使感应室的电压维持在 0.45V。总而言之，加在泵氧元上的电压可以保证当测试腔内的氧含量多时，排出腔内的氧，这时 ECU 的控制电流是正电流；当腔内的氧含量少时，进行供氧，此时 ECU 的控制电流是负电流。以上过程供给泵氧元的电流就反映了排气中的剩余氧含量系数。

当 $\lambda=1$ 也就是理论混合比时，$I_P=0$；当 λ 大于 1 也就是稀混合比时，I_P 渐渐升高；当 λ 小于 1 也就是浓混合比时，I_P 为负值。ECU 利用 I_P 控制即可得到连续的氧含量感应值。

2. 宽域氧传感器的工作原理

如图 5-12 所示，传统的杆形传感器（LSH- 加热式氧传感器）或者扁平形氧传感器（LSF），因为其电压曲线是跳跃的，所以也叫阶跃式氧传感器。三元催化转化器后（下游）使用的是阶跃式氧传感器。阶跃式氧传感器的测量范围在 $\lambda=1$ 附近跳动，它用于监控三元催化转化器后的废气中的氧含量性能是足够用的。

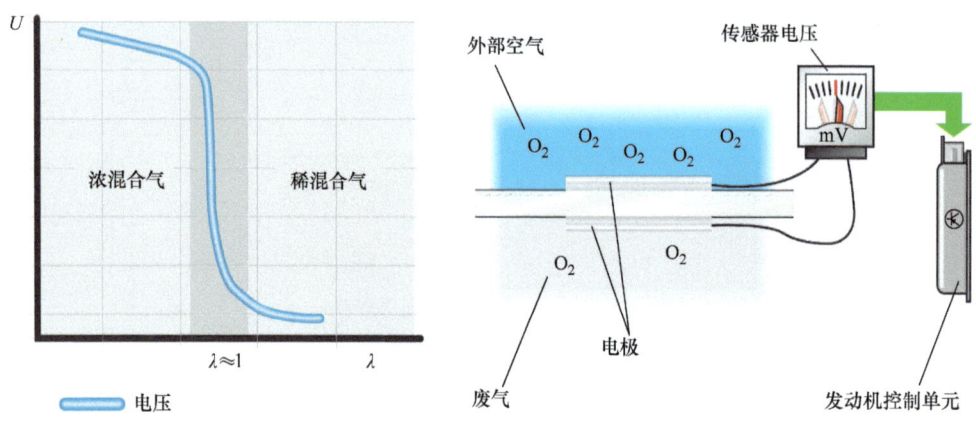

图 5-12　传统的阶跃式氧传感器工作原理

图 5-13 所示为宽域氧传感器结构，其外形尺寸比阶跃型氧传感器仅大几毫米。宽域氧传感器由一个普通窄范围浓度差电压型氧传感器（能斯脱单元）、氧气泵氧元、传感器加热器、传感器控制器及扩散小孔、扩散室等构成。图 5-14 所示为 2012 款迈腾宽域氧传感器的电路图。

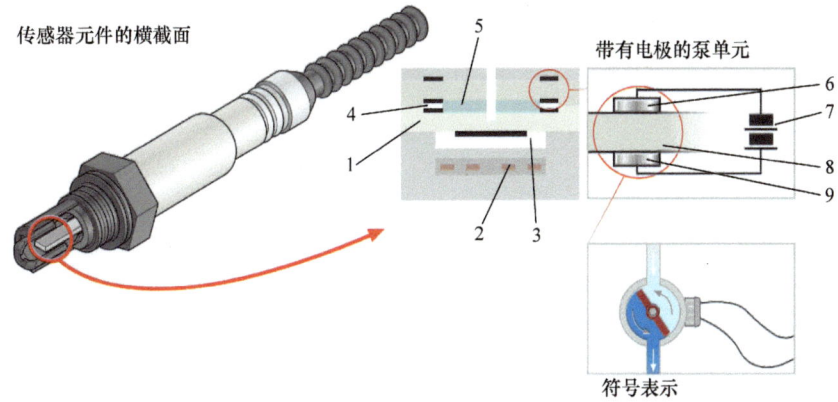

图 5-13 宽域氧传感器结构

1—带电极的能斯脱单元 2—传感器加热器 3—外部空气通道 4—测量区 5—扩散通道
6—电极（阳极） 7—电源 8—陶瓷 9—电极（阴极）

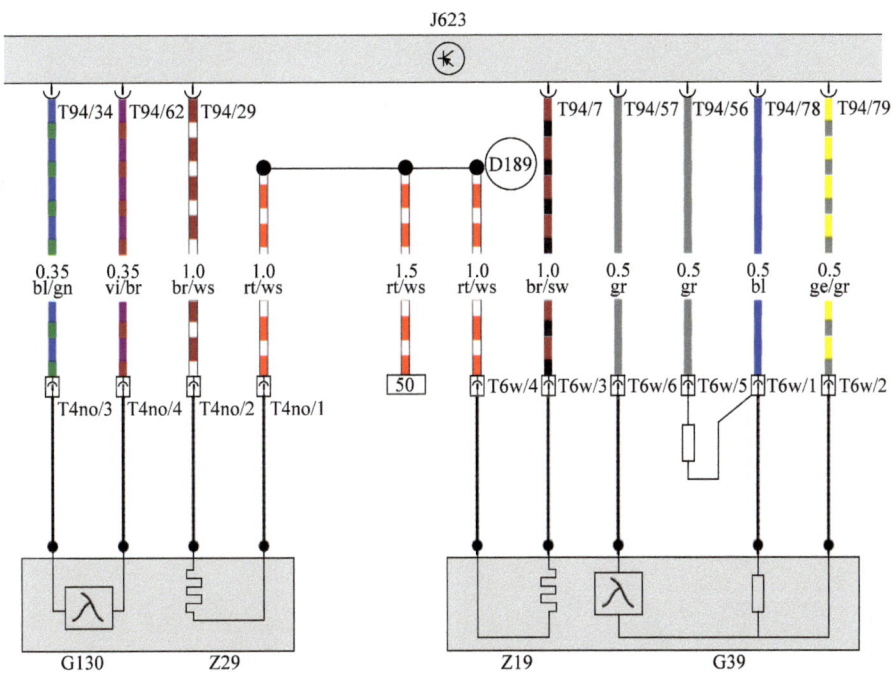

图 5-14 2012 款迈腾宽域氧传感器电路

G39—氧传感器 G130—催化转化器下游的氧传感器 J623—发动机控制单元，排水槽内中部
T4no—4 芯插头连接 T6w—6 芯插头连接 T94—94 芯插头连接
Z19—氧传感器加热装置 Z29—催化转化器后的氧传感器 1 加热装置

如图 5-15 所示，宽域氧传感器（LSU）λ 值的输出不再是一个跳跃式上升电压曲线（传统阶跃式氧传感器），而是一个电流接近于线性的上升曲线。因此，可以在一个较宽的范围内来测量 λ 值。宽域氧传感器的 λ 值不是从电压变化中分析出来的，而是从电流变化中分析出来的。

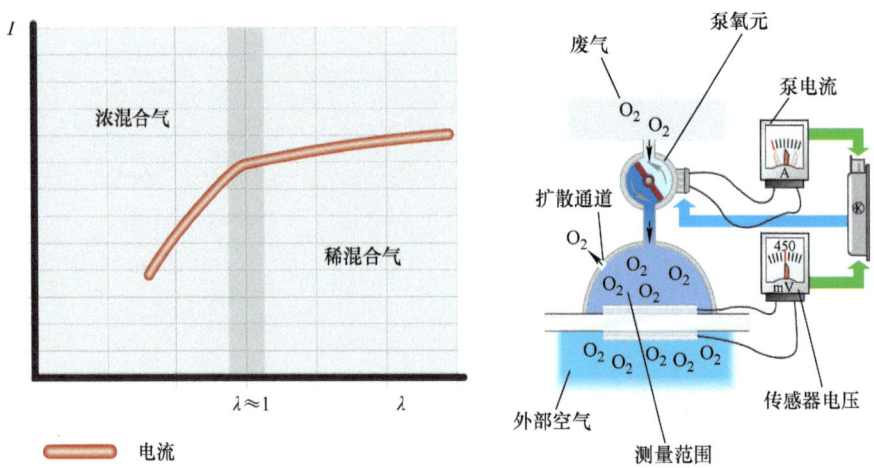

图 5-15 宽域氧传感器工作原理

宽域氧传感器也是通过两个电极产生一个电压，这个电压也是因为氧含量的不同而产生的。与阶跃式氧传感器不同的是，宽域氧传感器电极间的电压保持恒定不变。电压保持不变是通过泵氧元（微型泵）来实现的，该泵氧元给靠近废气侧的电极供氧，使得两个电极间的电压保持为 450mV 的恒定值。泵氧元所消耗的电流被 ECU 换算成 λ 值。

图 5-16 所示为 2012 款迈腾宽域氧传感器调节原理，安装在三元催化转化器前（上游端）的宽域氧传感器称为控制氧传感器，监测尾气中氧的含量，并将信息反馈给 ECU，用于调节喷油量，从而实现发动机的闭环控制，改善发动机的燃烧性能并减少有害气体的排放。为了对三元催化转化器效率进行持续监控，为此配有安装在三元催化转化器下游端的诊断氧传感器。通过比较三元催化转化器上游和下游的氧传感器信号，可以确定三元催化转化器的效率。

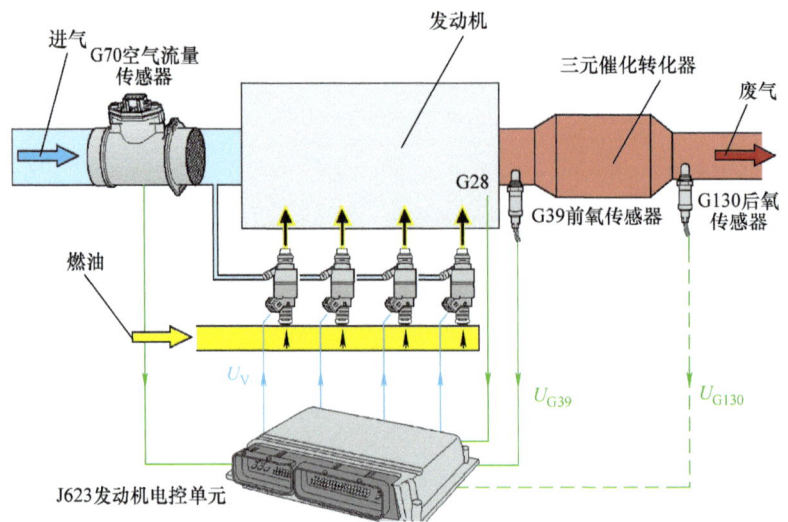

图 5-16 2012 款迈腾宽域氧传感器调节原理

3. 宽域氧传感器的控制过程

（1）当燃油、空气混合气变稀　如图 5-17a 所示，废气中的氧含量升高，且在泵功率不变的情况下向测量区送入的氧气量多于通过扩散通道漏掉的氧气量。因而相对于外部空气来说，氧气比例就发生了变化，所以两个电极之间的电压就下降了。如图 5-17b 所示，为了使得两电极间的电压再回到 450mV，必须减少废气侧的氧含量。为此泵氧元必须减少送入测量区的氧气量。于是就降低泵功率，直至电压回到 450mV。ECU 将泵氧元的电流消耗换算成一个 λ 值，从而改变混合气的成分。

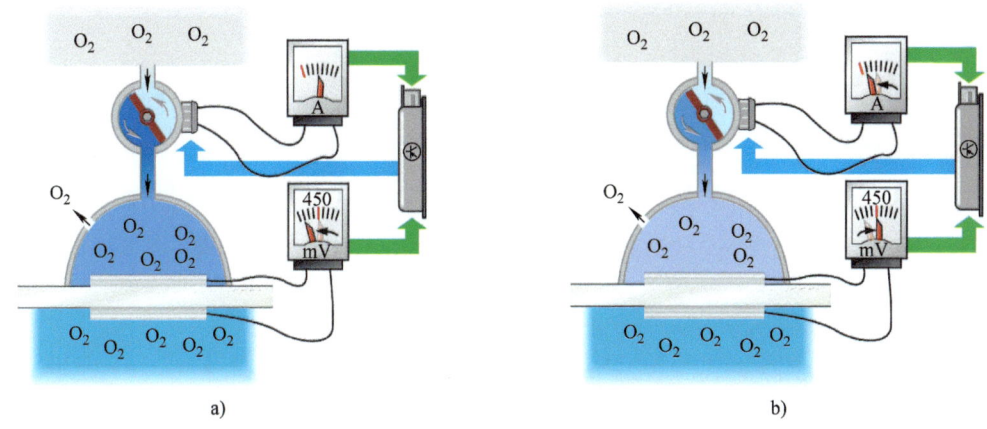

图 5-17　混合气变稀的控制过程

（2）当燃油、空气混合气变浓　如图 5-18a 所示，废气中的氧含量降低，在泵功率不变的情况下向测量区送入的氧气量减少，于是两电极间电压升高。这时通过扩散通道漏掉的氧气量多于泵氧元所送入的氧气量。如图 5-18b 所示，提高泵氧元的功率，就会提高测量区的氧含量。于是电极间电压又回到 450mV，泵氧元的电流消耗量被 ECU 换算成 λ 值。

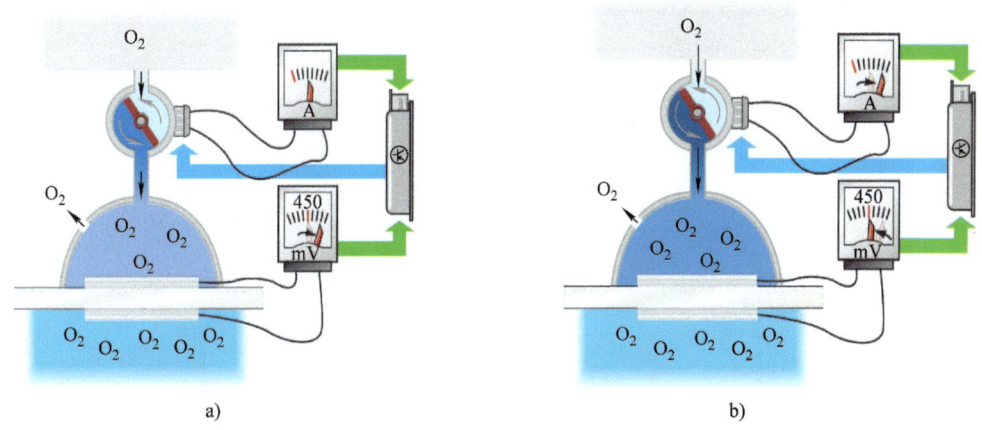

图 5-18　混合气变浓的控制过程

> **注意**
>
> 宽域氧传感器与 ECU 是一个系统，因此必须与 ECU 进行匹配。

4. 宽域氧传感器的 λ 值

1）加速和巡航。从较适中到急加速和巡航状态时，λ 值将保持在较稳定的状态，接近 1，这是因为宽域氧传感器和 ECU 是在闭环状态下工作的，λ 值将按照 ECU 进行燃油平衡调节，仅在 1 的上或下"漂移"。

2）加浓。当加浓状态出现时，λ 值将降低，并向下移动。

3）减速。在减速状态时，λ 值将变到 1.989。这是因为 ECU 执行减速断油状态，导致排气气流非常稀。

值得注意的是，ECU 将调节节气门的开度，在最终达到 1.989 之前，节气门开度必须小于 5%。在特殊车辆上，λ 值 1.989 是宽域氧传感器软件、硬件的极限值。

三、案例：长安福特福克斯氧传感器中毒

故障现象　　一辆 2012 款长安福特公司生产的福克斯 1.6AT 轿车，行驶里程 4430km，驾驶人反映发动机故障灯亮，怠速抖动严重，加速不良、油耗增多等现象。

故障诊断　　首先验证故障，发动机故障灯点亮，路试中该车故障现象与驾驶人反映一致。用 IDS（福特原厂诊断仪），读取了两个故障码：

① P2A00——36-EC-PCM（氧传感器电路范围/性能，第 1 排，传感器 1，信号频率过低）。

② P2A03——36-EC-PCM（氧传感器电路范围/性能，第 2 排，传感器 1，信号频率过低）。

新福克斯排气管布局为 4-1-3-2，1 与 4 缸、2 与 3 缸分别用一个排气管（图 5-19）。每个排气管安装前、后两个氧传感器（图 5-20），传感器 1 指前氧传感器，传感器 2 指后氧传感器。第一排指 1 与 4 缸排气管，第二排指 2 与 3 缸排气管，该排气管设计使排放控制更加精确。

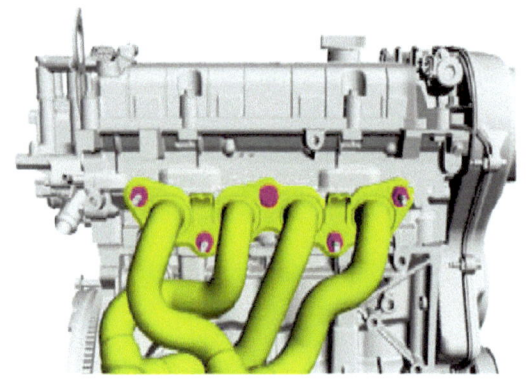

图 5-19　新福克斯排气管布局

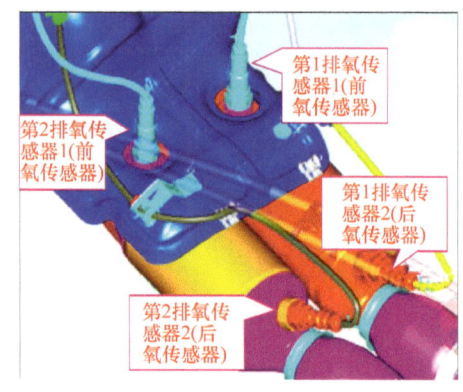

图 5-20　四个氧传感器位置

第五章 气体浓度传感器

根据故障码分析，可以认为该车两个前氧传感器存在问题，信号频率过低是指传感器的反馈信号变慢，属于性能故障。随后调取参数记录器的存储，观察两个前氧传感器参数（图 5-21），截取时间 10s 内信号分别变化 2 个周期。对同款的商品车调取参数记录器（图 5-22），两个前氧传感器在 10s 内信号分别变化 3 个周期以上。

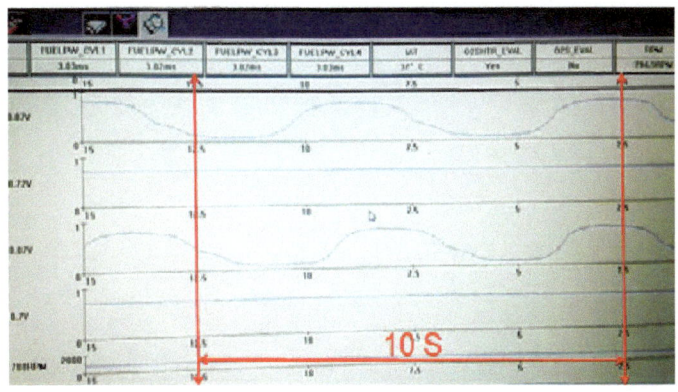

图 5-21 故障车前氧传感器波形

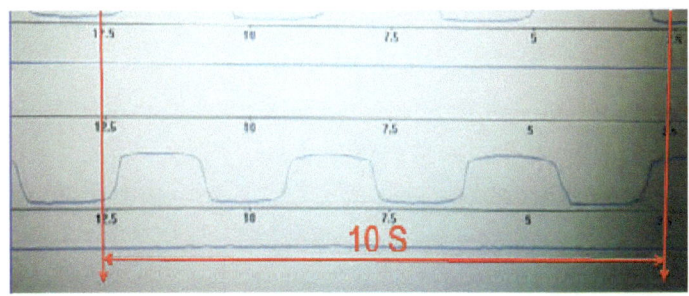

图 5-22 正常车前氧传感器波形

通过理论分析及波形对比，都指向两个前氧传感器工作都不良，考虑传感器受油品污染的可能性大，于是拆下两个前氧传感器，看到传感器已经受到油品的严重污染（图 5-23）。

故障排除 根据以往经验：
① 氧传感器硅中毒，是纯白污染物附着。
② 氧传感器锰中毒，是棕色物污染附着。
③ 氧传感器铅中毒，是褐色污染物附着。

从颜色上判断该车是铅或锰中毒，从而导致发出信号不正常，因此建议驾驶人更换两个前氧传感器，更换后该车报修的故障现象消失。

维修总结 燃油问题导致两个前氧传感器损坏，

图 5-23 受污染的前氧传感器

氧传感器中毒是不可逆的,再换用合格汽油也不能使氧传感器恢复正常。在故障诊断中理解故障码的含义,调取波形分析,并调取同款商品车数据对比,可以避免陷入故障车"两个前传感器波形对称就正常"的误区。

第二节 氮氧化物(NO$_x$)传感器

NO$_x$为可燃混合气在高温、高压下燃烧后的产物,是NO和NO$_2$总称。NO$_x$是在高温富氧的条件下生成的,当空气过量时,N$_2$与O$_2$在电火花的作用下,产生了NO,而NO被空气中的O$_2$氧化为NO$_2$。从燃烧过程排放的NO$_x$,95%(体积分数)以上可能是NO,其余的是NO$_2$。尾气中NO$_x$的排放量取决于燃烧温度、时间和空燃比等因素。

一、NO$_x$传感器安装位置与功能

1. 安装位置

NO$_x$传感器控制单元常安装于汽车底板外部,在NO$_x$传感器的附近位于车外部底板下部,在NO$_x$传感器附近对传感器信号进行预加工,然后将该信息经CAN总线传至发动机控制单元,发动机控制单元通过这个信息来识别所存储的NO$_x$的饱和程度,执行还原过程,如图5-24所示。

2. 功能

NO$_x$传感器被直接拧紧在NO$_x$存储式催化转化器的后面,用来确定废气中NO$_x$和O$_2$的残留量并把此信号传送给NO$_x$控制单元。其功能如下:

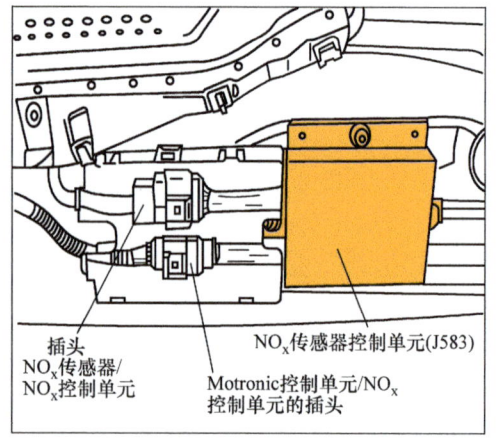

图5-24 大众车系NO$_x$传感器控制单元安装位置

① 识别和检查催化转化器的功能是否正常。
② 识别和检查催化转化器前端宽域氧传感器调节点是否正常或是否需要修正。
③ 检测NO$_x$传感器产生的信号被传送至NO$_x$传感器控制单元。
④ NO$_x$传感器感测到NO$_x$存储式催化转化器的存储空间达到饱和时,就会起动一个NO$_x$再生周期,即提供给ECU信号,使发动机在短时间内生成更浓的混合气体,使排气温

度升高，转化器中钡涂层便开始释放 NO_x。NO_x 会随之被转化为无害氮气。

⑤ 失灵时的影响。如果 NO_x 传感器的信号发生故障，发动机仅能在均质充气模式中运行。

二、NO_x 传感器结构

NO_x 传感器包含两个腔室、两个泵室、四个电极和一个加热器。传感器元件是用二氧化锆制成的。此材料的典型特点是，如果对它施加电压，它就能使负的氧离子从负电极迁移到正电极，相当于气泵将氧气从一侧泵入另一侧，因此，习惯上也被称为氧气泵，如图 5-25 所示。

NO_x 传感器的检测原理也是以氧气测量为基础，并且可以从一个宽带 λ 探针上检测到氧气含量。

三、NO_x 传感器工作原理

如图 5-26 所示，NO_x 传感器安装在存储式 NO_x 催化转化器的后部，以监测其 NO_x 的存储量。NO_x 传感器采用电池电动势原理检测 NO_x 的浓度，其构造原理如图 5-27 所示。

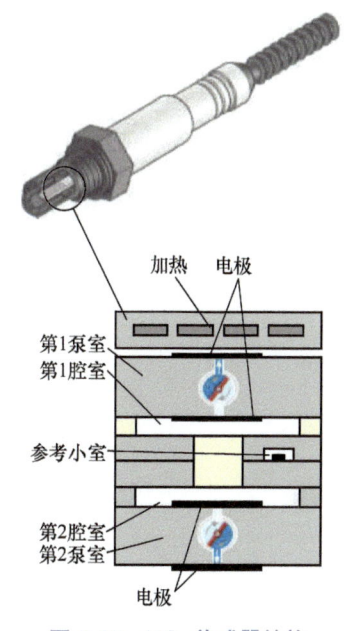

图 5-25　NO_x 传感器结构

在泵室内，氧气含量保持恒定（14.7kg 空气 ∶ 1kg 燃油），通过调整泵工作电流，空燃比会发生变化。废气流经扩散网到氧气测量单元，该单元通过还原电极将 NO_x 分解成氧气和氮气，通过氧 - 泵电流就可确定 NO_x 的浓度。

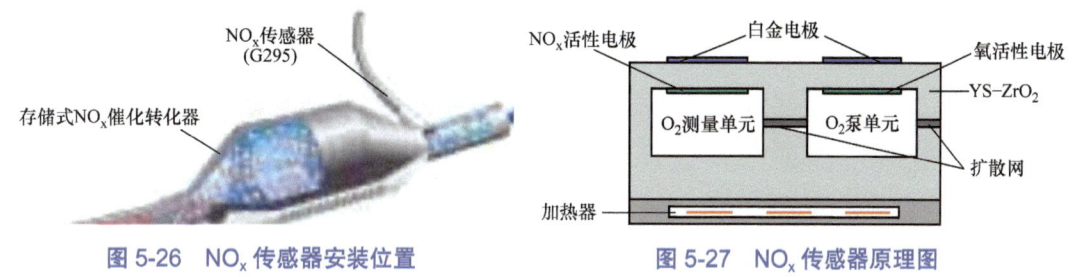

图 5-26　NO_x 传感器安装位置　　　　图 5-27　NO_x 传感器原理图

1. 存储过程

当发动机在 λ > 1 稀薄燃烧工作时，废气中的存储式 NO_x 催化转化器表面上白色涂层发生氧化反应，产生 NO_x。NO_2 再与氧化钡（BaO）发生化学反应，生成硝酸盐 $[Ba(NO_3)_2]$，并存储在催化转化器中，如图 5-28 所示。催化转化器不能再存储 NO_x 了，就应该起动再生模式，存储过程一般花 60~90s。发动机将从稀薄的分层充气燃烧模式转为均匀模式。在均匀模式下，在尾气中碳氢化合物和 CO 的含量将会提高。在存储催化转化器内，NO_x 的氧与碳氢化合物和 CO 反应生成 N_2 和 O_2。

2. NO_x 的还原

当存储式 NO_x 催化转化器中的 NO_x 负载量已达到极限时,发动机控制系统使发动机短时间处于均质且 $\lambda < 1$ 模式工作。混合气变浓,排放的废气温度升高,存储式 NO_x 催化转化器的温度也就升高,此时所形成的硝酸盐变得不稳定,利用废气中的 CO 与 $Ba(NO_3)_2$ 发生还原反应,使硝酸盐分解,生成 BaO(氧化钡),并释放出 CO_2 和 NO_x。在催化转化器中的铂金和铑,将 NO_x 转化成 N_2,CO 转化为 CO_2,还原过程一般为 2s,如图 5-29 所示。

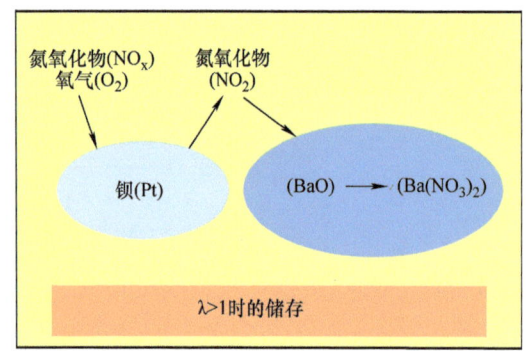

图 5-28 存储式 NO_x 催化转化器的存储过程

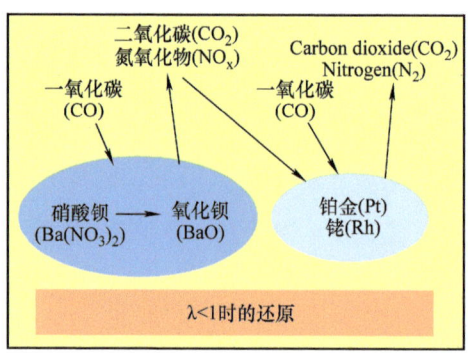

图 5-29 存储式 NO_x 催化转化器的还原过程

当 NO_x 传感器监测到 NO_x 的负载量已达到微小量时,发动机又进行 $\lambda > 1$ 的稀薄燃烧模式。

3. 硫的还原

硫比 NO_x 具有更高的温度稳定性,在很短的时间间隔内频繁发生 NO_x 还原后,就会发生硫还原。发动机控制单元由此即可判断出,催化转化器的存储空间已被硫占满,无法再存储 NO_x 了。除硫的过程要持续约 2min。从分层充气模式切换到均质模式,即两个气缸以较浓混合气工作,两个气缸以较稀混合气工作,不同的气体会聚到 Y 形管内再次燃烧,可将存储式 NO_x 催化转化器的温度提高到超过 650℃,于是将硫转化成 SO_2。如果燃油中含硫较少,那么除去硫的时间间隔也长,但燃油含硫多,就会经常进行这种还原反应。在大负载、高转速行车时会自动去硫。对于涡轮增压式缸内直喷发动机,一般取消了存储式 NO_x 催化转化器。

4. NO_x 传感器工作过程

如图 5-30、图 5-31 所示,NO_x 传感器工作过程可以分为两个阶段。

(1)确定第一腔室中的 λ 数值 一部分废气流入第一腔室中,由于废气中的氧气残留量与参考小室中的氧气残留量不同,就能在电极上测量出一个电压,NO_x 传感器控制单元将此电压设定为恒定的 450mV,这相当于空气/燃油比 $\lambda = 1$。如果偏离此数值,氧气被泵出或者泵入,使 450mV 的电压保持恒定。

（2）确定第二腔室中的NO_x残留量 不含氧气的废气从第一腔室进入第二腔室，废气中的NO_x分子被一个特殊的电极分裂成氮气和氧气。因为第二腔室内部电极和外部电极上电压被调整至恒定的450mV，所以氧气泵必须通入电流，使氧离子从内部电极迁移到外部电极。在此过程中氧气泵流动的电流表征的是第二腔室中的氧气残留量。因为氧气泵的电流大小与废气中的NO_x成正比，为此就能够确定NO_x的残留量。

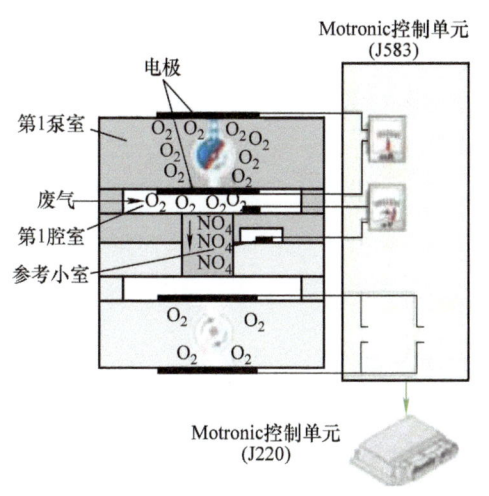

图 5-30 确定第一腔室中的 λ 数值

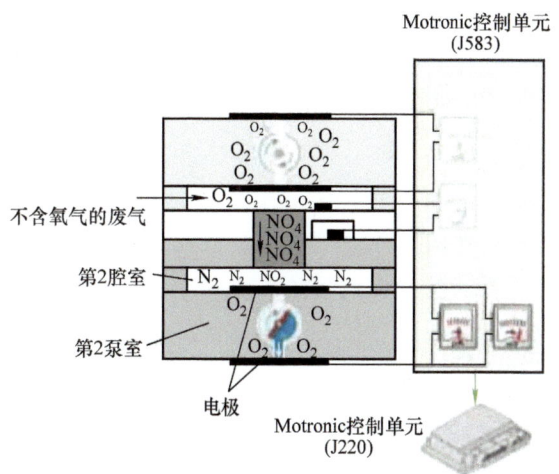

图 5-31 确定第二腔室中的NO_x残留量

第三节 空气质量传感器

空气质量传感器也称多功能传感器，是众多汽车全自动分区空调系统的组成部分，主要用于测量空气中的水分、环境温度、外界空气污染程度（外部空气中可氧化或可还原的有害气体）。若外部空气质量较差，如堵车或穿过隧道时，前面或邻近的车辆的尾气有可能进入本车辆，如果空气质量传感器感测到外部空气中污染物含量超标时，全自动空调系统的控制单元会自动停止进气外循环而转为内循环，阻止外部污染物进入。而当车外空气清新时又自动转为外循环。此外，当挂入倒档或者清洗前风窗玻璃而喷射清洗液时，自动空调也会自动地将循环模式转为内循环，防止倒车时的有害尾气和喷射清洗液时的异味进入车内。

一、空气质量传感器安装位置和作用

如图 5-32 所示，空气质量传感器连同新鲜空气进气道温度传感器 G89 一起安装在通风室的新鲜空气进气区域。空气质量传感器具有能够通过感应化学物质（如 NO、NO_2 和 CO）检测空气污染的能力，如图 5-33 所示。根据进气空气的质量，它会自动打开车内空气循环模式（如果处于 AUTO 模式）。出于安全原因，如果外界温度降到 2℃ 以下或空调压缩机关闭，可能是风窗玻璃结冰，自动循环模式将中断。

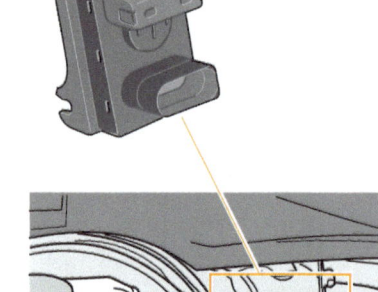

空气中的污染物是以可氧化或可还原气体形式存在的。Climatronic 控制单元需要该传感器信号来执行自动空气再循环功能。若此功能开启，在该传感器检测到新鲜空气中有污染物时，进气风门被自动关闭，并且空气再循环风门打开。

在自动空气内循环运行模式接通的情况下，空气质量传感器会测量吸入空气中的有害物质浓度。如果空气质量传感器识别到有害物质浓度明显升高，则暂时接通空气内循环运行模式。当有害物质浓度下降到正常水平时，自动关闭空气内循环运行模式，以便重新向车内输送新鲜空气。接通自动空气内循环运行模式时，反复按压按钮，直到按钮上右侧的指示灯亮起。暂时关闭自动空气内循环运行模式，如果空气质量传感器在有难闻的气味时未自动接通空气内循环运行模式，可以通过按压按钮手动接通空气内循环运行式。按钮上左侧的指示灯亮起。重新接通自动空气内循环运行模式，按下按钮超过 2s，按钮上右侧的指示灯亮起。关闭自动空气内循环运行模式，再次按压按钮，直至按钮上的指示灯熄灭。

图 5-32 空气质量传感器的安装位置

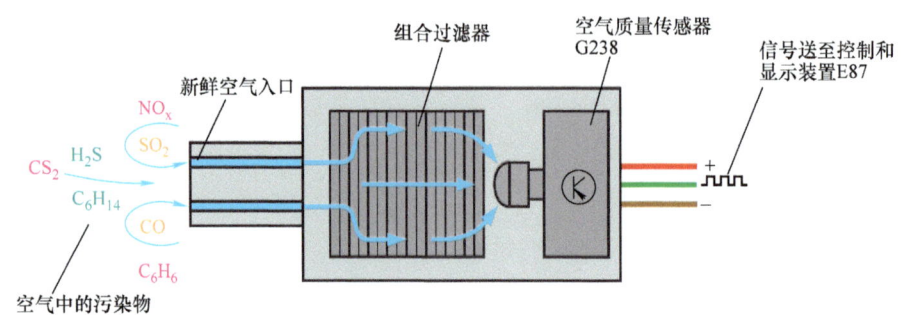

图 5-33 检测空气污染

二、空气质量传感器工作原理

该传感器的核心由混有钨的氧化物或混有锡的氧化物组成。当两种化合物接触到可氧化或可还原气体时，它们都会改变各自的电特性。简而言之，当一种元素吸收氧时就发生氧化，当一种化合物释放氧时就发生还原，如图 5-34 所示。

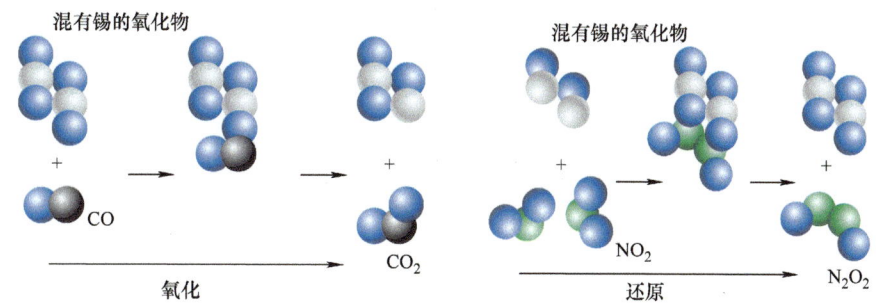

图 5-34　氧化、还原的气体的作用

因此，可氧化气体试图吸收氧并形成化学键。在另一方面，可还原气体试图让氧与其他元素或化合物结合。可氧化气体包括一氧化碳（CO）、苯蒸气、汽油蒸气、碳氢化合物与未燃烧的或者燃烧不充分的燃油成分。可还原气体包括 NO_x 等。

三、空气质量传感器功能

若传感器的混合氧化物接触到可氧化气体，该气体从混合氧化物上吸收氧，从而改变了该混合氧化物的电特性，其阻抗下降。另一方面，若该传感器接触到可还原气体，该混合氧化物从气体中吸收氧，从而也改变了该传感器的电特性，其阻抗上升。

由于混合氧化物的化学与物理特性，它可以在可氧化与可还原气体同时出现时检测其中的污染物，如图 5-35 所示。对于污染物检测，这意味着，若传感器阻抗上升，一定含有可氧化气体；若传感器阻抗下降，一定含有可还原气体。

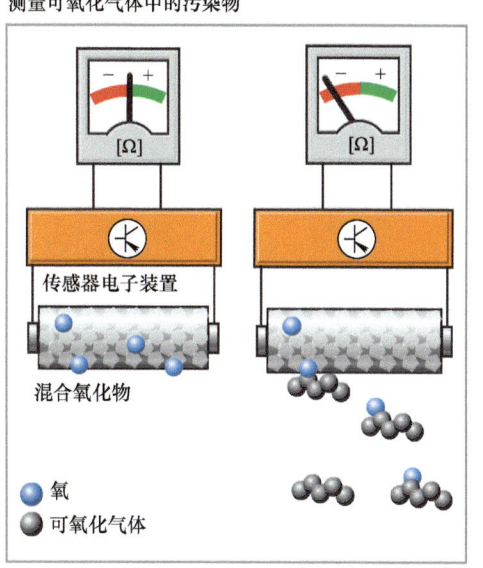

图 5-35　检测可氧化、可还原气体

四、空气质量传感器的检测

奥迪 A4L 的空气质量传感器电路如图 5-36 所示。

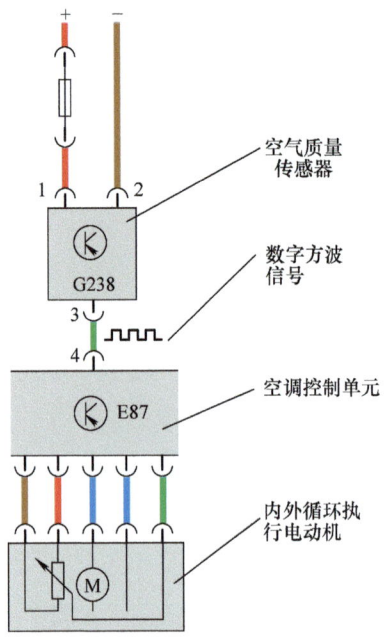

图 5-36 空气质量传感器电路

（1）搭铁端检查　拆下空气质量传感器接头，用数字式万用表测量 2 脚与搭铁间的电阻，应为 0。

（2）电压测试　拆下空气质量传感器接头，打开点火开关至 ON 位置，用数字式万用表测量 13# 脚与 2# 脚的电压，应为蓄电池电压。

（3）信号检测　接上空气质量传感器接头，用示波器测量 3# 信号脚与 2# 之间的波形，应有方波波形输出。

（4）解码器检测　利用大众故障诊断仪 VAG1551，查询空调故障码功能，空气质量传感器如果有故障，会出现故障码：01592——空气质量传感器 -G238 故障。

第六章

速度传感器

第一节 轮速传感器

轮速传感器又称为车轮速度传感器,其功用是将车轮转速转换为电信号输入防抱死控制和防滑转控制 ECU,用以计算车轮的圆周速度,以便实现防抱死和防滑转控制。

汽车常用轮速传感器有磁阻式、磁感应式和差动霍尔(效应)式三种,目前普遍采用磁感应式。

一、磁感应式轮速传感器

1. 基本结构

如图 6-1 所示,磁感应式轮速传感器由传感元件和信号转子组成。传感元件为静止部件,由永久磁铁、信号线圈(感应线圈)和线束插头等组成,安装在车轮附近的静止部件(如转向节、半轴套管、悬架构件等)上,不随车轮转动。信号转子由铁磁材料制成带齿的圆环,又称为齿圈转子,安装在与车轮一同转动的部件(如轮毂、半轴等)上。齿圈上齿数的多少与车型、ABS ECU 有关，博世公司的 ABS 齿圈有 100 个齿，传感器磁极与齿圈的端面有一空气隙，一般在 1mm 左右，通常可移动传感器的位置来调整间隙（具体间隙的大小应参考原厂维修手册）。

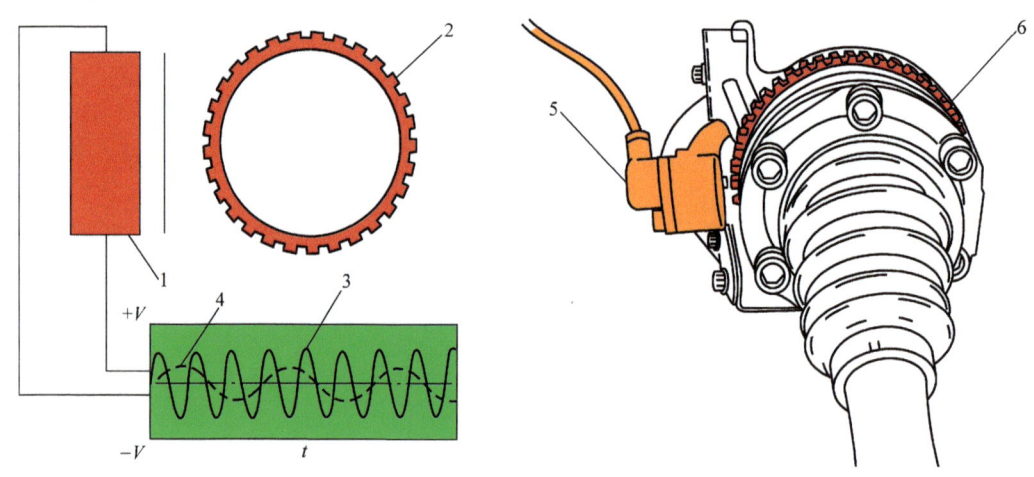

图 6-1 磁感应式轮速传感器的结构及安装

1、5—轮速传感器 2、6—脉冲环（齿圈） 3—高速信号 4—低速信号

2. 信号产生原理

磁感应式轮速传感器的工作原理与普通的交流发电机相同。永久磁铁产生一定强度的磁场，齿圈随车轮在磁场中旋转时，因为齿圈上齿峰与齿谷通过时引起磁场强弱变化，在永久磁铁上的电磁感应线圈就产生一定的交流信号（图 6-2）。交流信号的频率与车轮速度成正比，交流信号的振幅随轮速的变化而变化。例如德尔科 ABS-Ⅵ的最低转速时电压为 0.1V，最高时为 9V。

ABS ECU 通过识别传感器发来的交流信号的频率来确定车轮的转速，如果 ECU 发现车轮的减速度急剧增加，滑移率达到 20% 时，它立刻给执行器发出指令，减小或停止车轮的制动力，以免车轮抱死。

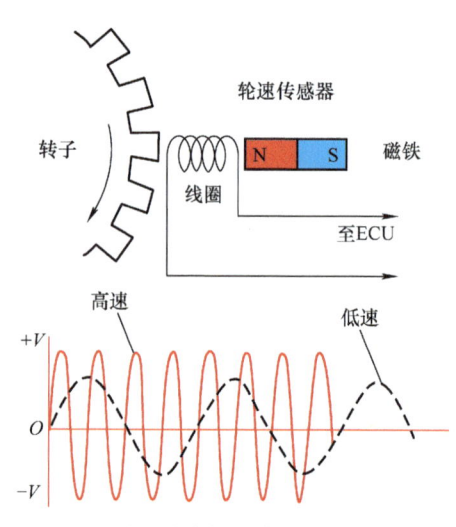

图 6-2 磁感应式轮速传感器的工作原理

3. 磁感应式轮速传感器的缺点

磁感应式轮速传感器的缺点主要有以下几个方面：

1）磁感应式轮速传感器向 ABS ECU 输送的电压信号的强弱是随转速的变化而变化的，

信号幅值一般在 1 ~ 15V 的范围内变化。当车速很低时，传感器输出的电压信号若低于 1V，ECU 则无法检测到如此弱的信号，ABS 也就无法正常工作。

2）磁感应式轮速传感器频率响应较低。当车速转速过高时，传感器的高频频率响应差，在高速时容易产生错误信号。

3）磁感应式轮速传感器的抗电磁波干扰能力较差，尤其在输出信号幅值较小时。

4. 检测

新款捷达 MK70 制动系统共有 4 个轮速传感器，前轮传感器的齿圈为 43 齿，安装在半轴上，轮速传感器安装在转向节上，如图 6-3a 所示。后轮的齿圈也为 43 齿，安装在后轮毂上，轮速传感器则安装在固定支架上，如图 6-3b 所示。

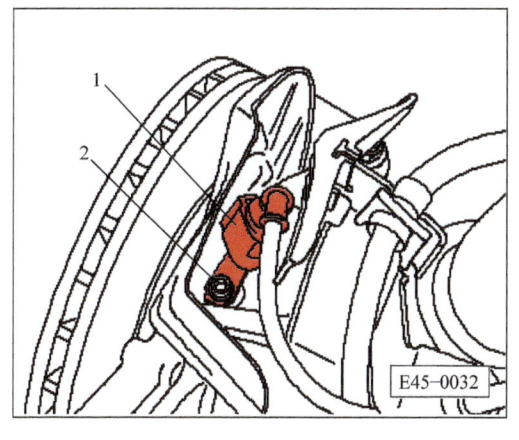
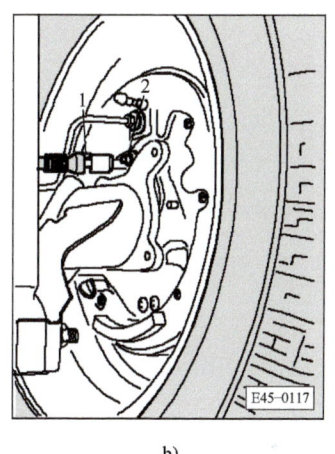

a)　　　　　　　　　　　　　　b)

图 6-3　轮速传感器的安装位置

1—轮速传感器　2—内六角螺栓

（1）故障征兆检测　磁感应式轮速传感器如发生故障，将无法准确感知车轮轮速信号，从而使防抱死制动系统不可能正确地控制车轮防抱死机构的工作，只能依靠基本制动进行制动操作，此时 ABS 警告灯点亮，紧急制动时出现制动距离长、车轮抱死、两侧制动力不均匀、制动力不足、制动踏板剧烈振动、制动踏板行程过长、需用很大的力踩制动踏板、轻踩制动踏板时 ABS 工作、路面有拖印等故障现象。

磁感应式轮速传感器的常见故障主要是传感器本身的感应电路（感应线圈）断路或短路、传感器头和齿圈沾染油污或其他脏物、因振动或敲击造成传感器发生消磁现象等。除此之外，还有轮速传感器的松动，以及脉冲齿圈距离、车轮轴承、制动轮缸、制动蹄片等出现问题，这也会导致轮速传感器没有信号输出的故障。

（2）电阻检查　轮速传感器与 ABS ECU 的连接线路如图 6-4 所示。将点火开关档位置于 OFF，断开 ABS ECU 插头，用万用表电阻档测量各针脚，其电阻值均应在 1.0 ~ 1.3kΩ 之间。

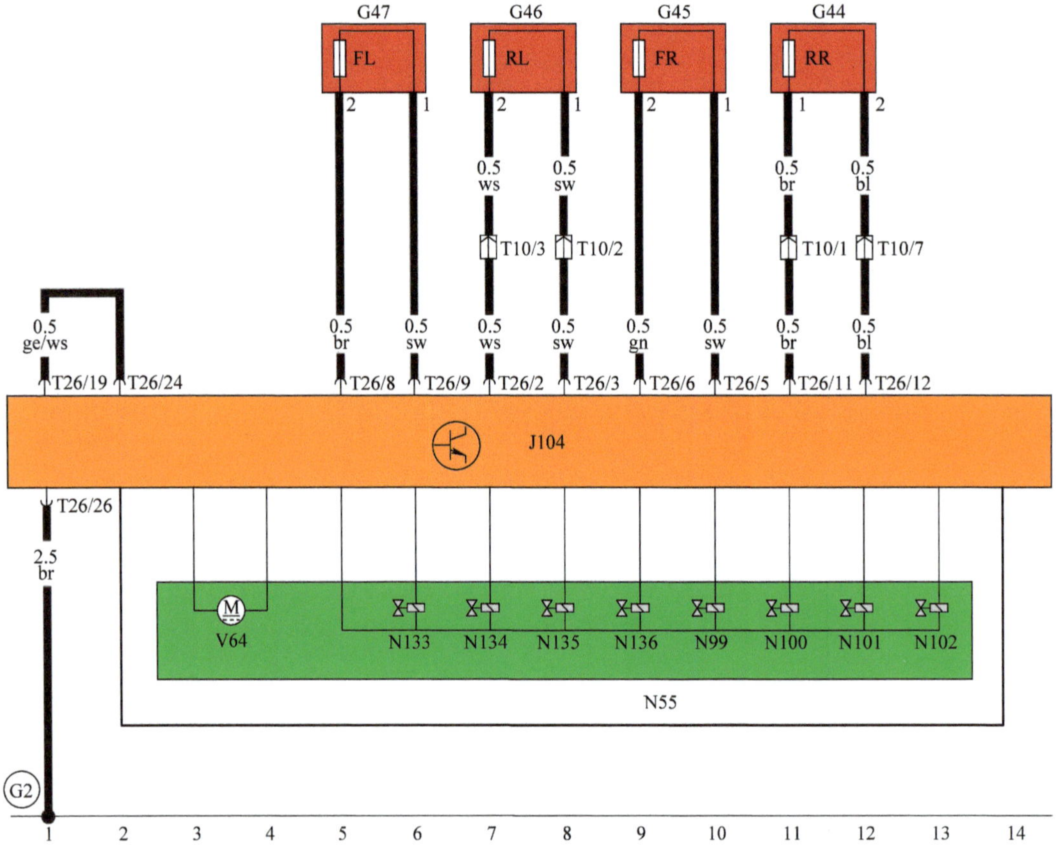

图 6-4 新款捷达 ABS 控制电路

G44—右后轮速传感器 G45—右前轮速传感器 G46—左后轮速传感器 G47—左前轮速传感器
J104—ABS 控制单元 N55—ABS 液压控制单元

如果电阻值不符合要求，可直接从所对应的轮速传感器处拔下导线，用万用表直接测量，如果达到上述标准电阻值，说明线路有问题；如果仍达不到上述标准值，说明传感器有故障。如果检测的任何一个轮速传感器的电阻值均不在规定范围内，首先应检查与该传感器连接的导线是否发生断路及其插头是否松动。如果经过检查未发现导线中有断路现象，且插头连接牢固，就应更换该轮速传感器。

（3）检测传感器信号电压　升降车轮，使 4 个车轮离地悬空，以 1r/s 的速度分别转动各个车轮，用万用表或示波器分别测量各个轮速传感器的信号输出电压值。各轮速传感器的信号电压应满足表 6-1 所示的要求。

表 6-1　各轮速传感器标准信号电压值

轮速传感器	信号输出电压（转速 1r/s）	轮速传感器	信号输出电压（转速 1r/s）
左前轮	190～1140mV 的交流电压	左后轮	>650mV 的交流电压
右前轮	190～1140mV 的交流电压	右后轮	>650mV 的交流电压

（4）检测传感器与齿圈的间隙 升起汽车，使4个车轮离地，在齿圈上取4点，用非磁性塞尺，测量齿圈与传感器之间的间隙。各轮速传感器与齿圈的间隙应符合表6-2所示的要求。

表6-2 各轮速传感器与齿圈的间隙

检查项目	标准值/mm
前轮速传感器与齿圈之间的间隙值	1.10～1.97
后轮速传感器与齿圈之间的间隙值	0.42～0.80

二、磁阻式轮速传感器

1. 结构与安装位置

新款皇冠的轮速传感器采用了磁阻式半导体轮速传感器，简称MRE传感器。磁性转子是由内置带磁性粒子的橡胶制成的，南北共48极，磁极按圆周方向均匀分布的环状垫片，镶嵌在后轮轴承内圈上，与车轮同速度旋转。MRE传感器则安装在轮毂上固定不动，与磁性转子间存在0.5～0.8mm的空气间隙，如图6-5所示。

图6-5 磁阻式轮速传感器的安装位置

2. 工作原理

当磁性转子随车轮旋转，产生变化磁场，传感器内的磁阻值相应变化，经电路处理以脉冲信号输出给ABS ECU。MRE传感器与广泛采用的其他方式轮速传感器比较，它能检测到从0km/h开始的车速，此外，还能够检测到转子的旋转方向，因此系统可以区分车辆向前还是向后的运动方向，为坡道起步辅助控制系统HAC提供制动控制信号，如图6-6所示。

新款皇冠使用的新型磁阻式轮速传感器除具

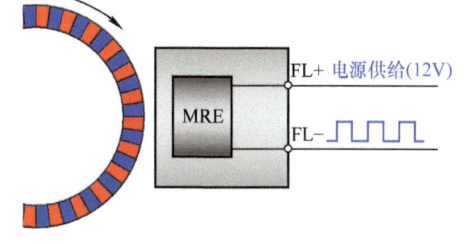

图6-6 新款皇冠轮速传感器工作原理图

备主动型轮速传感器的功能外，还能够检测出车轮的旋转方向。如图 6-7 所示，新型磁阻式轮速传感器内部有两个磁阻，在车轮转动时产生两个信号，把这两个信号叠加在一起后，再发送到 ABS ECU。由于车辆向前或者向后行驶时，两个磁阻发出的信号是不同的，所以 ABS ECU 可以根据传感器信号来判断车轮的旋转方向和车辆的实际行驶方向，如图 6-8 所示。其输出的正常波形如图 6-9 所示。

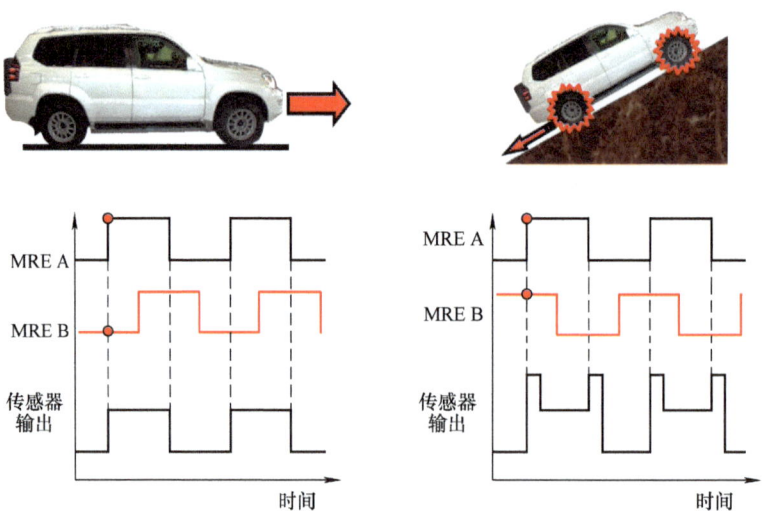

图 6-7 检测车轮旋转方向的方法

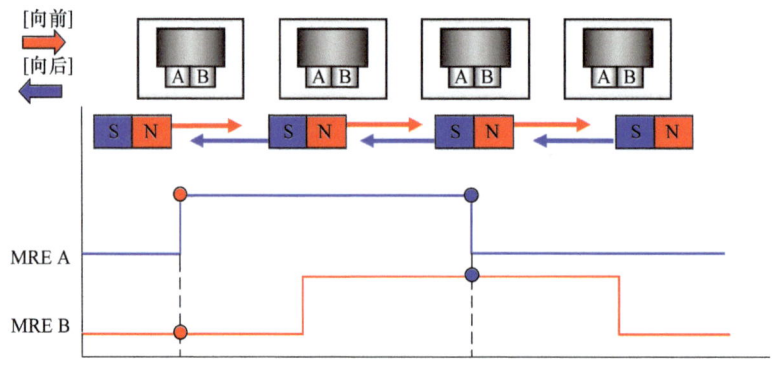

图 6-8 检测车轮旋转方向原理图

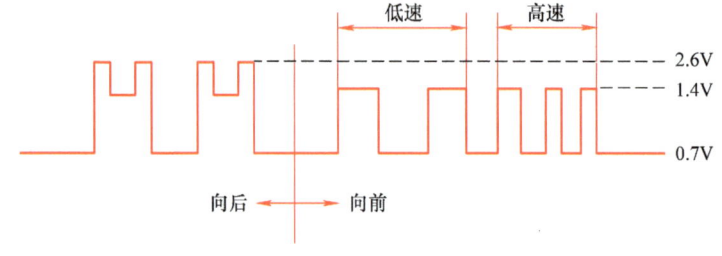

图 6-9 轮速传感器输出波形

3. 检测

新款皇冠轮速传感器与制动防滑控制 ECU 连接电路如图 6-10 所示。

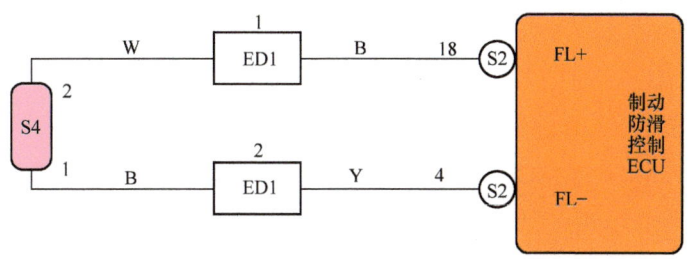

图 6-10　轮速传感器与制动防滑控制 ECU 连接电路

（1）线路导通性检测　关闭点火开关，断开轮速传感器连接器和制动防滑控制 ECU 连接器，用万用表测量左前轮速传感器 S4 的 2 号端子与制动防滑控制 ECU 的 18 号端子、左前轮速传感器 S4 的 1 号端子与制动防滑控制 ECU 的 4 号端子之间的电阻值，其电阻值应小于 1Ω。

（2）绝缘性检测　关闭点火开关，断开制动防滑控制 ECU 连接器，用万用表测量制动防滑控制 ECU 的 4 号端子 FL- 与搭铁之间、制动防滑控制 ECU 的 18 号端子 FL+ 与搭铁之间的电阻值，电阻值应大于 10kΩ。

（3）输入电压检测　关闭点火开关，断开轮速传感器连接器，打开点火开关，用万用表检测左前轮速传感器 S4 的 2 号端子与车身搭铁之间的电压，其值应在 7.0～12V 之间。

（4）示波器检测　使用示波器，利用背插法，在不脱开端子的条件下测量，应该输出图 6-9 所示波形，否则应检查线路或更换传感器。

三、霍尔式轮速传感器

1. 结构

霍尔式轮速传感器的测量元件是霍尔元件。霍尔式轮速传感器包括三个霍尔元件。传统的传感器环（脉冲感知环）被车轮轴承上的电磁密封圈所取代，这个密封圈上布置有 48 对南/北磁极（多极），如图 6-11 所示。

2. 工作原理

传感器感知磁通量的变化，三个霍尔元件是错开布置的，如图 6-12 所示。元件之间的距离是这样选择的：当元件 C 测出的磁通量最小时，元

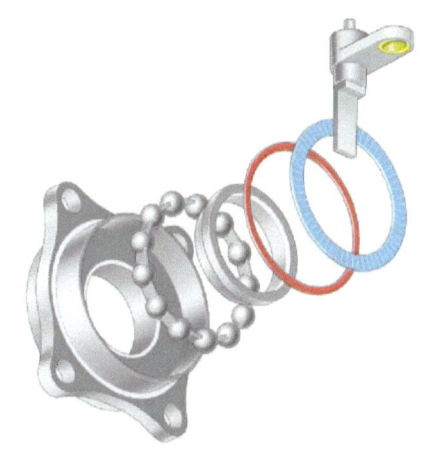

图 6-11　霍尔式轮速传感器的结构

件 A 测出的磁通量最大。传感器内会产生一个差动信号（A-C）。

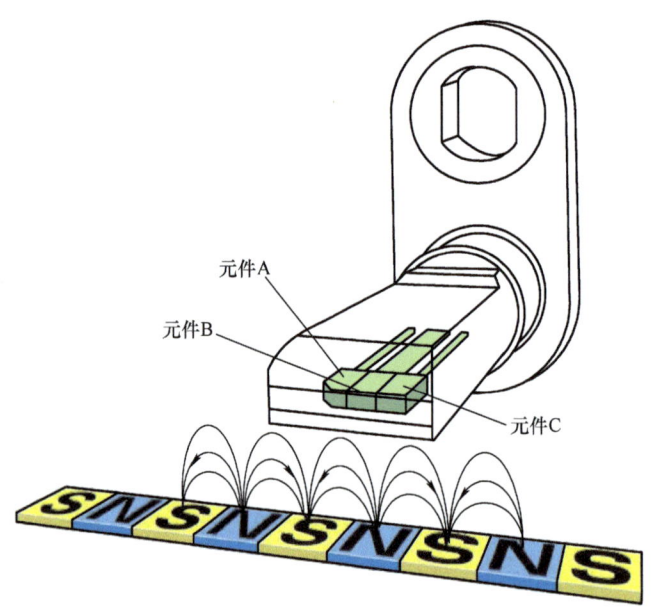

图 6-12　三个霍尔元件错开布置

霍尔元件 B 布置在 A 和 C 之间。当信号 A 和 C 以及差动信号为零时，元件 B 测出的磁通量最大。信号 B 何时达到最大值（正或负）就作为判定旋转方向的依据。例如，如果差动信号（A-C）的过零点是由信号的下降沿得到的，且信号 B 的最大值为负，那么就认为车轮在逆时针转动，如图 6-13 所示。

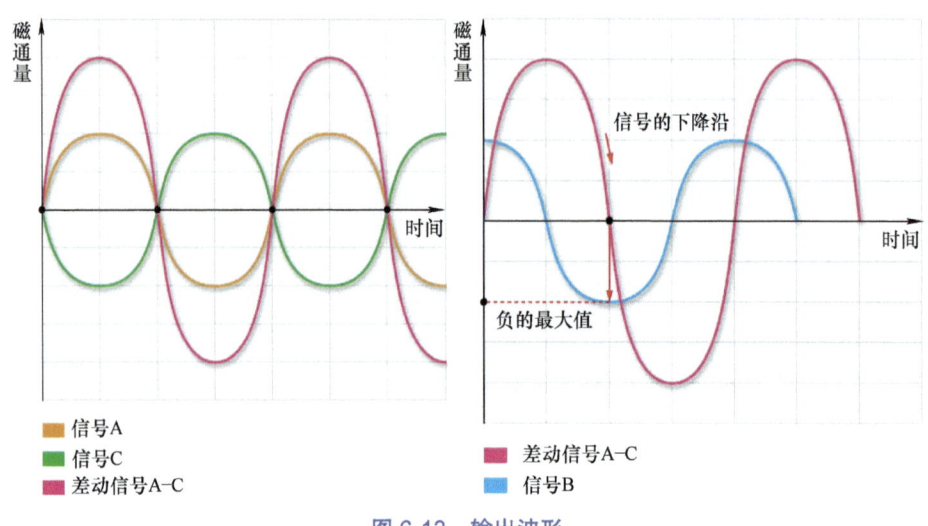

图 6-13　输出波形

3. 电气线路

霍尔式轮速传感器通过一个电流接口与 ESP 控制单元相连，ESP 控制单元内装有一个

低阻值的测量电阻 R。转速传感器有两个电插头，它与测量电阻一起构成一个分压器。插头 1 和 2 之间的电压就是蓄电池电压 U_B。传感器信号在测量电阻上会产生一个电压降 U_S，如图 6-14 所示。这个信号电压由控制单元来进行分析。

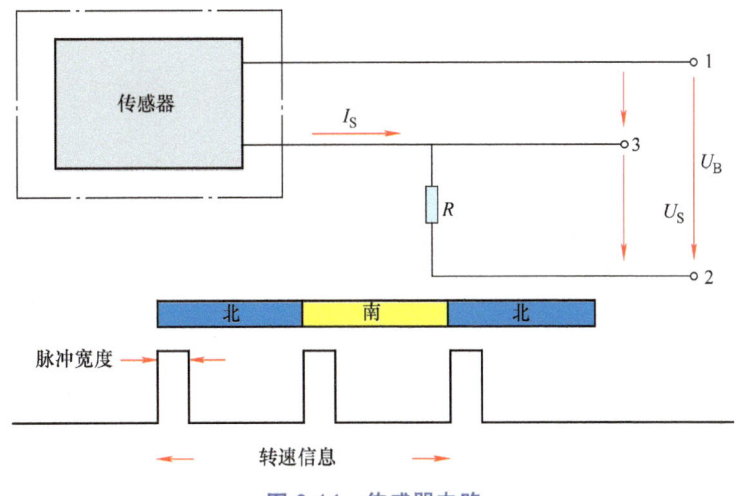

图 6-14 传感器电路

霍尔式轮速传感器信号是 PWM 信号。某时间单位内的脉冲个数中包含着轮速信息。由脉宽信号提供旋转方向、空气间隙的大小、安装位置、停车识别正确的空气间隙大小等信息，这些对于系统操作和系统自诊断是很重要的。

4. 检测方法

霍尔式轮速传感器，可用检测其输出电压信号的方法来判断其工作好坏。关闭点火开关，将车支起，使每个轮胎离地 10cm 左右，然后拔下轮速传感器的导线连接器插头，并用导线将线束插头与轮速传感器插头的电源端子相连，用万用表（打开交流电压档）的两表笔分别搭在轮速传感器的信号输出端子间，测量传感器的输出电压。接通点火开关，用手转动车轮，万用表应显示 7～12V 范围内波动的交流电压，若电压不在此范围内，应检查传感器与齿圈之间的间隙，标准值应在 0.2～0.5mm 范围内，否则应进行调整。

四、新型霍尔式轮速传感器

1. 结构原理

霍尔式轮速传感器输出方波脉冲信号。由于霍尔式轮速传感器能克服磁感应式轮速传感器输出信号电压幅值随车轮转速变化而变化，响应频率不高，以及抗电磁波干扰能力差等缺点，因而被广泛应用于汽车防抱死制动系统（ABS）的轮速检测。

近年来，越来越多的汽车 ABS 采用一种新型霍尔式轮速传感器（图 6-15），新型霍尔式轮速传感器只有两根引线（图 6-16），分别为电源线和信号线。新型霍尔式轮速传感器与普通霍尔式轮速传感器的输出信号均为方波脉冲信号，占空比范围一般为50%，但输出信号的电流存在差异（图6-17）。新型霍尔式轮速传感器输出信号的高、低电压不受轮速影响，主要由ABS电控单元内部的电阻 R 决定，如图6-18所示，电阻 R 一定，高、低电压便一定，即使轮速很低，ABS电控单元仍能检测到输出信号电压，这就克服了霍尔式轮速传感器输出信号电压随车轮转速变化而变化的缺点。

2. 检测

长城C50的ESC电子稳定控制系统的电路如图6-19所示，检测方法如下。

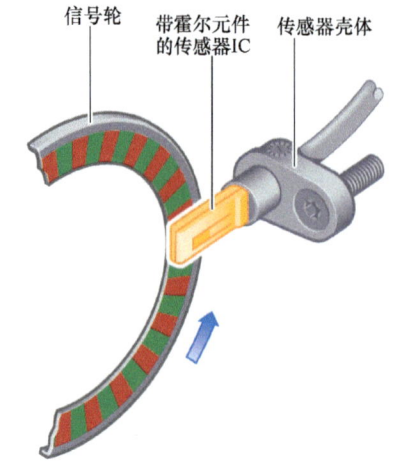

图6-15 新型霍尔式轮速传感器的结构

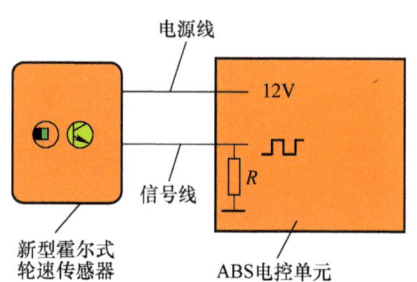

图6-16 新型霍尔式轮速传感器电路

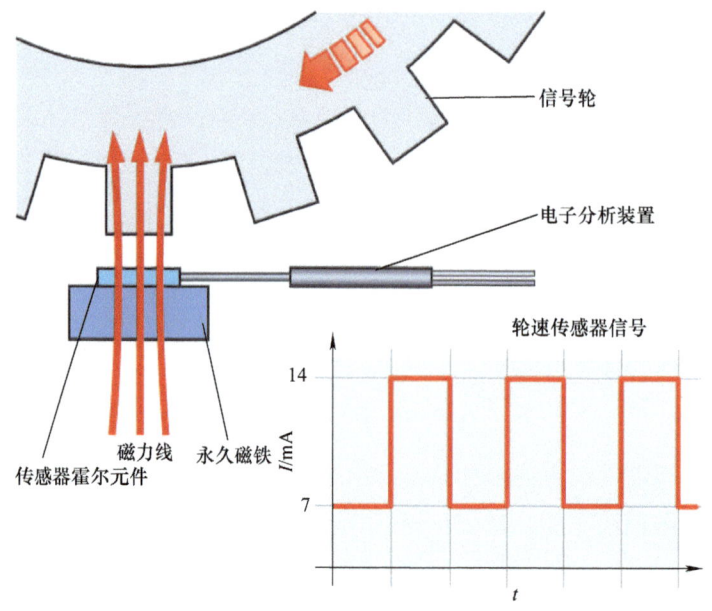

图6-17 新型霍尔式轮速传感器原理及输出信号波形

第六章 速度传感器

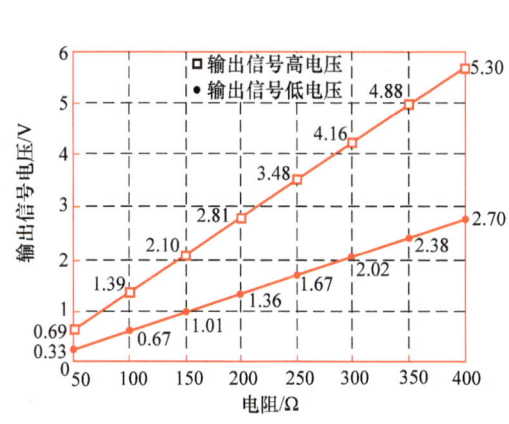

图 6-18 新型霍尔式轮速传感器输出高、低电压与电阻关系

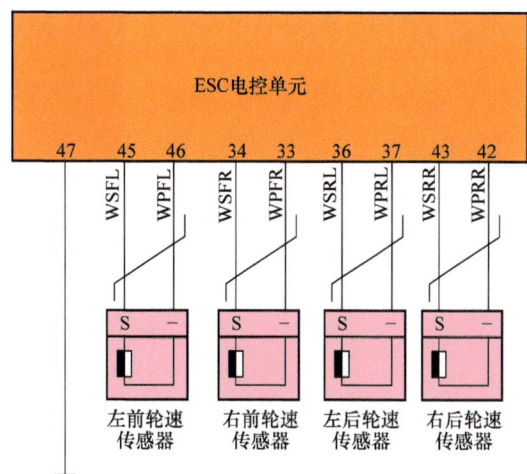

图 6-19 长城 C50 的 ESC 电子稳定控制系统电路

1）电源电压的检测。关闭点火开关，断开传感器插头，用万用表电压档连接传感器线束侧两个针脚，打开点火开关，其电压值应为 12V。

2）输出信号的万用表检测。因为两线制霍尔式轮速传感器是电流传感器，检测时不可用万用表电阻档测量，可以使用万用表的电流档来检测。

3）输出信号的示波器检测。示波器显示结果如图 6-20 所示。电流最高值为 14mA，最低值为 7mA，且交替出现，图 6-20 中所示的车轮旋转频率是 100Hz。

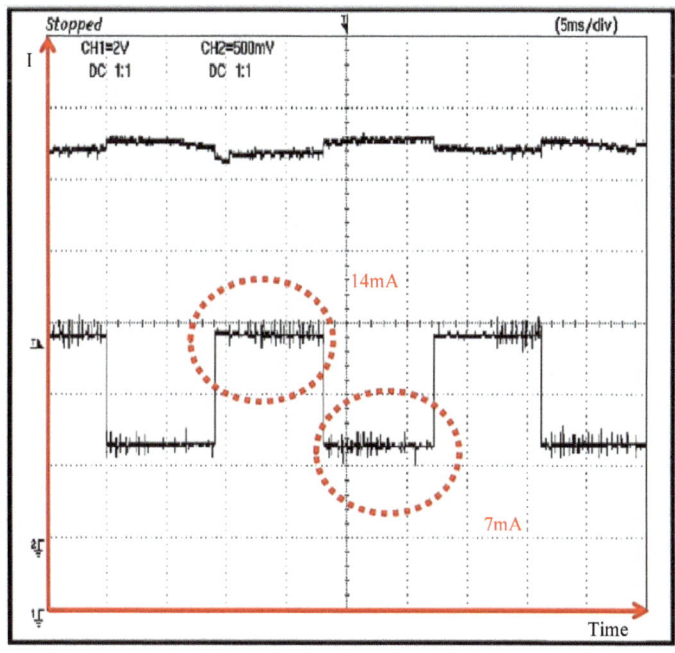

图 6-20 示波器检测的输出电流信号

五、新型主动型 ABS 轮速传感器

当一个传感器的功能需要一个外接电源时被称为主动型传感器,其安装位置如图 6-21 所示。主动型轮速传感器带有一个磁电阻式元件,其电阻随读取前束的传感器环切割的磁力线的变化而变化。轮毂上的传感器环由一个南北极带有不同的磁力线的读取前束构成,如图 6-22 所示。传感器环旋转通过固定的传感器元件。

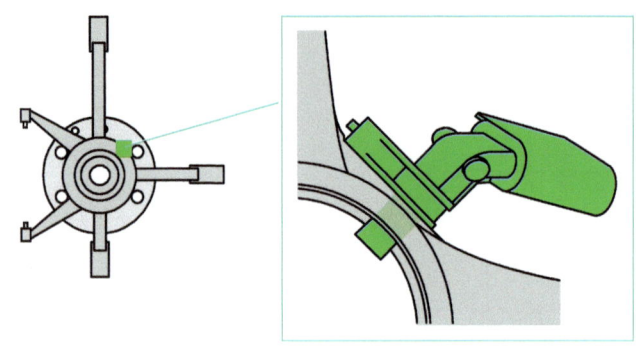

图 6-21 主动型轮速传感器安装位置

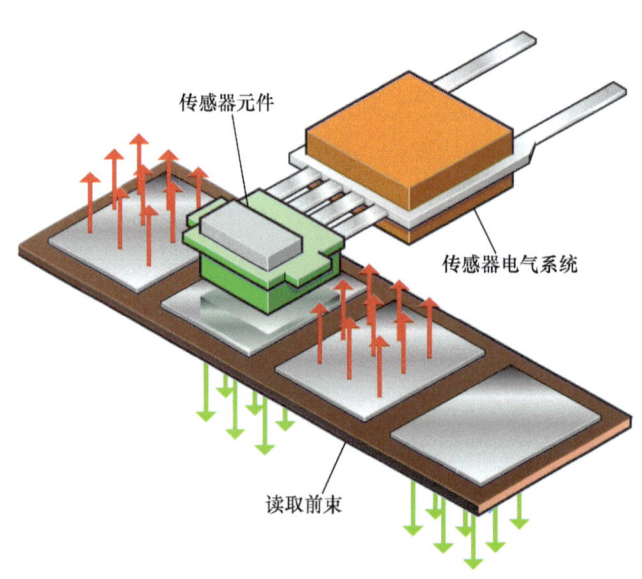

图 6-22 读取前束

主动型传感器的功能原理是在磁性区域旁边,磁力线垂直于读取前束。根据极性的不同,磁力线要么远离,要么趋近于读取前束。因为读取前束和传感器之间的距离非常小,因此磁力线穿过传感器元件并改变其电阻。安装于传感器中的电子放大器/触发器开关装置将电阻变化转换成两个不同的电流值,如图 6-23 所示。这也就意味着,如果传感器元件的电阻因为穿过的磁力线方向改变而变大,电流便会降低。如果电阻变小,电流则会因为磁力线方向的颠倒而升高。

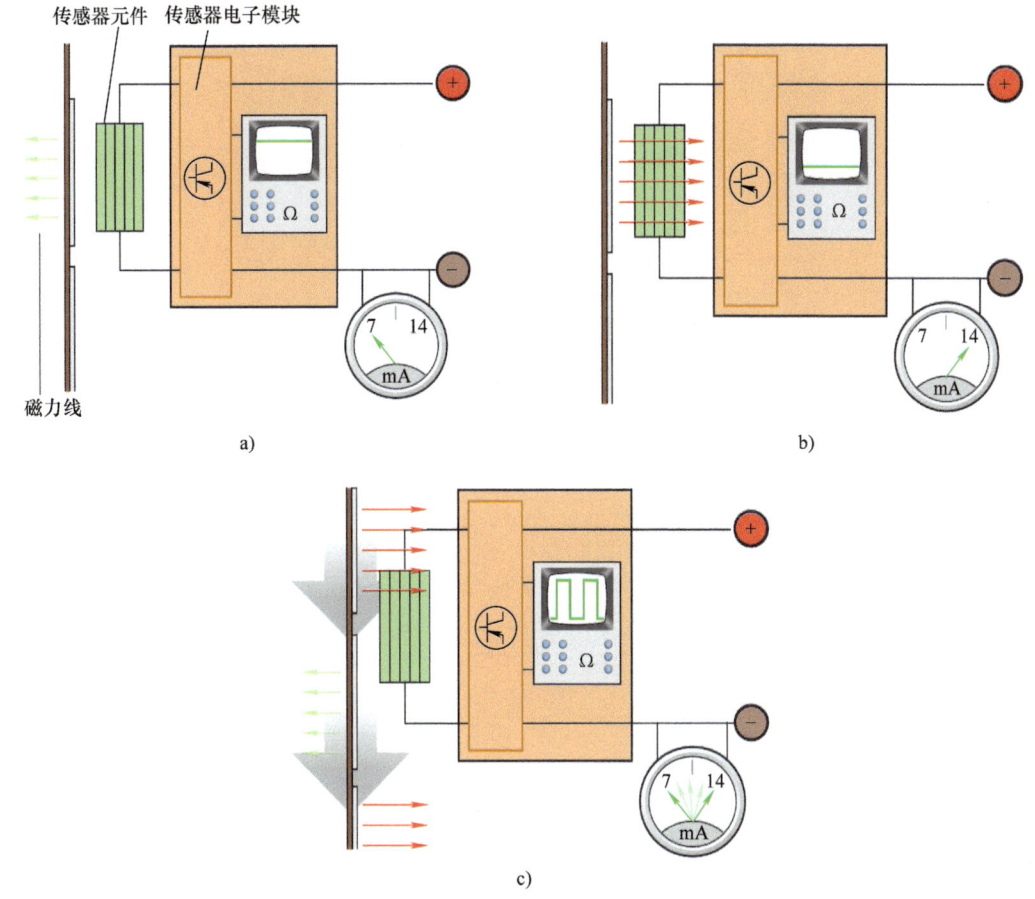

图 6-23 霍尔传感器的工作原理简图
a）磁力线远离 b）磁力线靠近 c）磁力线交替变化

因为旋转读取前束上的南北极交替变换，因此便产生一个矩形信号序列，频率与转速呈一定关系。

六、案例：奔驰 S350 车 ABS 故障灯和 ESP 故障灯异常点亮

故障现象 一辆 2012 款奔驰 S350 车，行驶里程 11 万 km，搭载型号为 M272 的 V6 发动机，配有自适应制动系统（ABR，含 ESP 控制模块）。据驾驶人反映，车辆在正常行驶过程中，仪表上的 ABS 故障灯和 ESP 故障灯异常点亮，并出现"停止运作 参见用户手册"的提示信息（图 6-24），于是就将车开到本维修厂进行检修。

故障诊断 接车后，试车验证故障，故障现象确实如驾驶人所述。连接故障检测仪调取故障码，得到如图 6-25 所示的故障码。对故障码进行分析可知，多个控制单元内均存储有无法接收到 ESP 控制模块 CAN 信息的故障码，而且故障检测仪检测不到 ABR，由此判断，问题应该出在 ABR，决定重点对 ABR 及其相关线路进行检查。

图 6-24　故障车的仪表提示信息

ME9.7-发动机电控系统9.7				-F-
MB号码	HW版本	SW版本	诊断版本	插针
0034467740	07.38	08.08	8/21	101
FW号码	FW号码(数据)	FW号码(Boot-SW)		
0094489240	0064475940			
编码	文本		状态	
1425	车轮转速信号不可信		当前的和已存储的	

FSCU-燃油泵				-√-
MB号码	HW版本	SW版本	诊断版本	插针
2215401401	06.17	07.08	20/10	101
FW号码	FW号码(数据)	FW号码(Boot-SW)		
2214420671				

EGS-电子变速器控制系统				□
MB号码	HW版本	SW版本	诊断版本	插针
003446的10	47.2006	19.2008	84/2	101
FW号码	FW号码(数据)	FW号码(Boot-SW)		
0114482110				
编码	文本		状态	
D04A	未曾收到控制单元N47-5(ESP控制模块)的CAN信息		事件"当前"和已存储	

ISM-智能伺服模块				□
MB号码	HW版本	SW版本	诊断版本	插针
1642700352	06.11	07.39	0/5	101
FW号码	FW号码(数据)	FW号码(Boot-SW)		
0044486310				
编码	文本		状态	
1961	未曾收到控制单元N47-5(ESP控制模块)的CAN信息		事件"当前"和已存储	

ABR-自适应制动器				-!-
MB号码	HW版本	SW版本	诊断版本	插针
				101

EFB-电动驻车制动器				□
MB号码	HW版本	SW版本	诊断版本	插针
2214300649	05.02	05.50	0/2	101
FW号码	FW号码(数据)	FW号码(Boot-SW)		
2214420536				
编码	文本		状态	
584F	控制单元N47-5(ESP控制模块)的CAN信号'车轮转速'不可信		事件"当前"和已存储	

图 6-25　故障检测仪读取到的故障码

查阅相关电路图（图 6-26），断开 ABR（N47-5）的导线连接器，测量其导线侧端子 1、端子 2 和端子 32 与搭铁（端子 16 或端子 47）之间的电压，均为 12.6V，由此说明 ABR 的供电是正常的。将导线连接器装复，用示波器测量导线连接器端子 18 和端子 19 的 CAN 信号波形，也正常。由此说明 ABR 的信号线路也是正常的。供电、搭铁和通信线路均正常，于是怀疑 ABR 故障。尝试更换 ABR 后试车，故障依旧，至此故障排除陷入僵局。

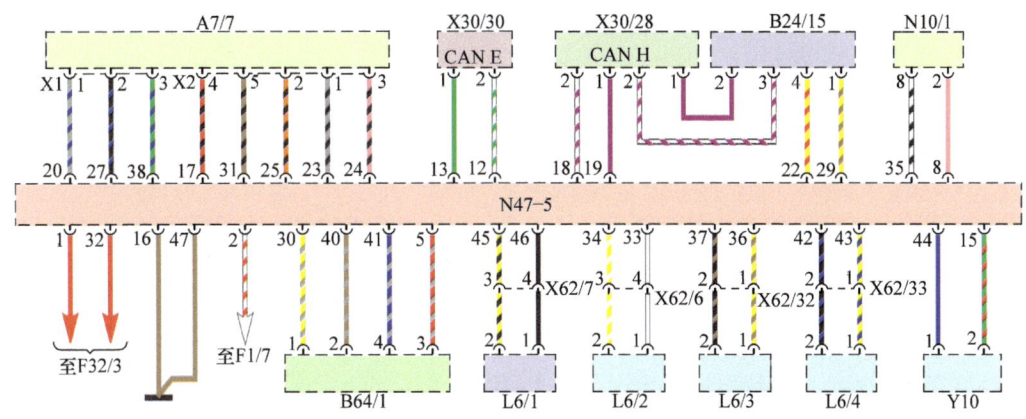

图 6-26　ABR 电路图

A7/7—辅助制动系统（BAS）制动助力器　B24/15—角速度、横向和纵向加速度传感器　B64/1—制动真空传感器
F1/7—仪表板左侧熔丝盒　F32/3—发动机室熔丝盒　L6/1—左前轮速传感器　L6/2—右前轮速传感器
L6/3—左后轮速传感器　L6/4—右后轮速传感器　N10/1—前 SAM 模块　N47-5—ABR 控制模块
X30/28—CAN H（动态行驶控制器区域网络）　X30/30—CAN E（底盘控制器区域网络）
Y10—车速感应转向系统电磁阀

仔细梳理故障诊断流程，新配件有问题的可能性不大，且供电、搭铁和 CAN 总线通信均正常，为什么故障检测仪始终无法检测到 ABR 呢？维修人员抱着怀疑的态度，用故障检测仪查看底盘 CAN 总线中 ABR 的实际值，结果意外发现 ABR 的实际值显示为"有"，由此说明 ABR 是能够通信的，可是为什么故障检测仪无法与其进行通信呢？

查阅相关资料得知，出于安全考虑，在车辆行驶过程中 ABR 不允许故障检测仪与其进行通信。虽然此时车辆未行驶，但如果系统错误地认为车辆处于行驶状态，也可能造成故障检测仪无法与 ABR 通信。经过仔细思考，将矛头指向轮速传感器。因为如果一个或多个轮速传感器信号出现问题，则可能影响系统对行车状态的判断。

为了验证这一猜测，用举升机将车辆举升，断开 4 个轮速传感器的导线连接器，再次用故障检测仪检测，ABR 的通信恢复正常。由此证实，故障就是轮速传感器信号异常导致的。将轮速传感器的导线连接器装复，用故障检测仪查看其实际值，显然右后轮速传感器数据异常。

故障排除　更换右后轮速传感器后试车，故障排除。

维修总结　对于 ABS 来说，一旦 ABS 故障灯点亮，ABS 系统将会停止工作，制动系统进入传统常规制动状态。

第二节　组合式加速度传感器

一、组合传感器

1. 外形及工作原理

组合传感器（图 6-27）包括横向加速度传感器 G200 和偏转率传感器 G202，这两个传感器装在一个壳体内。该传感器具有安装尺寸小、结构更牢靠的优点，同时两传感器彼此可精确调整，调整后就无法改变。传感器部件都装在一个印制电路板上，按微机械原理工作，通过一个六脚插头连接。按电容原理对横向加速度进行测量。

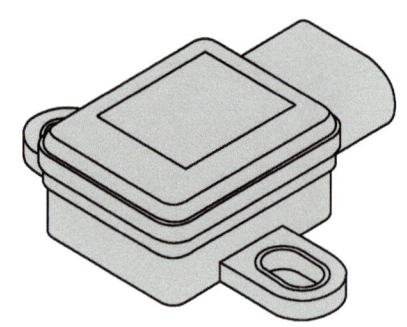

图 6-27　组合传感器外形

偏转率是通过测量科氏（Coriolis）加速度而获得的。例如，当站在北半球水平开炮时，对于正在与地球一同旋转的观察者来说，炮弹看起来是偏离直线的。原因就在于观察者受到了一个力，该力逆着地球旋转方向使炮弹加速并偏离直线方向，这个力就叫科氏（Coriolis）力，如图 6-28 所示。

2. 横向加速度传感器

横向加速度传感器是组合传感器印制电路板上的一个极小的部件。其结构如图 6-29 所示，放好质量可动的电容器片，使它能来回摆动。两个固定安装的电容器片围住了可动的电容器片，这样就形成了两个串联电容器 C_1 和 C_2。借助电极就可以测量出这两个电容器的电容量。

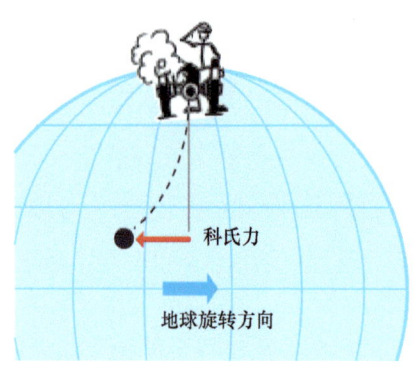

图 6-28　科氏加速度示意

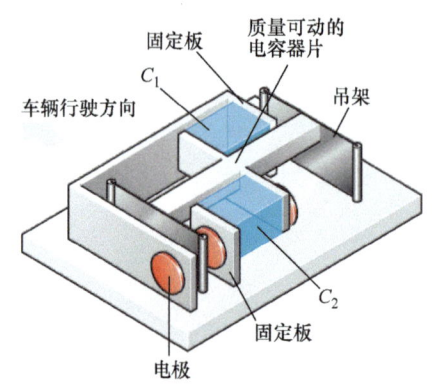

图 6-29　横向加速度传感器的结构

如图 6-30a 所示，如果没有加速度作用在这个系统上，那么测出来的两个电容器的电容量是相等的。如图 6-30b 所示，若作用有横向加速度，那么可移动质量就会因惯性而作用到中间板上，即它顶着固定板并逆着加速度方向移动。于是两板之间距离就改变了，相应的分电容器的电容量也增加了。

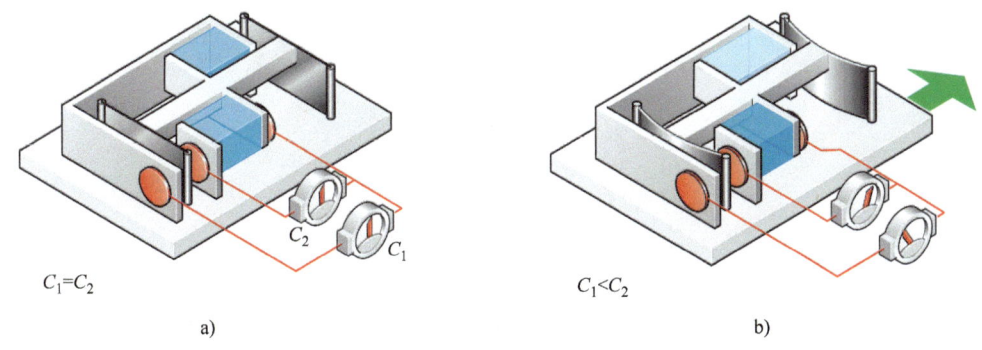

图 6-30　横向加速度传感器的功能

对于电容器 C_1，若其两板间距离变大，那么其电容就变小。对于电容器 C_2，若其两板间距离变小，那么其电容就变大。

3. 偏转率传感器

（1）构造　在同一板上还有偏转率传感器，该传感器与横向加速度传感器在空间上是分开的。其结构如图 6-31 所示，在恒定磁场的南极和北极之间的托架内放一个可摆动的质量块，在这个质量块上装一个导电轨道，这个轨道用以代替真正的传感器。

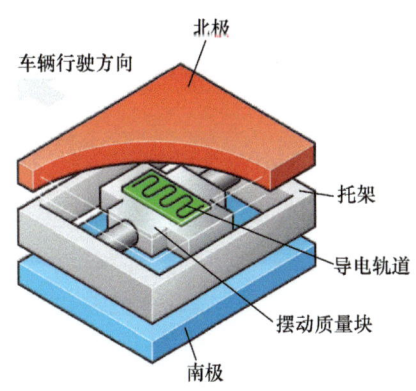

图 6-31　偏转率传感器的结构

（2）功能　如果接上交流电压 U，那么支撑导电轨道的托架就会在磁场内摆动。如果现在有旋转加速度作用在此结构上，那么由于惯性作用，摆动质量块的状态与前述的炮弹飞行路线是一样的。就是说：由于出现了科氏加速度，质量块偏离了直线摆动。由于这一切都是发生在磁场内的，因此导电轨道的电气性能就改变了。测量出这个变化就知道了科氏加速度的大小和方向，电子装置根据这个值即可计算出偏转率的大小，其信号产生机理如

图 6-32 所示。

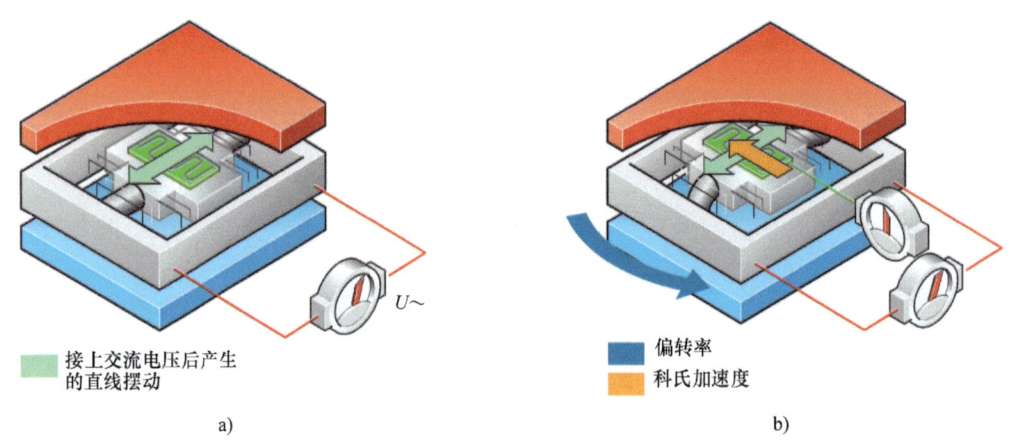

图 6-32 偏转率传感器信号产生机理

a) 接上交流电压后的直线摆动 b) 旋转加速度作用后

二、组合式加速度传感器检测

奥迪 A4 ESP 系统加速度传感器连接电路如图 6-33 所示,在检测组合传感器时,应注意不能让传感器跌落,如果传感器受到强烈冲击,应更换。

(1) 电源检测 将点火开关旋转到接通的位置(发动机关闭),测量组合传感器的端子 T6m/5 和搭铁之间的电压,电压应在 4.5~5.0V 之间。

(2) 搭铁电路检测 将点火开关旋转到断开的位置,断开组合传感器,测量组合传感器线束侧的端子 T6m/2 与蓄电池负极之间的导通性,正常应导通。

(3) 横向加速度传感器的检测 连接插头,接通点火开关,根据下列内容检查 T6m/4 端子和 T6m/2 搭铁之间的电压。如果结果不满足技术规范,则更换横向加速度传感器。

1) 水平,T6m/4 端子和 T6m/2 搭铁之间的电压应为 2.4~2.5V。

2) 顶面向上(与水平面上倾 90°),T6m/4 端子和 T6m/2 搭铁之间的电压应为 3.3~3.7V。

3) 顶面向下(与水平面下倾 90°),T6m/4 端子和 T6m/2 搭铁之间的电压应为 1.3~1.7V。

(4) 偏转率传感器的检测 在静态条件下测定横摆角速度传感器的电压。当摆动速率传感器左右旋转时,测量端子 T6m/3 端子和 T6m/2 搭铁之间电压应符合下述规定。如果检测结果不满足技术规范,则更换横摆角速度传感器。

1) 向右旋转,在 2.5~4.62V 之间波动。

2) 向左旋转,在 0.33~2.5V 之间波动。

应注意旋转横摆角速度传感器时的旋转位置,因为旋转方向和电压方向相反,所以旋转位置处于相反状态。

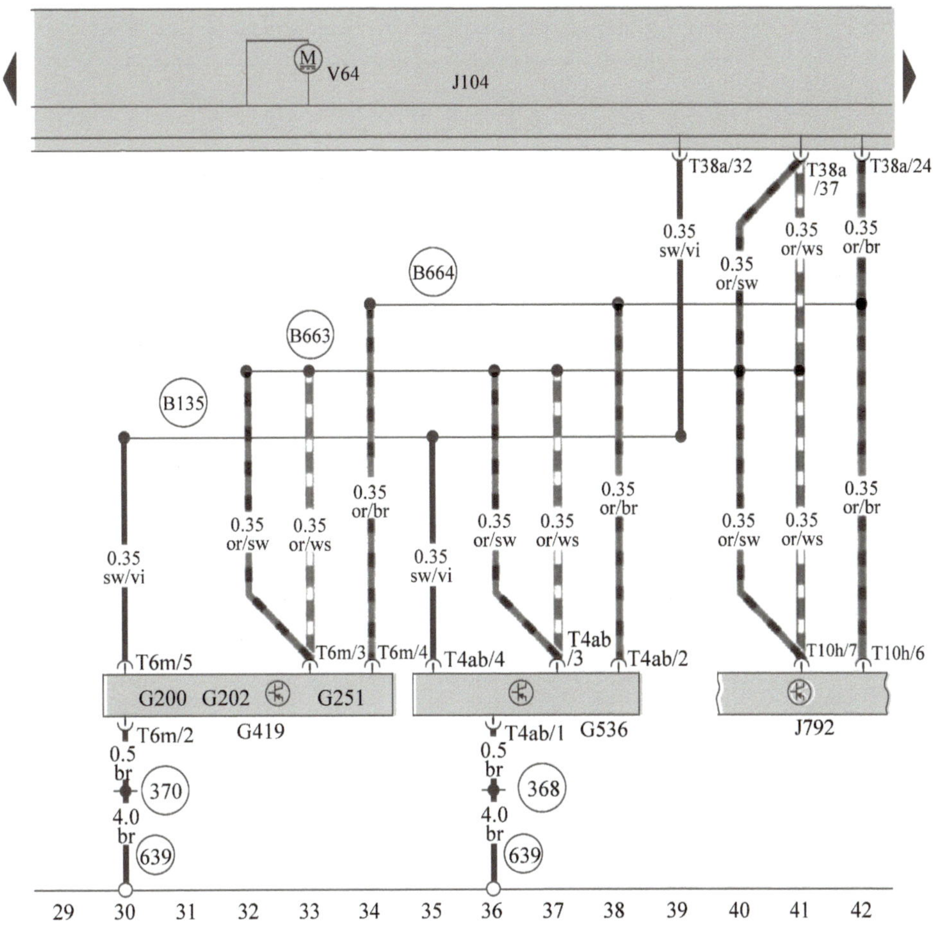

第六章 速度传感器

图 6-33 奥迪 A4 ESP 系统加速度传感器连接电路

G200—横向加速度传感器　G202—偏转率传感器　G251—纵向加速度传感器　G419—ESP 传感器单元 1
G536—ESP 传感器单元 2　J104—ABS 控制单元　J792—主动转向系统控制单元　V64—ABS 泵

第三节　加速度与减速度传感器

一、纵向加速度传感器

如图 6-34 所示，纵向加速度传感器 G249 在汽车右侧 A 柱上，只用于四轮驱动车。在单轴驱动的车上，系统根据制动压力传感器的值，轮速传感器信号，以及发动机管理系统的信息，来计算车辆的纵向加速度。

199

在装有 Haldex 耦合器的四轮驱动车上，前轮与后轮是刚性连接的。根据各个车轮转速计算出的真实车速，在某些条件下（如果摩擦系数低且 Haldex 耦合器锁止时）是不准确的。测出的纵向加速度就是用于保证理论车速的正确性。

对于四轮驱动车，如果没有纵向加速度信号，那么在某些不利条件下就无法得知真实的车速，因此 ESP 及 ASR 功能就失效了，但 EBV 功能仍正常。如图 6-35 所示，传感器通过三根导线与控制单元 J104 相连。在诊断中将确定导线是否断路及对地/正极短路。系统还将进一步确定传感器信号是否可靠。

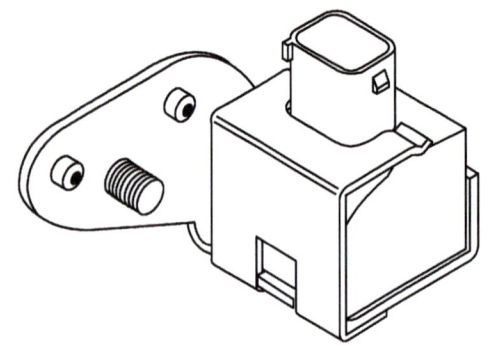
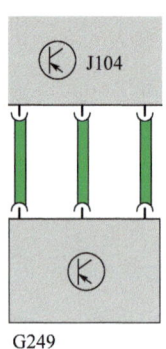

图 6-34　纵向加速度传感器 G249 外形　　　图 6-35　纵向加速度传感器 G249 电路

二、横向加速度传感器

1. 作用及电路

横向加速度传感器 G200（其外形如图 6-36a 所示）用于接收是否有侧向力及该侧向力的大小的信息，这个侧向力总是试图使车脱离原行驶路线。由于物理方面的原因，该传感器的安装位置应尽量与汽车重心近一些，一般安装在转向柱右侧的驾驶人座椅下，与偏转率传感器固定在同一支架上。横向加速度传感器用于判断有哪个方向的侧向力，该信息用于评估在当前道路上行驶时，应保证哪些车辆运动处于稳定状态。

如果缺少横向加速度信息，控制单元就无法计算出车辆的实际状态，ESP 系统也就失效了。在诊断过程中会确定导线是否断路及是否对正极/地短路。系统会进一步确定传感器是否损坏。横向加速度传感器通过三根导线与控制单元 J104 相连，其电路如图 6-36b 所示。

2. 结构功能

（1）霍尔式横向加速度传感器结构　如图 6-37 所示，霍尔式横向加速度传感器由一块永久磁铁，一个弹簧，一个阻尼盘及一个霍尔传感器组成。永久磁铁、弹簧及阻尼盘构成了一个磁力系统。该磁铁与弹簧牢固地捆在一起，并可由阻尼盘来回摇动。

当横向加速度 a 作用到车上时，永久磁铁也会有相应运动，但因惯性原因，这个运动要稍迟发生。也就是说，阻尼盘与传感器壳体及整车一同偏离永久磁铁（该磁铁先前处于静止状态）。

第六章　速度传感器

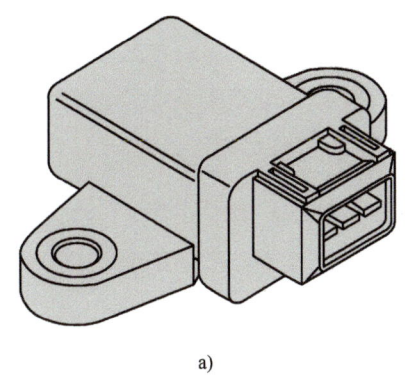
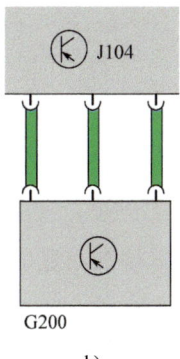

图 6-36　横向加速度传感器 G200 的外形及电路

a）外形　b）电路

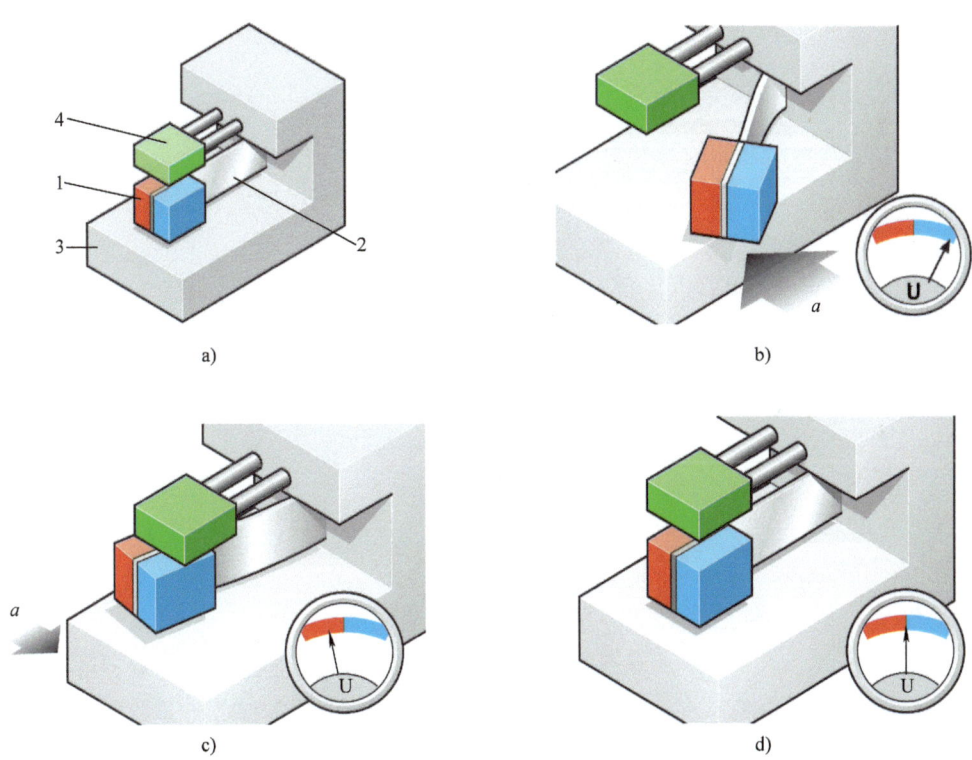

图 6-37　霍尔式横向加速度传感器 G200 的结构与工作原理

a）传感器内部结构　b）、c）、d）传感器信号产生过程
1—永久磁铁　2—弹簧　3—阻尼盘　4—霍尔传感器

  这个运动会在阻尼盘内产生电涡流，而电涡流又会产生一个与永久磁铁磁场极性相反的磁场。因此，总磁场的强度就被削弱了，这会使霍尔传感器的电压改变，电压的变化是与横向加速度的大小成比例的。

  也就是说，阻尼器与磁铁之间的运动幅度越大，那么磁场强度削弱得越厉害，霍尔传感器电压变化得就越明显。如果没有横向加速度，霍尔传感器电压保持恒定。

（2）电容式横向加速度传感器 电容式横向加速度传感器是按电容原理工作的。如图 6-38 所示，假设有两个串联的电容器，中间那块公用的电容器片可以通过力的作用而移动。每个电容器都有一定的电容，可以容纳一定量的电荷。

如图 6-39a 所示，如果没有横向加速度作用，中间的电容器片与两侧的电容器片是等距的，那么这两个电容器的电容是相等的。如图 6-39b 所示，当有横向加速度作用时，中间片就会移动，它与一边的距离变大，与另一边的距离变小。于是每个电容器的电容也会改变。电子装置根据电容的变化就可以判断出横向加速度的方向和大小。

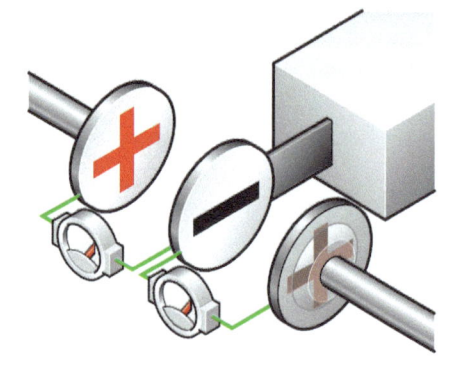

图 6-38 电容式横向加速度传感器结构

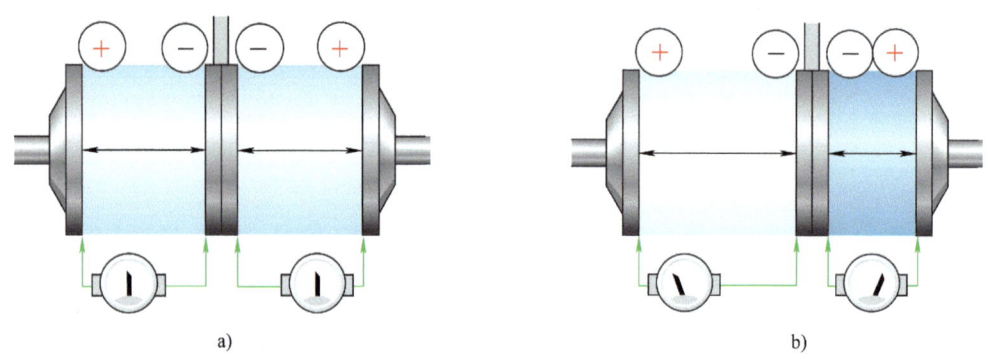

图 6-39 电容式横向加速度传感器的工作机理

a）没有横向加速度作用 b）有横向加速度作用

三、奥迪 A8 加速度传感器

如图 6-40 所示，传感器电子控制单元使用加速度传感器测量车辆在 X、Y 和 Z 轴上的旋转。它替代了 ESP 传感器单元和自适应空气悬架系统中的车身加速度传感器（图 6-41）。

在 2011 款奥迪 A8 上有两个版本的控制单元：基本版本包含 6 个传感器，以记录车辆在 X、Y 和 Z 轴上的运动，以及绕着这些轴的旋转运动。另外一个版本，具有扩展的传感器系统，被用在带动态转向和运动差速器的车辆上。

1. 用于测量车辆 X、Y 和 Z 方向运动的传感器的工作原理

用于测量车辆 X、Y 和 Z 方向运动的传感器，采用的是"振动质量"原理来工作的。在作为电容器片用的两个电极之间，有一个弹性支承着的质量块（振动质量），这个质量块本身也有两个电极，这两个电极与"壳体"的电极构成了两个电容器。在受到加速影响时，

第六章 速度传感器

这个质量块相对于壳体的位置就会发生变化。这样就会引起电容器的电容变化，电子逻辑电路会对这个变化进行分析。

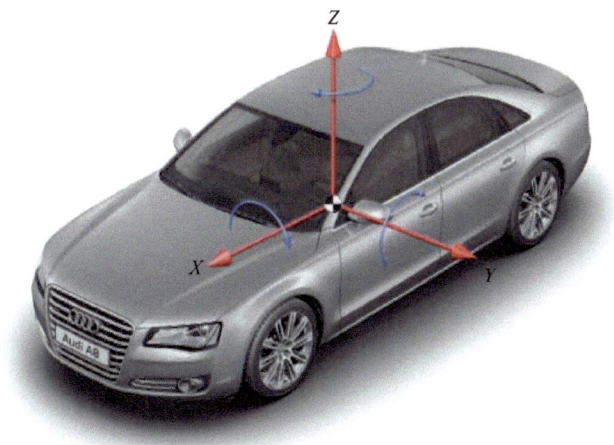

图 6-40 加速度传感器用于测量车辆在 X、Y 和 Z 轴上的旋转

（1）静止状态 如图 6-42 所示，此时质量块位于外侧电容器片的正中间位置。两个电容器 C_1 和 C_2 的电容是同样大的。

（2）加速状态 如图 6-43 所示，在受到加速作用时，这个振动质量因惯性作用就会偏离中间位置。因此，电极之间的距离会发生改变。这个距离减小的话，电容就增大。与静止状态相比，电容器 C_2 的电容增大，电容器 C_1 的电容减小了。

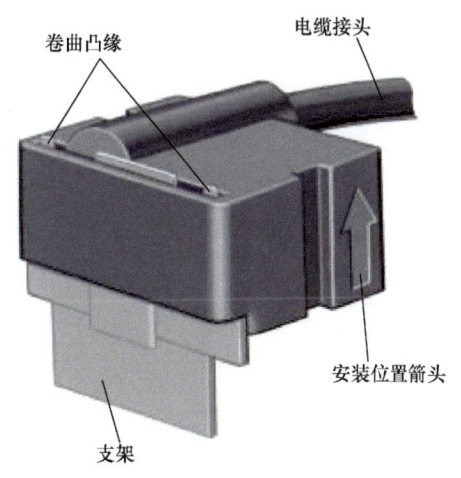

图 6-41 车身加速度传感器

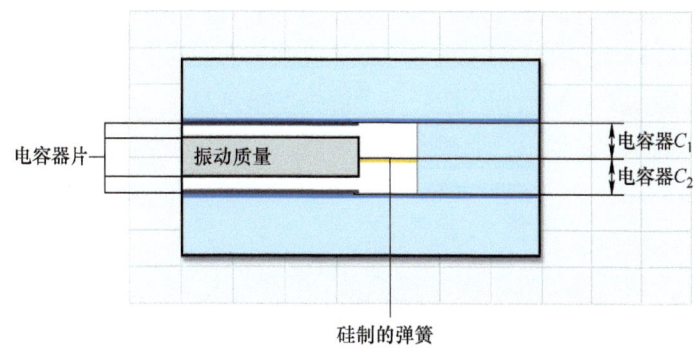

图 6-42 加速度传感器的静止状态

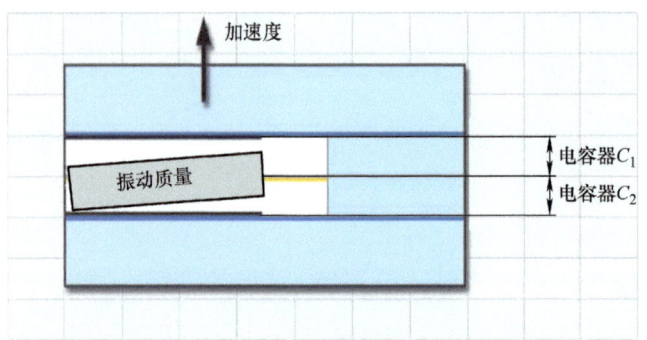

图 6-43 加速度传感器的加速状态

2. 用于测量车辆 X、Y 和 Z 轴方向转动的传感器的工作原理

用于测量车辆 X、Y 和 Z 轴方向转动的传感器，采用的是科氏力这个物理效应。在旋转坐标系中，运动的物体上都作用有科氏力。

这个力的作用情况如图 6-44 示例说明：一个小孩坐在旋转木马上并将一个球滚到木马平台的中心。如果旋转木马是静止的，那么这个球会沿直线滚到中心点。如果在滚动过程中这个木马是在旋转着，那么这个球就会偏离其运动方向。偏离程度的大小，取决于木马的旋转速度。

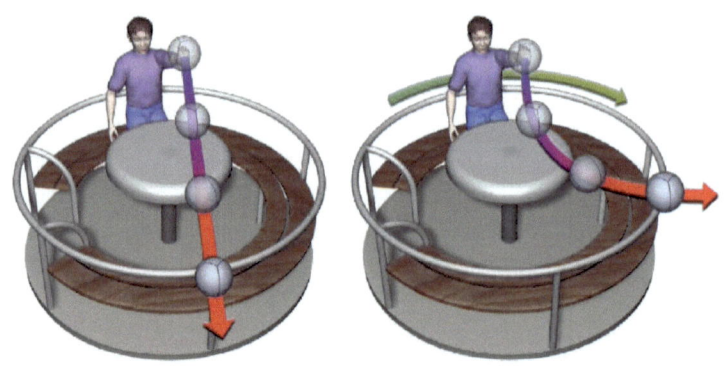

图 6-44 测量车辆 X、Y 和 Z 轴方向转动的传感器的测量机理

简单地说，传感器中有一个微型机械装置，该装置始终处于受激振动状态。如果车辆转动了，那么振动体的运动方向就会改变。电子逻辑电路会对这个运动变化进行分析。为了检测三个轴上的旋转运动，使用了三个相同的传感器，它们在控制单元内彼此成 90° 布置。

四、横摆率传感器和线性 G 传感器

半导体式的横摆率传感器和线性 G 传感器集成在一个单元中，如图 6-45 所示，其结构更加紧凑，安装在中央控制台下方。当车辆加速时，线性 G 传感器内的可变电极发生移动，根据和固定电极间的距离变化计算电极间的静电容量，并转换为电子信号。相对于车辆的

前后方向，两个线性 G 传感器分别与车辆轴向成 45° 角安装，这样，两个线性 G 传感器的组合能检测车辆水平方向所有的减速率，加上线性输出特性，能在各种路况条件下进行精确控制。

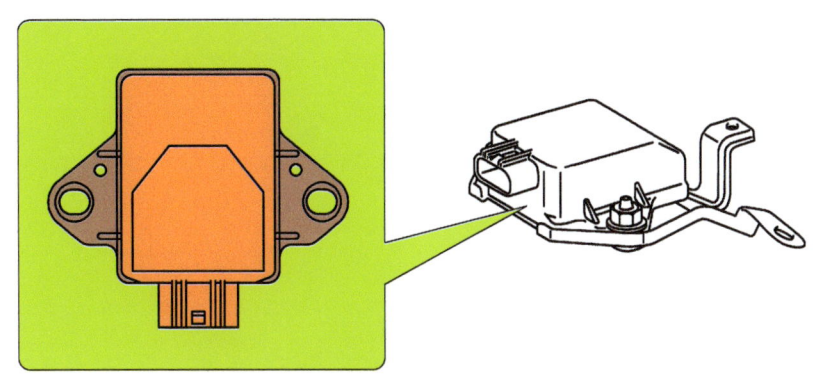

图 6-45　横摆率传感器和线性 G 传感器

根据压电陶瓷元件的横摆率大小和方向，横摆率传感器能检测车辆轴向的旋转角速度（横摆率和轴向速度）。将专用的 IC（集成电路）用于传感器单元的摆动和信号处理，结构更加紧凑，并确保性能可靠。

五、发动机转速传感器 G28

如图 6-46 所示，发动机转速传感器 G28 在变速器一侧被集成到密封法兰中，密封法兰再固定在气缸体上。它探测曲轴密封法兰中的 60-2 传感轮。发动机控制单元根据这个信号识别发动机转速并与霍尔传感器 G40 一起识别曲轴和凸轮轴的位置。

1. 信号的应用

通过这个信号确定喷射时间、喷射持续时间和点火时间。另外，凸轮轴调节也要用到这个信号。

2. 失真时的影响

图 6-46　G28 传感器安装位置

发动机转速传感器失灵时，使用霍尔传感器 G40 的信号作为替代信号。同时将最大发动机转速限定为一个固定值，并在故障存储器中出现一条记录。如图 6-47 所示，有的车型使用两种不同的转速传感器：在使用 BlueMotion 技术和起动 - 停止功能的车上，采用了具有转动方向识别功能的转速传感器。在没有使用 BlueMotion 的车上采用了无转动方向识别功能的转速传感器，从外部第一眼不能分辨出它们的区别，只有固定的锁止凸耳有所不同。

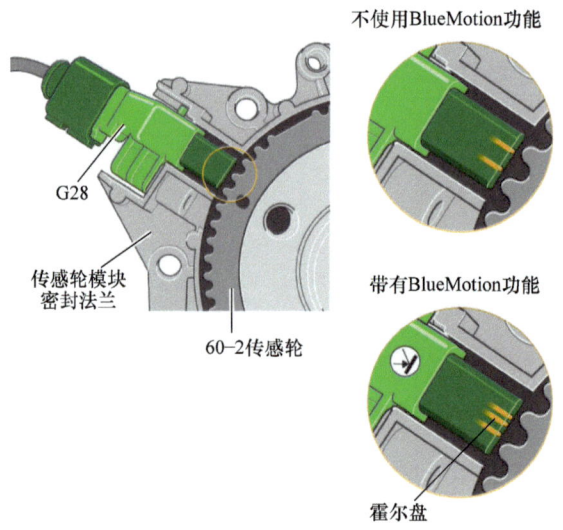

图 6-47 传感器的不同版本

它们的区别在于传感器中霍尔盘的数量。传统传感器具有两个霍尔盘，具有转动方向识别功能的传感器则有三个霍尔盘。

在具有起动-停止功能的车上，为了节省燃油需要频繁关闭发动机。为了尽快起动发动机，发动机控制单元必须识别到曲轴的准确位置。但是关闭后，发动机不会立即静止，而是还要转动几圈。如果一个活塞在停止前处在压缩阶段并停在上止点之前，压缩压力会将其压回。此时发动机向左转动。传统的发动机转速传感器不能识别到这种情况。

3. 工作原理

（1）无转动方向识别功能的发动机转速传感器　如图 6-48 所示，通过两个霍尔盘同时识别到传感轮上一个上升和一个下降的齿面。但是它识别不出发动机是向左转动还是向右转动。对于发动机控制单元来说，这些信号是相同的并且因此认为发动机已经向右转动至静止状态。因此所存储的位置可能是错误的。

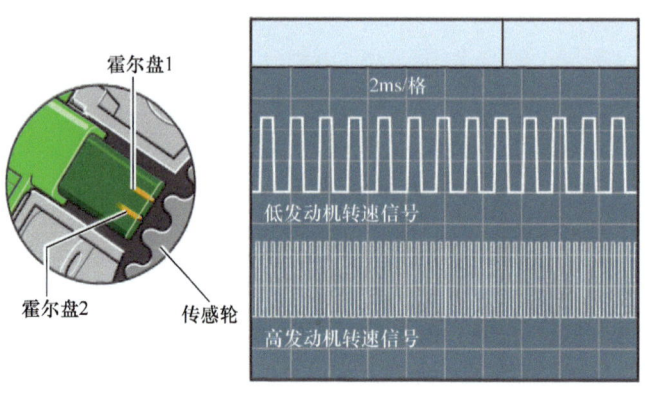

图 6-48　无转动方向识别功能的发动机转速传感器

第六章 速度传感器

（2）具有转动方向识别功能的发动机转速传感器　如图 6-49 所示，具有转动方向识别功能的传感器安装了三个霍尔盘。其中第三个霍尔盘被安装在两个外部霍尔盘之间的偏心位置。它对于转动方向的识别具有决定性作用。在发动机运转过程中，它的功能与没有转动方向识别功能的传感器一样，也是同时识别传感轮的一个上升和一个下降的齿面，只不过信号的类型不同。

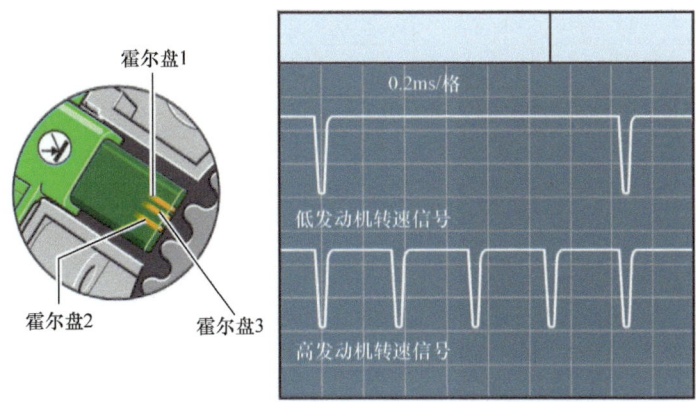

图 6-49　具有转动方向识别功能的发动机转速传感器

为了正确显示两个发动机转速传感器的信号，在数字存储示波器（DSO）上必须设置不同的时间规定。

4. 转动方向识别

为了识别发动机是否处于向左或向右转动的状态，三个霍尔盘的时间信号顺序在识别上升的齿面时起到决定性作用。当发动机向右转动时，传感轮向左转动。

（1）发动机向右转动　如图 6-50 所示，向右转动时，霍尔盘 1 首先识别到上升齿面。很短的时间之后，霍尔盘 3 识别到上升的齿面，最后是霍尔盘 2。当识别到霍尔盘 1 和霍尔盘 3 之间的时间差小于霍尔盘 3 和霍尔盘 2 之间的时间差时，这意味着发动机向右转动。传感器中的电子装置编辑这个信号，并通过特定的低宽度信号发送给发动机控制单元。

（2）发动机向左转动　如图 6-51 所示，向左转动时，霍尔盘 2 首先识别到上升齿面。很短的时间之后，霍尔盘 3 识别到上升的齿面，最后是霍尔盘 1。因为现在的时间信号顺序与发动机向右转动时正好相反，所以识别到发动机向左转动。传感器中的电子装置编辑这个信号，并通过双倍的低宽度信号发送给发动机控制单元。

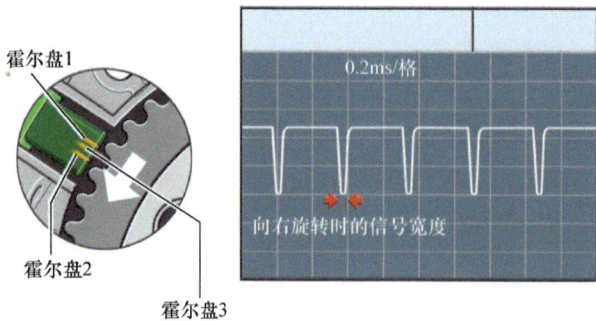

图 6-50　发动机向右转动

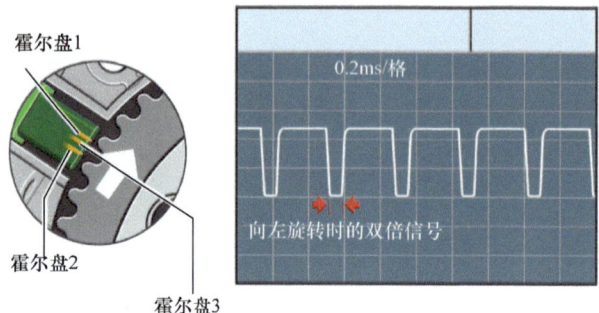

图 6-51　发动机向左转动

六、案例：奔驰 R320 车 ABS 故障灯和 ESP 故障灯异常点亮

故障现象　一辆奔驰 R320 车，驾驶人反映该车 ABS、ESP 故障灯异常点亮，不久前因同样故障在其他 4S 店更换了相关配件，一切正常，但行驶了约 5 天后，故障现象重现。

故障诊断　接车后对该车故障进行了验证，确认故障现象属实。利用故障检测仪读取故障码，故障码为：5151——横向偏摆率传感器信号错误（图 6-52）。

Control unit: ESP3

Code	Text		No.	Status
5151	B24/15 (Micromechanical yaw rate sensor AY pickup) : Signal fault (Lateral acceleration)	☼	0	STORED

Name	Current values (first/last)	Unit
Frequency counter (This counter indicates the frequency of the fault since the last time the fault memory was erased.)	2	
Kilometer reading (The mileage reading is only updated approximately every 16 km.)	4388 | 4408	km
Vehicle speed	61 | 10	km/h

图 6-52　读取的故障码

但是根据维修记录，该车已在其他 4S 店更换过该传感器，难道该传感器再次损坏？带着疑问查阅了横向偏摆率传感器的功能。造成该车故障的可能原因有：横向偏摆率传感器本身故障（信号采集错误）、相关传输信号线故障、ESP 控制单元故障。

查阅横向偏摆率传感器电路得知，该传感器有四根导线，其中两根为供电线，另外两根为 CAN 总线，直接连接至 ESP 控制单元。如果通信线路存在故障，不会只报横向加速信号错误，而会报线路短路、断路故障或未收任何到信号，况且测量所有的相关线路也未发现有断路或短路现象。据此，拆除横向偏摆率传感器（横向偏摆率传感器安装在前排乘员侧地毯下方）的相关附件，初步检查并未发现异常。

进一步拆横向偏摆率传感器时发现，该传感器可以有两种安装位置，怀疑横向偏摆率传感器安装位置错误导致监测的信号不对。查阅相关维修资料，明确标注该传感器的安装位置，即横向偏摆率传感器标签上的箭头必须朝前。但是该车型的横向偏摆率传感器上并未标注箭头或安装方向，发现在线束连接器上有一个固定卡，横向偏摆率传感器的安装位置如图 6-53 所示。

故障排除 按图 6-54 所示，重新装复横向偏摆率传感器，并初始化该传感器后反复试车未见故障灯再亮起，交付驾驶人使用半个月后电话回访驾驶人，一切正常。

维修总结 横向偏摆率传感器主要检测车辆绕垂直轴的转动角度，及车辆在转弯或急转弯运动时的横向加速度，并将以上信号转换为电信号后，通过 CAN 总线发送至 ESP 控制单元（N47-5）。

图 6-53 横向偏摆率传感器错误的安装位置

图 6-54 横向偏摆率传感器正确的安装位置

第七章

温度传感器

温度传感器的种类很多,常用的有热敏电阻式、金属热电阻式、线绕电阻式、半导体晶体管式等。常用的热敏电阻有负温度系数 NTC(Negative Temperature Coefficient)型和正温度系数 PTC(Positive Temperature Coefficient)型。汽车普遍采用 NTC 型热敏电阻式温度传感器,如冷却液温度传感器、进气温度传感器、排气温度传感器、燃油温度传感器等。

第一节 发动机用温度传感器

一、进气温度传感器

1. 功用

进气温度传感器(Intake Air Temperature Sensor,IATS)通常安装在进气管路中,有的安装在空气流量传感器上,有的和进气歧管压力传感器安装在一起,如图 7-1 所示。其功用是将发动机进气温度信号变换为电信号输入发动机 ECU,以便 ECU 修正喷油量。

第七章 温度传感器

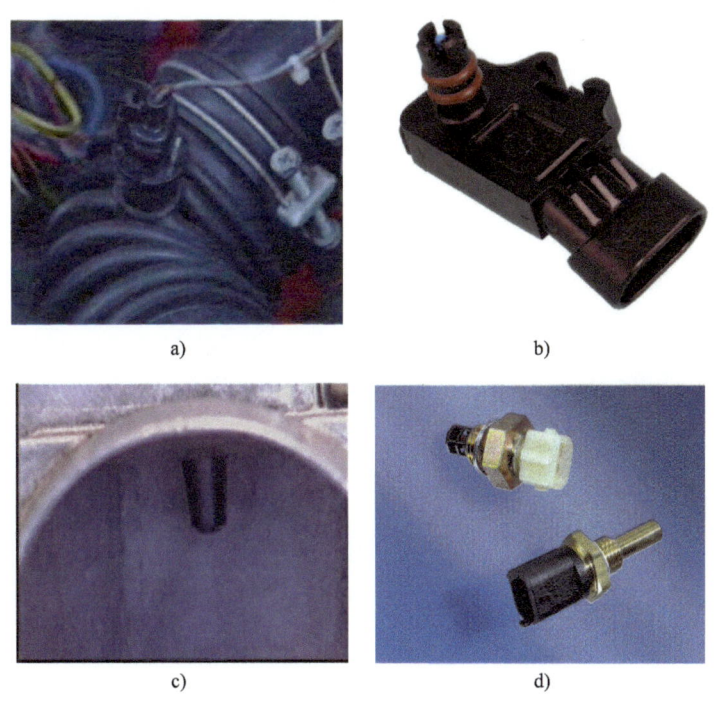

图 7-1 进气温度传感器的外形及安装位置

a）安装在进气道上 b）和进气压力传感器安装在一起 c）安装在空气流量传感器上 d）进气温度传感器的外形

众所周知，空气质量大小与进气温度和大气（进气）压力高低有关。当进气温度低时，空气密度大，相同体积气体的质量增大；反之，当进气温度升高时，相同体积气体的质量将减小。在采用歧管压力式、叶片式、卡尔曼涡流式空气流量传感器的燃油喷射系统中，由于空气流量传感器测定的空气流量为体积流量，因此，需要配装进气温度传感器和大气压力传感器来修正喷油量，使发动机自动适应外部环境温度（寒冷、高温）和压力（高原、平原）的变化。当进气温度低（空气密度大）时，ECU 将控制喷油器增加喷油量；反之，当进气温度高（空气密度小）时，ECU 将控制喷油器减少喷油量。进气温度信号是各种控制功能的修正信号。如果进气温度传感器信号中断，就会导致热起动困难、废气排放超标等。

2. 结构和电路

进气温度传感器的内部是一个负温度系数（NTC）的半导体热敏电阻（图 7-2a），外部用环氧树脂密封。它的电阻值与温度的高低成反比，温度越低则电阻越大，温度越高则电阻越小（图 7-2b）。进气温度传感器的两根导线都和电控单元 ECU 相连接，其中一根为地线，另一根的对地电压随热敏电阻值的变化而变化，是信号输出线。

图 7-3 所示为桑塔纳 2000GSi AJR 进气温度传感器的连接电路。进气温度传感器（G72）的接线端子 2 通过导线与 J220 的 T80/67 端子相连，是搭铁端；G72 的端子 1 与控制单元

J220 的 T80/54 端子相连，为参考电压输出端，同时也是信号输入端。

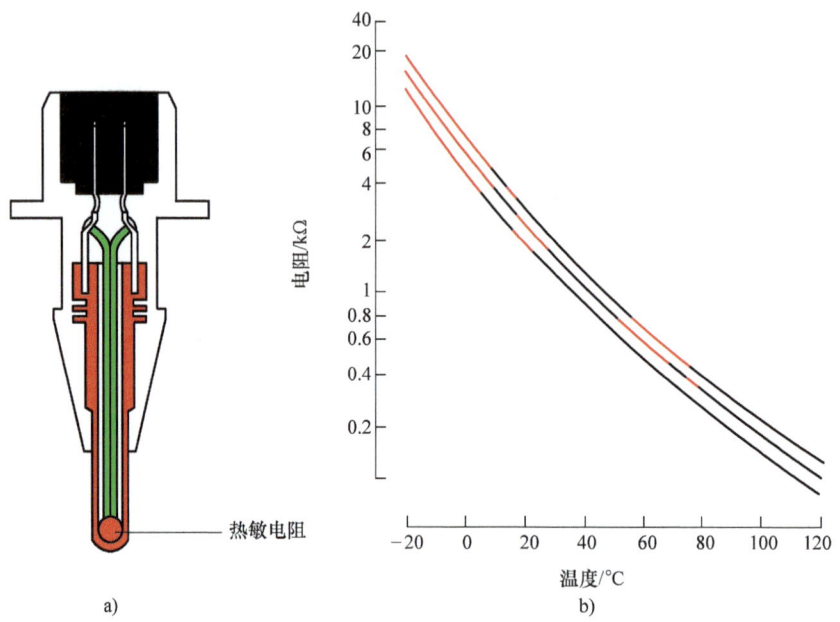

图 7-2 进气温度传感器

a）结构　b）电阻值与温度的关系

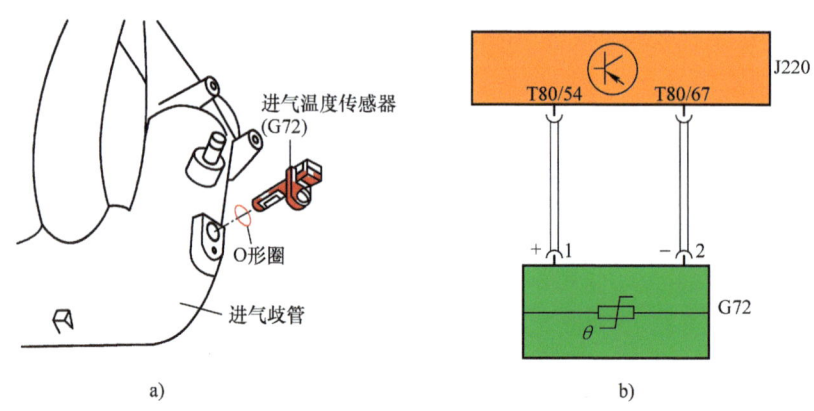

图 7-3 桑塔纳 2000GSi AJR 发动机进气温度传感器

a）安装位置　b）与 ECU 的连接电路

3. 检测

（1）**单体检测**　关闭点火开关，断开进气温度传感器线束插接器，拆下该传感器，采用放入热水中加温的方法对此传感器进行加温（图 7-4），用万用表电阻档测量传感器两端子间的电阻（电阻值应为 0.2~20kΩ），其电阻值随温度变化而变化的规律应与图 7-2b 所示特性曲线的变化规律一致，如果电阻值不在图 7-2b 所示范围内，则应更换进气温度传感器。

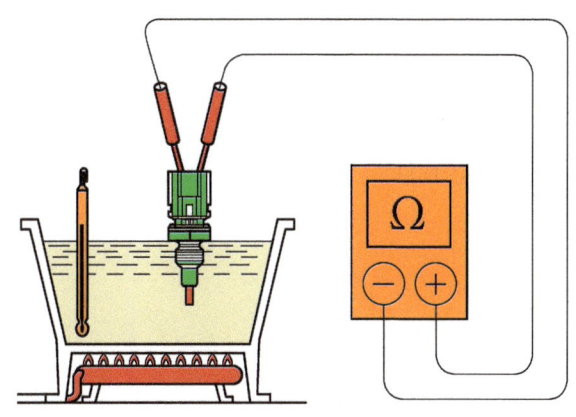

图 7-4 进气温度传感器的检测

（2）就车检测法　如图 7-5 所示，拔下进气温度传感器插头，接通点火开关，测量插头上 THA 端子与 E2 端子之间的电压值，该电压应为 5V，若无电压，则应检查 ECU 插接器上 THA 端子与 E2 端子之间的电压值。若此电压为 5V，则表明 ECU 与传感器之间的连接线路有故障；若无 5V 电压，则为 ECU 有故障。

插回插头，起动发动机，测量传感器 THA 端子与 E2 端子之间在不同温度下的电压值，该电压值应在 0.1～4.5V 之间变化（车型不同略有差异，但变化规律基本上是相同的）。如果测量值与规定值不符，则说明进气温度传感器有故障或者损坏，应予以更换。

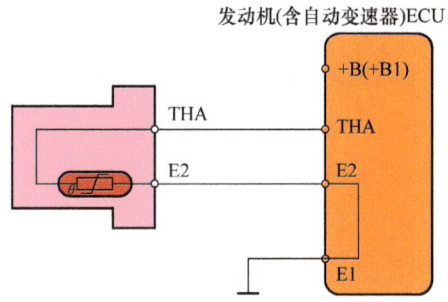

图 7-5　皇冠轿车进气温度传感器与 ECU 的连接电路

（3）检测进气温度传感器与 ECU 之间连接线束的电阻值　用高阻抗万用表的电阻档测量传感器信号端子与 ECU 信号端子之间的连接线束，及传感器搭铁端子与 ECU 搭铁端子之间的电阻值，此时线束应导通，且电阻值应小于 1.5Ω，否则说明该线束短路或接线端子的接触不好，应继续检查或更换线束。

二、冷却液温度传感器

1. 结构和电路

冷却液温度传感器（Coolant Temperature Sensor，CTS）通常安装在发动机冷却液出水管道上（图 7-6），与发动机冷却液接触。它用于将发动机冷却液温度信号变换为电信号输入发动机 ECU，以便 ECU 修正喷油时间和点火时间，使发动机处于最佳工作状态。

图 7-6　冷却液温度传感器安装位置

如图 7-7 所示，冷却液温度传感器的内部也是一个负温度系数的半导体热敏电阻，其结构原理与进气温度传感器基本相同。图 7-8 所示为桑塔纳 2000GSi AJR 发动机冷却液温度传感器（G62）的安装位置、与 ECU 的连接电路及其端子，通常将冷却液温度传感器（G62）与至温度表的冷却液温度传感器（G2）安装在一起。冷却液温度传感器（G62）的接线端子 1 通过导线与 J220 的 T80/67 端子相连，是搭铁端；G62 的端子 3 与控制单元 J220 的 T80/53 端子相连为参考电压输出端，同时也是信号输入端。

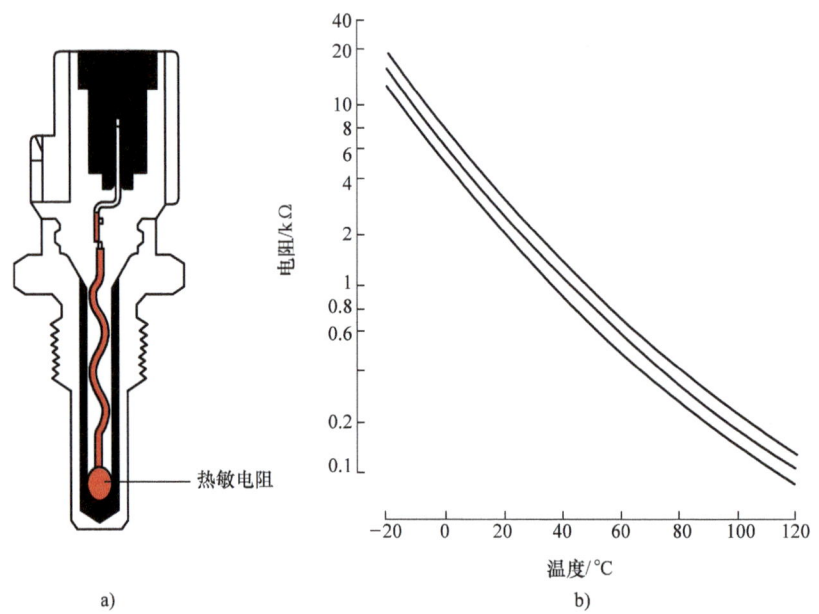

图 7-7　冷却液温度传感器结构及与电阻和温度间的关系
a）结构　b）电阻值与温度的关系

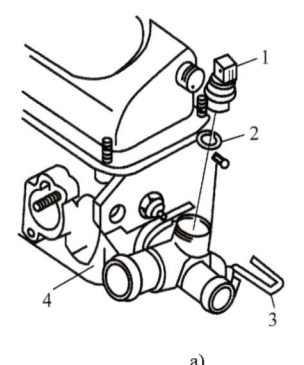 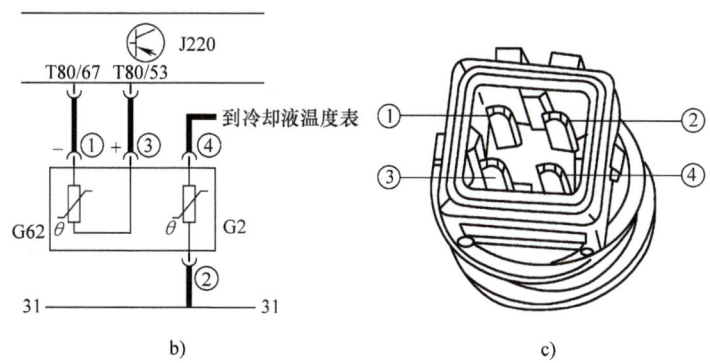

图 7-8　桑塔纳 2000GSi AJR 发动机冷却液温度传感器
a）安装位置　b）与 ECU 的连接电路　c）端子
1—冷却液温度传感器（G62 和 G2）　2—O 形圈　3—卡簧　4—气缸盖

2. 冷却液温度传感器的检测

图 7-9 所示为传感器与发动机 ECU 的连接电路，G62 的插头端子为端子 1 和端子 2，与 J623 的插头端子 T60/57 和 T60/14 相连。冷却液温度传感器 G62 不断地向 ECU 输入冷却液温度信号，如果此时该传感器发生故障或损坏，则信号也将中断，ECU 也不能再确定冷却液温度，这会导致发动机冷机或暖机状态下起动困难、油耗增加、怠速不稳、废气排放超标等故障。冷却液温度传感器的检测方法如下。

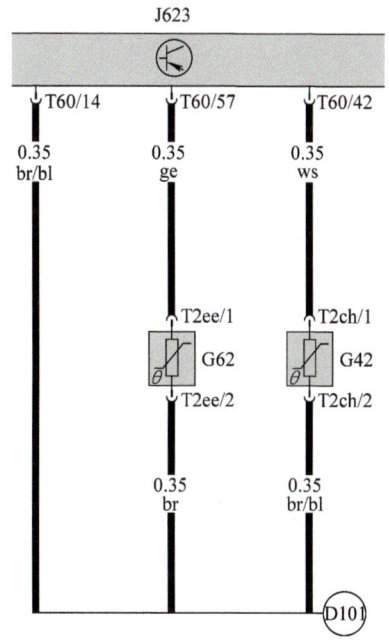

图 7-9　冷却液温度传感器与发动机 ECU 的连接电路
G42—进气温度传感器　G62—冷却液温度传感器　J623—发动机 ECU（安装在排水槽内中部）
D101—连接 1（安装在发动机舱导线束中）

(1) 检测电源电压　拔下冷却液温度传感器插接器插头,打开点火开关,测量传感器相应端子与 J623 端子 T60/14 和 T60/57 之间的电压,电压值应为 5V 左右。

(2) 检测信号电压　插上冷却液温度传感器插头,接通点火开关,检测端子 2 和端子 1 之间的信号电压。该电压应为 0.5～4.5V；若该电压不在此范围内,则表明冷却液温度传感器已失效或损坏,应予以更换。冷却液温度传感器的信号电压与冷却液温度之间的关系见表 7-1。

表 7-1　冷却液温度传感器的信号电压与冷却液温度之间的关系

冷却液温度 /℃	信号电压值 /V	冷却液温度 /℃	信号电压值 /V
-20	4.78	60	2.25
-10	4.62	80	1.99
0	4.45	100	1.56
20	3.78	120	0.70
40	3.09		

(3) 检测电阻　断开点火开关,拆下冷却液温度传感器,并将其放入装满冷却液的容器中加热,用万用表测量不同温度下该传感器两端子间的电阻值。电阻值应满足表 7-2 所示的要求。否则,应更换传感器。

表 7-2　冷却液温度传感器的电阻值与温度之间的关系

端子	温度 /℃	电阻值 /Ω	端子	温度 /℃	电阻值 /Ω
1-2	0	5000～6000	1-2	60	540～675
1-2	10	3350～4400	1-2	70	400～500
1-2	20	2250～3000	1-2	80	275～375
1-2	30	1500～2100	1-2	90	200～290
1-2	40	950～1400	1-2	100	150～225
1-2	50	700～950			

三、案例：新君威偶发性不着车

故障现象　一辆 2012 款新君威,出现偶发性不着车。

故障诊断　用诊断仪读取故障码,显示系统正常无故障码。按照常见原因,更换正时系统电磁阀,几天后再次出现不着车故障,赶到现场后车辆又正常着车,如此反复多次,在故障最后一次出现时发现了问题,当时是发动着车后,用诊断仪检测发动机数据流,听到仪表上有响声,观察发现冷却液温度由 80℃ 快速下降到了 30℃,因为发动机处于着车状态,其冷却液温度不可能会瞬间变化,再结合该车的线路特点,分析认为该车采用网络传输冷却液温度信号,由发动机诊断仪检测冷却液温度后分享到总线上,仪表将此信号解码后驱动冷却液温度表进行显示。

故障排除　通过以上检测与分析,确认是冷却液温度传感器损坏,更换一新传感器后,故障排除。

维修总结 该车偶发性起动困难故障是因为冷却液温度传感器偶发性接触不良引起。因为传感器接触不良,造成混合气调节出现故障,如果是在起动瞬间出现故障,则表现为起动困难。该车是一个软故障,在诊断时没有故障码的提示,所以花费了较多的时间进行诊断。

当冷却液实际温度为80℃而传感器出现故障时,误报为30℃,ECU参考此数据计算出来的喷油脉宽较长,引起混合气过浓,表现为起动困难甚至无法着车。

第二节　汽车空调用温度传感器

自动空调在汽车上的使用越来越普遍,所用传感器主要有车外温度传感器、新鲜空气(进气道)温度传感器、室内(仪表板)温度传感器、脚部出风口温度传感器、阳光照射强度光敏传感器、蒸发器温度传感器等。奥迪轿车自动空调控制系统如图7-10所示,空调系统传感器在车上的布置如图7-11所示。

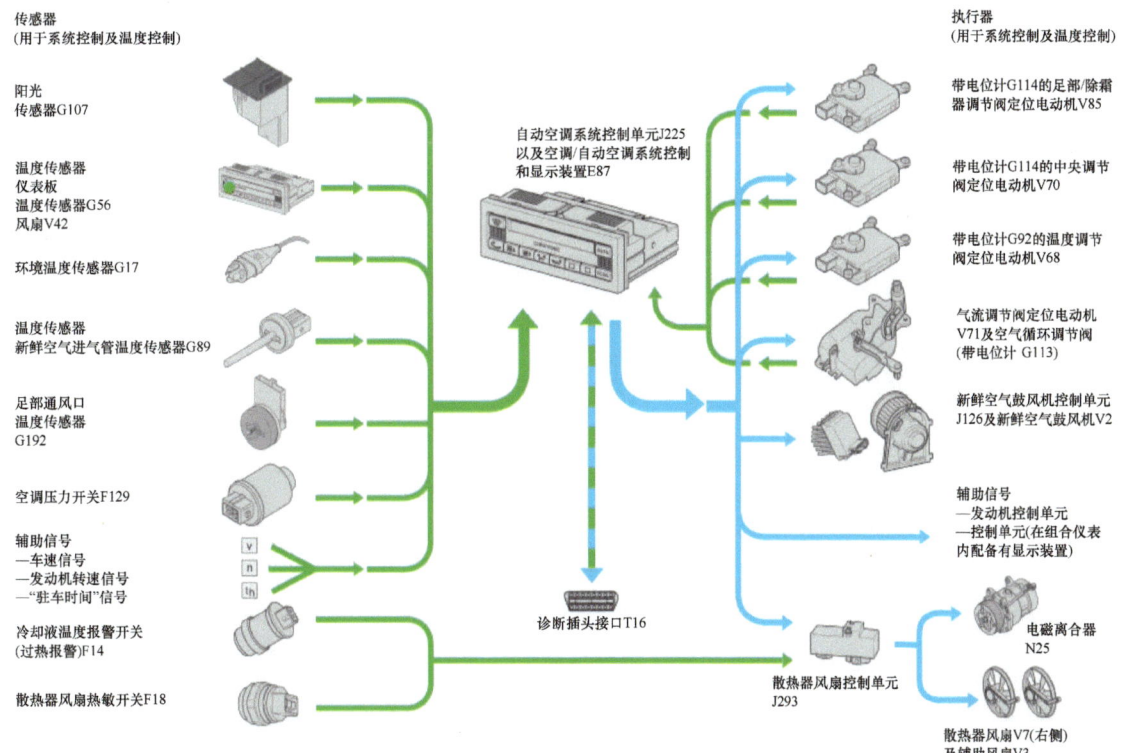

图7-10　奥迪轿车自动空调控制系统

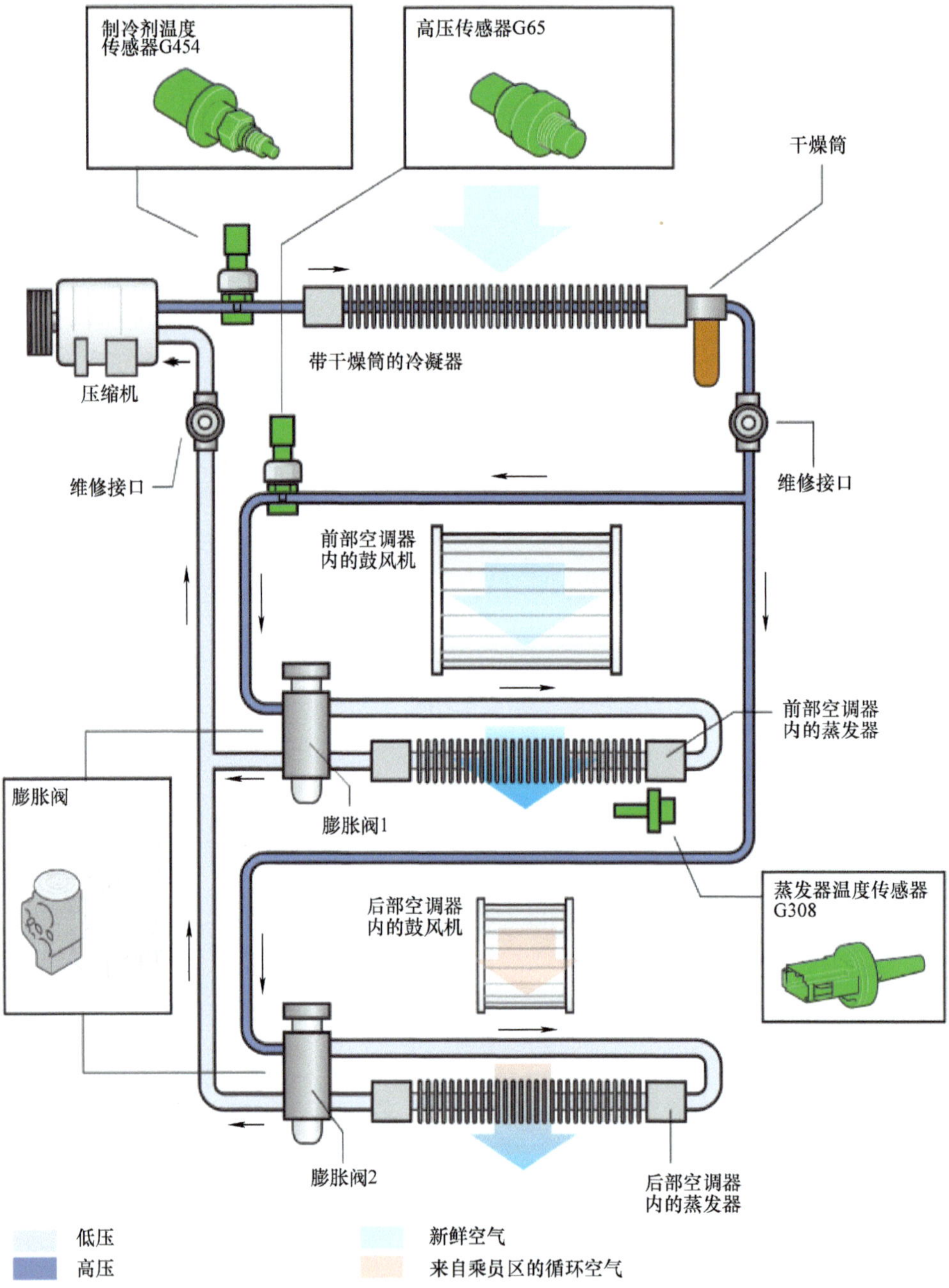

图 7-11 空调系统的相关传感器的布置位置

一、仪表板温度传感器

1. 原理结构

如图 7-12、图 7-13 所示，大众车的仪表板温度传感器 G56 一般安装在中央控制台两烟灰缸之间隔栅的后面或空调控制单元上，它检测车内中央区域的空气温度。

第七章 温度传感器

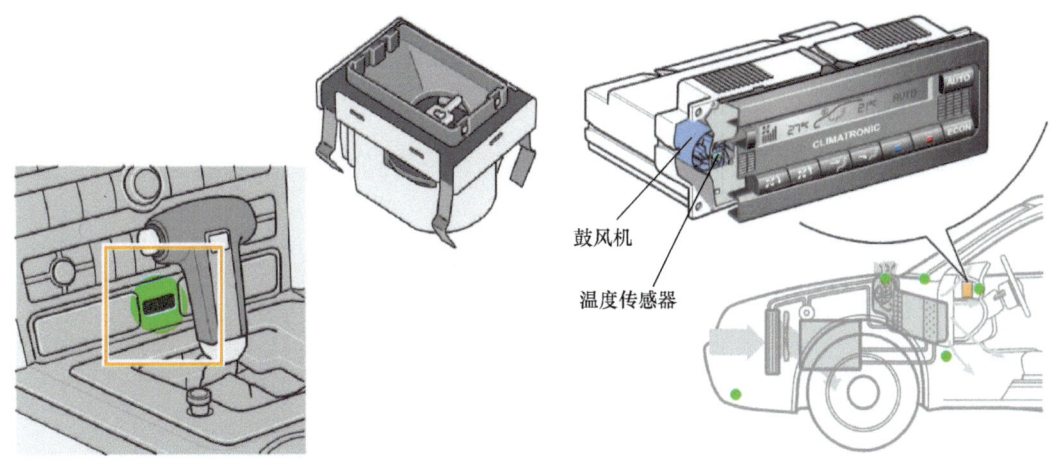

图 7-12 仪表板温度传感器 G56 的外形及安装位置　　图 7-13 仪表板温度传感器 G56 的安装位置

如图 7-14 所示，仪表板温度传感器壳体内有一个 NTC 温度传感器，它通过一个小鼓风机从车内吸取空气。该传感器测量气流的温度。它可以防止温度传感器处的温升，这种温升可能会对测量结果造成负面影响。鼓风机与传感器元件安装在一个共用的壳体内。

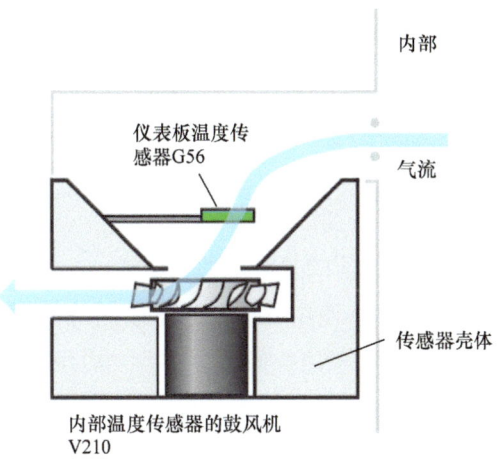

图 7-14 温度检测过程

2. 检测

仪表板温度传感器 G56 将热敏电阻装在塑料壳内，利用抽风装置将车内空气从吸气孔处吸入塑料壳内来检测车内温度。仪表板温度传感器电阻值也随环境温度的变化而变化，并把这种变化信号输入给空调控制系统的 ECU，使 ECU 起动空调压缩机运转，从而保持车内的温度在恒定的范围内。仪表板温度传感器 G56 的相关连接电路如图 7-15 所示。

（1）电压测量　拆下空调控制器，但连接线不断开，将点火开关旋至 ON 位置，用万用表测量传感器 G56 两端子之间的电压，测量时电压会随温度的升高而下降，在 25℃时电压应为 1.8～2.2V，在 400℃时电压约为 1.2～1.6V。

（2）电阻测量　拆下仪表板温度传感器，测量连接器的端子之间的电阻。电阻应随温度的升高而减小。在 25℃时电阻值约为 1.65～1.75kΩ，在 40℃时电阻值约为 0.55～0.65kΩ。

（3）故障的应对策略　若该传感器发生故障，则内部温度使用一个固定的替代温度值 25℃。

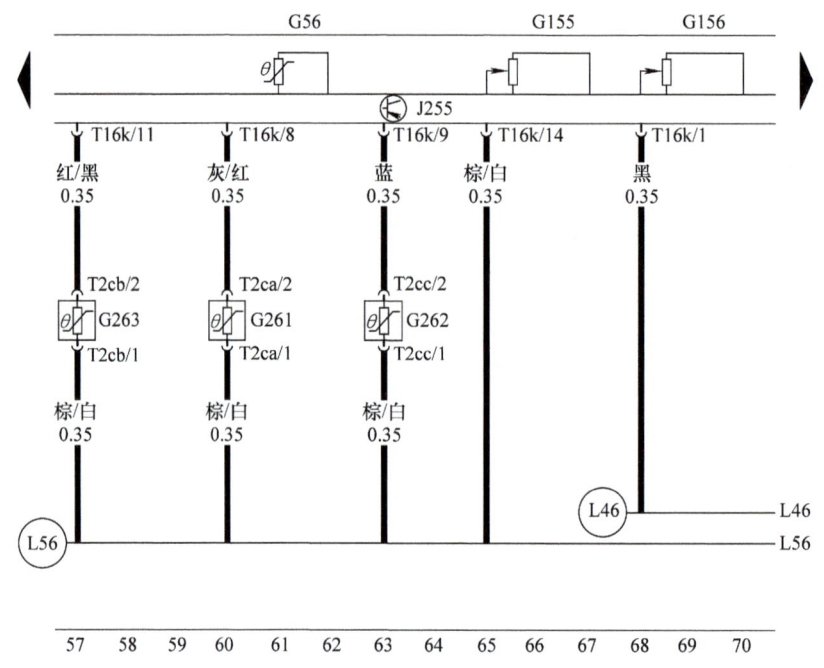

图 7-15　仪表板温度传感器的连接电路

G56—仪表板温度传感器，在空调控制面板上　G155—左侧出风口温度调节器　G156—右侧出风口温度调节器
G261—左侧脚部空间出风口温度传感器，在空调器左侧上部　G262—右侧脚部空间出风口温度传感器，在空调器右侧上部
G263—蒸发器出风口温度传感器　J255—控制单元，在仪表板中部

二、车外温度传感器

1. 结构原理

车外温度传感器也称环境温度传感器、外界空气温度传感器或大气温度传感器。它能影响出风口空气的温度、鼓风机的转速、进气门的位置和模式门的位置以及压缩机的工作状态。车外温度传感器 G17 位于车身前部，如图 7-16 所示，它用于判断实际的外部温度。控制单元按照这个温度信号来操纵温度翻板和新鲜空气鼓风机工作。车外温度传感器的电路连接如图 7-17 所示。

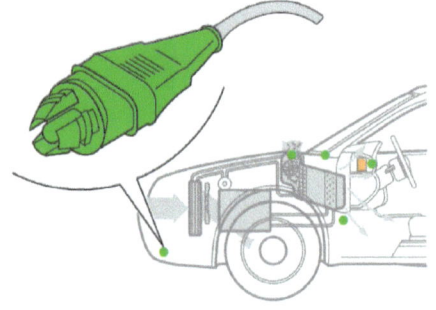

图 7-16　车外温度传感器 G17 的外形及其在车上的位置

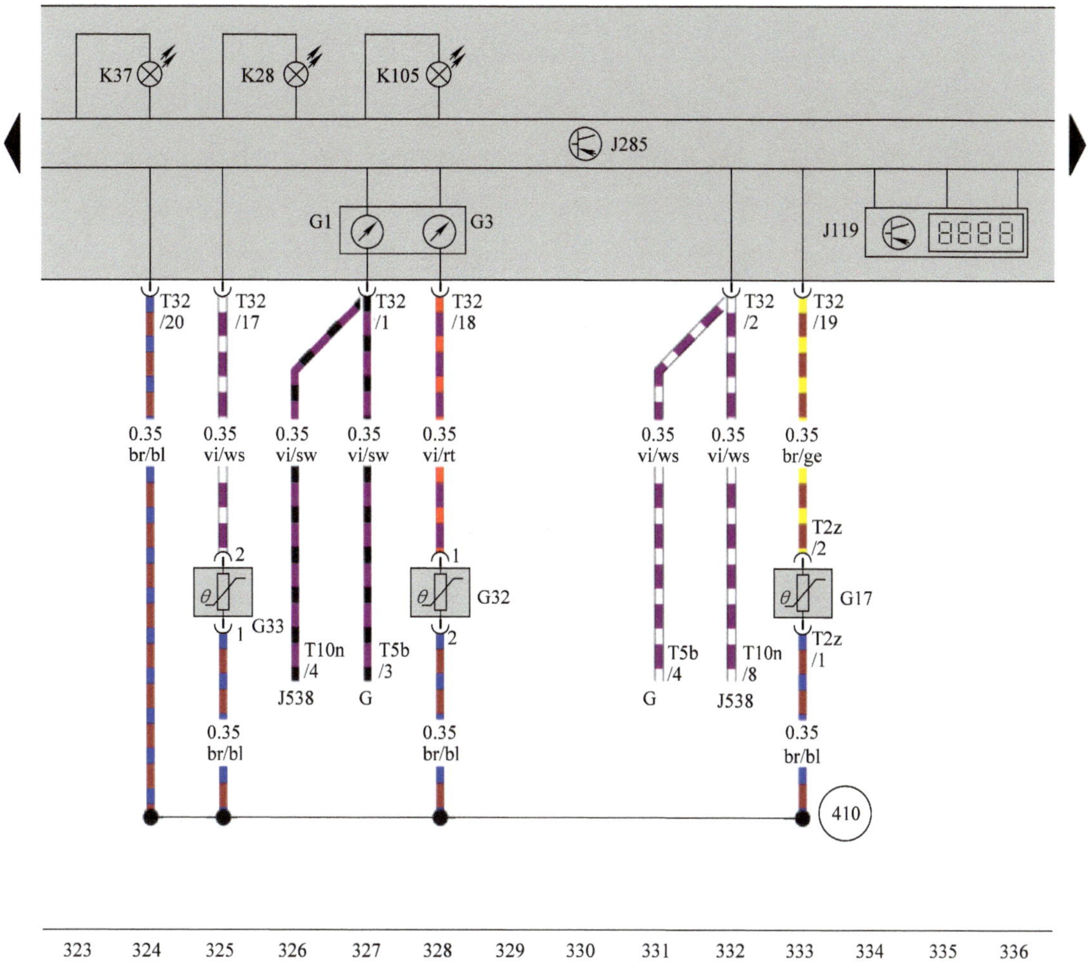

图 7-17 车外温度传感器的电路连接

G—燃油存量传感器　G1—燃油储备显示　G3—冷却液温度表　G17—车外温度传感器　G32—冷却液不足显示传感器
G33—车窗玻璃清洗液液位传感器　J119—多功能显示器　J285—仪表板中的控制单元　J538—燃油泵控制单元
K28—冷却液温度和冷却液不足显示指示灯　K37—玻璃清洗液液位指示灯　K105—燃油存量指示灯

2. 检测

（1）**电压测量**　拆下汽车散热器护栅，但连接线不断开，将点火开关旋至ON位置，用万用表测量传感器T32/20和T32/19两端子之间的电压（图7-17），测量时电压会随温度的升高而下降，在25℃时电压应为1.4~1.8V，在40℃时电压约为0.9~1.3V。

（2）**电阻测量**　拆下车外温度传感器，测量连接器的端子之间的电阻。电阻应随温度的升高而减小。在25℃时电阻值约为1.65~1.75kΩ，在40℃时电阻值约为0.55~0.65kΩ。如果出现故障，替代值10℃对应的电阻值为2kΩ。

（3）**故障的应对策略**　若一个传感器失效，控制单元将采用完好传感器的信号。若两个传感器都失效，则控制单元会关闭制冷功能并采用一个固定的值10℃代替外界温度。

三、蒸发器出口温度传感器

1. 工作原理

蒸发器出口温度传感器安装在汽车空调系统的蒸发器片上或出风口处（拆卸右侧的脚部空间饰板，将蒸发器出口温度传感器 G308 沿外壳上箭头方向旋转 90°，可以将其从外壳中取出），如图 7-18 所示，用以检测蒸发器表面的温度变化，从而控制压缩机的工作状况。使用此信号，Climatronic 控制单元可以按照乘客的要求精确地调节压缩机的输出。工作时，出口温度传感器检测蒸发器表面的温度信号，并把它转化为电信号输入给温度控制系统的 ECU，ECU 将输入的温度信号与设定的温度调节信号进行比较后，控制空调压缩机电磁离合器的通断，从而对压缩机的工作进行控制。同时，ECU 还能利用此传感器检测到的温度信号，防止蒸发器出现结冰现象。空调系统的原理图如图 7-19 所示。

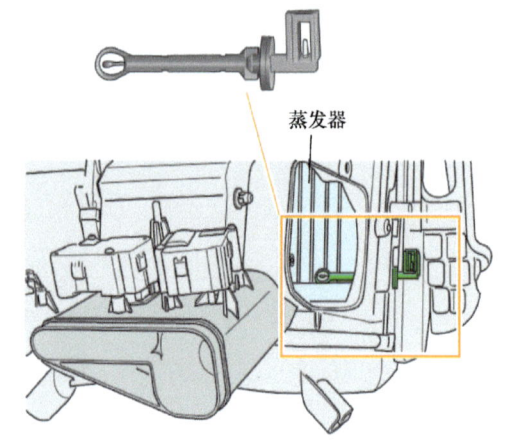

图 7-18　蒸发器出口温度传感器 G308 安装位置

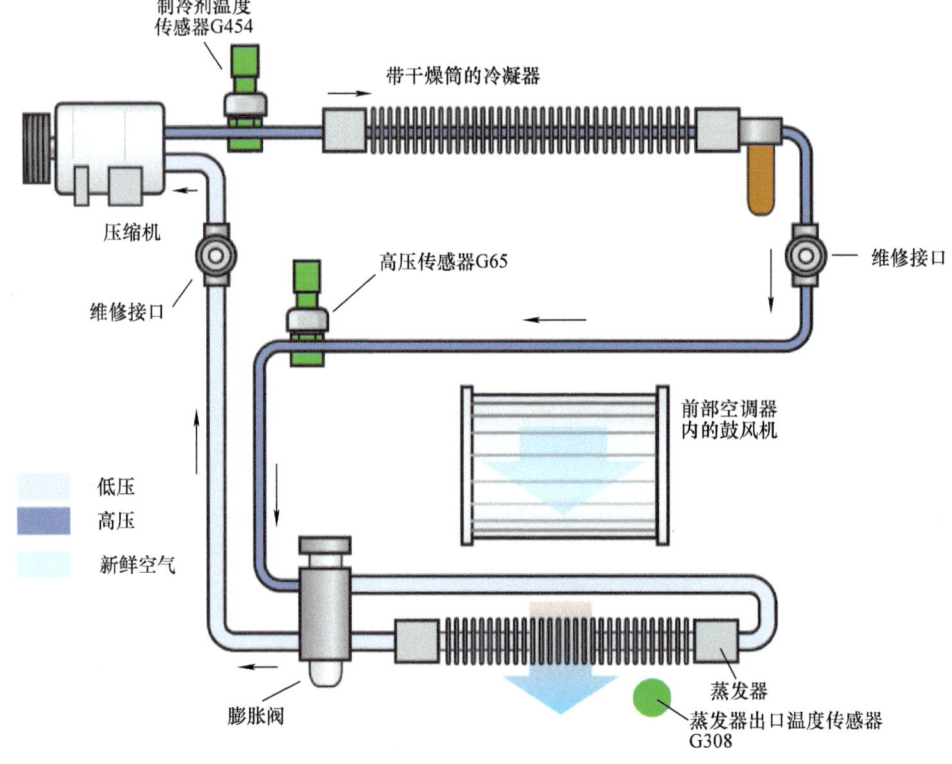

图 7-19　空调系统原理图

2. 结构

蒸发器出口温度传感器是一个 NTC 传感器。NTC 的含义是负温度系数（Negative Temperature Coefficient），它的工作温度为 20～60℃，其结构与温度特性如图 7-20 所示。如图 7-21 所示，若加热 NTC 元件时，它的电阻会显著下降。传感器电子装置将所测的电阻转换成电压信号。电压信号是所测温度的一种量度。若没有该传感器的信号，控制单元就无法知道蒸发器后的空气温度有多高，这样空调压缩机的自适应控制就无法进行。在此情况下，压缩机的功率输出将会降低到不允许蒸发器结冰的温度。新款高尔夫蒸发器出口温度传感器与控制单元的连接电路如图 7-22 所示。

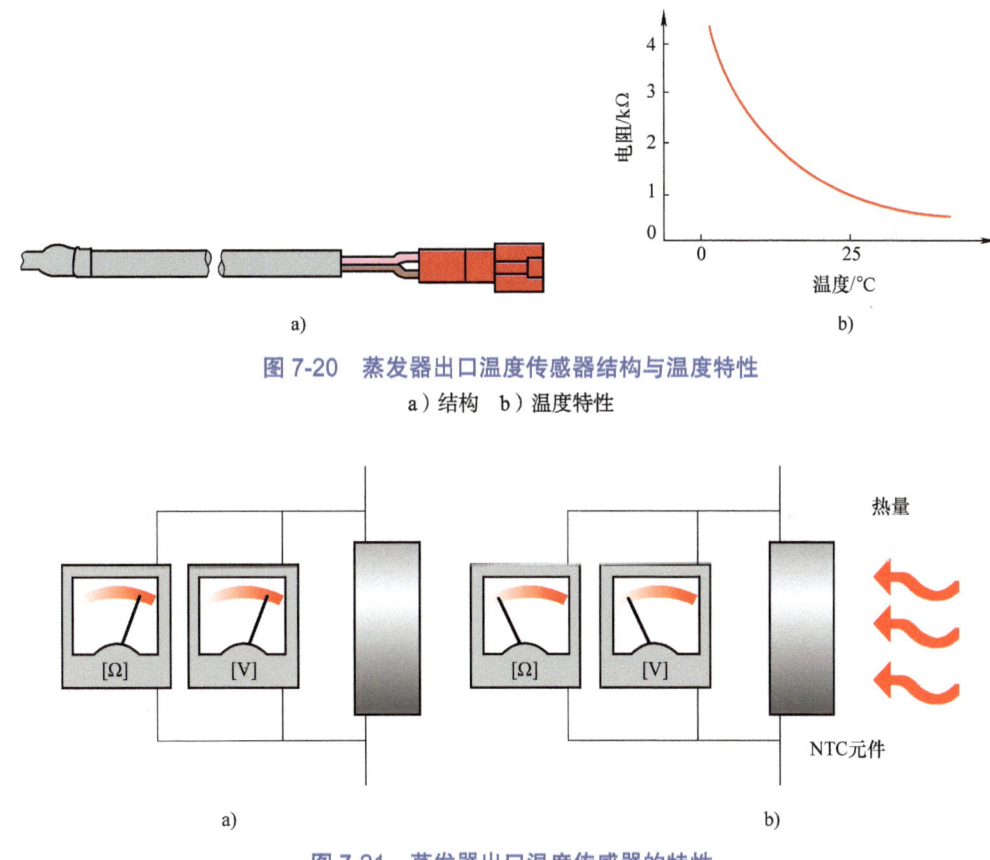

图 7-20 蒸发器出口温度传感器结构与温度特性
a) 结构　b) 温度特性

图 7-21 蒸发器出口温度传感器的特性
a) 温度低时电阻大　b) 温度升高时电阻减小

3. 检测方法

若空调系统发生了故障，且在蒸发器的制冷剂出口处即高压管路上出现了结冰现象（即冰堵），同时压缩机不能正常工作，则蒸发器出口温度传感器的连接电路可能出现了断路或短路的故障。此时，应对蒸发器出口温度传感器进行检测，检测方法如下。

1）连接情况检查。检查蒸发器出口温度传感器和空调控制器总成之间的连接器及各导线的连接情况，检查空调控制器总成的状况。

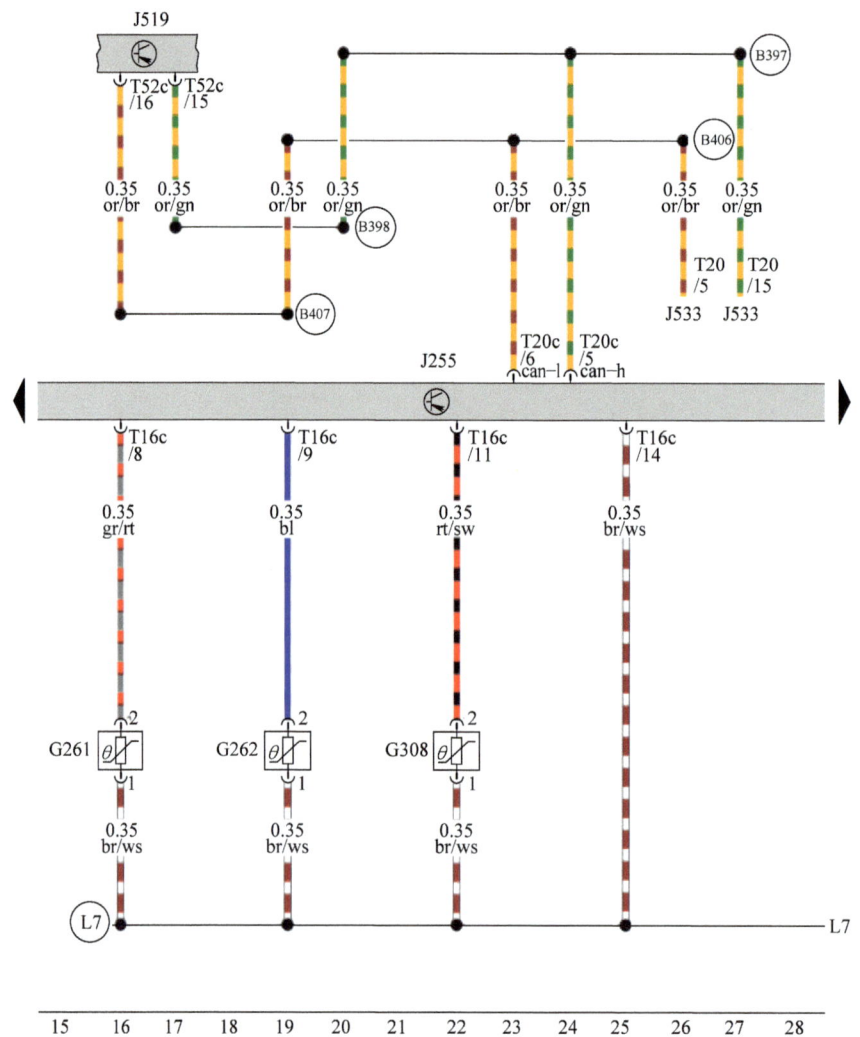

图 7-22　新款高尔夫蒸发器出口温度传感器与控制单元连接电路

G261—左侧脚部空间出风口温度传感器　G262—右侧脚部空间出风口温度传感器　G308—蒸发器出口温度传感器
J255—Climatronic 控制单元，位于中控台之后　J519—车载网络控制单元　J533—数据总线诊断接口

2）电压测量。拆卸右侧的脚部空间饰板，但连接线不断开，将点火开关旋至 ON 位置，用万用表测量传感器端子 1 和端子 2 之间的电压，测量时电压会随温度的升高而下降，在 0℃时电压应为 2.0~2.4V，在 15℃时电压约为 1.4~1.8V。

3）电阻测量。拆下蒸发器出口温度传感器，测量连接器的端子 1 和端子 2 之间的电阻，正常电阻值为 4.5~5.2kΩ（0℃），2.0~2.7kΩ（15℃）。

4）故障的应对策略。若没有该传感器的信号，控制单元就无法知道蒸发器后的空气温度有多高，这样空调压缩机的自适应控制就无法进行。在此情况下，压缩机的功率输出将会降低到不允许蒸发器结冰的温度。

四、新鲜空气进气道温度传感器

1. 位置功用

新鲜空气进气道温度传感器 G89 位于新鲜空气进气道中,如图 7-23 所示。该传感器实际就是外部实际温度的第二个测量点。控制单元按照这个温度信号来操纵温度翻板和新鲜空气鼓风机工作。如果这个温度信号失效的话,控制单元会使用另一个温度传感器(车身前部的车外温度传感器)的信号来替代。该温度传感器具有自诊断功能。控制单元总是使用车外温度传感器 G17 和新鲜空气进气道温度传感器 G89 这两个传感器测得的最低的那个值。

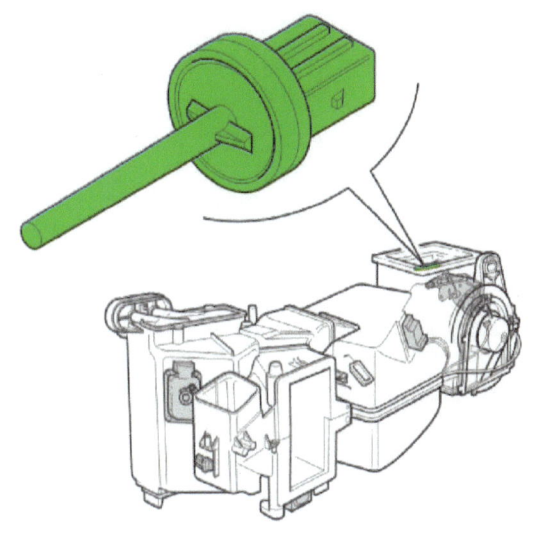

图 7-23 新鲜空气进气道温度传感器 G89 的外形及其安装位置

2. 检测

如果信号出现故障,用车外温度传感器替代。新鲜空气进气道温度传感器 G89 电阻值应符合表 7-3 的规定。

表 7-3 新鲜空气进气道温度传感器 G89 电阻值

温度 /℃	电阻值 /kΩ
10	2
20	1.3
30	0.82

五、脚坑出风口温度传感器

1. 结构原理

脚坑出风口温度传感器一般安装在脚部出风口位置,其安装位置及外形如图 7-24 所示。

脚坑出风口温度传感器 G192 测量的是从暖风 / 空调中出来的空气（进入车内的空气）温度。这个温度值是通过一个根据温度来变化的电阻获取的（其热敏电阻为负温度系数）。温度下降的话，这个电阻值就升高。控制单元对这个信号进行处理后，将其用于控制除霜 / 脚坑的空气分配，以及控制新鲜空气鼓风机的工作。

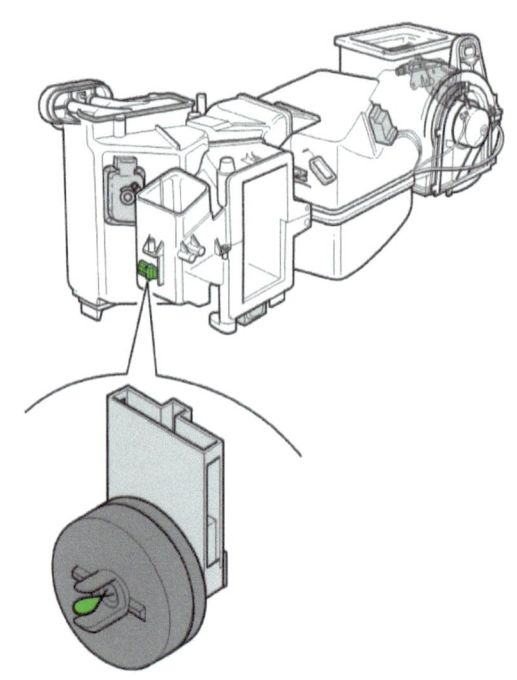

图 7-24　脚坑出风口温度传感器 G192 的外形及安装位置

2. 检测

如果信号失效了，控制单元会采用 +80℃这个固定替代值，空调系统仍可继续工作。脚坑出风口温度传感器 G192 具有自诊断功能。检测方法同其他负温度系数热敏电阻一样。在 0℃时，电阻值为 9.1kΩ；25℃时，电阻值为 2.8kΩ。

六、制冷剂温度传感器

如图 7-25 所示，制冷剂温度传感器 G454 的使用取决于车辆发动机的型号，它安装在压缩机旁制冷剂循环回路的高压管路内。

1. 功能

制冷剂温度传感器 G454 是一个 NTC 传感器，用于探测制冷剂温度，其测量范围为 -20 ~ +150℃，其正常工作范围为 40 ~ 130℃。

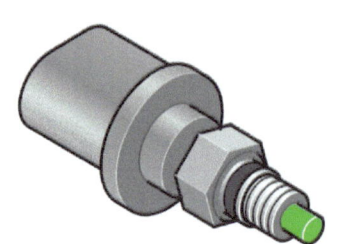

图 7-25　制冷剂温度传感器 G454

2. 信号的使用

借助温度信号和高压传感器 G65 的压力信号，Climatronic 控制单元可以确定制冷剂是否缓慢损耗，例如因密封件损坏而引起的损耗。为保护压缩机，在这种情况下会关闭制冷功能。

3. 失灵时的影响

如果没有制冷剂温度信号，就会在故障存储器内存储一条记录。本传感器损坏时，系统将无法确定制冷剂的缓慢损耗。因此，制冷循环回路泄漏可能导致空调压缩机因润滑不足而损坏。

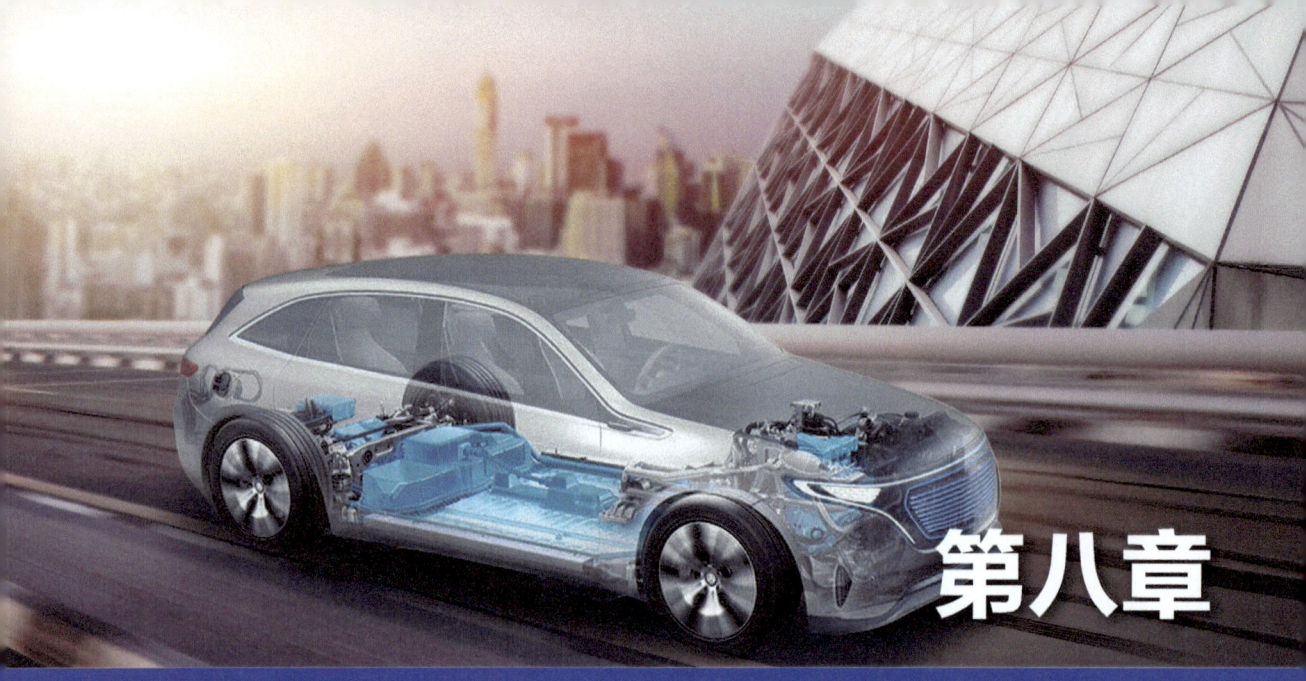

第八章

爆燃和碰撞传感器

第一节 爆燃传感器

汽油发动机是利用火花塞产生的电火花将混合气点燃,使火焰在混合气中不断扩展传播燃烧的。在火焰的传播过程中,如果压力和温度异常升高,则一些部位的混合气不等火焰传到,就自行着火燃烧,在整个燃烧室内造成瞬时爆发燃烧,产生高温和强大的压力波,这种现象称为爆燃。发动机工作时,如果持续产生爆燃,则不但会引起气缸体、气缸盖和进气歧管等薄壁构件的高频振动,以及因运动机构的冲击载荷而产生很大的噪声,最终导致机件损坏,而且火花塞电极或活塞很可能产生过热、熔损等现象,造成发动机的严重故障,因此必须防止爆燃的产生。爆燃和点火时刻有密切的关系,在一定范围内,点火时刻提前,燃烧的最大压力就高,就越容易发生爆燃。

一、发动机爆燃的检测方法

1. 发动机爆燃的检测方法

检测发动机爆燃的方法有 3 种:检测发动机燃烧室压力的变化;检测发动机缸体振动

频率；检测混合气燃烧噪声。直接检测燃烧室压力变化来检测爆燃的测量精度较高，但传感器安装困难，且耐久性较差，一般用于测量仪器，实际应用的压力检测传感器均为间接检测式。检测发动机缸体振动频率来检测爆燃的主要优点是测量精度高、传感器安装方便且输出电压较高，因此现代汽车广泛采用。检测混合气燃烧噪声为非接触式检测，其耐久性较好，但测量精度和灵敏度较低，实际应用较少。

2. 发动机爆燃传感器的功用及分类

爆燃传感器是发动机爆燃传感器（EDS，Engine Detonation Sensor 或 KNK，Knock Sensor）的简称，其功用是将发动机爆燃信号转换为电信号输入发动机 ECU，以便 ECU 修正点火提前角，防止发动机产生爆燃而降低输出功率。

爆燃传感器按检测方式不同，可分为共振型与非共振型两种；按结构不同，可分为压电式和磁致伸缩式两种。通用公司和日产公司的汽车采用了磁致伸缩式爆燃传感器。桑塔纳 GLi、桑塔纳 2000GLi、桑塔纳 2000GSi、捷达 AT、捷达 GTX 型等国产轿车采用了压电式爆燃传感器。一般都将爆燃传感器安装在发动机缸体侧面，其外形和安装位置如图 8-1 所示。

图 8-1 爆燃传感器的外形及安装位置

当发动机发生爆燃时，爆燃传感器感应到此变化并产生较大振幅的电压信号。来自爆燃传感器的含有各种频率的电压信号输入 ECU 中的爆燃信号判别电路，如图 8-2 所示。首先必须经过滤波电路，将爆燃信号与其他振动信号分离，只允许特定频率范围的爆燃信号通过，然后将此信号的最大值与爆燃强度基准值进行比较，如大于基准值，则将爆燃信号电压输入 ECU，表示发生爆燃，由 ECU 进行处理。

由于发动机的振动频繁而剧烈，因此为了使传感器只检测到爆燃信号，从而防止 ECU 发生爆燃判别错误，判别爆燃信号并非任何时刻都进行，而是有一个判别范围，如图 8-3 所示。限于识别发动机点火后爆燃可能发生的一段曲轴转角范围内的振动，只有在该范围内爆燃传感器的信号才能被输入比较电路。

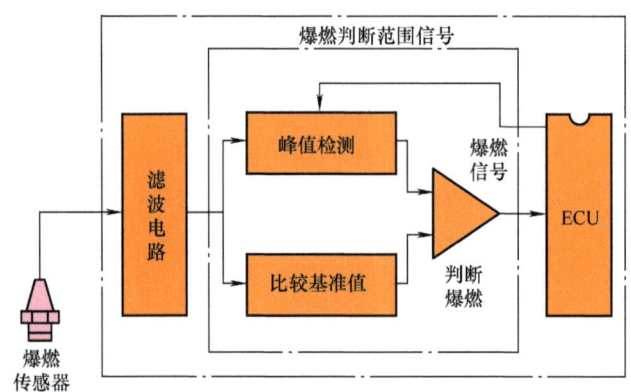

图 8-2　ECU 中的爆燃信号判别电路

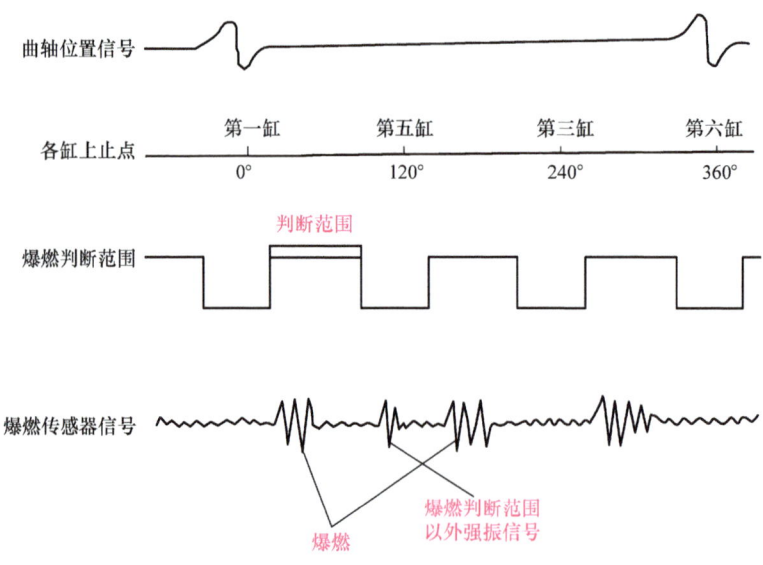

图 8-3　爆燃传感器的判别范围

爆燃强度则以超过基准值的次数计量，其次数越多，则爆燃强度越大；次数越少，则爆燃强度越小，如图 8-4 所示。试验表明，当发动机的负荷低于一定值时，一般不会出现爆燃，这时不宜采用调整点火提前角的方法来控制爆燃，可采用开环控制的方式控制点火提前角，即此时 ECU 不再检测和分析爆燃传感器输入的信号，只根据有关传感器及 ROM 中存储的数据控制点火提前角的大小。而要判断在某一时刻究竟要采用开环控制还是闭环控制，可由 ECU 对负荷传感器送来的信号进行分析和判断。

第八章 爆燃和碰撞传感器

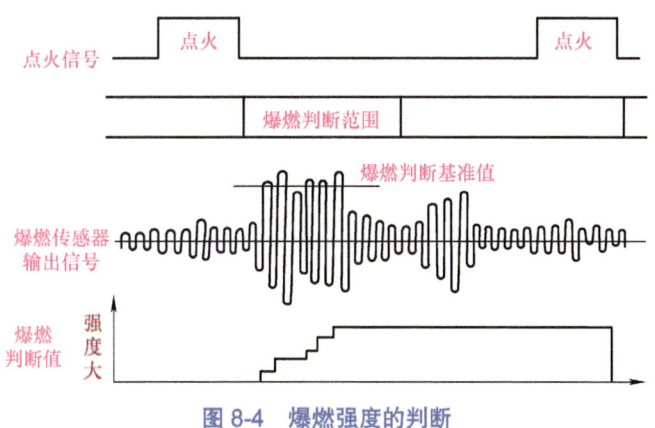

图 8-4　爆燃强度的判断

当 ECU 进行闭环控制时，实际点火提前角的控制如图 8-5 所示。当任何一缸产生爆燃时，ECU 立即以某一固定值（1.5°～2.0°曲轴转角）逐渐减少点火提前角，直至发动机不产生爆燃为止。然后，在一定的时间内，先维持调整过的点火提前角不变。在此期间内，若又有爆燃发生，则继续以固定值减少点火提前角；若无爆燃发生，则此段缓冲时间过后，则又开始逐渐以同样的固定值增大点火提前角，直至爆燃重新发生，又开始进行上述的反馈控制过程。

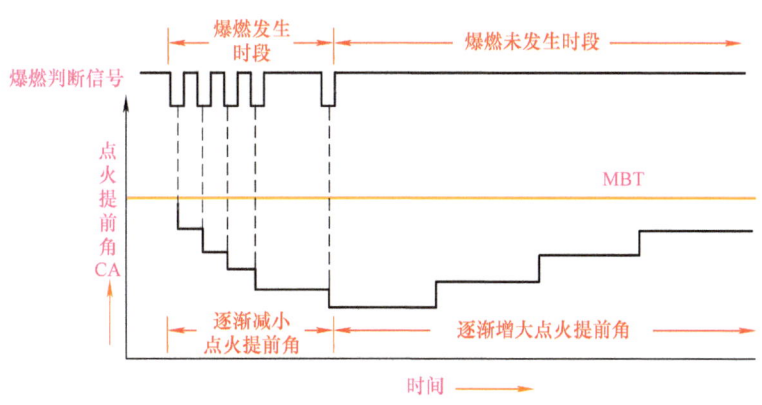

图 8-5　点火提前角的闭环控制

二、磁致伸缩式爆燃传感器

磁致伸缩式爆燃传感器为共振型爆燃传感器，外形、结构和组成如图 8-6、图 8-7 所示，它主要由感应线圈、伸缩杆、永久磁铁和壳体组成。可见其外形结构与机油压力传感器相似，不同的是其旋入发动机缸体部分为实心结构。伸缩杆用高镍合金钢制成，在其一端设置有永久磁铁，另一端安放在弹性元件上。传感线圈绕制在伸缩杆的周围，线圈两端引出电极与控制线路连接。

当发动机缸体产生振动时，传感器的伸缩杆就会随之产生振动，感应线圈中的磁通量

231

就会发生变化。由电磁感应原理可知,线圈中就会感应产生交变电动势,即传感器就有信号电压输出,输出电压高低取决于发动机的振动强度和振动频率。当发动机缸体振动频率达到 6~8kHz 时,传感器产生共振,振动强度最大,线圈中产生的电压最高,传感器将这一电信号输入 ECU,如图 8-8 所示。

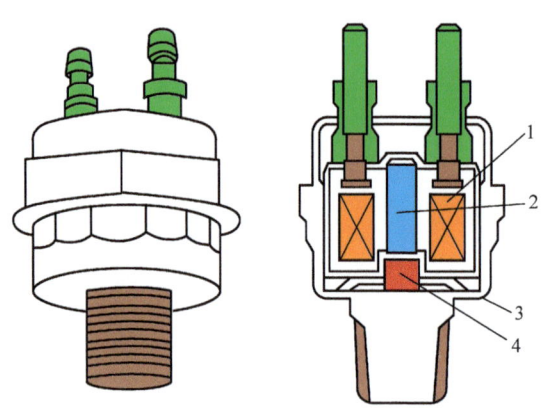

图 8-6 磁致伸缩式爆燃传感器的外形与结构
1—绕组 2—铁心 3—外壳 4—永久磁铁

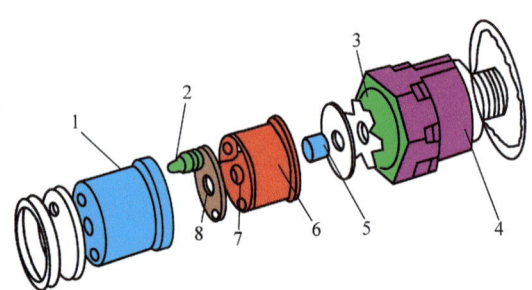

图 8-7 磁致伸缩式爆燃传感器的组成
1—软磁套 2—端子 3—弹簧 4—外壳 5—永久磁铁 6—绕组 7—磁致伸缩杆 8—电绝缘体

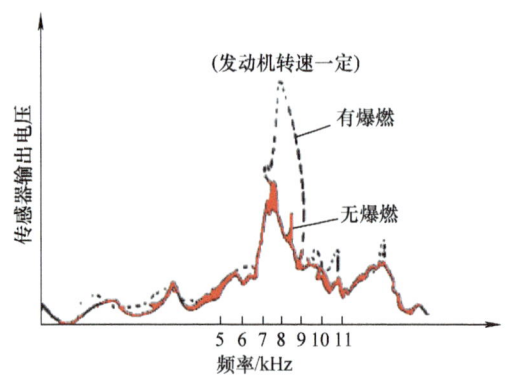

图 8-8 共振型爆燃传感器信号波形

三、压电式爆燃传感器

压电效应就是指当沿着一定方向向某些电介质施力而使其变形时,其内部会发生极化,同时在其表面产生电荷的现象。压电式爆燃传感器是利用结晶或陶瓷多晶体的压电效应和硅压电效应,把爆燃传到缸体上的机械振动转变成电信号。压电式爆燃传感器从振动方式上可分为非共振型和共振型两种。共振型爆燃传感器是由与爆燃几乎具有相同共振频率的振子和能够检测振动压力并将其转换成电信号的压电元件构成,非共振型爆燃传感器是用压电元件直接检测爆燃信息。

1. 共振型压电式爆燃传感器

共振型压电式爆燃传感器如图 8-9 所示,主要由压电元件 5、振荡片 4、基座 3 等组成。压电元件 5 紧密地贴合在振荡片 4 上,振荡片则固定在传感器的基座 3 上。振荡片随发动机的振动而振荡,波及压电元件,使其变形而产生电压信号。当发动机爆燃时的振动频率与振荡片的固有频率相同时,振荡片产生共振,此时压电元件将产生最大的电压信号。共振型压电式爆燃传感器的输出特性如图 8-10 所示,根据此特性曲线可知该爆燃传感器在发动机爆燃时输出的电压比较高,因此即可判别发动机有无爆燃发生。

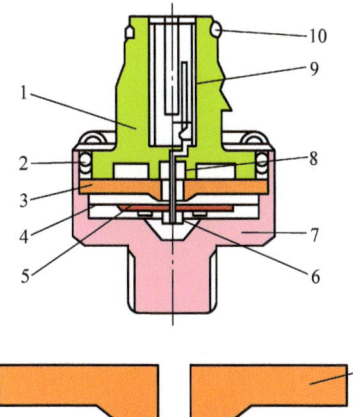
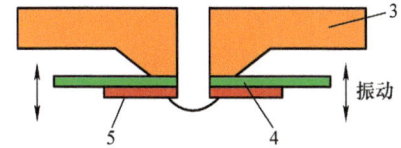

图 8-9 共振型压电式爆燃传感器

1—插接器 2、10—O 形圈 3—基座 4—振荡片
5—压电元件 6—引线端头 7—外壳
8—密封剂 9—接线端子

2. 非共振型压电式爆燃传感器

非共振型压电式爆燃传感器由平衡块、压电元件、壳体、电气连接装置等组成。平衡块由螺钉固定在壳体上,两个压电元件同极性相向对接,输出电压由两个压电元件的中央取出。这种传感器与共振型传感器的结构的不同之处,在于它内部没有振荡片,而是设置了一个平衡块。平衡块以一定的预紧力压紧在压电片上。当发动机发生爆燃时,发动机缸体的振动传到爆燃传感器壳体上,平衡块就产生了一个正比于加速度的交变力,壳体与平衡块之间就产生相对运动,使夹在中间的压电元件所承受的压紧力发生变化,压电元件承受推压作用力产生电压,并作为电信号输出。非共振型压电式爆燃传感器结构简单,制造时不需要调整。

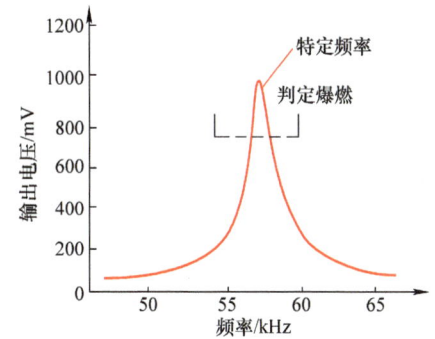

图 8-10 共振型压电式爆燃传感器的输出特性

非共振型压电式爆燃传感器的结构及安装位置示意图如图 8-11 所示。非共振型爆燃传感器在爆燃时的输出电压较未爆燃时无明显增加,具有平缓的输出特性,不像共振型爆燃传感器在爆燃时会输出较高的电压。爆燃是否发生是靠滤波器检出传感器输出信号中有无爆燃频率来判别。因此,必须将反映发动机振动频率的输出电压信号输送给识别爆燃的滤波器中,判别发动机是否有爆燃产生。

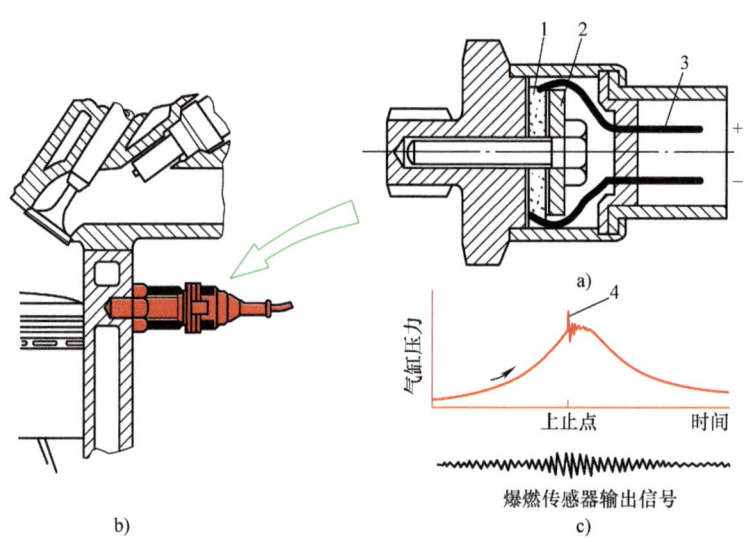

图 8-11 非共振型压电式爆燃传感器的结构及安装位置
a)结构 b)安装位置 c)输出信号
1—压电陶瓷片 2—惯性配重 3—输出引线 4—爆燃压力波

四、爆燃传感器的检测

以 2011 款迈腾轿车为例,2011 款迈腾发动机设有两个爆燃传感器。爆燃传感器 1（G61,白色插头）安装在缸体进气管侧 1、2 缸之间,用于检测 1、2 缸的爆燃情况;爆燃传感器 2（G66,蓝色插头）安装在缸体进气管侧 3、4 缸之间,用于检测 3、4 缸的爆燃情况。爆燃传感器是根据压电原理制成的,传感器由压电陶瓷（压电元件）、平衡块、壳体、导线等组成,如图 8-12 所示,传感器电路图如图 8-13 所示。

传感器的检测方法如下:

1)爆燃传感器的随车检查。在进行爆燃传感器的检查时,可轻轻敲击该爆燃传感器附近的缸体,发动机的转速应随之下降。

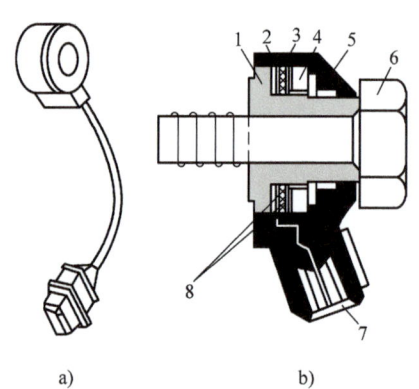

图 8-12 2011 款迈腾爆燃传感器的结构
a)传感器外形 b)内部结构
1—套筒底座 2—绝缘垫圈 3—压电元件
4—惯性配重 5—塑料壳 6—固定螺栓
7—接线插座 8—电极

2）用正时灯观察点火提前角的变化。轻轻敲击该爆燃传感器附近的缸体，此时点火提前角应该突然向后推迟，然后又向前提前，此现象即说明爆燃传感器在起作用，爆燃传感器及其线路基本没有问题；反之，则说明爆燃传感器或线路出现故障。

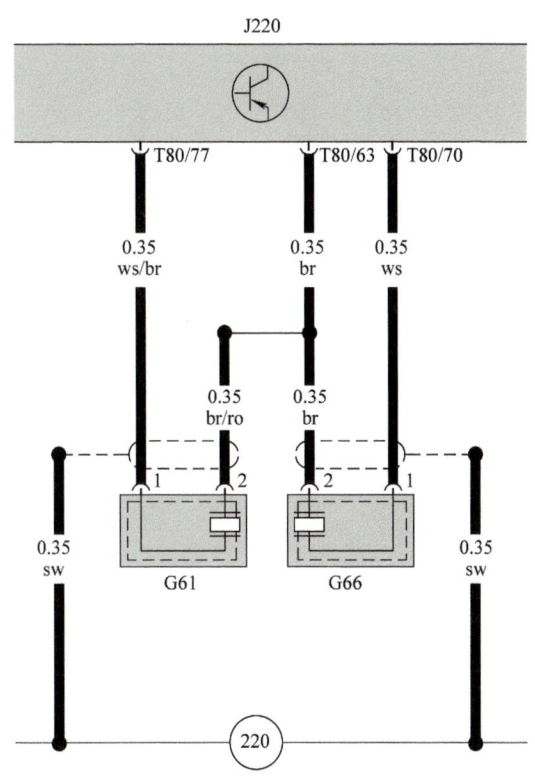

图 8-13　2011 款迈腾爆燃传感器的电路

J220—Motronic 控制单元，在排水槽内中部　G61—爆燃传感器 1　G66—爆燃传感器 2
T80—80 芯插头连接　(220)—连接，在发动机舱线束中（传感器接地）

3）在发动机工作过程中，如果爆燃传感器发生故障，则监测爆燃信号中断，ECU 就会将点火提前角推迟一定角度，在汽车行驶过程中，驾驶人就会明显感觉到发动机动力不足，这时发动机电控系统会诊断出有故障，并使故障指示灯点亮。

4）电阻检查。关闭点火开关，分别拔下爆燃传感器的 3 芯插头，用万用表的电阻档分别测量 3 芯插头各端子之间的电阻值，各端子间的电阻值应都大于 1MΩ。

5）检测爆燃传感器线束的导通性。关闭点火开关，分别拔下爆燃传感器 G61、G66 的 3 芯插头，然后拔下 ECU J220 插头。用万用表电阻档分别测量爆燃传感器 G61 两芯插座 1、2、端子与 ECU J220 的 T80/77、T80/63 及 G66 两芯插座 1、2、端子与 ECU J220 的 T80/70、T80/63、T80/77 之间的电阻值，应均小于 0.5Ω，如果电阻值过大或为无穷大，则线束与端子可能接触不良或存在断路，应及时排除。

第二节 碰撞传感器

一、碰撞传感器的分类

碰撞传感器种类繁多、形式各异,常用的碰撞传感器可按用途与结构进行分类。

1. 按碰撞传感器的用途分类

碰撞传感器相当于一只控制开关,其工作状态取决于汽车碰撞时的减速度大小。安全气囊传感器按功能的不同,可分为碰撞信号传感器和碰撞防护传感器两种类型。

碰撞信号传感器主要用来检测碰撞强度,又称为碰撞烈度(激烈程度)传感器,安装在汽车左前与右前翼子板内侧,两侧前照灯支架下面,发动机散热器支架左、右两侧,左右仪表台下面等。

碰撞防护传感器又称为安全传感器或保险传感器,简称防护传感器,一般都安装在 SRS ECU 内部。碰撞防护传感器和碰撞信号传感器的结构原理完全相同,其唯一区别在于设定的减速度阈值有所不同。

2. 按碰撞传感器的结构分类

按传感器结构不同,碰撞传感器可分为机电结合式、水银开关式和电子式 3 种类型。

机电结合式是一种利用机械机构运动(滚动或转动)来控制电器触点动作,再由触点断开与闭合来控制安全气囊点火器电路接通与切断的传感元件,一般安装在发动机舱前纵梁上面(图 8-14)。目前常用的有滚球式、滚轴式和偏心锤式 3 种碰撞传感器。

图 8-14 安装在发动机前纵梁上的碰撞传感器

二、机电结合式碰撞传感器

1. 滚球式碰撞传感器

滚球式碰撞传感器又称为偏压磁铁式碰撞传感器，它的结构如图 8-15 所示，主要由铁质滚球、永久磁铁、导缸、固定触点和壳体组成。

两个触点分别与传感器引线端子连接。滚球用来感测减速度大小，在导缸内可移动或滚动。壳体 5 上印制有箭头标记，方向与传感器结构有关，有的规定指向汽车前方（如丰田雷克萨斯 LS400 型轿车），有的规定指向汽车后方，因此在安装传感器时，箭头方向必须符合使用说明书规定。

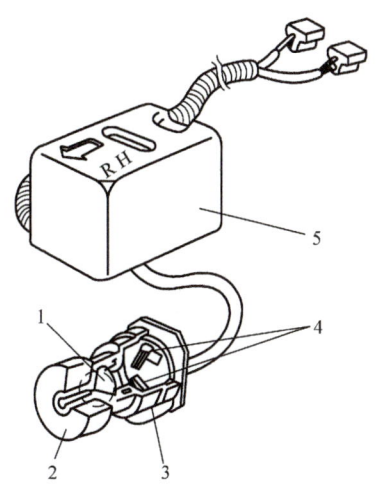

图 8-15　滚球式碰撞传感器的结构
1—铁质滚球　2—永久磁铁　3—导缸
4—固定触点　5—壳体

滚球式碰撞传感器工作原理如图 8-16 所示。当传感器处于静止状态时，在永久磁铁磁力作用下，导缸内的滚球被吸向磁铁，两个触点与滚球分离，传感器电路处于断开状态，如图 8-16a 所示。

当汽车遭受碰撞且减速度达到设定阈值时，滚球产生的惯性力将大于永久磁铁的电磁吸力。滚球在惯性力作用下就会克服磁力沿导缸向两个固定触点运动并将固定触点接通，如图 8-16b 所示。当传感器用作碰撞信号传感器时，固定触点接通可以将碰撞信号输入安全气囊系统电控单元（SRS ECU）；当传感器用作碰撞防护传感器时，则将点火器电源电路接通。

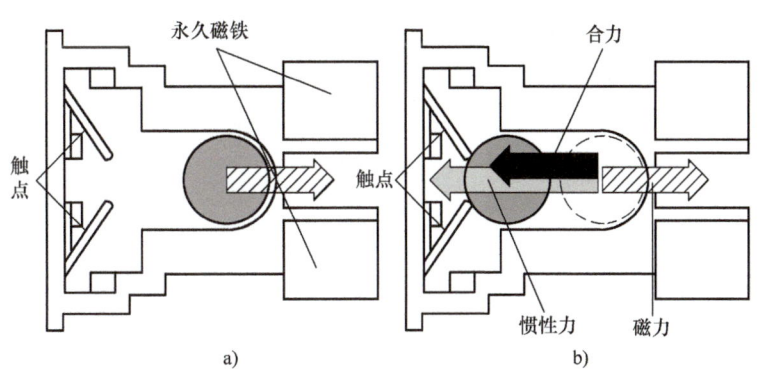

图 8-16　滚球式碰撞传感器工作原理
a）静止状态　b）工作状态

2. 滚轴式碰撞传感器

滚轴式碰撞传感器的结构如图 8-17 所示，主要由止动销、滚轴、滚动触点、固定触点、底座和片状弹簧组成。

片状弹簧一端固定在底座上，并与传感器的一个引线端子连接，另一端绕在滚轴上，滚动触点固定在滚轴部分的片状弹簧上,并可随滚轴一起转动。固定触点与片状弹簧绝缘固定在底座上,并与传感器的另一个引线端子连接。

当传感器处于静止状态时,滚轴在片状弹簧的弹力作用下滚向止动销一侧,滚动触点与固定触点处于断开状态,如图 8-17a 所示,传感器电路断开。

当汽车遭受碰撞且减速度达到设定阈值时,滚轴产生的惯性力将大于片状弹簧的弹力。滚轴在惯性力作用下就会克服弹簧弹力向右滚动,滚动触点与固定触点接触,如图 8-17b 所示。

当传感器用作碰撞信号传感器时,滚动触点与固定触点接触,可以将碰撞信号输入 SRS ECU;当传感器用作碰撞防护传感器时,则将点火器电源电路接通。

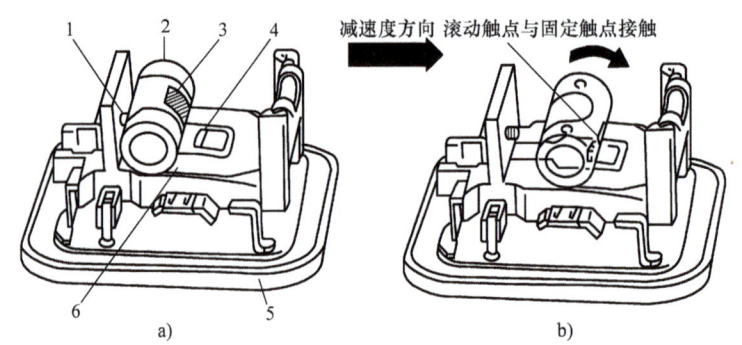

图 8-17 滚轴式碰撞传感器的结构
a)静止状态 b)工作状态
1—止动销 2—滚轴 3—滚动触点 4—固定触点 5—底座 6—片状弹簧

3. 偏心锤式碰撞传感器

偏心锤式碰撞传感器又称为偏心转子式碰撞传感器。丰田公司、马自达公司的汽车 SRS 采用了这种传感器,其结构如图 8-18 所示,主要由偏心锤、偏心锤臂、转动触点臂、转动触点、固定触点、复位弹簧、挡块、壳体等组成。

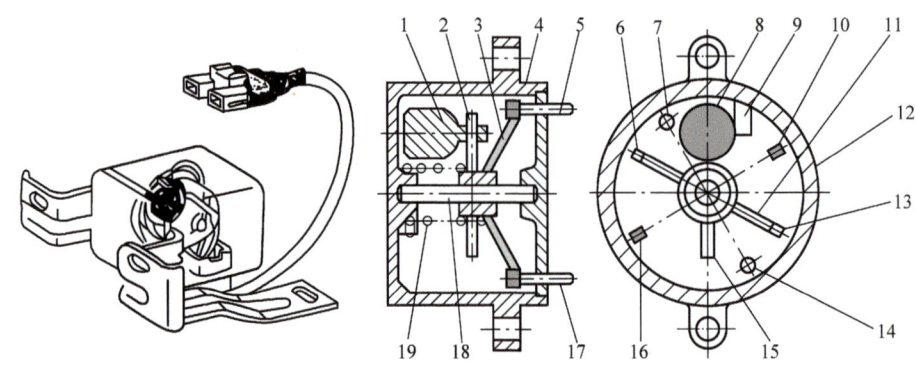

图 8-18 偏心锤式碰撞传感器的结构
1、8—偏心锤 2、15—偏心锤臂 3、11—转动触点臂 4、12—壳体 5、7、14、17—固定触点引线端子
6、13—转动触点 9—挡块 10、16—固定触点 18—传感器轴 19—复位弹簧

转子总成由偏心锤、转动触点臂及转动触点组成，安装在传感器轴上。偏心锤偏心安装在偏心锤臂上。转动触点臂两端固定有触点，触点随触点臂一起转动。两个固定触点绝缘固定在传感器壳体上，并用导线分别与传感器接线端子连接。

偏心锤式传感器的工作原理如图 8-19 所示。当传感器处于静止状态时，在复位弹簧弹力作用下，偏心锤与挡块保持接触，转子总成处于静止状态，转动触点与固定触点断开，如图 8-19a 所示，传感器电路处于断开状态。

当汽车遭受碰撞且减速度达到设定阈值时，偏心锤产生的惯性力矩将大于复位弹簧的弹力力矩，转子总成在惯性力矩作用下克服弹簧力矩沿逆时针方向转动一定角度，同时带动转动触点臂转动，并使转动触点与固定触点接触，如图 8-19b 所示。当传感器用作碰撞信号传感器时，转动触点与固定触点接触，可以将碰撞信号输入 SRS ECU；当传感器用作碰撞防护传感器时，则将点火器电源电路接通。

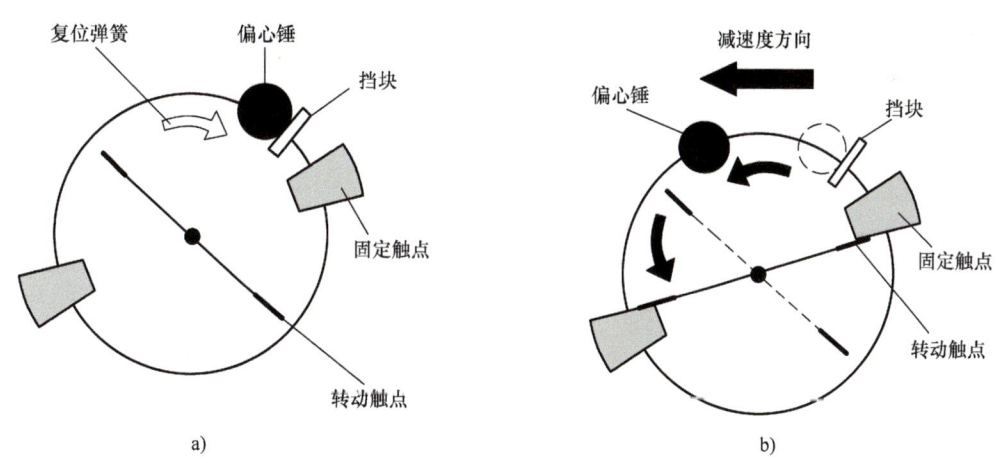

图 8-19 偏心锤式碰撞传感器工作原理
a）静止状态 b）工作状态

三、水银开关式碰撞传感器

水银开关式碰撞传感器利用水银具有良好的导电特性而制成，结构如图 8-20a 所示，它主要由水银、壳体、电极和密封螺塞组成。

水银开关式碰撞传感器的工作原理如图 8-20b 所示，当传感器处于静止状态时，水银在其重力作用下处于图 8-20a 所示位置，传感器的两个接线端子处于断开状态。当汽车发生碰撞且减速度达到设定阈值时，水银产生的惯性力在其运动方向的分力将克服其重力的分力而将水银抛向传感器电极，使两个电极接通。当传感器用作碰撞信号传感器时，两个电极接通，将碰撞信号输入安全气囊控制单元；当传感器用作碰撞防护传感器时，则将点火器电源电路接通。

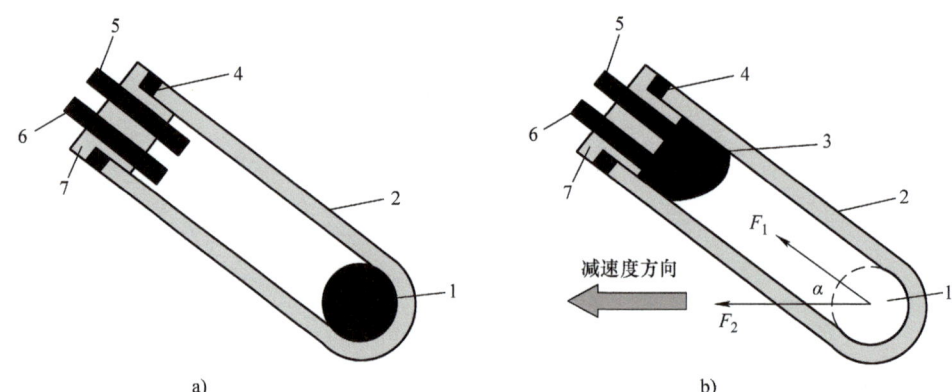

图 8-20 水银开关式磁撞传感器结构
a) 静止状态 b) 工作状态
1—水银（静态位置） 2—壳体 3—水银（动态位置） 4—密封圈 5—电极（接点火器）
6—电极（接电源） 7—密封螺塞 F_1—水银运动方向分力 F_2—惯性力 α—水银运动方向与水平方向之间的夹角

四、电子式碰撞传感器（压力传感器）

压力传感器在车辆发生侧面碰撞时，测量前车门内空气压力的突然变化情况。目前应用的两种压力传感器都带有电子分析机构，传感器与电子分析机构装配在一个壳体内，如图 8-21 所示。安全气囊碰撞传感器位于前车门内面板与外面板之间。传感器对车门内部空间的压力变化做出反应。空气通过一个流入通道作用在印制电路板上。印制电路板上的部件对碰撞时产生的压力快速变化做出反应。压力传感器持续测量空气压力。如果该传感器探测到空气压力提高到某一限值之上，就会向安全气囊控制单元发送一个信号。传感器失灵时组合仪表内的安全气囊警告灯会亮起。这种压力传感器按工作原理分成两种，即电容式压力传感器和压电式压力传感器。

（1）压电式压力传感器 如图 8-22 所示，压电式压力传感器的传感器单元由一个密封空腔组成，在这个密封空腔中有一个带有压电晶体的张紧的薄膜。通过施加压力将薄膜压入，从而导致压电晶体中产生电荷位移。该电荷位移作为电压由电子分析装置进行处理，然后作为信号传递给安全气囊控制单元 J234。

（2）电容式压力传感器 如图 8-23 所示，电容式压力传感器的传感器单元结构如同一个电容器。电容板 1 安装在密封的空腔中。电容板 2 作为薄膜在空腔中被张紧。如果给薄膜施加压力，则电容板之间的距

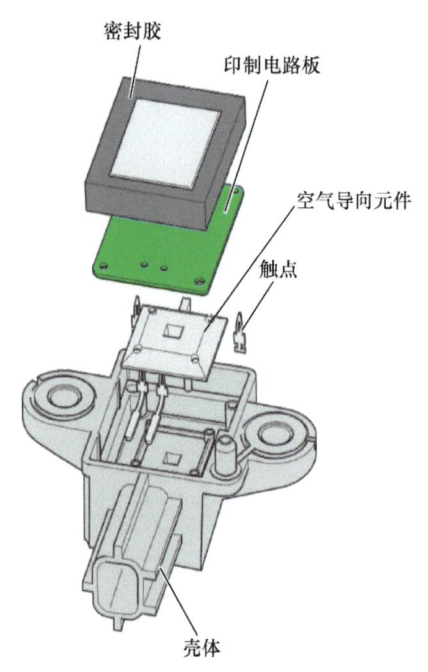

图 8-21 安全气囊碰撞传感器结构

第八章 爆燃和碰撞传感器

离（d）会发生变化。这种变化由电子分析装置进行处理，然后作为信号传递给安全气囊控制单元 J234。

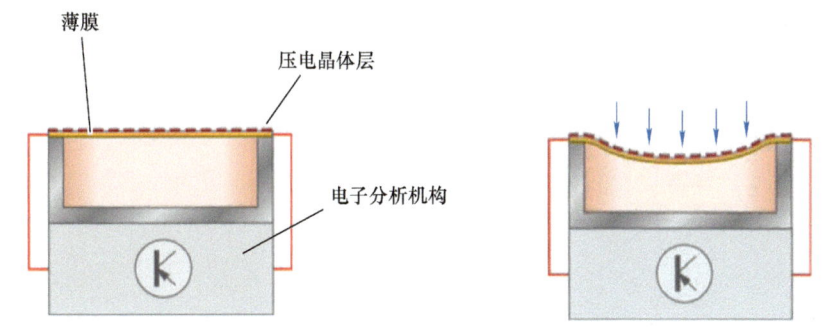

图 8-22 压电式压力传感器工作原理

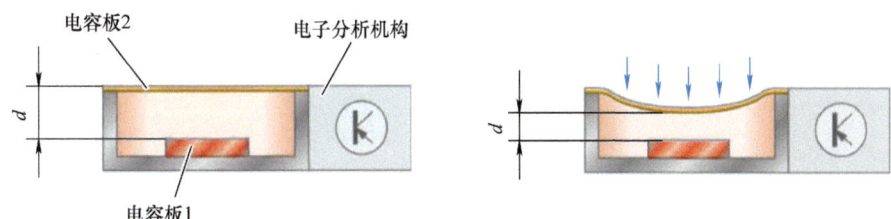

图 8-23 电容式压力传感器工作原理

五、碰撞传感器检测

以丰田卡罗拉前碰撞传感器为例，说明其检测过程，该车型前碰撞传感器电路如图 8-24 所示。

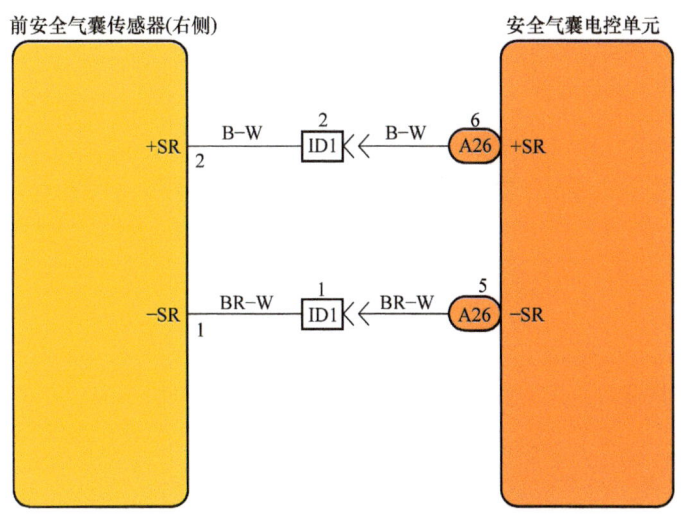

图 8-24 丰田卡罗拉前碰撞传感器电路

检测步骤如下。

(1) 检测右前安全气囊传感器电路　断开蓄电池负极电缆并等待至少90s，断开安全气囊电控单元与右前安全气囊传感器间的插接器，接回蓄电池负极电缆。将点火开关转至ON位置，检测右座椅安全带预张紧器与安全气囊电控单元间的插接器（在安全气囊电控单元侧）端子A26-6(+SR)与车身间，及端子A26-5(-SR)与车身间的电压，正常应小于1V。右前安全气囊传感器与安全气囊电控单元间的插接器（在安全气囊电控单元侧）端子A26-6与车身间，及端子A26-5与车身间的电阻，正常应为1MΩ或更大。右前安全气囊传感器插接器端子2(+SR)与1(-SR)间的电阻，正常应为85Ω。若正常，则进行下一步检测。

(2) 检测安全气囊电控单元　将点火开关转至LOCK位置，断开蓄电池负极电缆并等待至少90s，插回右前安全气囊电控单元插接器和安全气囊电控单元插接器，接回蓄电池负极电缆并等待至少2s，将点火开关转至ON位置并等待至少90s，清除SRS故障码。将点火开关转至LOCK位置并等待至少20s，将点火开关转至ON位置并等待至少60s，读取SRS故障码，这时应没有存储故障码B11156、B11157。若正常，则用模拟故障症状的方法进行检测；若不正常，则更换安全气囊电控单元。

第九章

新能源汽车传感器

第一节 大众新能源汽车传感器

一、奥迪 Q5 混合动力电驱动装置温度传感器

1. 电驱动装置的电机的组成部件

该车型电驱动装置的电机采用了铸造铝壳体,装备有永久磁铁(由钕-铁-硼材料制成,NdFeB)的内置转子,由带有电磁线圈的定子,用于连接到自动变速器的变矩器上的一个轴承盖,分离离合器,三相动力接头等部件构成,其结构如图 9-1 所示。

2. 电驱动装置温度传感器 1-G712

(1)结构 电驱动装置温度传感器 1-G712 用于测量电驱动装置电机线圈间的温度,通过一个温度模型来判定出该电机的最热点,其安装位置如图 9-2 所示。这个温度传感器的信号用于操控高温循环的冷却能力。这个冷却循环管路是创新温度管理的组件。通过一个电动冷却液辅助泵和接通内燃机的冷却液泵,可实现让冷却液从静止(不流动)到最大冷却能力之间的调节。

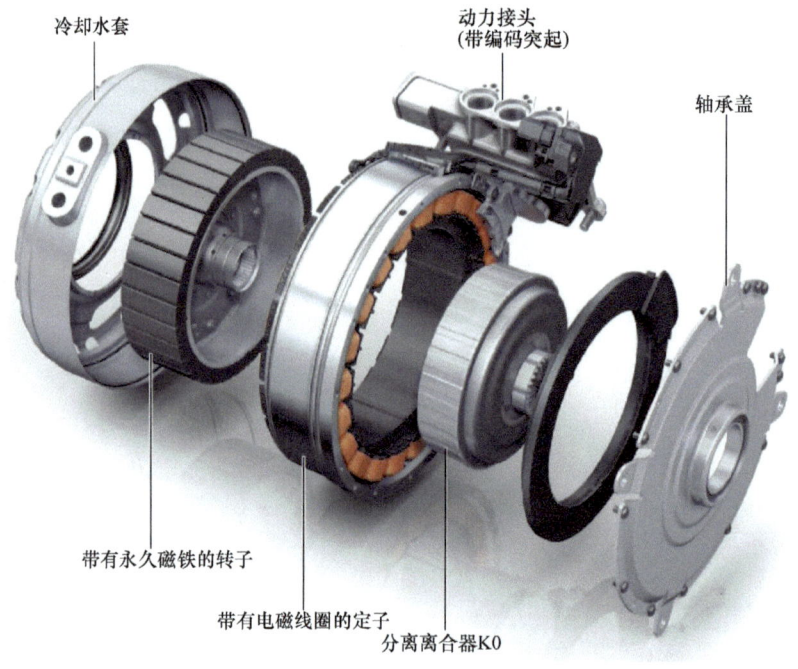

图 9-1 电驱动装置的电机的组成部件

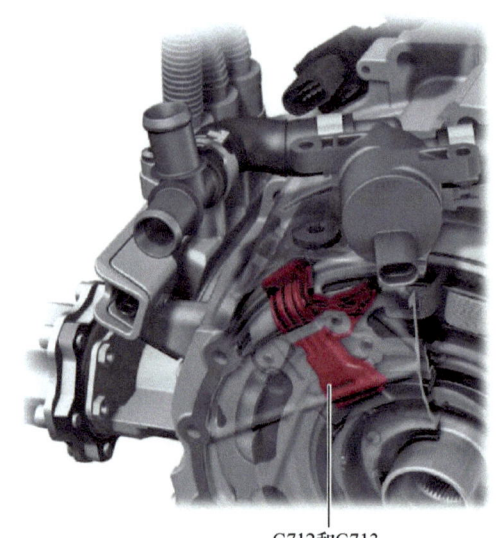

图 9-2 电驱动装置温度传感器 G712 和位置传感器 G713 的安装位置

(2)故障维修 如电驱动装置温度传感器出现故障,那么组合仪表上就会显示黄色的混合动力系统警告灯。这时驾驶人必须到就近的服务站寻求帮助。车辆这时也无法重新起动了,但是可以继续靠内燃机工作来行驶,直至12V蓄电池没电了为止。

3. 电驱动装置位置传感器 1-G713

（1）结构　由于带有自己的转速传感器的内燃机在以电动模式工作时，与电驱动装置的电机是断开的，因此电驱动装置的电机需要有自己的传感器，以便用于检测转子位置和转子转速。为此，就在电驱动装置的电机内集成了一个位置（转速）传感器，其安装位置如图 9-2 所示。

发动机管理系统和变速器管理系统根据这个传感器传来的信号，来判断电驱动装置的电机是否转动，以及转速是多少。该信号用于操控电机（E-Maschine）做发电机使用、电机（E-Maschine）做电动机使用、电机（E-Maschine）做内燃机的起动机使用的高压驱动部件。

（2）故障维修　如电驱动装置位置传感器 1-G713 出现故障，那么组合仪表上就会显示红色的混合动力系统警告灯。此时，电机就关闭了，车辆滑行至停止，无法使用电动方式来驱动车辆行驶了，发电机这个工作模式就不好用了，也无法起动内燃机，驾驶人应寻求服务站帮助。

二、途锐新能源汽车传感器

1. 转子位置传感器

（1）结构　在电动模式下，内燃机及其转速传感器与电机在结构上已经分离，因此，电机需要单独的传感器系统，来确定电机转子的位置和转子的转速。如图 9-3 所示，在电机中集成了三个位置（转速）传感器。它们是：驱动电机转子位置传感器 1-G713，驱动电机转子位置传感器 2-G714，驱动电机转子位置传感器 3-G715。

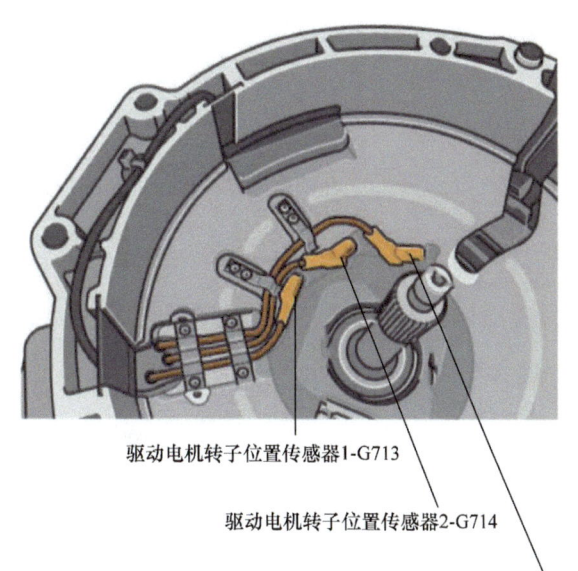

图 9-3　驱动电机转子位置传感器的安装位置

（2）信号的使用　根据这三个单独的传感器提供的信号，发动机和变速器管理系统能够接收到电机是否转动，以及电机转速信息。该信号用于控制以下高压驱动零部件，包括：电机/发电机作为发电机，电机/发电机作为电动机，以及电机/发电机作为内燃机起动机。

（3）发生故障时的后果　如果传感器发生故障，则在仪表组上显示混合动力系统警告灯。必须去最近的维修场站进行检查。此时不能再重新起动发动机。然后在仪表组上显示不要关闭内燃机的提示。这是为了保证车辆能够行驶到维修场站。

2. 驱动电机温度传感器 G712

（1）信号的使用　如图 9-4 所示，驱动电机温度传感器 G712 浇铸在驱动电机壳体的合成树脂内。它用来探测驱动电机的温度。冷却回路是新型热管理系统的一部分。驱动电机温度传感器信号用于控制高温回路的冷却能力。通过电动辅助冷却液泵以及内燃机上的冷却液泵，可在标准值和最大值之间调节冷却能力。

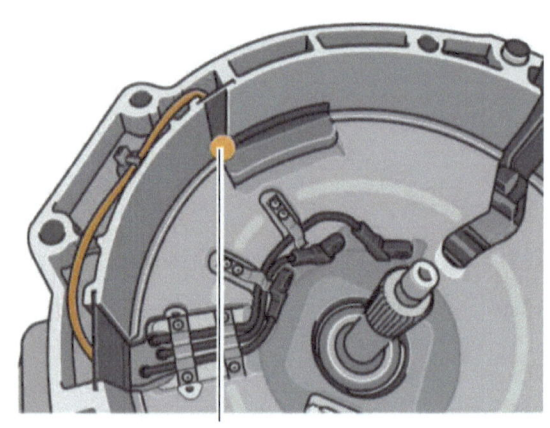

驱动电机温度传感器G712，浇铸在电机壳体内

图 9-4　驱动电机温度传感器安装位置

（2）发生故障时的后果　如果该传感器发生故障，则在仪表组上显示混合动力系统警告灯。必须去最近的维修场站进行检查。还可以继续驾驶车辆，但是混合动力驱动操作非常有限。

（3）警告　即使是 25V 交流电和 60V 直流电对于人体也是不安全的。因此，必须严格遵守维修和保养资料、引导型故障查询中的安全提示和车辆上的警告信息。只有了解高电压危险性，且具备资质的专业人员才能对配备高电压设备的车辆进行操作。

三、奥迪 e-tron 驱动电机相关传感器

1. 电机温度传感器

如图 9-5 所示，每个电机上有两个不同的温度传感器。在前桥电机上是前部交流驱动装

置冷却液温度传感器 G1110 和前部驱动电机温度传感器 G1093。

前部交流驱动装置冷却液温度传感器 G1110 用于监控流入的冷却液的温度。前部驱动电机温度传感器 G1093 用于测量定子温度，为了测量精确，G1093 是集成在定子绕组上的且采用冗余设计，就是说：尽管只需要一个传感器，但是在定子绕组上集成了两个传感器。一旦第一个定子温度传感器损坏了，那么另一个传感器仍可执行温度监控功能。只有当两个传感器都失效时，才应该更换电机。如果这两个传感器之一损坏了，不会有故障记录。只有前部驱动电机温度传感器 G1093 会显示在测量值中。

后桥上的结构与此相同。定子内有后部驱动电机温度传感器 G1096，冷却液温度由后部交流驱动装置冷却液温度传感器 G1111 来测量。

图 9-5　电机温度传感器的安装位置

2. 电机转子位置传感器 G159

电机转子位置传感器 G159（图 9-6）是根据坐标转换原理来工作的。它可以检测到转子轴极小的位置变化。该传感器由两部分构成：坐标转换器盖上的不动的传感器和安装在转子轴上的靶轮。功率电子装置根据转子位置信号，计算出控制异步电机所需的转速信号，异步电机上不需要监控转子位置。转子每转的传感器信号有四个脉冲，可对电机的工作进行精确操控。转子位置传感器可以更换。

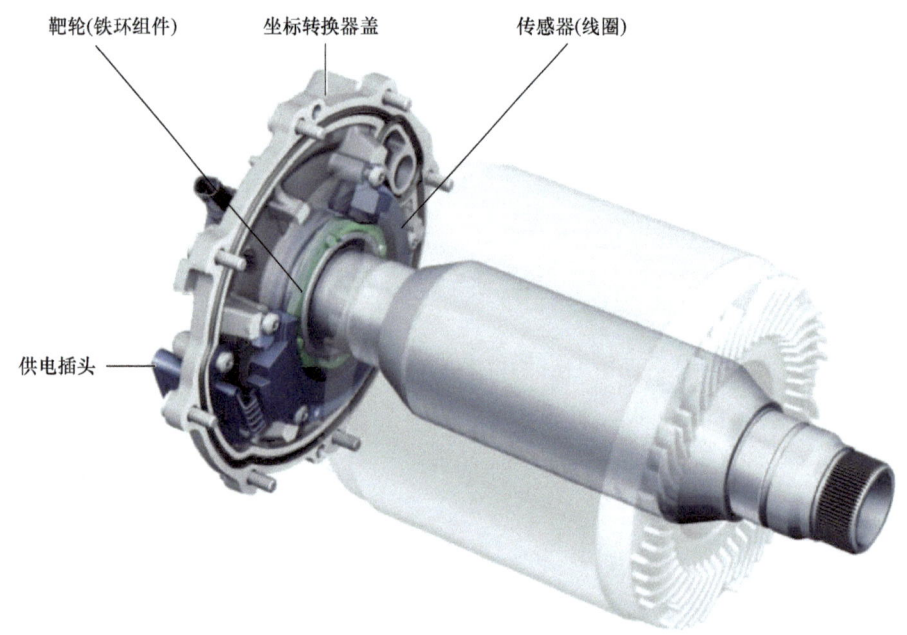

图 9-6　电机转子位置传感器安装位置

四、案例：2014 款奥迪 A8 混合动力车无法起动

故障现象　一辆 2014 款奥迪 A8 混合动力车，搭载 CHJA 发动机，行驶里程约为 8.5 万 km。驾驶人反映，车辆行驶过程中，组合仪表上的混合动力系统故障灯突然点亮，靠边停车后再次按下起动按钮，发现车辆无法进入 Hybrid Ready（混合动力已准备完毕）模式。

故障诊断　维修人员赶到车辆救援现场，按下起动按钮，组合仪表无显示，怀疑是低压蓄电池亏电，对车辆进行辅助供电操作，发现车辆又能够进入 Hybrid Ready 模式，但行驶一段距离后故障现象再次出现，于是建议驾驶人将车送修理厂检修。第二天维修人员试着按下起动按钮，车辆又能够进入 Hybrid Ready 模式，但组合仪表始终显示动力电池不充电（图 9-7）。连接故障检测仪（VAS6150B）读取故障码，在电驱动控制单元（J841）内存储有故障码 "P0CEB00——低温循环冷却液泵对搭铁短路"，在发动机控制单元（J623）内存储有故障码 "P0A9400——DC/DC 变压器丢失电源"。根据故障码 "P0A9400" 进行引导性故障查询，要求检查低温循环冷却液泵（V468）。

查阅图 9-8 所示的奥迪 A8 混合动力车型冷却液循环系统工作原理图，得知冷却液循环系统分为高温循环和低温循环两部分，高

图 9-7　组合仪表显示动力电池不充电

第九章 新能源汽车传感器

温循环部分组件包括暖风热交换器、冷却液截止阀（N82）、电驱动装置电机（V141）、高温循环冷却液泵（V467）、冷却液泵、废气涡轮增压器、发动机机油冷却器、冷却液温度传感器（G62）、发动机冷却系统节温器（F265）、冷却液续动泵（V51）、高温循环散热器、变速器机油冷却器；低温循环部分组件包括电驱动功率和控制电子装置（JX1）、低温循环冷却液泵、低温循环散热器。在发动机不工作时，冷却液是由冷却液泵来循环的。

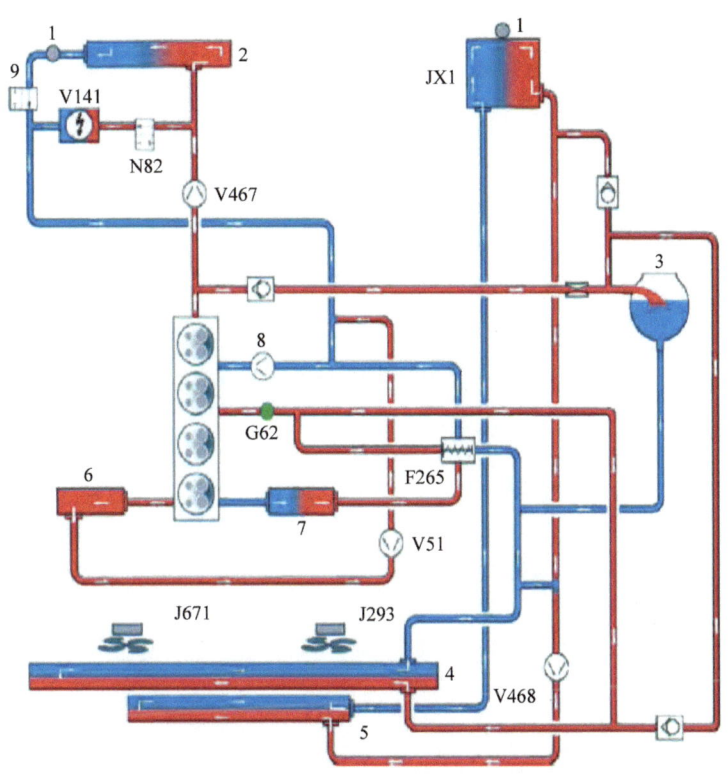

图 9-8 奥迪 A8 混合动力车型冷却液循环系统工作原理图

1—放气螺塞　2—暖风热交换器　3—冷却液膨胀罐　4—高温循环散热器　5—低温循环散热器　6—废气涡轮增压器　7—发动机机油冷却器　8—冷却液泵　9—冷却液截止阀　F265—特性曲线控制的发动机冷却系统节温器　G62—冷却液温度传感器　J293—散热器风扇控制单元　J671—散热器风扇控制单元2　N82—冷却液截止阀　V51—冷却液续动泵　V141—电驱动装置电机　V467—高温循环冷却液泵　V468—低温循环冷却液泵　JX1—电驱动功率和控制电子装置

查询相关资料得知，电驱动功率和控制电子装置由电驱动控制单元、交流电驱动装置、牵引电机逆变器、变压器、中间电容器组成。电驱动功率和控制电子装置上的温度传感器，将温度信息传递给电驱动控制单元。由于低温循环管路是冷却液循环系统的一个组成部分，所以电驱动控制单元会将相应的信息传递给发动机控制单元。于是发动机控制单元就可以通过电驱动控制单元，根据需要接通低温循环冷却液泵，用故障检测仪对低温循环冷却液泵执行元件测试，发现低温循环冷却液泵 V468 不工作。断开低温循环冷却液泵 V468 导线连接器，发现低温循环冷却液泵端子处有大量冷却液渗出（图 9-9），由此判定低温循环冷却液泵损坏。

故障排除 更换低温循环冷却液泵 V468 后试车，上述故障现象不再出现，至此，故障彻底排除。

维修总结 由于低温循环冷却液泵 V468 故障，冷却液循环系统的低温循环部分无法正常散热，导致电驱动功率和控制电子装置 JX1 温度过高，电驱动控制单元出于安全考虑将会切断高压电，从而出现上述故障现象。

图 9-9 低温循环冷却液泵处渗出大量的冷却液

第二节 宝马新能源汽车传感器

一、宝马 X6 混合动力燃油压力和温度传感器

如图 9-10 所示，宝马 X6 压力燃油箱内的压力和温度通过一个组合式压力/温度传感器进行测量。该传感器的温度测量范围在 -40℃至 +85℃，压力测量范围在 -150mbar 至 +400mbar。测量数值通过 LIN 总线发送至混合动力压力燃油箱电子系统控制单元。混合动力压力燃油箱电子系统对压力/温度传感器信号进行分析，并在需要时控制燃油箱隔离阀。进行维修时可对燃油压力/温度传感器进行更换。为此必须使压力燃油箱稍稍下降。

如图 9-11 所示，为了确认档位选择开关的位置，电子变速器控制（EGS）装置配备一个档位传感器。该装置位于 EGS 内部，并且恒定连接在档位拉杆轴上。如果改变档位选择开关的档位（P、R、N、D），档位传感器信号发生变化。该装置将当前档位信息持续反馈至 EGS。

图 9-10 组合式压力/温度传感器外形

第九章 新能源汽车传感器

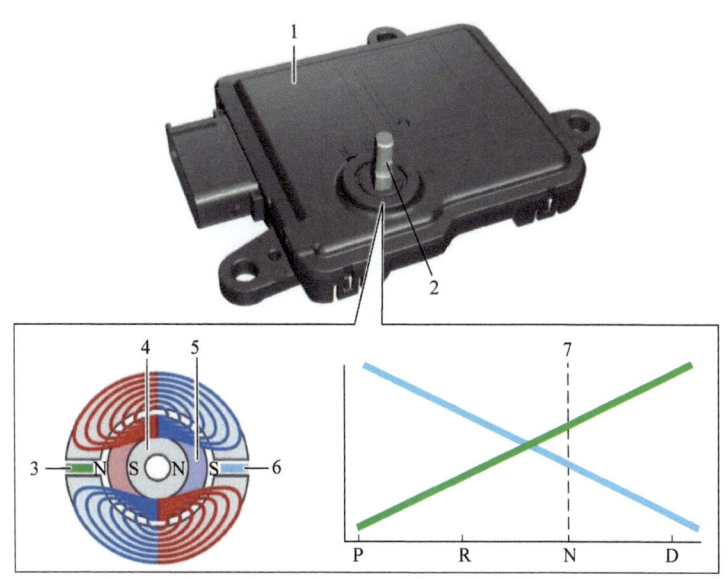

图 9-11 F49 中电子变速器控制（EGS）装置的档位传感器

1—电子变速器控制装置 EGS　2—档位传感器　3—霍尔集成电路 1　4—轴　5—霍尔集成电路 2　6—永久磁铁
7—空档时的传感器信号　D—驱动（前进）档　N—空档　P—驻车档　R—倒档

传感器通过线性霍尔集成电路以一种非接触的方式进行操作。这些电路根据永久磁铁的磁场改变它们的电压。永久磁铁位于内部，安装方式确保其可以通过轴进行旋转。转动档位拉杆时，磁力线以不同的角度与霍尔集成电路相交。然后改变它们的输出电压。

档位传感器可以通过"空档教学"维修功能可以再次重置。空档位置需要在更换电子变速器控制装置（EGS）时，更换档位选择器拉杆时，以及每次拆装和安装电子变速器控制装置（EGS）后等情况下进行"教学"。

二、宝马 X6 PHEV 转子位置传感器

宝马 X6 PHEV 的驱动电机是一款设计为内转子的永久励磁同步电机，即：旋转转子位于电机"内部"，同步电机的基本结构如图 9-12 所示。该装置可以将动力电池单元的电能转换为动能，动能通过电机变速器驱动汽车后轮。通过后轮纯电力驱动可以达到 120km/h 左右的最大车速，通过 eBOOST 功能还可以辅助内燃机，比如：超车或负载较高时。电机在制动或滑行模式下将动能转换为电能，并输送至动力电池单元（能量回收）。电机安装在后桥上的电机变速器上，通过电力驱动后轮。

电机转子包括：转子叠片组、永久磁铁及转子轴。碟片组及磁体型号确定了电机的旋转电磁电路。磁体的磁场（连同定子线圈的磁场）产生电机的部分机械转矩。转子轴将产生的转矩传送至传动装置。极对的数量为 4，在确保合理的设计复杂性的同时，还可以让转矩曲线在每次转动时尽量保持恒定。磁体呈 V 形布置。

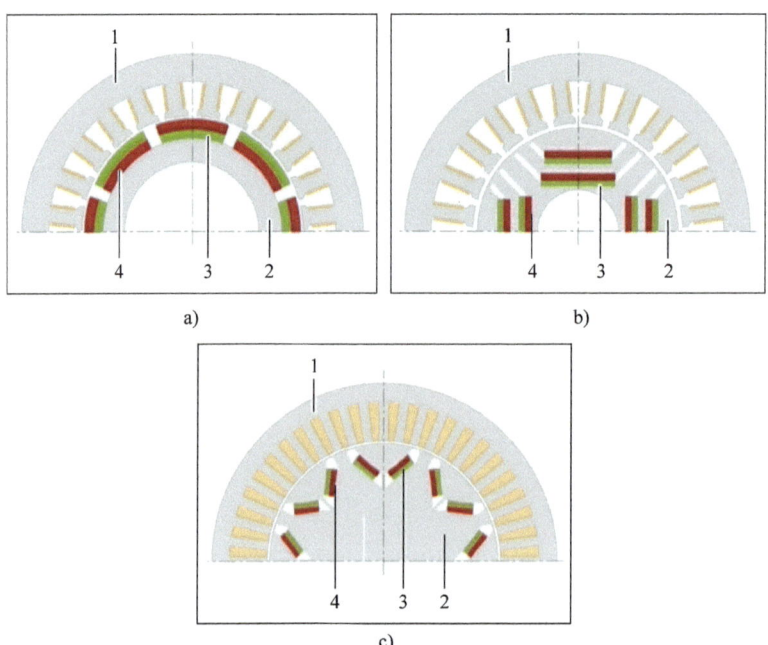

图 9-12 同步电机的基本结构

a）常规同步电机 b）同步电机 EMP242（E82E、I01、I12） c）同步电机 EMP156.162（F49 PHEV）
1—定子 2—叠片组合，转子 3—永久磁铁 S 极 4—永久磁铁 N 极

1. 转子和定子结构

如图 9-13 所示，驱动电机的主要组件包括转子和定子、连接件以及转子位置传感器。F49 PHEV 中的混动系统被称为平行混动系统。内燃机及驱动电机通过链轮进行机械耦合。驾驶过程中，两种驱动系统可以单独使用或同时使用。

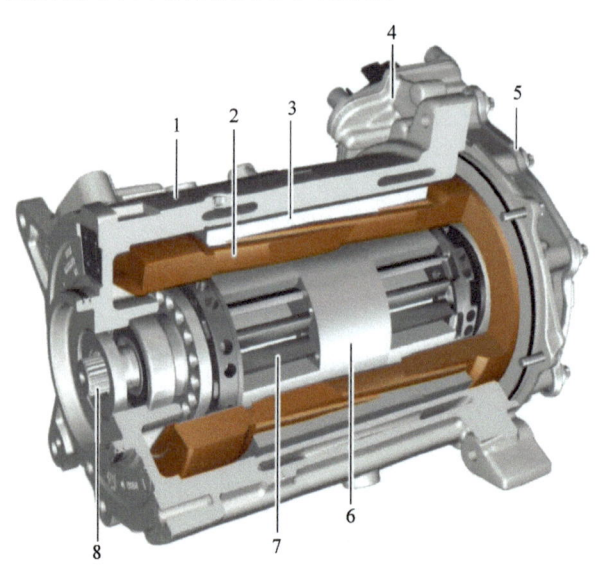

图 9-13 F49 PHEV 电机的转子和定子横截面图

1—电机壳罩 2—线圈（U、V、W） 3—定子 4—高压连接件（U、V、W） 5—盖子（维修中禁止打开）
6—转子 7—永久磁铁 8—转子轴

2. 转子位置传感器的结构

如图 9-14 所示，宝马 F49 PHEV 中的电机结构属于内转子结构。"内转子"是表示转子通过永久磁铁呈环形布置在内侧。产生旋转磁场的线圈位于外部。定子收缩进电机壳罩内。F49 PHEV 的电机在转子内有四对电极。两个带槽的球轴承位于轴的两端，对转子起支撑作用。

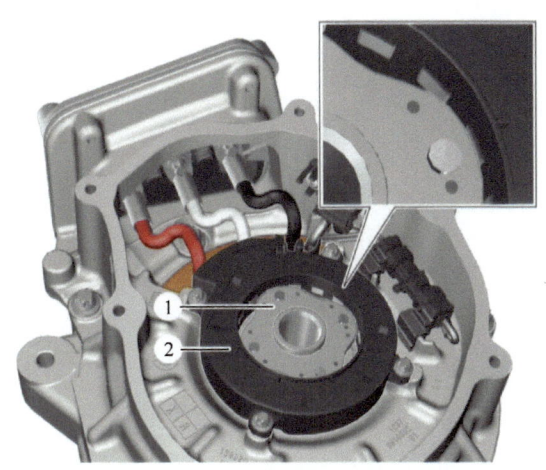

图 9-14 转子位置传感器的结构
1—转子位置传感器的转子 2—转子位置传感器的定子

为了对定子线圈电压进行正确计算，并确保电机电子装置根据振幅和相位层产生电压，必须知道转子的精确位置。转子位置传感器就承担这一任务。转子结构与同步电机的转子结构类似，并且它有一个特殊成形的转子与电机转子相连，并有一个与电机定子相连的定子。转子在定子线圈中旋转产生的电压，通过电机电子装置进行评估，然后根据评估结果计算出转子位置的角度。

更换电机电子装置时，必须借助诊断系统对转子位置传感器进行校准。电机组件在运行过程中不得超过特定的温度。它配备有一个温度模块和两个冗余温度传感器，以便监控电机的温度。它们设计为带有一个负温度系数（NTC）的可变电阻器，并在定子线圈头的两个点进行温度测量。NTC 越热，电阻越低。

电机电子装置对温度传感器的信号进行评估，通过计算温度模块进行对比，如果必要，当电机温度接近最大许可值时可以降低电机的功率，以免损害组件。

3. 维修

安装新的电机或新的电机电子装置（EME）后，或者 EME 重新编程后，必须在 EME 中检查转子位置传感器的偏移并进行编程（若需）。相关诊断工作即是出于这个目的。转子位置传感器偏移角铭刻在电机型号铭牌上，组件安装后也可以看见该型号铭牌，并且通过汽车提升机提起汽车后，可以查看该型号铭牌。型号铭牌位于电机保护盖罩下方，从下方可以轻易看到。

更换电机或电机电子装置后，必须通过诊断系统对转子位置传感器进行调整。

三、高压起动机/电机/发电机的传感器

F49 PHEV 中，位于常规交流发电机位置的高压起动机/电机/发电机替换了常规的起动机（F49 PHEV 中无附加的起动机）及交流发电机的功能。该装置主要用来起动 B38 内燃机，在驾驶过程中如果没有充足的充电电压通过电机电子装置中的 DC/DC 变换器为 12V 汽车电气系统供电，该装置可以为动力电池单元进行充电。高压起动机/电机/发电机的传感器通过 EME 进行读取和评估。

1. 温度传感器

为了避免温度过高损害组件，高压起动机/电机/发电机内配备了一个温度传感器。此温度传感器是一个负温度系数的热敏电阻，位于定子线圈内。转子的温度未直接测量，但是可以通过定子内温度传感器的测量数值进行判定。信号同样由 EME 读取和评估。

如果出现故障，影响高压起动机/电机/发电机性能的情况如下：

1）如果温度传感器提供一项不真实的数值，高压起动机/电机/发电机的功率被缩减至 8kW。这样做的目的旨在防止温度进一步增加。此外还出现一个带有功率缩减说明的检查控制信息。

2）如果温度进一步升高，或者出现传感器信号故障，高压起动机/电机/发电机被置于安全状态（主动短路），汽车进入应急操作。此外，还将出现检查控制信息：无法起动内燃机。

温度传感器在维修中不得单独替换。

2. 转子位置传感器

为了确保定子线圈的定压可以进行精确计算，并且 EME 可以根据振幅和相位产生电压，必须知道转子的精确设置角度。因此，高压起动机/电机/发电机中配备了一个转子位置传感器。

转子位子传感器固定在高压起动机/电机/发电机的定子上，根据倾斜传感器原理进行工作。转子位置传感器中有三个线圈。一个指定的交流电压供给至其中一个线圈。其他两个线圈的供电相位各移动了 90°。这些线圈中产生的电压可以提供转子角度设置相关的信息。转子位置传感器由高压起动机/电机/发电机的制造商安装在相应线路上，确保其可以时刻进行精确调整。

如果传感器信号在发动机运行过程中出现故障，高压起动机/电机/发电机切换至应急操作。这样可以使汽车行驶至最近的 BMW 维修站。在这种紧急操作中，一旦内燃机熄火将无法再次起动。如果传感器信号在发动机静止状态下出现故障，高压起动机/电机/发电机

第九章　新能源汽车传感器

切换至安全状态（主动短路）。如果出现这种状况，汽车只能通过后桥的电机进行驱动。相应的检查控制信息通过组合仪表显示。转子位置传感器在维修中不得单独替换。

四、车轮转速传感器

F49 PHEV 中的车轮轴承单元结构如图 9-15 所示，车轮转速传感器启用后可以采集多极传感器齿轮的转速及转向相关的信息。

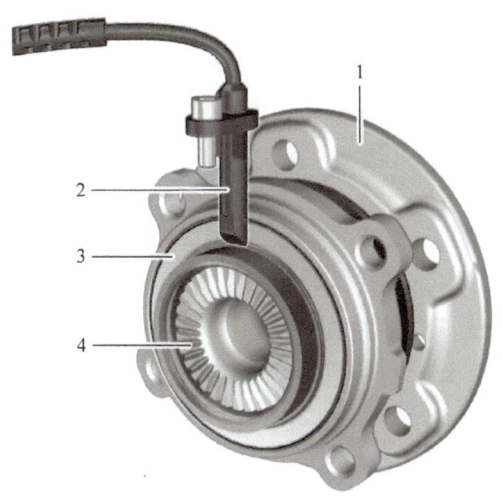

图 9-15　F49 PHEV 中的车轮轴承单元
1—车轮轴承单元　2—车轮转速传感器　3—多极传感器齿轮　4—正齿轮传动装置

图 9-16 显示的是带有转向检测的车轮转速传感器发出的信号。为了正常发挥各自的功能，各类辅助系统均需提供车轮转速、车轮静止③及转向②相关的信息。这种信息从带有转向检测的车轮转速传感器，通过数据记录（曼彻斯特编码）传送至 DSC 控制单元。车轮旋转①信息通过 28mA 电流输出。转向②相关的信息通过 14mA 电流输出。如果车轮静止③，28mA 降至 14mA。车轮转速通过"车轮转动"信号频率①判定。动态稳定控制系统（DSC）根据车轮转速计算当前的滑移曲线。滑移曲线是再生制动和液压制动的重要输入变量。

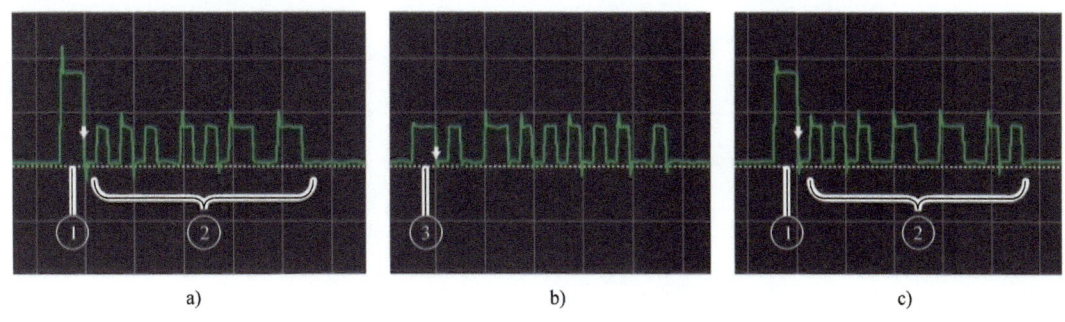

图 9-16　F49 PHEV 中带有转向检测的车轮速度信号
a）前进信号　b）车轮静止信号　c）倒车信号
①—车轮旋转信息　②—转向信息　③—车轮静止时的信息

转速相关的车轮角度及车轮转速信号的频率随着车轮尺寸而变化。如果前桥和后桥使用的车轮/轮胎组合的差别较大,禁止在极限条件下使用再生制动。为了避免汽车驾驶状况出现不稳定,在某些已保存的滑移曲线的条件下不会执行再生制动。在这种情形中,完全由液压制动系统提供全部制动动力。

如果使用未经审批的车轮/轮胎组合,禁止使用再生制动系统。

五、F15 PHEV 温度传感器

F15 PHEV 的混合动力系统是所谓的并联式混合动力系统。内燃机和电机均与驱动齿轮机械连接。驱动车辆时不仅可以单独使用,而且也可以同时使用两种驱动系统。电机的主要组件包括:转子和定子、接口、转子位置传感器以及冷却系统。

1. 电机的转子和定子

如图 9-17 所示,宝马 F15 PHEV 的电机(驱动电机)采用内部转子结构。"内部转子"表示带有永久磁铁的转子以环形方式布置在内侧。可产生磁场的绕组布置在外侧,构成定子。F15 PHEV 的电机有八个极对。转子通过一个法兰支撑在转子空心轴上,电机空心轴与变速器输入轴连接。

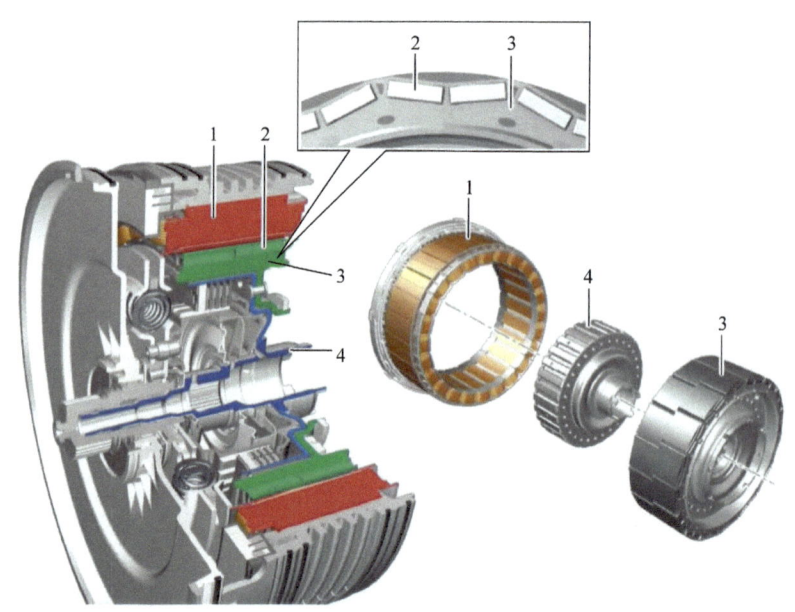

图 9-17 F15 PHEV 电机的转子和定子
1—定子 2—永久磁铁 3—转子 4—带分离离合器外壳的空心轴

2. 接口

如图 9-18 所示,在自动变速器壳体上有五个电机接口,分别用于温度传感器、两个冷却液管路、转子位置传感器以及高电压导线。

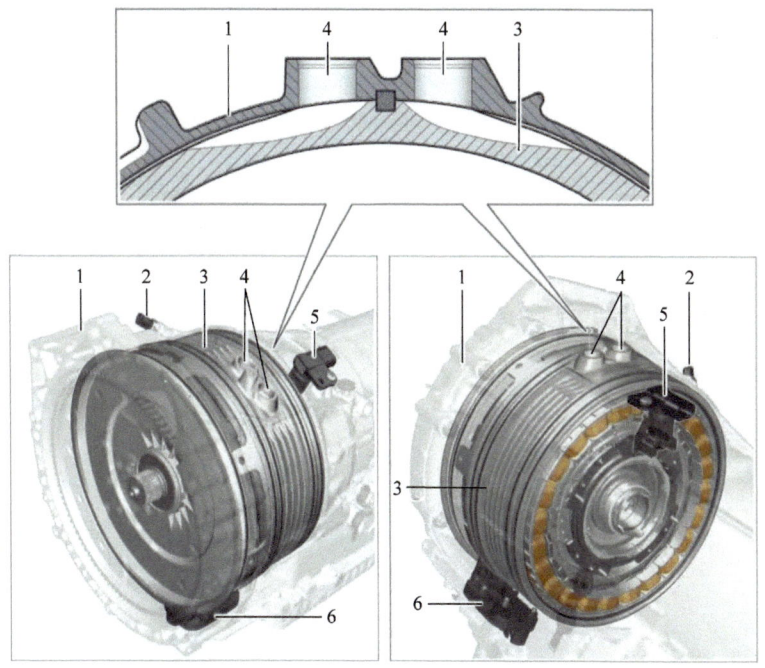

图 9-18　F15 PHEV 电机接口

1—变速器壳体　2—温度传感器　3—冷却液通道　4—冷却液接口　5—转子位置传感器电气接口　6—高电压接口

系统通过高电压接口（图 9-19）为电机绕组提供电能。高电压接口通过一根三相屏蔽高电压导线将电机电子装置与电机连接在一起。高电压插头拧在电机电子装置和电机上。不允许对高电压导线进行修理。损坏时原则上必须更换导线。

3. 传感器结构

（1）结构　为确保电机电子装置正确计算和产生定子内绕组电压的振幅和相位，必须了解准确的转子位置。这项任务由转子位置传感器来执行。该传感器与同步电机结构类似，带有一个特殊形状的转子（与电机转子连接在一起）和一个定子（与电机定子连接在一起）。通过转子转动在定子绕组内产生的感应相电压，由电机电子装置进行分析，从而计算转子位置角度。

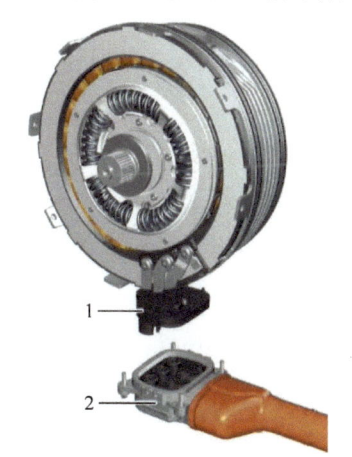

图 9-19　电机高电压接口

1—高电压接口　2—高电压插头

电机传感器如图 9-20 所示，运行时电机组件不得超过特定温度。通过一个温度模型和一个温度传感器来监控电机温度。该传感器采用了负温度系数（NTC）的可变电阻，测量自动变速器壳体上的冷却液输出温度。NTC 越热，其电阻越小。

电机电子装置分析温度传感器信号，并将其与温度模型计算值进行比较，如果电机温度接近最大允许值就会根据需要降低电机功率。在定子绕组上不再安装单独的温度传感器。

（2）维修 更换自动变速器或电机电子装置时，需借助诊断系统校准转子位置传感器。

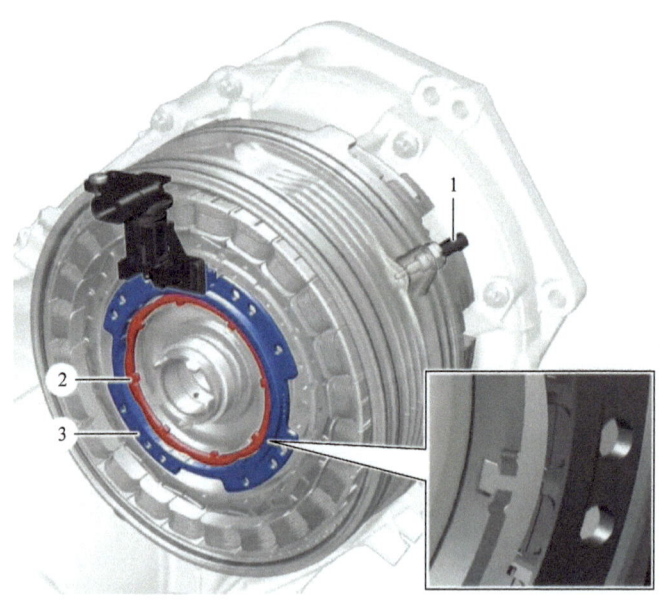

图 9-20 电机传感器
1—温度传感器 2—转子位置传感器的转子 3—转子位置传感器的定子

六、案例：宝马混合动力发动机起动困难，并且起停功能不好用

故障现象 一辆宝马混合动力（车型：F04），配置 N63 发动机，行驶里程：52222km。节油启停功能（MSA）只能使用一次，当再次停车时，MSA 不起作用。关闭点火开关重起发动机，MSA 又恢复，但还是只能使用一次，然后又失效。

故障诊断 由于该车机油消耗严重，分解并维修了发动机后出现该故障。试车，故障确实存在，MSA 有时候在等红绿灯时发动机不自动熄火；同时有时候在等红绿灯时，MSA 能使发动机自动熄火，但是在车辆起步 MSA 起动发动机时，起动以后发动机会自动熄火，并在 CID 上面有故障显示，MSA 退出工作，重新关闭点火开关后，故障消失。

用 ISID 测试，有故障码 216104——MSA 监控发动机转速建立过慢。根据故障码执行相应的检测计划，检查电机插头及高压线插头没有腐蚀，测量高压线电阻低于 100Ω，在标准范围以内。鉴于检测计划提示检查不出来结果，于是进入 ISID 服务功能查看到底是什么因素抑制了 MSA 正常使用，其具体路径是：服务功能 - 电动机 - 混合动力汽车 - 发动机起动/停止自动装置。进入以后，里面有以下几个选项：

① 发动机起动/停止自动装置概述。

② 历史存储器概述。

③ 发动机未关闭（断开阻碍条件）或独立开始运转（通电请求条件）。

④ 最后 10 个起动阻碍条件概述（发动机不运转）。

⑤ 历史存储器复位。

⑥ 结束服务功能。

进入选项③，结果发现里面阻碍因素太多，于是对历史存储器进行复位再次试车。试车后再次读取哪些因素抑制了 MSA 起动，结果发现"自动变速器未准备就绪（变速器油温或变速器油位超出额定范围）"故障报了 22 次。

读取变速器数据流，变速器油温在 90℃左右波动，所以排除油温的影响。同时因为冷车的时候也会出现该故障，就更进一步证明不是变速器油温导致的故障。与其他车辆互换蓄压器，试车故障依旧。怀疑是模块软件问题，对车辆进行编程，故障依旧。重新查询 ISTA 安装电机的步骤，看是否有遗漏步骤未操作，同时询问维修人员：

1）安装电机是否用专用工具（没有用），因为我们没有专用工具。

2）安装好电机后是否匹配过电机转子位置传感器（没有匹配），因为没注意看。

3）维修人员还反映在维修发动机后第一次起动时，发动机噪声非常大，像助力泵没有时产生的异响声音，但是过一会儿就消失了。

4）对发动机熄火后再次起动发动机始终起动不起来，感觉电机运转无力。

故障排除 基于以上得到的信息，同时结合 ISTA 维修步骤，因为在拆卸电机以后必须得有专用工具对电机的定子与转子进行定位，怀疑是没有定位导致的。重新拆变速器并拆卸电机，用其他办法对电机进行定位，装车再试，故障依旧。再次拆卸电机并分解电机，发现电机的转子和定子严重磨损，估计是定子的硅钢片绝缘层磨损导致产生电涡流，从而使硅钢片导磁能力下降，所以电机运转起来无力。重新订购新的电机并装车试车，故障消失。

维修总结 在做任何维修时，一定要仔细阅读维修流程，不然会引起不必要的维修。定子磨损是由于没有用专用工具定位转子与定子，此定位主要是调整转子与定子的间隙。

第十章 其他类型传感器

第一节 智能型蓄电池传感器

一、工作原理

智能型蓄电池传感器内部安装的智能芯片，通过电源线 B+ 给其供电，同时提供蓄电池电压信号。它在工作时可以连续测量蓄电池电压、蓄电池充电/放电电流、蓄电池电解液温度。智能芯片内部的软件还负责控制相关流程和与发动机 ECU 的通信，通过数据接口将数据传送至发动机 ECU。

车辆处于驻车运行模式时，会以周期形式查询测量值，从而节省能量。IBS 的编程要求是其每 40s 唤醒 1 次。IBS 的测量持续时间约为 50ms。测量值记录在 IBS 内的休眠电流直方图中。此外，还计算部分蓄电池充电状态（SOC）和健康状态（SOH）。重新起动车辆后，DME/DDE 读取直方图数据。如果出现休眠电流错误，则在 DME/DDE 的故障存储器内进行记录。相关数据通过串行数据接口传输。智能型蓄电池传感器（IBS）用于分析蓄电池的当前质量。IBS 带有自身的控制单元，是蓄电池负极接线柱的一个组成部分。

IBS 计算出蓄电池指标，作为蓄电池充电和正常状态的基础。蓄电池指标是指车辆蓄电池的充电和放电电流、电压和温度。使蓄电池的充电和放电电流保持平衡状态。始终监控蓄电池的充电状态，蓄电池电量不足时向 DME 发送相关数据。在起动发动机时计算电流特性曲线，以确定蓄电池的正常状态。监控车辆的休眠电流。IBS 具有自诊断功能。

二、结构、安装位置

1. 结构

智能型蓄电池传感器是电源管理系统的一个组成部分，安装在蓄电池负极，智能型蓄电池传感器结构及外围接线如图 10-1、图 10-2 所示，测量分流器的结构如图 10-3 所示。IBS 由机械、硬件和软件三部分功能元件组成。IBS 的机械部分是由蓄电池负极接线柱及接地线组成的。

图 10-1　智能型蓄电池传感器的结构
1—蓄电池接线柱　2—测量分流器　3—间隔垫圈　4—螺栓　5—接地线护板

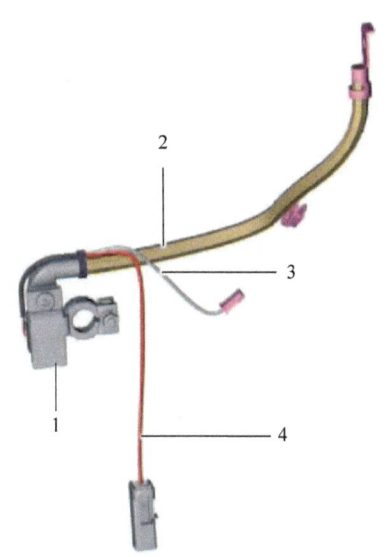

图 10-2　智能型蓄电池传感器外围接线
1—智能型蓄电池传感器　2—接地导线　3—串行数据接口（BSD）　4—接口 B+

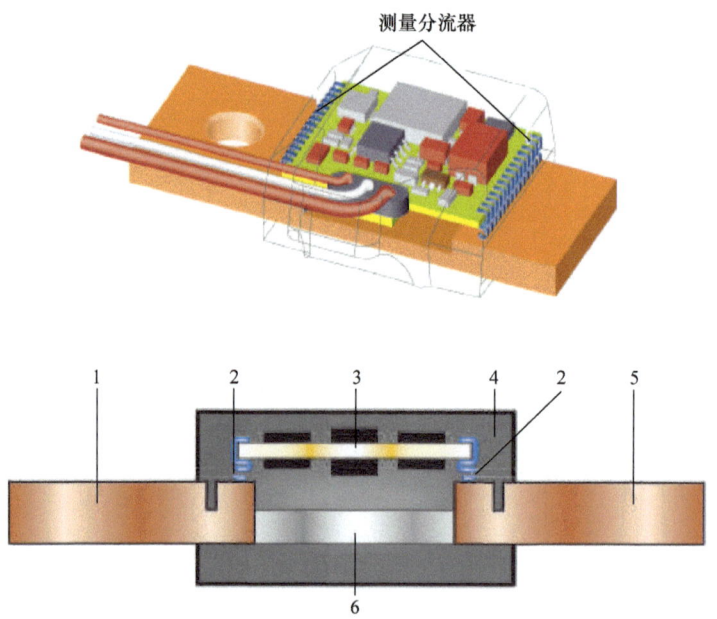

图 10-3 测量分流器的结构

1、5—铜片 2—弹簧元件 3—带有电子分析装置的印制电路板 4—挤压外壳 6—锰铜片

2. 安装位置

IBS 直接安装在蓄电池的负极上，如图 10-4 所示。IBS 是一个自身带有微型控制器 μC 的智能型蓄电池传感器。

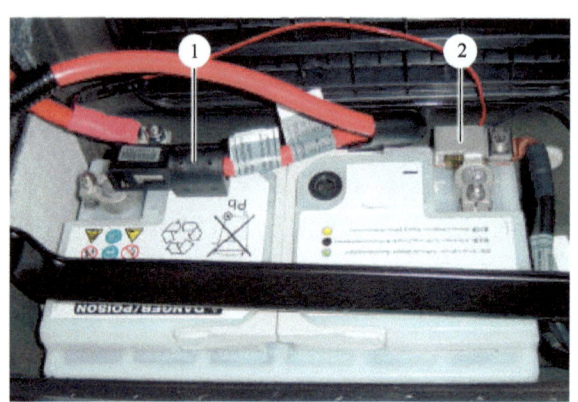

图 10-4 智能型蓄电池传感器安装位置

1—安全型蓄电池接线柱 2—智能型蓄电池传感器

三、IBS 功能

IBS 的 μC 中软件控制的机械方面功能包括车身蓄电池负极的电接触；电流测量传感器元件的定位件；硬件的定位件；确保硬件温度传感器和蓄电池负极之间充足的热敏接触；

保护敏感电子元件；蓄电池接线柱作为 IBS 接地端。IBS 的 μC 中软件控制该功能过程以及与上级控制单元之间的通信联络。与 DME/DDE 的联系通过 BSD 完成。在行驶过程中，DME/DDE 从 IBS 获取数据。

此外，IBS 中还集成有以下功能：持续测量车辆每种行驶状态下蓄电池的电流、电压和温度；计算蓄电池指示参数作为蓄电池 SOC 和 SOH 的基础；平衡蓄电池充电/放电电流。

四、电子分析装置

IBS 电子分析装置持续获取测量数据。IBS 利用这些数据来计算蓄电池的电压、电流、温度。IBS 通过 BSD 将这些蓄电池指示参数的数据传递到 DME/DDE，如图 10-5 所示。为了计算蓄电池指示参数，还要同时对蓄电池的充电状态 SOC 进行测量计算，如表 10-1 所示。

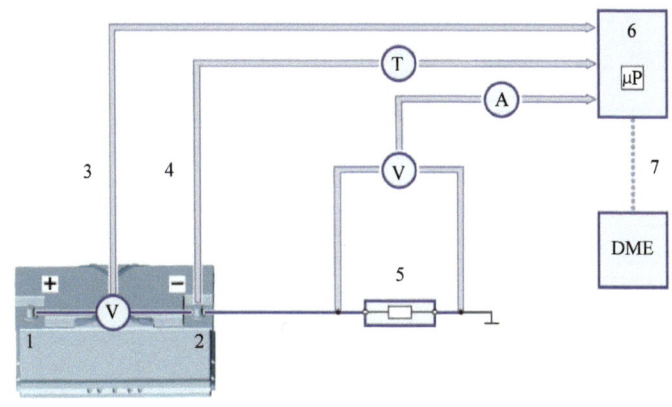

图 10-5　智能型蓄电池传感器控制原理图

1—蓄电池正极　2—蓄电池负极　3—蓄电池电压测量　4—蓄电池温度测量　5—电流测量（分流器上的电压降）
6—IBS 中的微控制器　7—串行数据接口

表 10-1　蓄电池的 IBS 测量范围

项目	IBS 测量范围	项目	IBS 测量范围
电压	6~16.5V	起动电流	0~1000A
电流	-200~200A	温度	-40~105℃
休眠电流	0~10A		

五、案例：2016 款凯迪拉克 CT6 车提示"请速检修车辆"

故障现象　一辆 2016 款凯迪拉克 CT6 车，搭载 LTG 2.0T 涡轮增压发动机，行驶里程 3 万 km，驾驶人反映，仪表盘上发动机故障灯点亮，并且提示"请速检修车辆"。

故障诊断　接车后首先试车验证故障现象，故障症状确如驾驶人所述。用故障检测仪检测，发动机控制模块内存储有故障码：U01B0 00——发动机控制模块与蓄电池电流传感器失去通信。根据故障码的提示，读取急速时车身控制模块的电源管理数据，发现蓄电池电流传感器的信号始终为 0A（图 10-6），不正常。查看维修手册，得知出现该故障码的可能原因包括：LIN 总线通信故障；蓄电池电流传感器故障；发动机控制模块程序故障。

参数名称	数值	单位
蓄电池电压	13.8	V
蓄电池电流传感器	0.00	A
起动时，蓄电池电量低	不活动	
车身控制模块控制的充电电压	不活动	
车身控制模块请求的降低充电电压	激活	

图 10-6　车身控制模块的电源管理相关数据

查看蓄电池电流传感器电路（图 10-7），断开点火开关，脱开蓄电池电流传感器导线连接器 X1，用万用表测量导线连接器 X1 端子 2 的电压，为蓄电池电压，正常；测得端子 1 的电压为 12.6V，将点火开关置于 ACC 位置，测得的电压为 9.8V，正常；断开点火开关，断开发动机控制模块导线连接器 X3，测量发动机控制模块导线连接器 X3 端子 55 与蓄电池传感器导线连接器 X1 端子 1 间的电阻，为 0.5Ω，正常；测得导线连接器 X1 端子 1 与电源及搭铁间的导通性，不存在短路故障，排除 LIN 总线通信故障的可能，怀疑蓄电池电流传感器损坏。更换蓄电池电流传感器并清除故障码后进行路试，发动机故障灯再次点亮，回厂后，用故障检测仪读取故障码，仍为 U01B0 00。

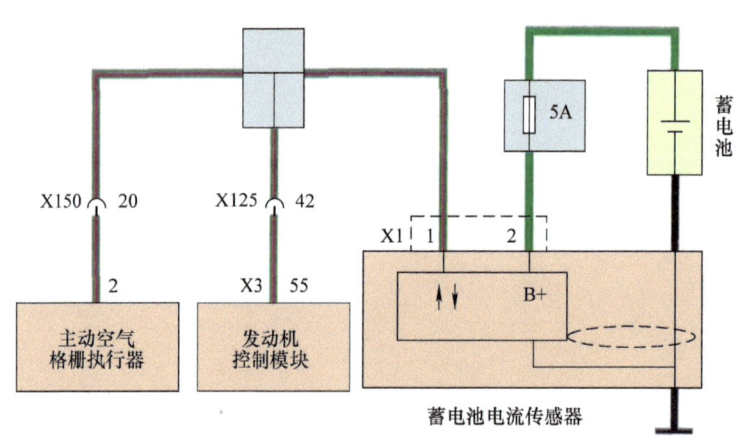

图 10-7　蓄电池电流传感器电路

通过上述检查，将故障部位锁定在发动机控制模块上。为了弄清是发动机控制模块硬件故障，还是内部程序的问题，首先利用故障检测仪进入 SPS 编程系统，发现发动机控制模块有更新程序，且车身控制模块中的充电 / 能量存储系统也有更新程序，当前数据为 84056308，更新的校准数据为 84199799。

故障排除　依次对发动机控制模块和车身控制模块中的充电 / 能量存储系统进行更新编程学习后试车，发动机故障灯不再点亮，重新读取怠速时车身控制模块的电源管理数据

（图 10-8），蓄电池电流传感器信号显示为 32.72A。至此，故障彻底排除。

维修总结 总线通信出现故障，往往涉及面比较广，在进行维修过程中，要读出相应的故障信息，缩小故障范围，最后排除故障。

参数名称	数值	单位
蓄电池电压	13.9	V
蓄电池电流传感器	32.72	A
起动时，蓄电池电量低	不活动	
车身控制模块控制的充电电压	不活动	
车身控制模块请求的降低充电电压	不活动	

图 10-8　车身控制模块的电源管理数据

第二节　雨量感应传感器

现代汽车上普遍采用雨滴感应式智能刮水系统，可以免除驾驶人手动操作刮水器的麻烦，有效提高了雨天行车的安全性。

一、雨量传感器

奥迪 A6 轿车电控智能刮水组合开关外形如图 10-9 所示。根据雨量不同，雨量传感器具备 4 种功能：

① 自动起动刮水功能并以 7 种不同速度工作。
② 雨天会自动打开前照灯。
③ 关闭刮水停止 5s 后再次刮水一次。
④ 雨天车辆停止后自动关闭车门和车顶。

当刮水拨杆位于"自动"时，上述功能启用，雨量传感器有 4 种敏感程度可以选择。手动选择总是处于优先位置。

1. 传感器功能

雨量传感器的电控单元可根据光强度识别传感器的信号自动接通及关闭行车灯、激活回家/离家功能、实现白天/夜晚识别。在清晨、黄昏、黑暗中、驶入穿行隧道或在树林里行驶时，光强度识别传感器会发送信息到供电控制单元上，接通行车灯。

奥迪 A6L 采用组合雨量/光强度识别传感器（G397），包括一个光辅助控制功能，可免除驾驶人手动接通行车灯的工作，还具有根据前风窗雨量情况控制刮水器的功能。该传感器位于前风窗玻璃上车内后视镜的安装底座内，如图10-10所示。

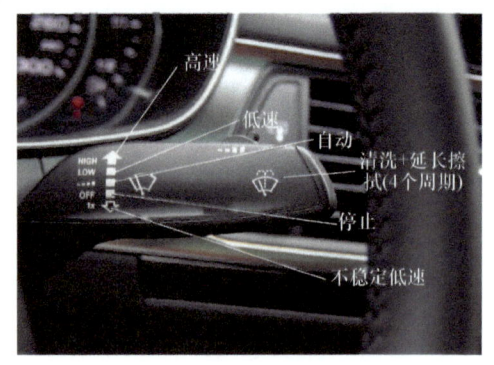

图10-9　智能刮水组合开关外形

图10-10　雨量/光强度识别传感器安装位置

为了能识别出诸如树林内的道路以及穿行隧道等环境状况，光强度识别传感器接收来自两个区域内的光强度信号。全区表示紧靠车附近的亮度，而前区表示车辆前部区域的光线情况，如图10-11所示。电控单元还可根据雨量传感器感应到的前风窗玻璃的沾水湿润程度，实现刮水器7个速度档的自动接通和关闭，同时在下雨时自动接通行车灯。当刮水器开关置于"Interval（间歇）"时，雨量传感器即被激活。驾驶人也可以通过刮水器间歇工作调节器的4个灵敏度来设置雨量传感器，在这种模式下则不再需要参考刮水动作（激活雨量传感器时的刮水动作）。刮水开关就可以总是保持在间歇位置。出于安全考虑，只有在车速超过16km/h或通过刮水器间歇工作调节器来改变其工作灵敏度时，雨量传感器才会被激活。

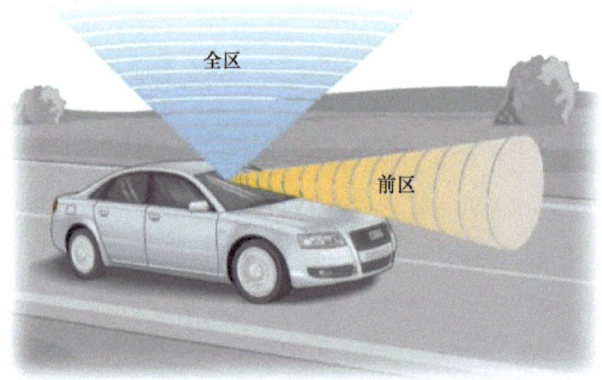

图10-11　传感器的作用示意

2. 雨量传感器的工作原理

雨量传感器可根据光折射的原理来判断前风窗玻璃的湿度情况，该传感器内集成有环形的发光二极管，这个发光二极管在乘员舱内透过前风窗玻璃发射出红外线，如图10-12所示。如果玻璃处于干燥状态，那么红外线由玻璃的表面反射回来，则集成在该传感器中央的光电二极管能接收到较多的红外线，如图10-13a所示。

第十章 其他类型传感器

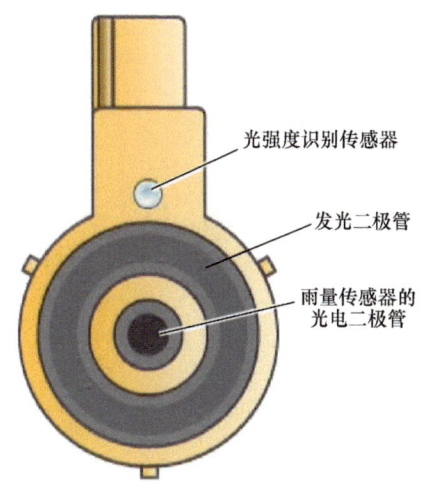

图 10-12 雨量传感器的结构

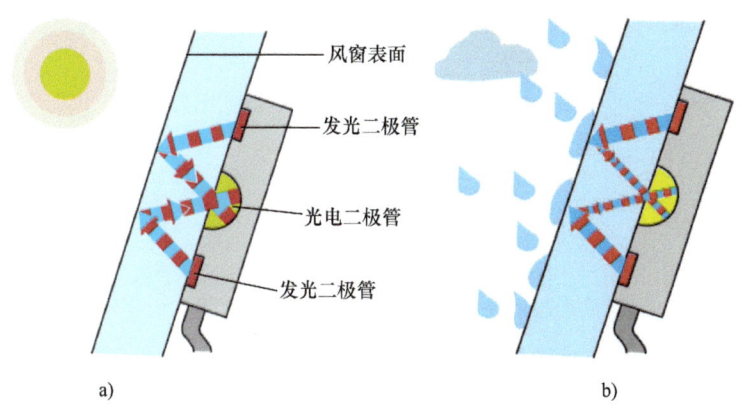

图 10-13 雨量传感器工作原理
a）玻璃处于干燥状态　b）玻璃处于湿润状态

如果玻璃浸湿了，玻璃表面因水滴的作用会发生散射，反射的光量就减少了，那么光电二极管接收到的红外线也就减少了，于是信号电压就发生了改变，如图 10-13b 所示。

要使传感器的发光二极管发出光线，光电二极管接收到光线后产生电压信号，就需要给发光二极管提供电流，即需要提供电源与搭铁回路，其信号是直接通过 LIN 总线发送的，雨量传感器电路连接如图 10-14 所示。

二、刮水器电动机控制单元

新款奥迪 A6 轿车上的刮水器电动机控制单元 J400 与刮水器电动机集成在同一个元件内部。该控制单元是通过 LIN 总线与供电控制单元连接在一起的，控制单元实物图

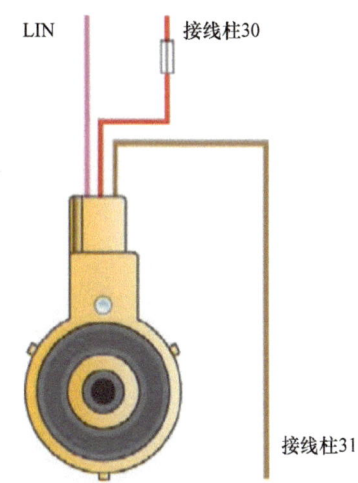

图 10-14 雨量传感器电路连接

267

如图 10-15 所示。

如图 10-16 所示，刮水器电动机控制单元可根据雨量传感器检测到的雨量信号控制刮水器自动工作，在完成清洗玻璃刮水过程后 5s 再刮一次水（仅在车速大于 5km/h 时），以防止玻璃上产生水滴。同时刮水器电动机控制单元还控制风窗玻璃清洗泵的工作，其电路连接如图 10-17 所示。

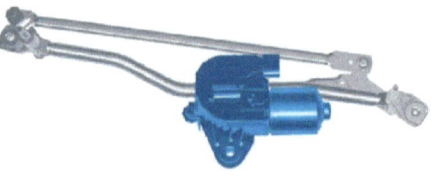

图 10-15　刮水器电动机控制单元实物图

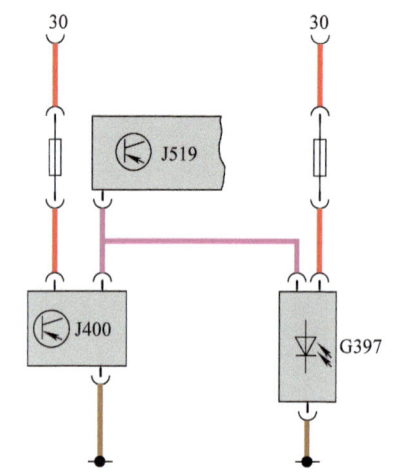

图 10-16　控制单元与传感器间的通信电路
G397—雨量传感器　J400—刮水器电动机控制单元
J519—供电控制单元

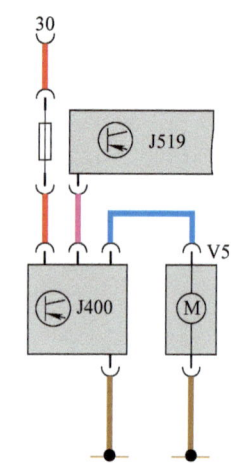

图 10-17　风窗玻璃清洗泵的控制电路
J400—刮水器电动机控制单元
J519—供电控制单元　V5—风窗玻璃清洗泵

三、供电控制单元

供电控制单元的实物如图 10-18 所示。供电控制单元的任务是读入开关的信息，控制刮水器电动机控制单元的功率输出，并通过 LIN 总线控制雨量传感器，其安装位置如图 10-19 所示。

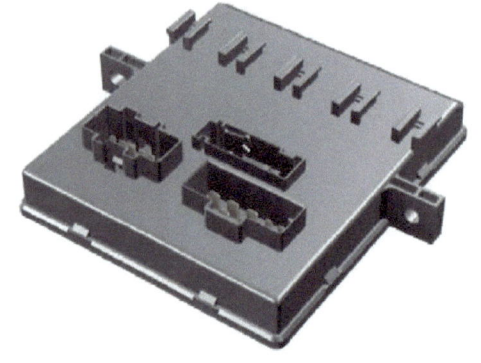

图 10-18　供电控制单元实物图

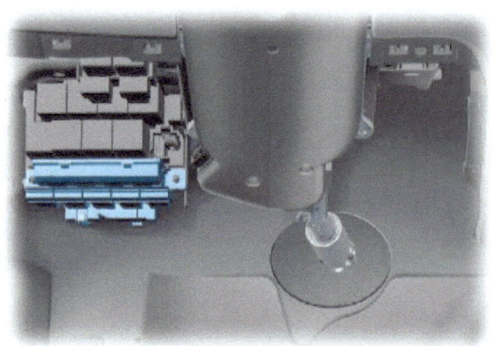

图 10-19　供电控制单元安装位置图

如果在刮水器电动机正在工作时打开了发动机舱盖，那么刮水器电动机会立即停止工作。如果在风窗玻璃清洗泵工作时打开了发动机舱盖，那么该泵也会被立即关闭。发动机舱盖是否打开由两个接触开关来识别，这两个开关信号被发送到供电控制单元 J519 上。

供电控制单元通过 LIN 总线给刮水器电动机控制单元提供所需要的信息，以便执行刮水器的各种功能。用于起动风窗玻璃清洗泵 V5 的信息，是由转向柱电气控制单元 J527 发送到舒适系统 CAN 总线的。供电控制单元 J519 在接收到信息后，又通过 LIN 总线将信息继续传送到刮水器电动机控制单元 J400，J400 随后起动风窗玻璃清洗泵 V5，刮水器就开始工作，其控制信息传递如图 10-20 所示。

刮水器功能的起动信号由转向柱电气控制单元 J527 通过舒适系统的 CAN 总线发送至供电控制单元 J519。供电控制单元 J519 通过 LIN 总线将包含相应刮水器功能的信息发送到刮水器电动机控制单元 J400，控制单元控制刮水器电动机工作，其工作电路连接示意图如图 10-21 所示。

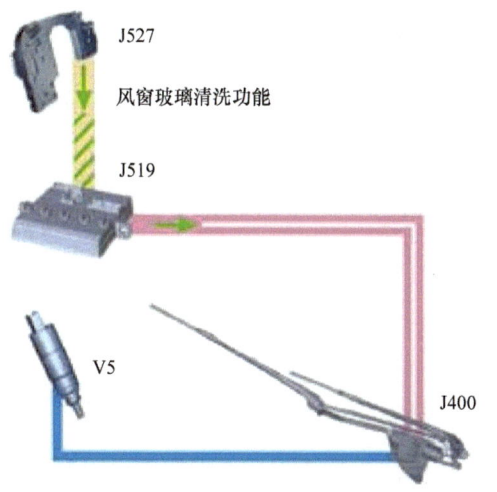

图 10-20 风窗玻璃清洗泵的控制电路

J519—供电控制单元　J527—转向柱电气控制单元
J400—刮水器电动机控制单元　V5—风窗玻璃清洗泵

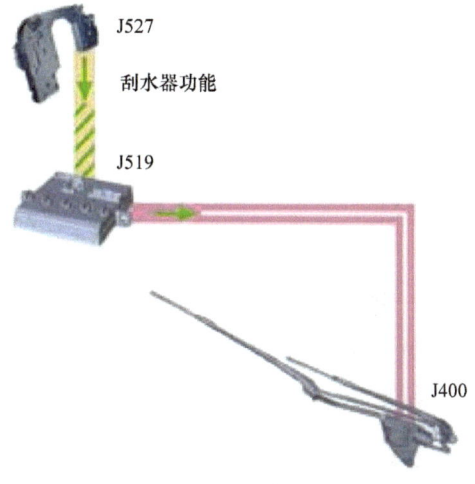

图 10-21 刮水器电动机的工作电路示意图

J519—供电控制单元　J527—转向柱电气控制单元
J400—刮水器电动机控制单元

如果舒适系统中央控制单元 J393 失效，那么供电控制单元 J519 就会替代它来实现主功能，J519 会将转向信息发送到 CAN 总线上。供电控制单元的软件可以实现应急功能，如果识别出旋转式灯开关有故障，或该开关的导线断路，那么供电控制单元会自动接通行车灯。

另外，供电控制单元还可实现转向柱调节、脚坑照明、变速杆位置照明、前面和侧面转向信号、喇叭控制、风窗清洗泵控制、转向柱记忆等功能。供电控制单元装在仪表板左侧的后部，取下脚坑盖板就可看到，它的 LIN 控制电路如图 10-22 所示。

图 10-22　供电控制单元 LIN 控制电路示意图

J519—供电控制单元　J400—刮水器电动机控制单元　G397—雨量传感器

四、智能型刮水器控制功能

刮水器一般具有间歇、慢速、快速和点动刮水 4 档，当车速为 0 时会自动降速一档，起步之后恢复设定的刮水速度。如在间歇档，间隔时间与车速成反比。刮水器操纵杆向下拨一下可短促刮水一次，如保持在该位置 2s 以上，刮水器开始加快刮水速度。

智能型刮水器具有根据雨量传感器检测到的雨量信号控制刮水器自动工作的功能，在完成清洗玻璃刮水过程后 5s 再刮一次水（仅在车速大于 5km/h 时），防止玻璃上产生水滴。同时刮水器控制单元还控制风窗玻璃清洗泵的工作。向方向盘方向拉操纵杆，清洗器立即开始工作，刮水器随后开始刮水。如车速超过 120km/h，清洗器同时工作。如果松开操纵杆，则清洗器停止工作，刮水器继续工作约 4s。

五、智能型刮水器的其他功能

1）停车并关闭点火开关后 10s 内，起动刮水器间歇档，刮水器片可停在风窗玻璃最上端，此时方可将刮水器臂扳起，可以进行维修以避免冬季下雪天气发生刮水器片冻结。

2）刮水器在摆动过程中遇到障碍物或冻结在风窗玻璃上时，尝试推动 5 次，如失败，刮水器停在此位置不动，可避免传统刮水器持续耗电的弊端。

3）随车速、雨量的变化自动调整刮刷速度。

4）刮水器片停在发动机舱盖凹缝内，不干扰视野。

第十章 其他类型传感器

5）关闭刮水器 5s 后，再刮一次，以清除水滴。

6）发动机舱开启，刮水器自动停止，发动机机舱盖打开的状态下，刮水器没有动作，防止发生干涉而损坏刮水器。

7）刮水器具有防盗功能，刮水器收到发动机舱盖凹缝内，无法将刮水器扳起盗走。

8）挂倒档时，后风窗玻璃刮水器刮水一次，如刮水器操纵杆处于慢速或快速刮水位置并挂倒档，则后风窗刮水器动作。

9）向前推刮水器操纵杆，后风窗玻璃约隔 6s 刮水一次。

10）软停止功能使得刮水器片磨损小，为了防止刮片的变形损坏，刮水器在每次开关关闭时刮臂都会轻柔地回到风窗玻璃的下沿，每次的停止位置不同，每隔一次在停止位置稍许退回，将刮水器片翻过来，这样可以延缓橡胶刮水器片的老化。

11）每次起动发动机时，两只刮水器臂都会轻轻地跳动一下，将刮水器片翻转，此项动作能延缓橡胶刮水器片老化。

第三节 雨量和光线识别传感器

一、"下雨关闭"功能

如图 10-23 所示，在 Golf Plus 车上，风窗玻璃刮水装置由双电动机驱动的对转装置组成，刮水器之间没有机械连接。根据刮水装置的对转原理，雨量和光线识别传感器必须安装在一个新位置。

大众公司首次在高尔夫级别的车辆上引入了舒适性功能"下雨关闭功能（图 10-24）"。这是一个分散式功能，车载网络、舒适系统和车门控制单元，以及雨量和光线识别传感器和滑动天窗控制单元（取决于装备情况）共同执行该功能。下雨关闭功能在舒适系统控制单元内进行初始化。为此必须通过组合仪表内的个性化配置菜单打开"下雨关闭"功能。每次起动发动机后（"总线端 15 接通"）后都必须重新启用该功能。

如图 10-25 所示，刮水器开关的开关位置信号直接传输至转向柱电子装置控制单元，然后通过舒适系统 CAN 数据总线传输至车载网络控制单元。车载网络控制单元将刮水器接通档位信息通过 LIN 数据总线传输至刮水器电动机控制单元，然后从此处传输给前排乘客侧车窗玻璃刮水器电动机控制单元。两个控制单元紧靠在刮水器电动机旁边。刮水器电动机控制单元调节刮水器刮水过程，并按照主控和从属原则控制前排乘客侧车窗玻璃刮水器电动机控制单元。

图 10-23　Golf Plus 车对转刮水装置

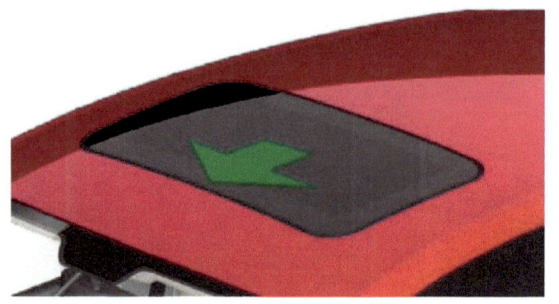

图 10-24　下雨关闭功能

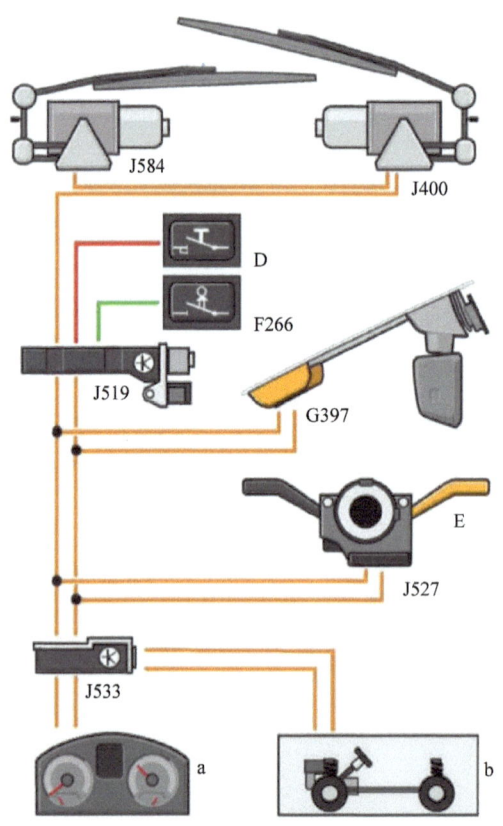

图 10-25　刮水系统的信息传输过程

D—点火起动开关　E—刮水器开关　F266—发动机舱盖接触开关　G397—雨量和光线识别传感器
J400—刮水器电动机控制单元　J519—车载网络控制单元　J527—转向柱电子装置控制单元
J533—数据总线诊断接口　J584—前排乘客侧车窗玻璃刮水器电动机控制单元
a—通过组合仪表 CAN 数据总线的车外温度信号　b—通过传动系统 CAN 数据总线的车速信号

启用下雨关闭功能后，舒适系统控制单元将一条相应的信息传输给车载网络控制单元。该控制单元识别到点火开关已经关闭后，就会将雨量和光线识别传感器设置为监控模式。这个模式出厂时设置为 12h。

如图 10-26 所示，如果雨量传感器识别到降雨，就会通过 LIN 数据总线将一条信息传输给车载网络控制单元,并通过 CAN 数据总线传输给舒适系统控制单元。该控制单元通过独立的 CAN 信息将指令"关闭车窗"传输给车门控制单元。

按照欧盟标准的指导准则,即使在执行下雨关闭功能时,车窗驱动机构也具有闭合力限制功能。对于滑动/外翻式天窗(SAD)来说,指令通过一个独立的导线从舒适系统控制单元传输至 SAD 模块。车门控制单元确认车窗已关闭时,SAD 驱动机构不向舒适系统控制单元发送反馈信息。为防止无意间使防盗报警装置触发,执行下雨关闭功能期间将降低车内监控传感器的灵敏度。

进行下述操作后将关闭该功能:

① 成功执行下雨关闭功能。

② 识别到"点火开关打开"状态。

③ 规定监控时间结束。

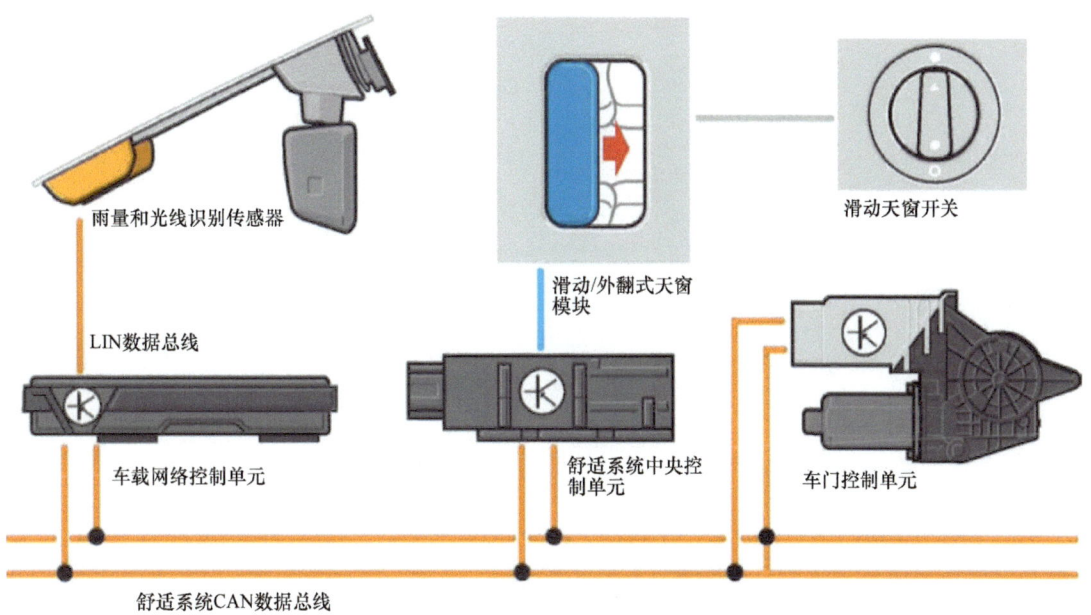

图 10-26 刮水系统的信息传输过程

二、雨量和光线识别传感器

(1)安装位置 如图 10-27 所示,在高尔夫车上,雨量和光线识别传感器 G397 安装在两个刮水器摆臂交叠区域中间尽可能较高的位置处。

(2)任务 刮水器档位分布如图 10-28 所示,只有为了进行雨量识别,刮水器拨杆位于"间歇刮水"位置,且为了进行光线识别,车灯开关位于"辅助行车灯"位置时,雨量和光线识别传感器才能以自动模式工作。雨量和光线识别传感器的任务是,在识别到车窗玻璃上有雨水时,根据雨量从零到最大刮水器循环次数控制刮水器,或者在较暗的情况下接通前照灯。雨量和光线识别传感器自动适应风窗玻璃的明暗变化。

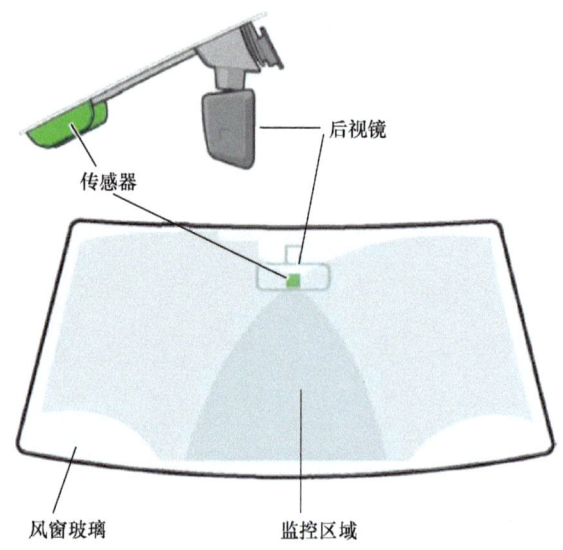

图 10-27　雨量和光线识别传感器安装位置

刮水器拨杆位于第 1 档时（在未探测到下雨的情况下刮水器以每分钟 42 次循环工作），如果探测到下雨，就会根据雨量自动将刮水速度提高到每分钟最多 60 次循环。在未探测到下雨的情况下，这个数值相当于刮水器运行时的第 2 档。在第 2 档时雨量识别对刮水速度没有影响。在此刮水器始终以每分钟 60 次循环工作。

雨量识别的灵敏度可以利用车窗玻璃刮水器间歇时间转换调节器单独进行调节。在不带雨量识别功能的车辆上使用间歇时间调节器。

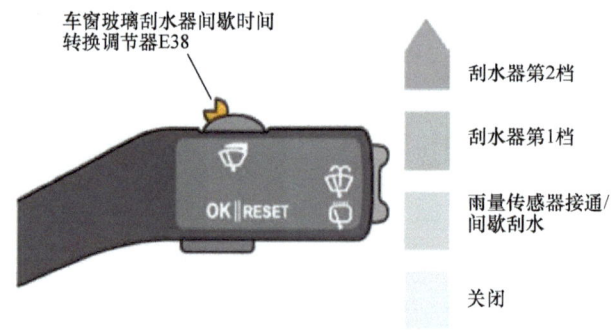

图 10-28　刮水器档位分布

（3）结构　雨量和光线识别传感器的结构如图 10-29 所示，雨量和光线识别传感器由光电传感器元件和一个发光二极管组合而成。所有部件都位于传感器壳体内的一个印制电路板上。有一个光学元件将传感器壳体与风窗玻璃隔开。该光学元件的任务是，聚集和校准射出和射入的光线。整个传感器利用粘接膜固定在风窗玻璃上。传感面积为 300mm^2。发光二极管和光电二极管用于雨量识别，进行光线识别时使用环境光线传感器和远距离传感器。

第十章 其他类型传感器

雨量和光线识别的优先级都低于相关开关元件手动操纵的优先级。这意味着,即使在这些辅助功能出现故障时,也能始终手动启用刮水器和行车灯。

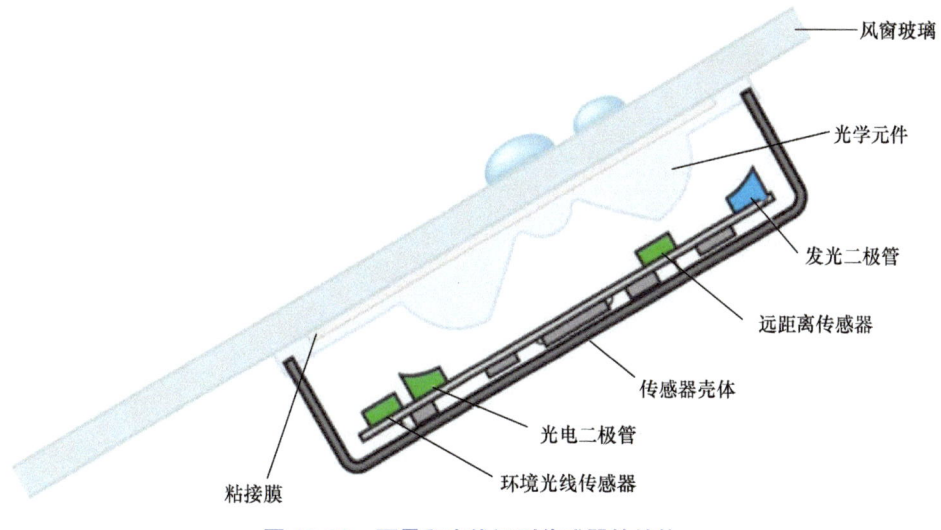

图 10-29 雨量和光线识别传感器的结构

三、雨量识别功能

如图 10-30 所示,传感器的核心部件是一个发光二极管和一个光电二极管。传感器的工作原理是,从发光二极管射出的光线中有一部分从车窗玻璃表面反射回来,通过光学元件聚集后照射到光电二极管上。

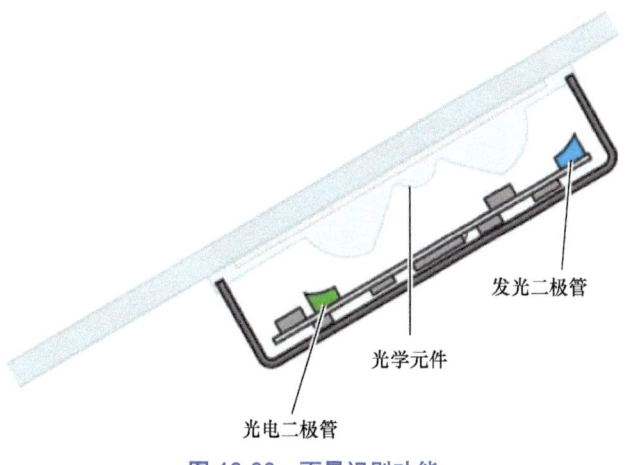

图 10-30 雨量识别功能

如图 10-31、图 10-32 所示,如果车窗玻璃上有水滴或水层,二极管光线的反射程度和照射到光电二极管上的光通量就会发生变化。玻璃越湿,因光线折射作用而反射的光线越少。因此可以利用光电二极管的输出信号计算雨量。雨量识别的响应时间,即识别到下雨直至将输出信号发送给刮水器的时间不超 20ms。

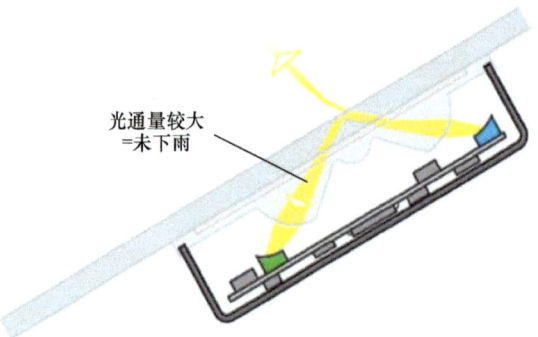

图 10-31　在干燥的风窗玻璃上反射

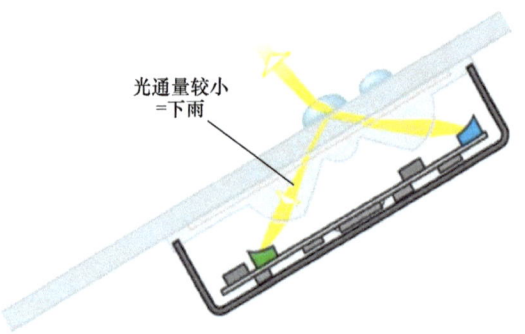

图 10-32　在潮湿的风窗玻璃上反射

四、光线识别功能

如图 10-33 所示，为区分各种光线情况，雨量和光线识别传感器内安装了不同的光线传感器。一个环境光线传感器探测车辆周围环境的光线情况，一个远距离传感器探测行驶方向 3 个车长内的光线情况。该系统识别总体亮度的降低和提高，并在辅助行车灯功能已启用的情况下接通或关闭行车灯。

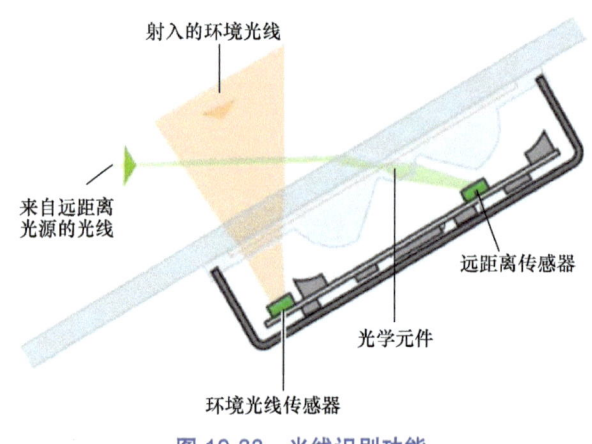

图 10-33　光线识别功能

例如，该系统可以根据两个传感器信号的差值确定车辆驶入隧道（图10-34），并最迟在驶入隧道时接通行车灯。系统内部的逻辑连接可确保，只有环境光线传感器识别到亮度值足够时才关闭行车灯。如果除了光线识别功能外还启用了雨量识别功能，雨量达到一定程度时也会接通行车灯。

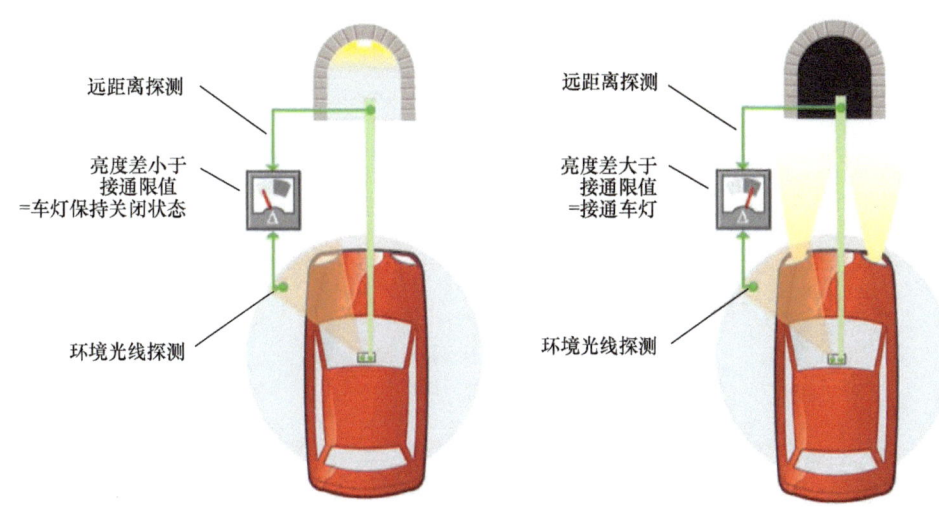

图 10-34　进入隧道时两个传感器的识别过程

第四节　新款皇冠分相器转矩传感器

一、新款皇冠电控助力转向系统结构

电控助力转向系统是通过转向控制单元控制转向电动机的工作来实现助力的转向系统，如图10-35所示。驾驶人操纵方向盘的转向，力矩通过转向齿轮和转向拉杆传到汽车的转向轮上；与此同时，电子控制单元根据目前驾驶人操纵方向盘而产生的转向力矩及当时行驶的车速，计算出所需要的转向助力。而所需的转向助力是通过调整电动机的电压和电流来实现的，所以转向轮上最终得到的转向力矩，是驾驶人操纵方向盘所产生的转向力矩和转向电动助力之和（后者远大于前者）。电动转向助力系统直接使用电源，它不消耗发动机的机械动力，故不会直接影响发动机的运转，从而比传统的液压助力转向系统节省燃油。该系统的极限位置转动圈数为3.4圈。

该电控助力转向系统主要包括，由方向盘直接驱动的转矩传感器，其下部的小齿轮驱动齿条；转向电动机，装于转向管柱的中部；减速装置，采取与电动机转子内壳配套的循环滚珠式减速齿轮；转角传感器，反映助力电动机的转角和转向；齿条轴的外壳及左右横拉杆。

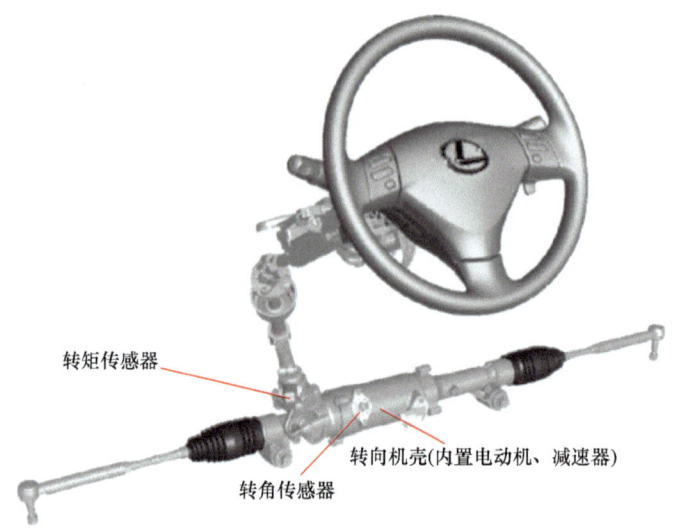

图 10-35 电控助力转向传感器基本组成

1. 转矩传感器

转矩传感器包括两部分，分别安装在方向盘的输入轴和转向小齿轮的输出轴上。

1）转子部分由上下两层构成，且均装有转矩传感器，如图 10-36 所示。输入轴和输出轴是由一根细金属销连接成一体，转子部分上方有销孔，如图 10-37、图 10-38 所示。输入轴和输出轴两者上部是刚性连接，由汽车方向盘的转轴即输入轴驱动。其下层转子带动小齿轮推动齿条的平移，驱动转向轮左右转向。

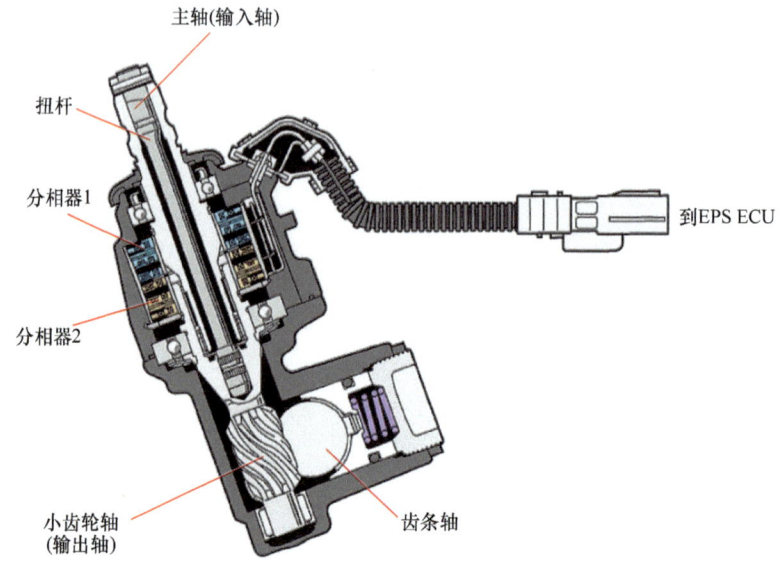

图 10-36 转矩传感器结构（一）

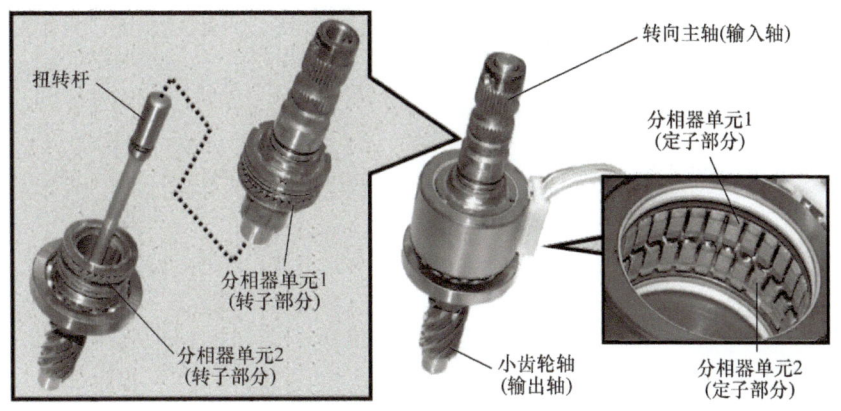

图 10-37 转矩传感器结构（二）

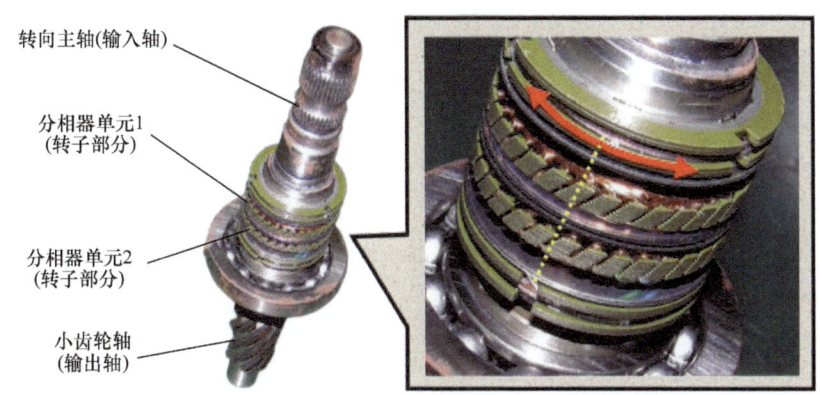

图 10-38 转矩传感器结构（三）

转矩传感器的上层部分由方向盘直接驱动，由于下端没有负载，所以它的转动量与方向盘转轴完全同步。但转矩传感器的下层部分带有转向小齿轮（有一定阻力），中间通过细扭杆驱动，导致下层转子的转动量相对较小，这就造成上、下层转子在机械上会产生相对角位移差。当汽车转向时，在不同的道路条件遇到不同的转向阻力时，输入轴与输出轴这两个转轴会产生与转向转矩大小相应的角度差。

2）定子部分亦有上下两层线，分别对应转子的上下部。定子线圈部分有两种线圈分布，分别是励磁线圈（A 信号）和检测线圈（B 信号），如图 10-39 所示，其上共有 7 根不同颜色的细导线与外界联系。它的励磁线圈对转子部分的线圈通过电磁感应引起励磁作用；检测线圈则将输入、输出轴的上下角差（转向转矩）检测出来，向电子控制单元输送电信号，这个电信号是通过定子线圈上的两列正弦波的相位差反映此时转矩传感器检测到的转矩大小的。

2. 助力电动机

在转向器中部柱管内壁，安装有助力电动机以及减速器，如图 10-40 所示，电动机与齿条轴同轴,由转角传感器、定子和转子组成。

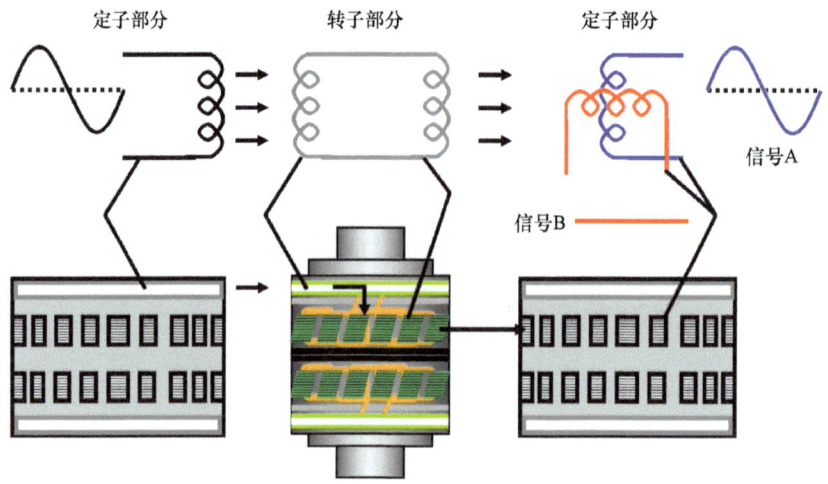

图 10-39 转矩传感器线圈分解

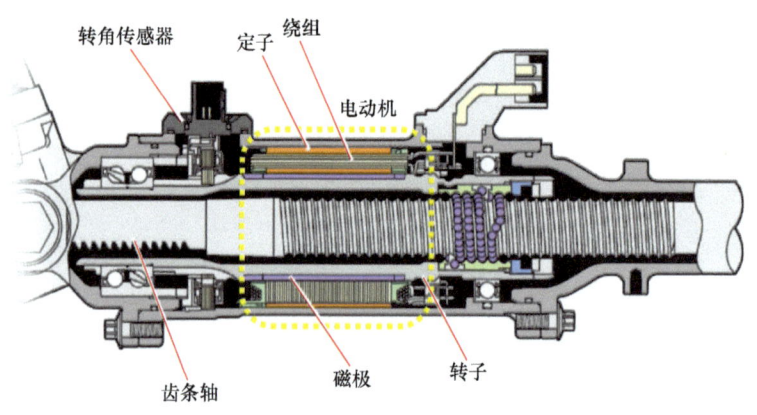

图 10-40 助力电动机及减速器的结构

助力电动机为无电刷的三相交流电动机,外形如图 10-41 所示,其定子线圈为三相双星形联结,如图 10-42 所示,电动机转子是强永磁式的。此电动机设计的转动惯量较小,便于汽车行驶时灵活地变转向操作。该电动机改变旋转方向极方便,只是将三相电源任意两相间进行换接即能实现迅速的转向助力操作。而且此电动机具有低噪声、高转矩的特点,能克服行驶各种道路时的转向阻力,进行灵活转向操作。

供给助力电动机的电源为 27~34V 的三相交流电压。此电动助力转向控制单元中,还专门设置有提升电压的逆变器和电感储能线圈,由类似三相桥式、能将蓄电池的电压转为 27~34V 的电路完成。当驾驶人操纵方向盘时,则会自动根据转向阻力大小,输出 27~34V 之间的可变电压;当驾驶人没有转向或车辆直线行驶时,电动机不运转,此时电动机的电压为 0V。

第十章 其他类型传感器

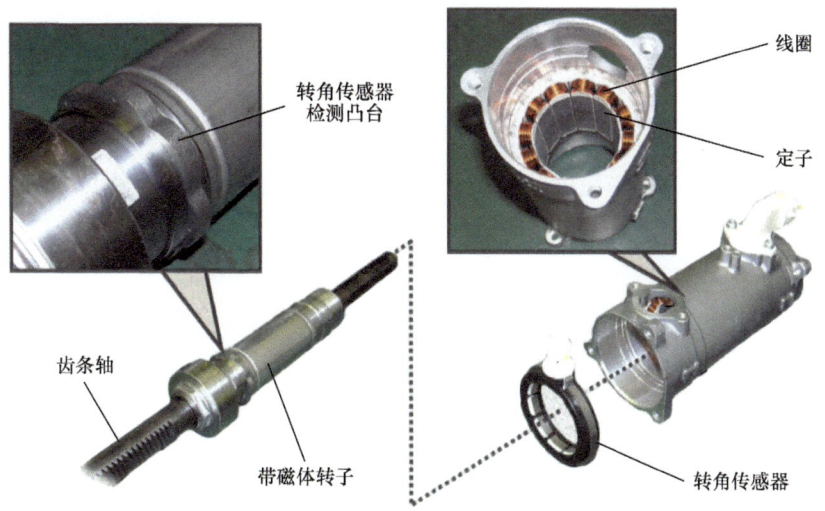

图 10-41 助力电动机外形

通过控制助力电动机的电流，来控制转向助力的大小。电动助力转向装置的控制单元接收转矩传感器和车速传感器的信号，并且根据转角传感器的数据判断当前车辆行驶状况，决定施加给转向助力电动机的助力电流大小，转向转矩和辅助动力电流输出间的关系如图 10-43 所示。转向助力电动机还有过热保护功能，当温度超过规定值时，为保护电源和电动机不致过载，此时应限制电动机的助力电流，直至温度下降至规定的允许值为止。

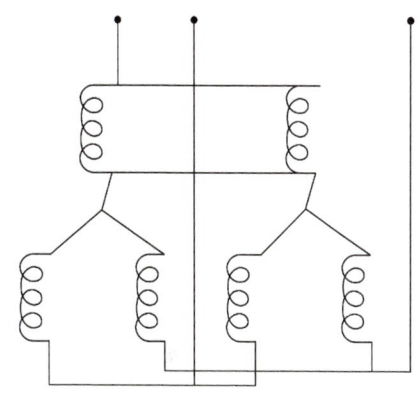

图 10-42 转向助力电动机的双星形联结

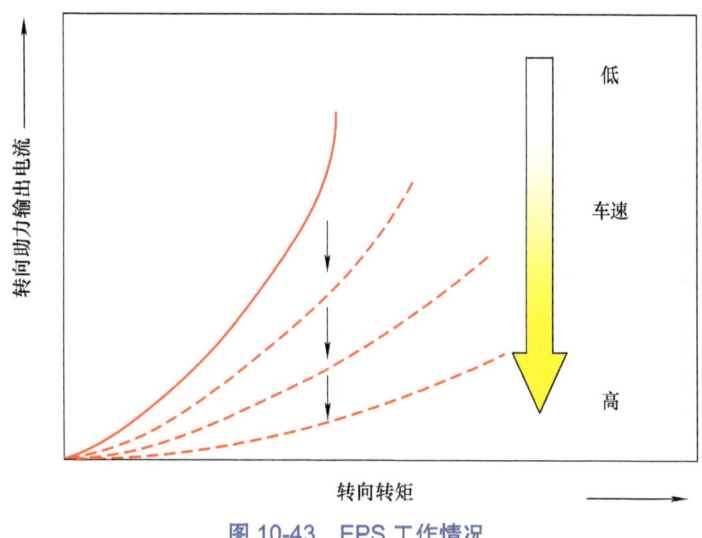

图 10-43 EPS 工作情况

281

3. 减速机构

为降低转向电动机的转速，以获得更大的力矩，采取了与电动机转子内壳配套的循环球式减速装置。极小的钢球在四个极光滑的槽内循环滚动减速，如图10-44所示，将动力传递给齿条轴做直线运动，推动两个转向轮左右摆动，以驱动汽车进行转向。由于钢球极小，在精细加工的导槽内循环滚动，故传动噪声极小。

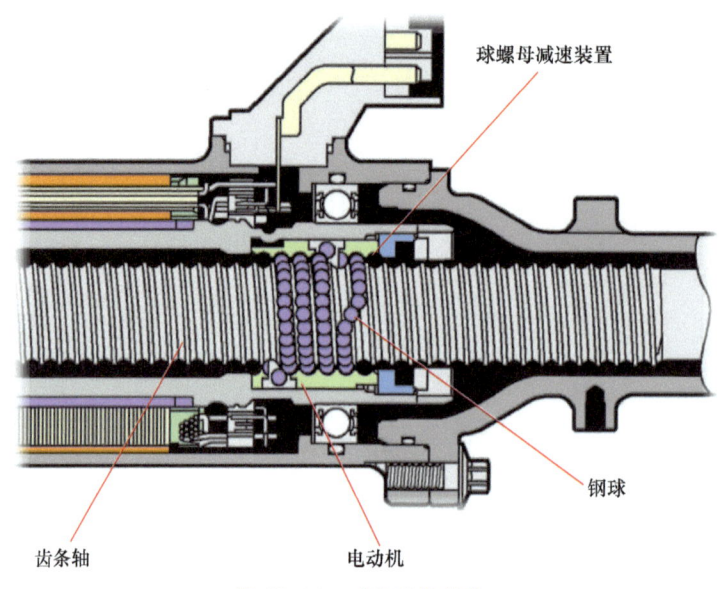

图 10-44　减速机构结构

二、电控助力转向系统基本工作原理

如图10-45所示，当驾驶人操作方向盘，驱动转矩传感器的输入轴，经弹性转矩杆驱动输出抽，检测到输入轴与输出轴的转角差。转矩传感器输出电信号，同时输出转向信号到电控助力转向控制电脑；电控助力转向控制单元根据车速传感器和转矩传感器计算出供给转向助力电动机的电流，获取助力；钢球和球螺母将电动机旋转运动速减后，再转换为直线运动，以降低驾驶人的工作强度；转向控制单元将蓄电池电压提升到27～34V，并且转换为三相交流电，增大转向功率；转角传感器反馈转向助力电动机的转角大小及转动方向到电动机控制单元。

电控助力控制有以下功能。

（1）基本控制　根据车速和转向转矩计算辅助电流大小，并以此控制助力电动机运作。

（2）惯性补偿控制　在驾驶人刚开始转动方向盘时助力电动机就开始运动。

（3）回复控制　在驾驶人将方向盘打到底后与车轮试图回复的短时间间隔内，控制辅助回复力。

（4）阻尼控制　当驾驶人高速行驶时可调节助力大小，以减缓车身偏移率的改变。

（5）增压控制 在 EPS ECU 中将蓄电池电压增大，当驾驶人未打方向或车辆直线行驶时保持 0V，并在驾驶人转动方向盘时，根据负荷大小，在输出电压 27～34V 之间实现增压控制。

（6）系统过热保护控制 根据电流值和持续时间估计电动机温度，如果温度超过标准值，即限制输出电流大小以保护电动机，防止过热损坏。

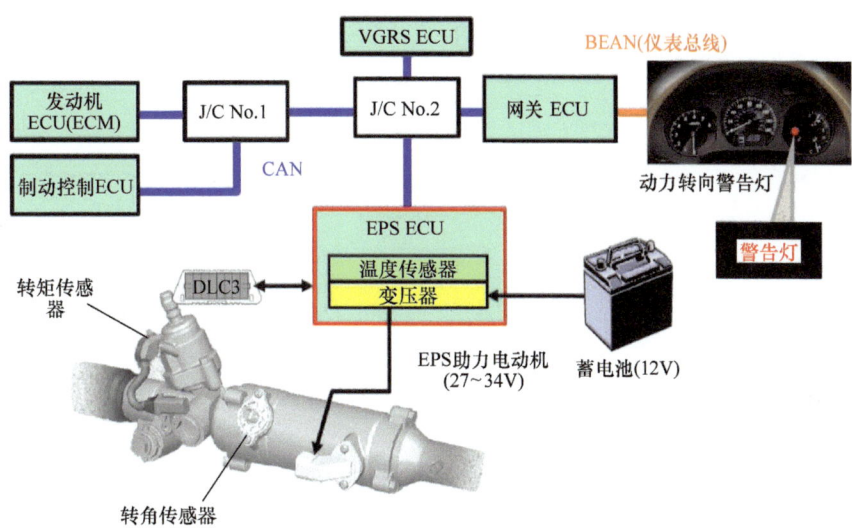

图 10-45 新皇冠电控助力转向系统原理

第五节 空气湿度传感器

一、安装位置和作用

各种测试方法表明，是在外界温度很低的情况下，风窗玻璃上部的 1/3 会变得非常冷，因而容易起雾。为了能测量到该区域的湿度，空气湿度传感器 G355 安装在后视镜的根部，如图 10-46 所示。

来自除霜器通风口的小量连续气流确保传感器探测区域的空气可以良好地混合，这样就可以认为风窗玻璃上所测位置的空气湿度接近于风窗玻璃的其他位置，如图 10-47 所示。空气通过传感器壳体上的一个空气缝隙到达传感器表面。若空气缝隙中有脏物则会导致传感器故障。

为了能够进行自动除霜功能的自适应控制，该传感器检测三个测量值，空气湿度、传感器处的相关温度以及风窗玻璃温度。所有功能都集中在传感器壳体中。

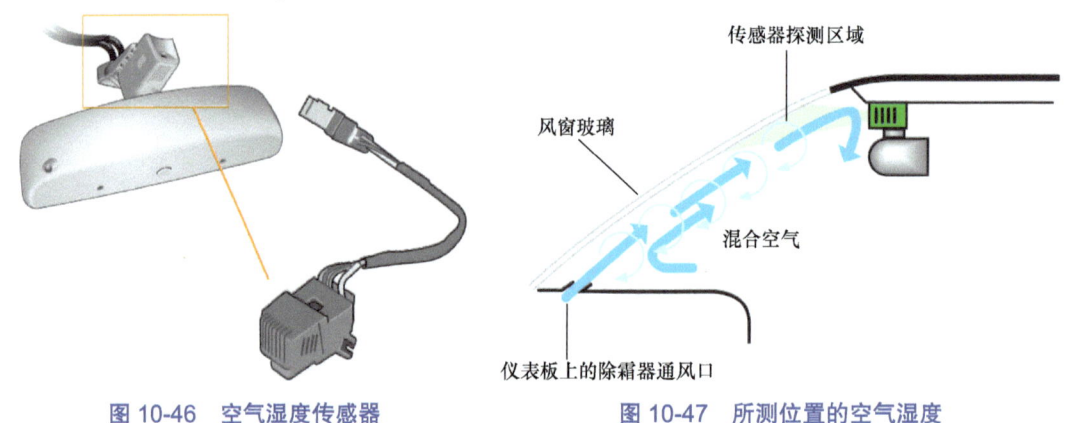

图 10-46 空气湿度传感器　　　　　　图 10-47 所测位置的空气湿度

二、空气湿度的测量

测量空气湿度就是确定乘员舱内气态水（水蒸气）的所占比例。空气吸收水蒸气的能力取决于空气温度。这就是为什么在测量湿度等级时必须确定相关的空气温度。空气越热，吸收的水蒸气就越多。若富含水蒸气的空气冷却下来后，水分就会冷凝，形成细小水滴并附着在风窗玻璃上。湿度是通过薄层电容传感器进气测量的。该传感器的工作模式等同于平行极板电容器。

电容器的电容，即存储电能的容量，取决于电容极板的表面积、间隔以及两极板之间填充材料的特性，此材料叫作电介质，如图 10-48 所示。这种特殊的电容器可以吸收水蒸气。吸收的水分改变了电介质的电气特性，从而改变了电容器的电容量，所以测得的电容值就表示了空气湿度。传感器电子装置将所测的电容值转换成电压信号，如图 10-49 所示。

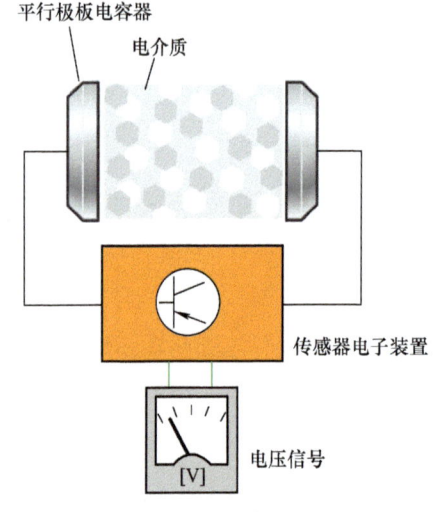 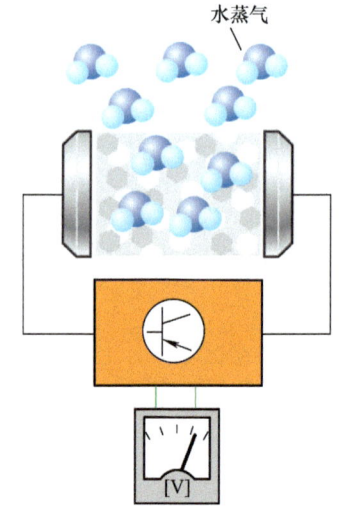

图 10-48 湿度传感器结构　　　　　　图 10-49 电容值转换成电压信号

三、空气湿度传感器的温度测量

1. 基本物理原理

为了确定空气湿度，测量湿度位置附近的温度也必须确定。此相关温度是很重要的，因为空气湿度非常依赖空气的温度。

若湿度测量点距温度测量点太远，则该空气湿度可能不准确，因为温度的差异会导致湿度的不同。

2. 测量风窗玻璃温度

每个物体都会以电磁辐射的方式与周围环境交换热量。此电磁辐射可能含有红外线范围、可见光或者还有紫外线范围的热辐射。但是，这三种范围的辐射只是整个电磁光谱的一小部分。辐射过程会同时存在"吸收"和"发射"现象。

例如，一块铁可能吸收红外线辐射，如图 10-50 所示。它会变热，也就是说这块铁也会发射红外线。如果继续加热这块铁，它会发亮。此时它会发射可见光波长范围内的电磁辐射以及红外线辐射。

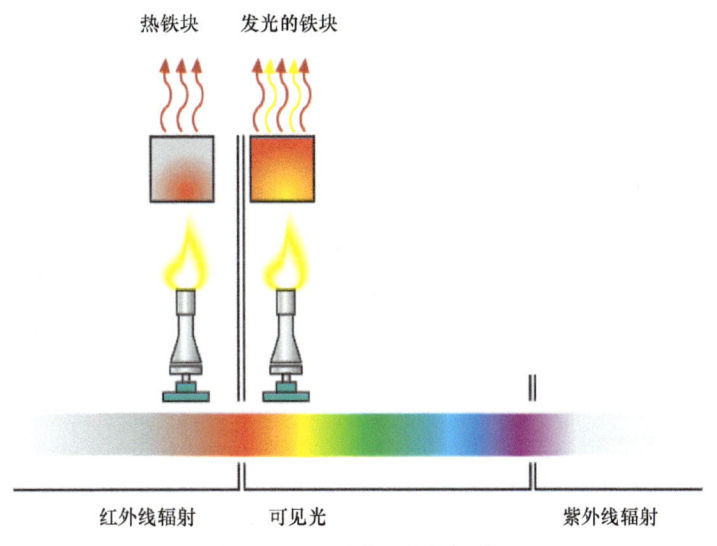

图 10-50　吸收红外线辐射

根据物体自身温度的不同，所发射的辐射成分可能会有变化。例如，若物体的温度变化，发出的辐射中的红外线部分也会变化。这样通过测量辐射出来的红外线，就可以无接触地测量物体温度。测量一个物体（这里是风窗玻璃）的红外线辐射，是用一个高灵敏度的红外线辐射传感器进行的，如图 10-51 所示。

若风窗玻璃的温度发生变化，在平垫圈发出的热辐射中，其红外线部分也会变化。该传感器检测这种变化，并且传感器电子装置将红外线转换成电压信号。

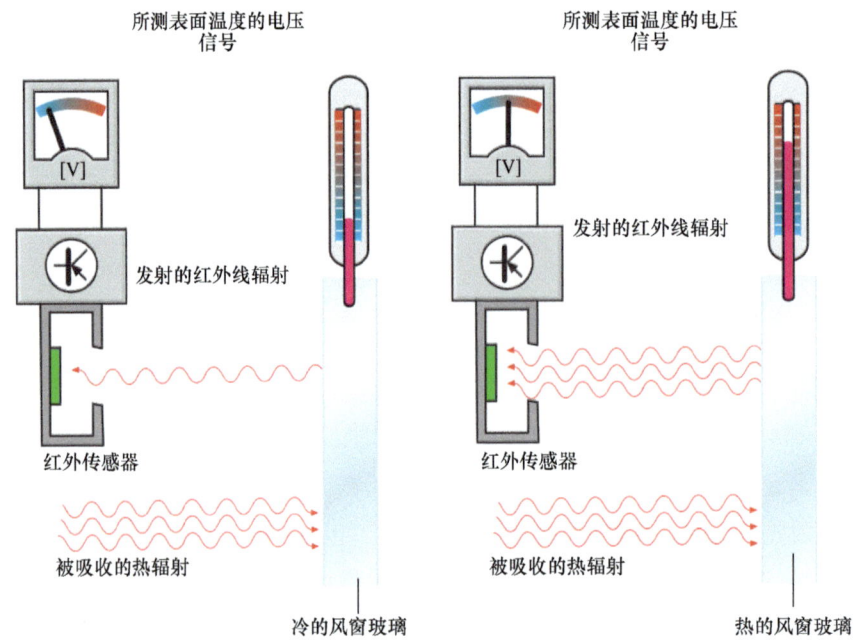

图 10-51 所测表面温度电压信号

四、空气湿度传感器电路图

奥迪 Q5、A5、A4 等车型采用了空气湿度传感器，传感器的电压在 0～5V 之间线性变化，由此，可以通过湿敏电容型空气湿度传感器测得相对空气湿度值，其控制电路如图 10-52 所示。

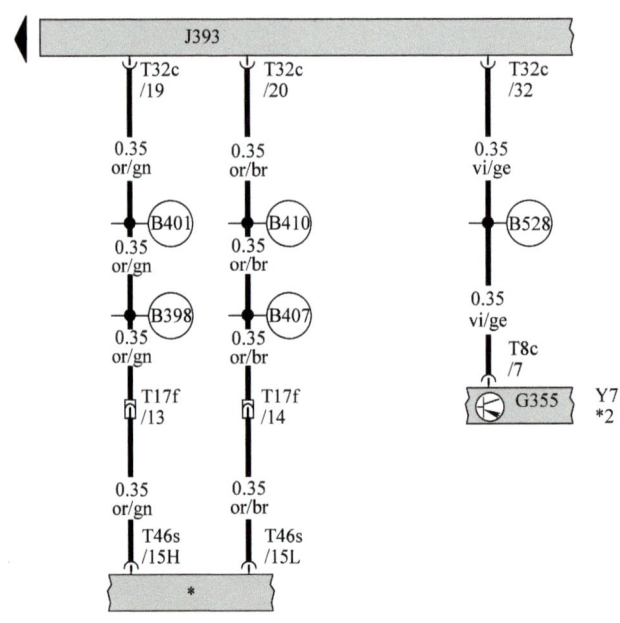

图 10-52 空气湿度传感器控制电路

G355—空气湿度传感器　J393—舒适/便捷系统的中央控制单元　Y7—自动防眩的车内后视镜

第六节 日照光电传感器

一、日照光电传感器结构

日照传感器用于汽车自动空调控制系统中,该传感器由自动空调提供 5V 电压,位于仪表板中部除霜出风口前的一个盖板下方(图 10-53)。由于它不受环境温度的影响,能够准确地检测出日光照射量的变化,把日光照射量转化为电流,根据电流的大小判断日光照射量,并把信息送入自动空调控制单元,使自动空调控制单元根据此信号调整车内空调吹出的风量与温度。如图 10-54 所示,日照光电传感器主要由壳体、滤光片及光电二极管组成,通过光电二极管可检测出日光照射量的变化。光电二极管对日光的照射变化反应敏感,而自身不受温度的影响。将日照量变化转换成电流变化,根据电流的大小就可以知道准确的日照量。

在日光照光电传感器中,若某个光电二极管损坏,空调控制系统将参考仍能正常工作的光电二极管的信号,调用一个固定的替代值作为控制参量;若两个光电二极管均损坏时,空调控制系统将用两个固定替代值作为控制参量,以维持空调系统的正常工作。不过,此时空调系统的控制精度会有一定程度变化。

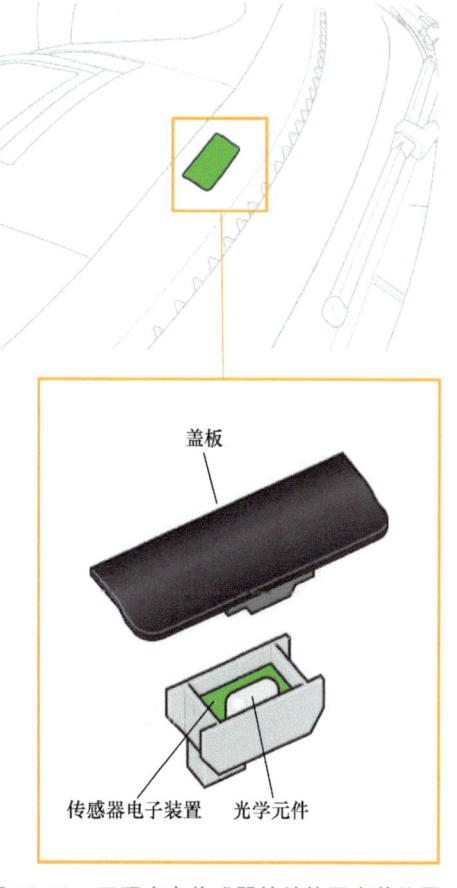

图 10-53 日照光电传感器的结构及安装位置

二、日照光电传感器原理

日照光电传感器的检测原理如图 10-55 所示,传感器壳体中含有两个光电二极管与一个光学元件。该光学元件分为两个腔室,每个腔室各含一个光电二极管。当太阳光从左侧照射到传感器上时,光学元件本身的特性会使射线集中到左侧的光电二极管上。因此,左侧的光电二极管上产生的电流会大于右侧光电二极管上产生的电流。当阳光从右侧照射时,那么右侧的光电二极管的电流会明显地大于左侧光电二极管上产生的电流。借此，自动空调控制单元就可以判断出车内的哪一侧正在受到日光照射的影响而升温，并采用相应的控制措施。

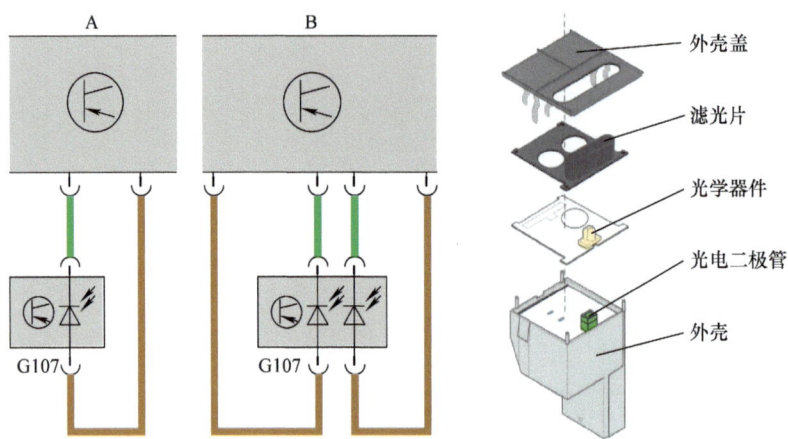

图 10-54　日照光电传感器电路及结构

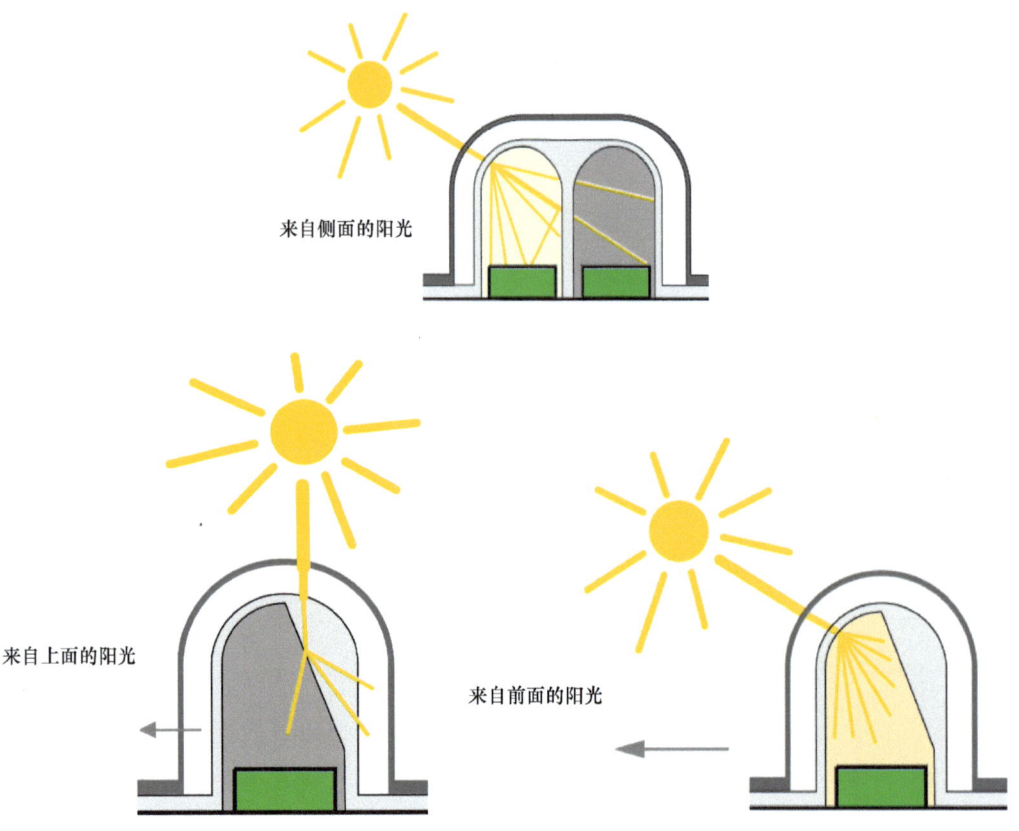

图 10-55　日照光电传感器的检测原理

三、日照光电传感器检测

1）拆下仪表板上的杂物箱，拔下日照光电传感器导线连接器，点火开关打到 ON 位置，用布遮住传感器，然后用灯光照射日照光电传感器，测量日照光电传感器连接器端子 1 与 2 间的电压值，在正常情况下，电压值应为 4.0～4.5V，随着灯光逐渐远离电压减小，不应超过 4.0V。

2）用布遮住传感器，测量连接器端子 1 与 2 间的电阻值，在正常情况下应为不导通（电阻值∞）。从日照光电传感器移开遮布，使其受灯光照射，检测端子 1 和 2 之间电阻值，应为 4kΩ（灯光移开电阻随之下降）。它的控制电路如图 10-56 所示。正常情况下两根导线的电阻值应小于 0.5Ω。

另外，还可以拔下传感器连接器，连接好蓄电池和电流表。将传感器放在强光区，测量 2 号端子与蓄电池负极间的电流；再将传感器放在弱光区，测量 2 号端子与蓄电池正极间的电流。测量结果为强光区电流应大于弱光区电流，若不符合规定，则应更换传感器。

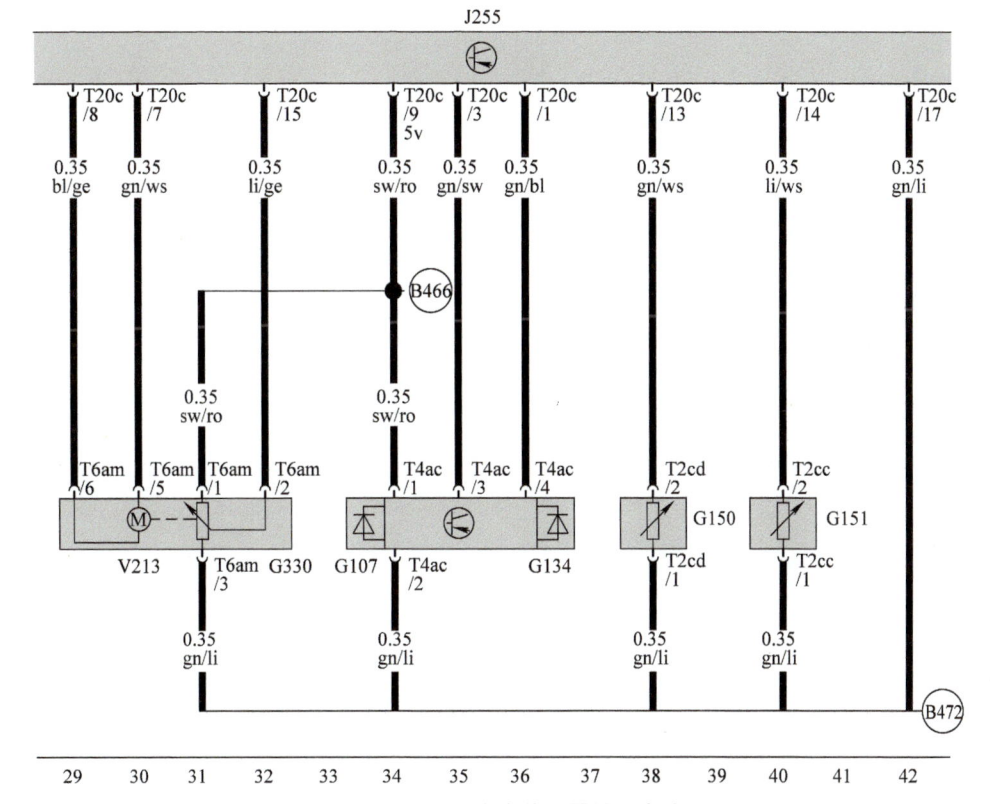

图 10-56　日照光电传感器控制电路

G107—日照光电传感器 1　G134—日照光电传感器 2　G150—左侧出风口温度传感器
G151—右侧出风口温度传感器　G330—间接通风翻板伺服电动机的电位计
J255—全自动空调控制单元　V213—间接通风翻板伺服电动机

第七节 高度传感器

一、车身高度传感器

1. 安装位置

帕萨特车配置 DCC 自适应底盘控制系统，共安装有三个车身高度传感器，分别为左前车身高度传感器 G78、右前车身高度传感器 G289（图 10-57）和左后车身高度传感器 G76（图 10-58）。车身高度传感器又被称为转动角度传感器。它们安装在减振器附近，并通过连接杆与横摆臂灵活连接。

根据前后车桥的横摆臂以及连接杆的移动，车轮弹跳行程被传递至传感器，并被换算成转动角。转动角度传感器在静态磁场中工作，并遵循霍尔原理。信号输出为减振器控制提供了一个与角度成比例的 PWM 信号（脉冲宽度调制信号）。三个车身高度传感器本身是完全一样的，只是安装方式，连接杆及动力学特性会根据安装位置及车桥而各不相同。

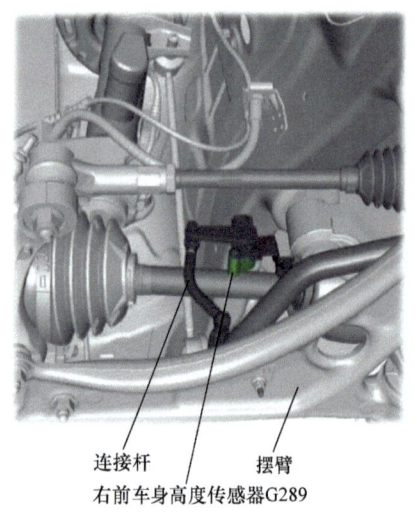

图 10-57 右前车身高度传感器安装位置

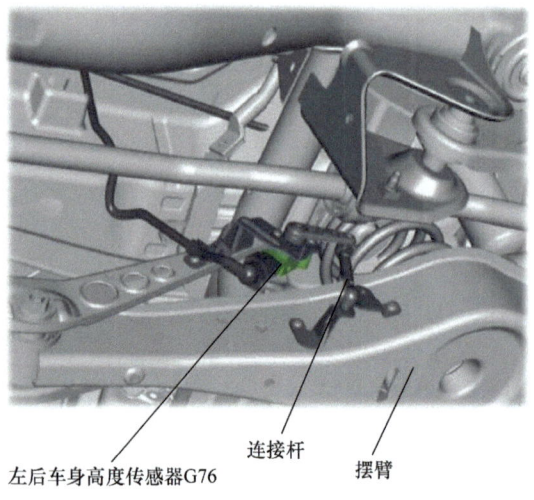

图 10-58 左后车身高度传感器安装位置

2. 结构

如图 10-59 所示，传感器被设计成一种双腔室系统。在传感器一边（腔室 1），装备了转子。而在另一边（腔室 2），则装备了带有定子的电路板。转子和定子为分别安装的，因此它们可独立密封。转子包含了一根黏合了稀土磁铁的无磁性的不锈钢轴。稀土磁铁用于要

第十章 其他类型传感器

求强磁场且磁铁尺寸极小的场合。

转子通过操纵杆连接到连接杆上,操纵杆也用来驱动转子。转子安装在操纵杆内的轴密封环里面。这样能有效地保护机件不受其他零件的干扰。定子由一个霍尔传感器组成,并被安装在电路板上。电路板由PU(聚氨酯)塑料制成,这样能保护其不受外部的干扰。

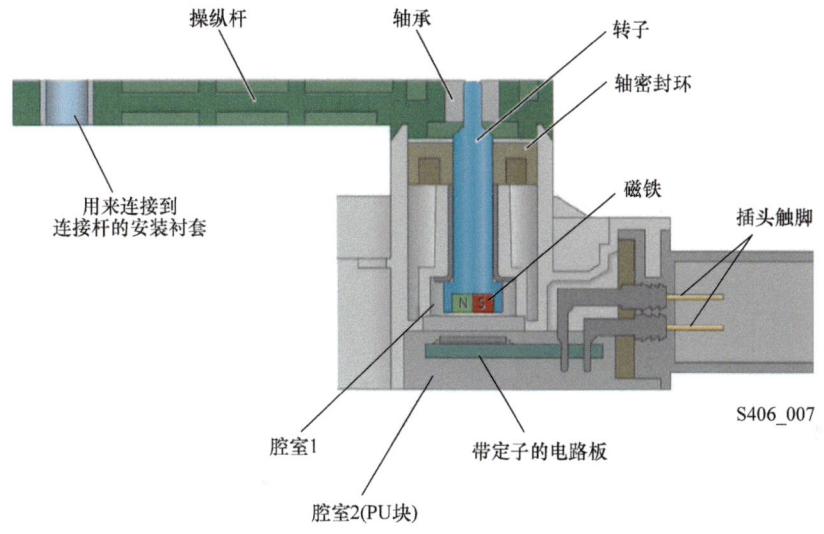

图 10-59　车身高度传感器的结构

3. 功能

磁力线通过霍尔(效应)板,被传输并放大。与传统的霍尔传感器不同的是,这些元件能够释放出特殊的正弦和余弦信号(图 10-60)。信号在电路板的集成电路中被转化,使得车身高度的变化,能够被电控减振控制单元 J250 所识别。

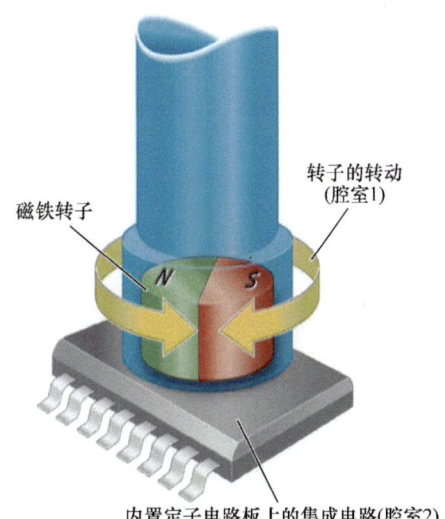

图 10-60　车身高度传感器的结构工作原理

二、车辆高度传感器

垂直动态管理平台 VDP 控制单元通过四个车辆高度传感器（图 10-61）读取当前车身高度。如图 10-62 所示，车辆高度传感器的最大测量范围为 70°。输出 0.5～4.5V 模拟电压信号。车辆高度传感器有供电（5V）、接地连接、信号输出（0.5～4.5V）等电气接口。

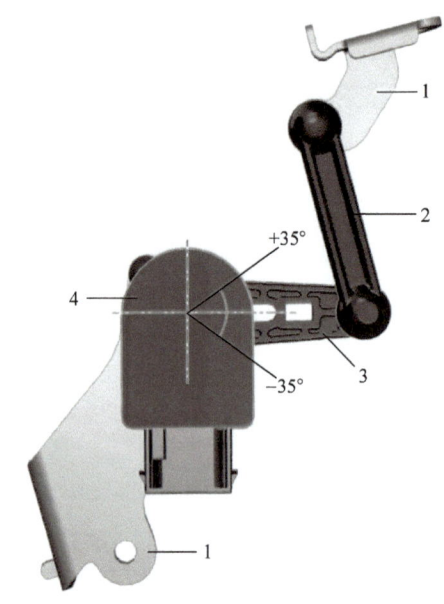

图 10-61　车辆高度传感器
1—支架　2—带球面接头的连杆　3—偏转杆　4—车辆高度传感器

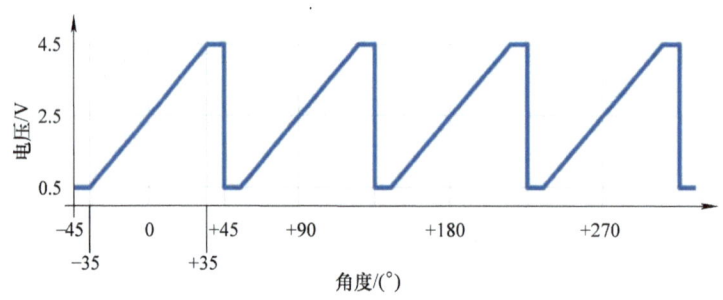

图 10-62　车辆高度传感器的车辆高度信号

更换一个或多个车辆高度传感器后，必须通过宝马诊断系统 ISTA 执行"车辆高度校准"服务功能。成功进行车辆高度校准后会将车辆高度数据存储在车身域控制器内，并用于进行前照灯高度调节。

三、燃油油面高度传感器

1. 结构

奥迪 A8 燃油油面的高度是由两个浸入式传感器和两个旋转角传感器来感知。旋转角传感器的结构是新的,它是电磁被动式位置传感器,如图 10-63 所示。

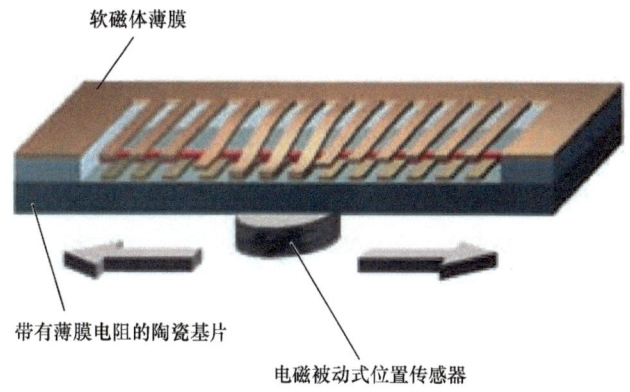

图 10-63　电磁被动式位置传感器

陶瓷基片上有 51 个串联的薄膜电阻,每个电阻都有自己的分接头,离这些分接头很近(距离很小)处有一个软磁体薄膜,其上带有相同数量的弹性触点。

陶瓷基片下面的电磁位置传感器会将弹性触点拉到分接头上。输出的电信号根据磁铁的位置就会成比例地变化。由于使用了电磁耦合,所以测量系统可以获得极好的密封。该测量系统是非接触式的,所以使用寿命长;可防止脏污和污物沉积;接触电流小。

2. 确定油面高度

燃油油面高度是由浸入式传感器和旋转角传感器信号的逻辑电路来确定的。燃油油面较低时,只由旋转角传感器的测量值来确定燃油油面高度;燃油油面较高时,只由浸入式传感器的测量值来确定燃油油面高度;燃油油面处于中间位置时,通过所有传感器信号的逻辑电路来确定燃油油面高度,如图 10-64 所示。传感器信号由组合仪表进行分析,所有传感器是并联在一起的。

图 10-64　油面高度测量原理

连接导线在油箱下面汇集在一起,这样在测量电阻时就不需要再进一步拆卸,传感器位置如图 10-65 所示。

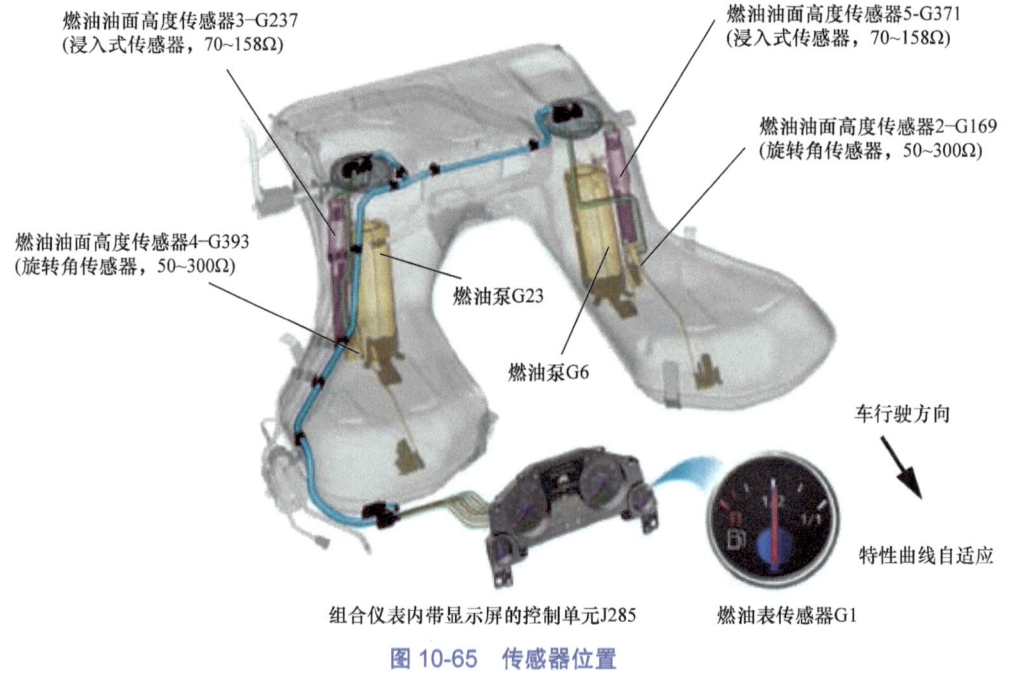

图 10-65 传感器位置

四、案例：2014 款路虎揽胜车燃油表指示不准

故障现象 一辆 2014 款路虎揽胜车，搭载 3.0L 机械增压汽油发动机，行驶里程 5 万 km。车主反映，该车加满燃油时，燃油表指示燃油存量约为 3/4。

故障诊断 接车后试车验证故障，陪同车主去加油站加注燃油，加满燃油箱后，组合仪表上的燃油表指示燃油存量约为 3/4（图 10-66），说明车主反映的故障确实存在。

用故障检测仪 SDD 检测，发现车身控制模块（BCM）中存储了故障码"B1A76-1C——2 号燃油发送器 电路电压超出范围"；尝试清除故障码，故障码可以清除，但燃油表指示依旧不准。该车主、副燃油箱中均有 1 个燃油位置传感器（在主、副油浮子内部），燃油位置传感器将电阻信号传送至中央接线盒（CJB），CJB 根据电阻信号计算燃油存量，然后通过中速 CAN 线将燃油存量信号传送至组合仪表，最后由组合仪表显示燃油存量。

图 10-66 燃油表指示燃油存量约为 3/4

读取相关数据流，发现"燃油液位输入"为 83.5%，由于可以读取到燃油存量数据，初步认为主、副燃油位置传感器的线路均正常。结合故障码 B1A76-1C 进行分析，推断副燃油位置传感器脏污或卡滞，导致其电阻信号失准，从而使燃油表指示不准。

排空燃油箱中的燃油，拆下主、副油浮子，将油浮子调至最高液位时，燃油位置传感器的电阻最低；将油浮子调至最低液位时，燃油位置传感器的电阻最低。测量主油浮子上的燃油位置传感器电阻，在最高液位时，为 993Ω，在最高液位时为 52Ω，均正常。测量副油浮子上的燃油位置传感器电阻，在最低液位时，为 1036Ω，正常；在最高液位时为 132.8Ω，偏大，正常应为 111.3Ω。分解副油浮子，发现副油浮子内部脏污（图 10-67），且有大量铁屑，怀疑故障是由此引起的。

故障排除 清除副油浮子内部附着的铁屑后装复试车，燃油表指示正常，故障排除。

维修总结 燃油表指示不准，一般是燃油箱内浮子的问题，应优先拆卸浮子进行诊断。

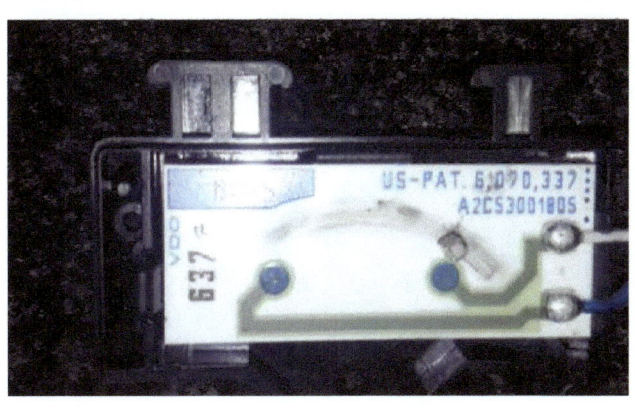

图 10-67 副油浮子内部脏污

五、案例：奔驰 GLS400 车仪表提示"车身升降故障"

故障现象 一辆 2016 款奔驰 GLS400 车，底盘号为 4JG166864，装配 M276 发动机，配置空气悬架，行驶里程 1000km，因为仪表盘上提示"车身升降故障"而进店维修。

故障诊断 接车后试车验证故障，接通点火开关起动发动机，发动机顺利起动，随后仪表盘即出现"车身升降故障"的报警提示信息（图 10-68），此外，仪表盘上其他显示信息均正常。观察车身高度，未见异常。经询问驾驶人得知，该车辆是几天前在外地提的车，并未经历涉水等不良使用条件，也无加装或改装现象，且故障发生后车辆仍能正常行驶。

连接故障检测仪对车辆进行快速测试，读取到的相关故障码：C15221C——右前车身高度传感器电压值处于允许范围之外。

查看相关资料得知，空气悬架控制单元（N51/3）给 4 个水平高度传感器提供约 5V 的工作电压，水平高度传感器将水平高度信号以电压的形式反馈给 N51/3，以供 N51/3 对车身高度进行控制和调节。

图 10-68　仪表信息中心提示"车身升降故障"

用故障检测仪查看车身水平高度的相关实际值，结果如图 10-69 所示，右前车身高度的实际值已达到极限高度（128.00mm），这与右前车身的实际高度不相符。查看右前水平高度传感器（B22/9）的信号电压实际值（图 10-70），右前水平高度传感器的电压显示为 0.000mV（正常应为 500~4500mV）。由此可知 B22/9 反馈给 N51/3 的信号电压不正常。

编号	姓名	实际值
482	左前汽车高度	82.00 mm
325	右前汽车高度	128.00 mm
489	左后汽车高度	54.00 mm
655	右后汽车高度	67.00 mm
970	已进行水平高度校准	是
509	正常水平高度	-30.00 mm

图 10-69　车身水平高度的实际值

编号	姓名	实际值	标准值
862	部件'B22/8（左前水平高度传感器）'的电压信号	1000 mV	[500.0...4500]
417	部件'B22/9（右前水平高度传感器）'的电压信号	0.000 mV	[500.0...4500]
116	部件'B22/7（左后水平高度传感器）'的电压信号	3451 mV	[500.0...4500]
676	部件'B22/10（右后水平高度传感器）'的电压信号	1392 mV	[500.0...4500]

图 10-70　右前水平高度传感器信号电压实际值

根据故障码的提示，结合上述检查结果分析，判断故障原因可能有：B22/9 安装位置故障、B22/9 故障、N51/3 故障、相关线路故障等。

本着由简到繁的诊断原则对上述故障点进行排查。首先查看 B22/9 的安装情况，安装位

第十章 其他类型传感器

置正确,且未见异常现象。检查 B22/9 的导线连接器,插接牢固。根据电路图(图 10-71),断开 B22/9 的导线连接器,测量导线侧端子 1 与端子 5 之间电压,为 5.00V,正常(标准电压范围为 4.75V~5.25V),说明 B22/9 的供电和搭铁是正常的。将 B22/9 的导线连接器装复后,从 N51/3 的导线连接器端子 36 处测量 B22/9 的反馈信号电压,为 0.00V,不正常(正常应为 0.5V~4.5V),说明 B22/9 的反馈信号电压不正常。测量 B22/9 与 N51/3 之间的信号线(B22/9 导线连接器端子 4 与 N51/3 导线连接器端子 36)的电阻,为 0.3Ω,说明信号线导通情况良好。测量 B22/9 的电阻,测得 B22/9 的端子 4 与端子 5 之间的电阻为∞,测量该车左前水平高度传感器(B22/8)的电阻,约为 50.0Ω,对比可知是 B22/9 内部存在故障。

故障排除 更换右前水平高度传感器(B22/9),对车身高度进行校准后试车,故障排除。

维修总结 由于大部分技术人员缺乏相应的理论知识,加之对故障码或数据流的能力分析不足,就会导致故障排除思路不正确,可能会造成物力、财力的损失。

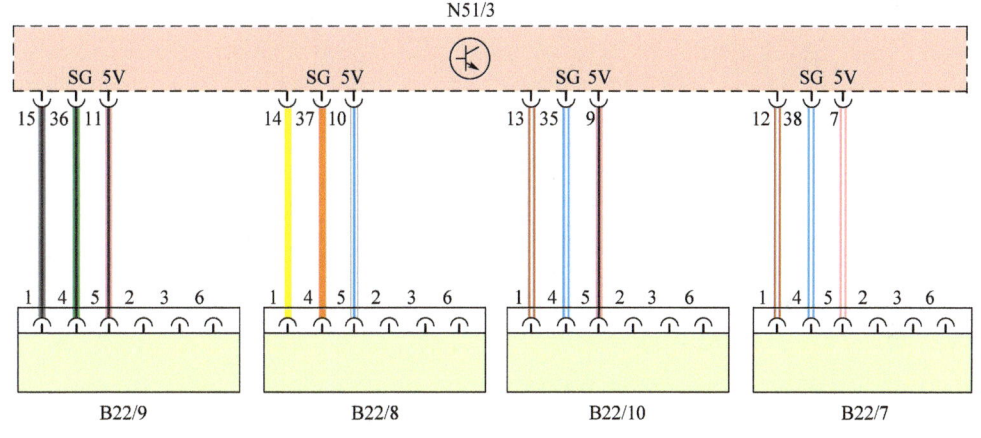

图 10-71 水平高度传感器电路图
B22/7—左后水平高度传感器 B22/8—左前水平高度传感器 B22/9—右前水平高度传感器
B22/10—右后水平高度传感器 N51/3—空气悬架控制单元

第八节 倾斜传感器

一、倾斜传感器

在中央舒适/便利功能系统电子装置中安装有倾斜传感器,以实现防拖车保护功能。如

图 10-72 所示，倾斜传感器工作原理：在黏稠导电流体的容积发生改变时测量其电阻变化（电导测定法）。在液体中竖有不同的电极。传感器电极分布在各隔段中，每个电极上都附有一个交变场。当位置发生改变时，液体在隔段中的分布也会相应改变。随着隔段中液位的变化，由该隔段电极测得的电阻同时发生改变。

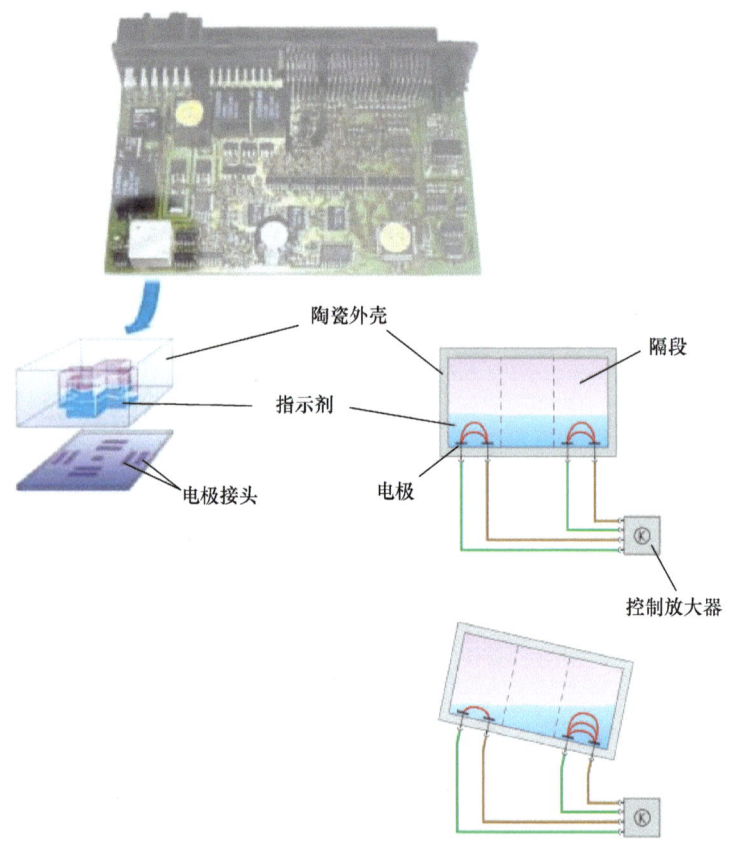

图 10-72 倾斜传感器结构

二、GPS 导航转角传感器

1. 作用

如图 10-73 所示，GPS 导航转角传感器位于 GPS 导航系统的壳体中。角度传感器记录车辆在行进方向上的左右变化。它具有尺寸紧凑、精度更高、无需校准以及抗磁场干扰的优点。

当车辆改变其行进方向（图 10-74）时，它绕其垂直轴线转动。转角传感器探测到这个旋转的动作，并通知导航控制单元。导航控制单元然后计算方向改变的角度。为了区分正向和反向运动，控制单元从倒车灯开关接收信号。它依旧需要计算行进的距离以计算曲线半径。这由 ABS 轮速传感器的轮速脉冲帮助确定。

第十章 其他类型传感器

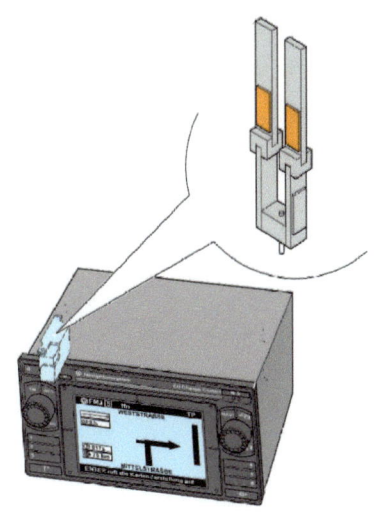

图 10-73 GPS 导航转角传感器

图 10-74 车辆改变行进方向时

2. 结构

如图 10-75 所示，转角传感器的形状像一个音叉。元件被设计成两叉式摆动机构。当点火开关接通时，电压被施加到下部压电元件。它们开始振动。振动被传送到两叉上。如图 10-76 所示，当车辆改变方向（如转弯）时，科氏力作用在传感器的振动叉上。科氏力与车辆绕转向轴转动的方向相反。音叉的上部侧向摆动，从而弯曲。音叉的变形传递到上部压电元件，从而在压电元件上产生了一个电压。导航控制单元根据这个电压大小计算行进方向的变化。

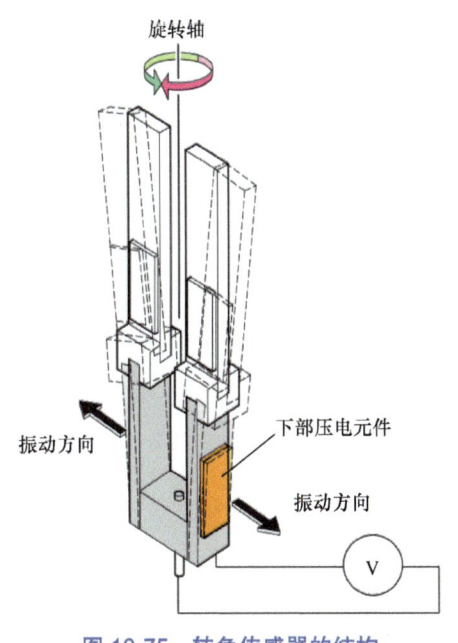

图 10-75 转角传感器的结构

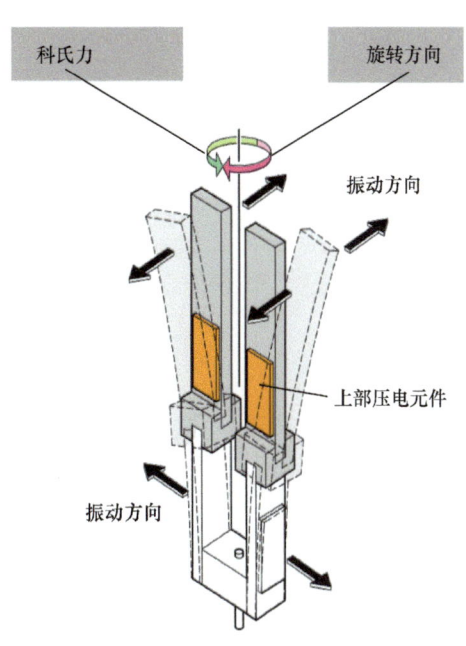

图 10-76 转角传感器工作机理

1）转弯时。如图 10-77 所示，当车辆转弯时，音叉的上部受科氏力作用而弯曲。转角传感器的上部压电元件产生一个电压。电压的大小与行驶方向的改变有关。例如，当从左向右变向时，电压将会改变。

2）直线行驶时。如图 10-78 所示，当车辆直线行驶时没有科氏力。音叉的上部没有弯曲，压电元件便不会产生电压。

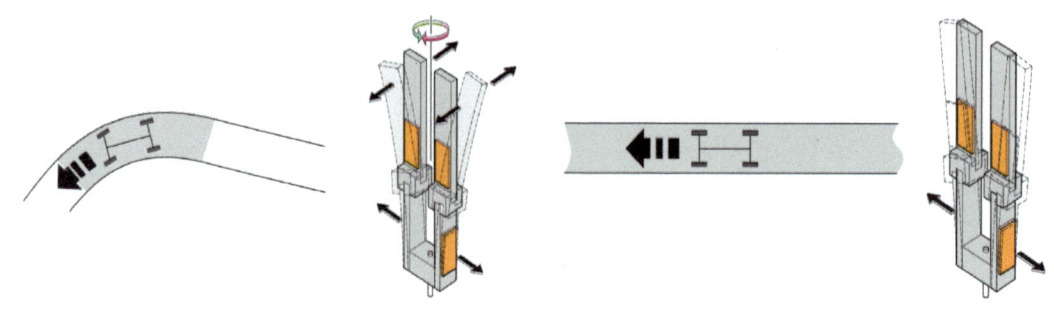

图 10-77　转弯时的音叉运动　　　　图 10-78　直线行驶时的音叉运动

三、偏转率传感器

1. 作用

偏转率传感器 G202 的安装位置也应尽量离车的重心近一些。倒如有的车上该传感器位于左前脚坑的舒适系统中央控制单元前，传感器的外形如图 10-79 所示。偏转率传感器在 BOSCH 系统上使用的是组合传感器，而在 ITT 系统上用的是两个独立的传感器，可分别单独更换。如图 10-80 所示，偏转率传感器通过三根导线与控制单元 J104 相连。

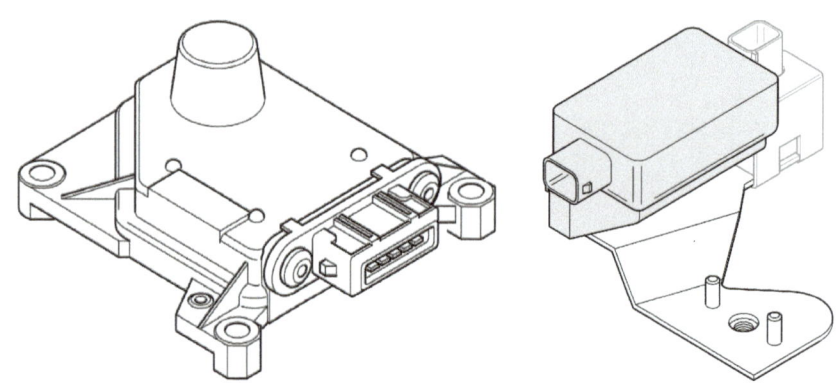

图 10-79　偏转率传感器 G202 的外形

如果没有偏转率传感器信号，控制单元就无法识别出车辆是否有离心趋势，ESP 功能也就失效了。在诊断中将确定是否有导线断路及对地/正极短路，系统还将进一步确定传感器信号是否可靠。

该传感器是从宇航技术借用来的，用来确定物体上是否作用有转矩。按照安装位置就能确定绕空间某一轴的转动。在 ESP 系统中，该传感器用于确定车辆是否绕垂直轴线转动。人们把这个过程称为偏转率或旋转率的测量。

2. 结构和功能

（1）压电式偏转率传感器的结构　如图 10-81 所示，偏转率传感器的基本组件是一个小的金属空心圆筒，其上有八个压电元件，其中四个使空心圆筒处于谐振状态，另四个用于监控作用在圆筒上的振荡波节是否改变。

如果空心圆筒上作用有转矩，振荡波节就会改变。振荡波节会移动，起监控作用的压电元件会测量到这个改变并通知控制单元，于是控制单元就可以计算出偏转率了。

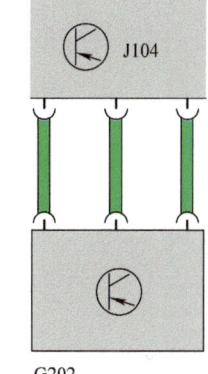

图 10-80　偏转率传感器电路

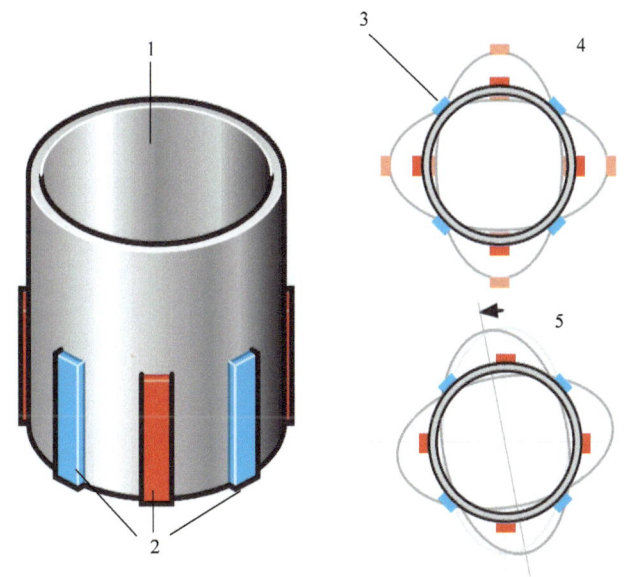

图 10-81　偏转率传感器 G202 的结构原理
1—金属空心圆筒　2—压电元件　3—振荡波节　4—处于谐振状态的四个空心圆筒　5—振荡波节的移动

（2）音叉式偏转率传感器的结构　音叉式偏转率传感器基本组件是一个硅单晶体制成的双音叉微机械系统，该系统在一个小电子部件内，这个电子部件装在传感器片上。

双音叉的结构简化图如图 10-82 所示，双音叉在其"腰部"处与其他硅元件相连，图中未画出这部分。双音叉由一个励磁音叉和一个测量音叉构成。

如图 10-83a 所示，通上交流电压后，硅制音叉会产生谐振。这两个音叉是这样设定的：励磁音叉以 11kHz 谐振，测量音叉以 11.33kHz 谐振。因此，若双音叉上作用有 11kHz 交流电压时，励磁音叉发生谐振，而测量音叉不会发生谐振。发生谐振的音叉对作用力的反应慢于无谐振的音叉。

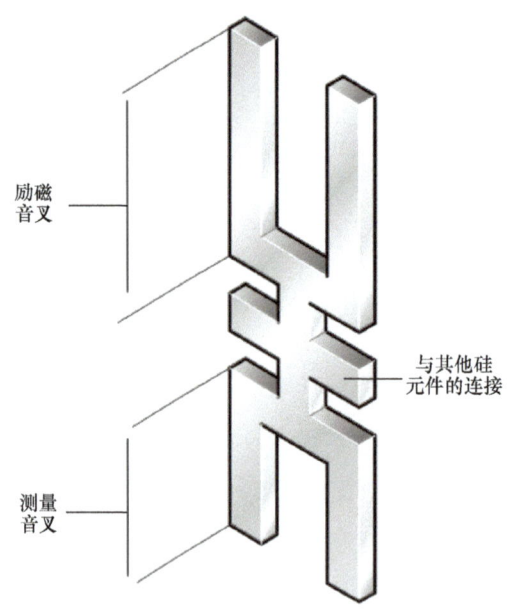

图 10-82 双音叉的结构简化图

如图 10-83b 所示,当双音叉的另一半和传感器与车辆一同在旋转加速度作用下运动时,双音叉中发生振动的部分的反应滞后了,因此双音叉会像木塞起子那样扭动。这种扭动会引起音叉上电荷分布的改变,电极可测出这个改变,传感器将其处理后作为信号传给控制单元。

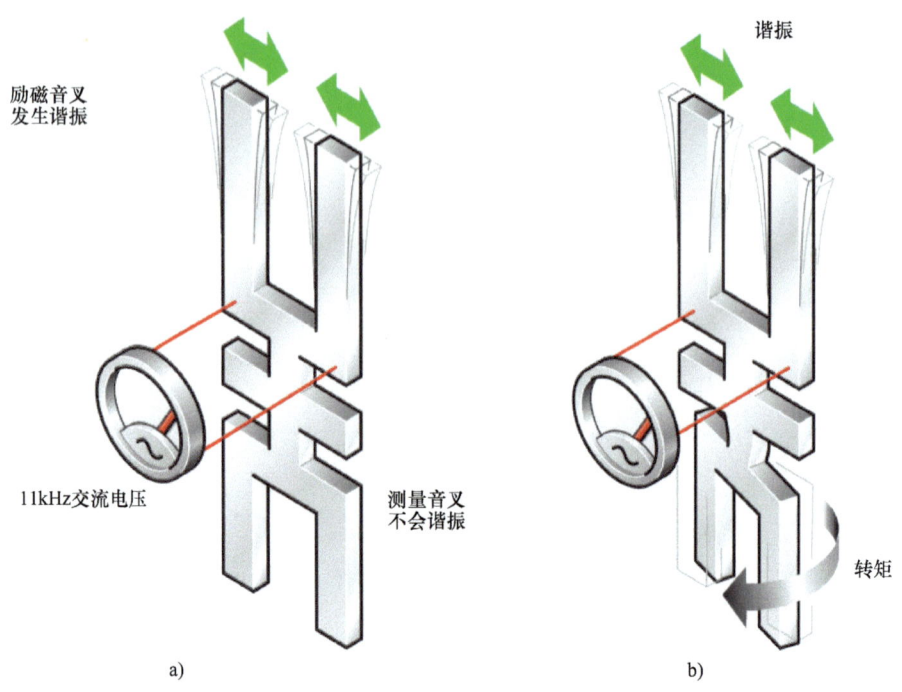

图 10-83 双音叉的工作过程

第十章 其他类型传感器

第九节　其他传感器

一、车身加速传感器

帕萨特车配置 DCC 自适应底盘控制系统共安装有三个车身加速传感器，分别是左前车身加速传感器 G341、右前车身加速传感器 G342、后部车身加速传感器 G343。

1. 安装位置

车身加速传感器测定车身的垂直加速度。左前车身加速传感器 G341（图 10-84）和右前车身加速传感器 G342 安装在车身上，靠近减振器的顶部。后部车身加速传感器 G343（图 10-85）则安装在左后减振器顶部的旁边。

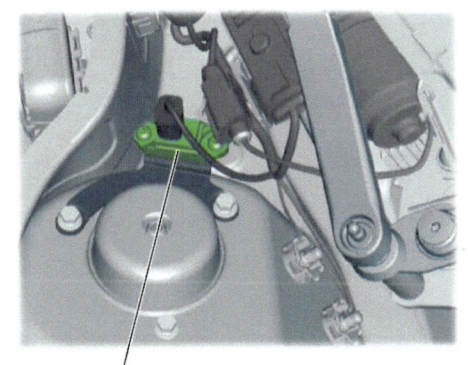

左前车身加速传感器G341

图 10-84　左前车身加速传感器 G341 安装位置

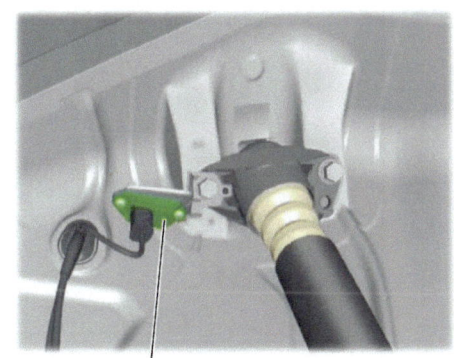

后部车身加速传感器G343

图 10-85　后部车身加速传感器 G343 安装位置

2. 结构与功能

如图 10-86 所示，车身加速传感器是根据电容测定法则来工作的。弹性模块 m 作为一个中间电极在电容器两极板间振动，使 C_1 和 C_2 电容器的电容量相应变化，变化的节奏与振动的节奏相反。当一个电容器的极板间距 d_1 增大一定量时，另一个电容器的极板间距 d_2 也相应地减少了这个量。从而改变了各电容器的电容量。一个电子评估系统向电控减振控制单元 J250 输送一个模拟信

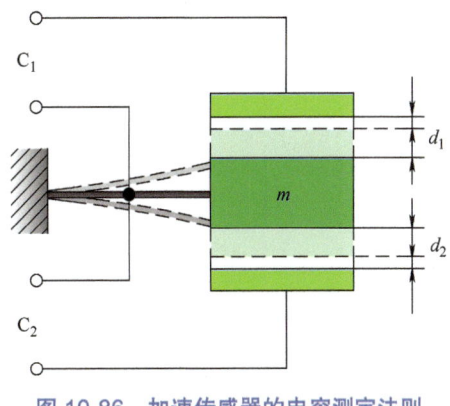

图 10-86　加速传感器的电容测定法则

号电压。传感器的测定范围是 ±1.6g。g = 重力加速度单位，1g = 9.81m/s²。

二、主动巡航控制传感器

大众辉腾车主动巡航控制系统在汽车前部安装了一个雷达测距传感器，用来收集交通情况。它可识别最远大约130m远的前方行驶汽车。在前方无车的道路上，主动巡航控制系统的作用如同一部定速巡航装置。它保持本车按照存储的期望车速行驶。如果距前方行驶的汽车过近，主动巡航控制系统便会相应降低本车速度以保持足够的安全距离。如果前方行驶的汽车加速，主动巡航控制系统也会加速（最高不超过驾驶人设定的期望车速）。在某些行驶状况下，需要驾驶人踩下行车制动器对本车制动，以便保持与前方行驶汽车有足够的安全距离或避免追尾。

如果驾驶人要将本车转到超车道上且识别到前方没有汽车，主动巡航控制系统便会加速到设定的期望车速，然后保持此车速恒速行驶。驾驶人可以随时踩下加速踏板提高车速。松开加速踏板后，该装置会将车速重新调回此前已存储的车速。

1. 传感器结构

如图10-87、图10-88所示，主动巡航控制传感器基于雷达技术。雷达采用电磁波，以光速传播。频率在30GHz到150GHz的电磁波被称为"微波"。本传感器的发射频率为76.5GHz，波长为3.92mm。

具有高运算能力的微处理器集成在传感器中，它负责执行道路预测、相关物体的选择、距离和速度控制、激活发动机控制单元、制动助力器和仪表以及自诊断等方面的计算。

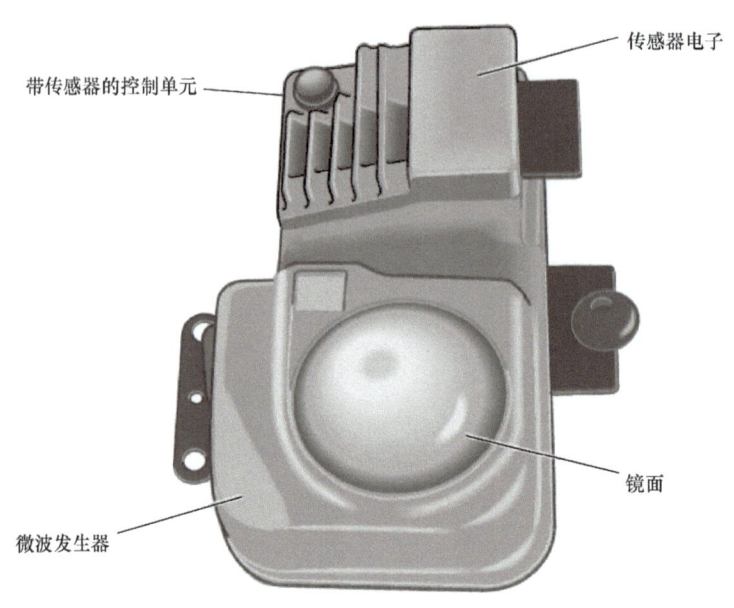

图10-87 主动巡航控制传感器外形

第十章 其他类型传感器

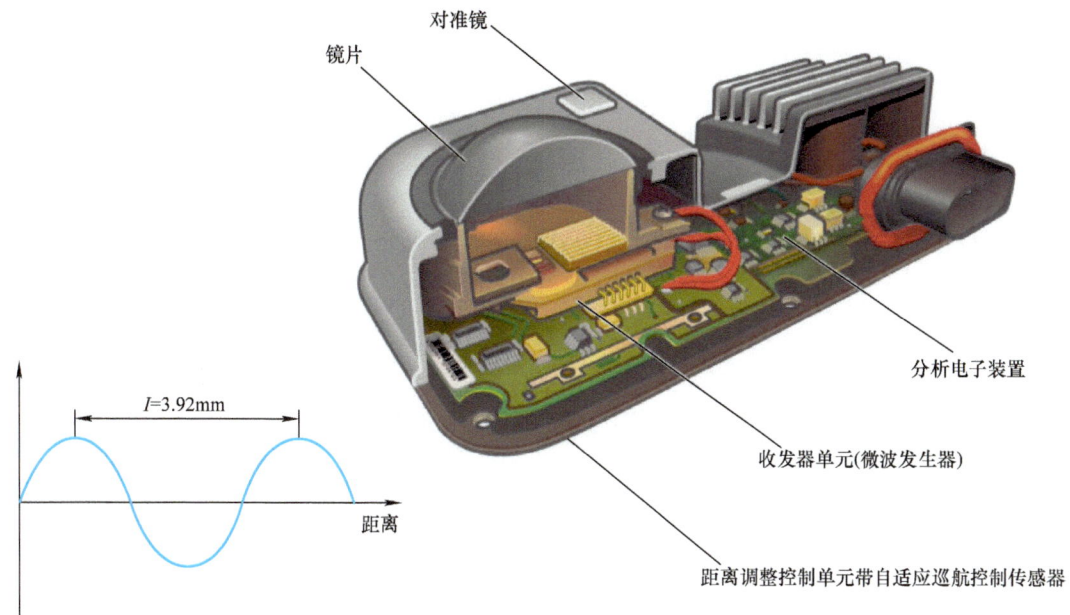

图 10-88 主动巡航控制传感器的结构及信号波形

2. 传感器调整

如图 10-89 所示,传感器调整方法:右侧有两个调节螺栓 S1 和 S2。左侧还有一个单独的螺栓拧在球头上,作为传感器的第三个紧固点。紧固螺栓每转一圈有 6 个调整位置。S1 和 S2 一起均匀旋转负责水平调整传感器。单独旋转 S2 负责调整垂直位置。

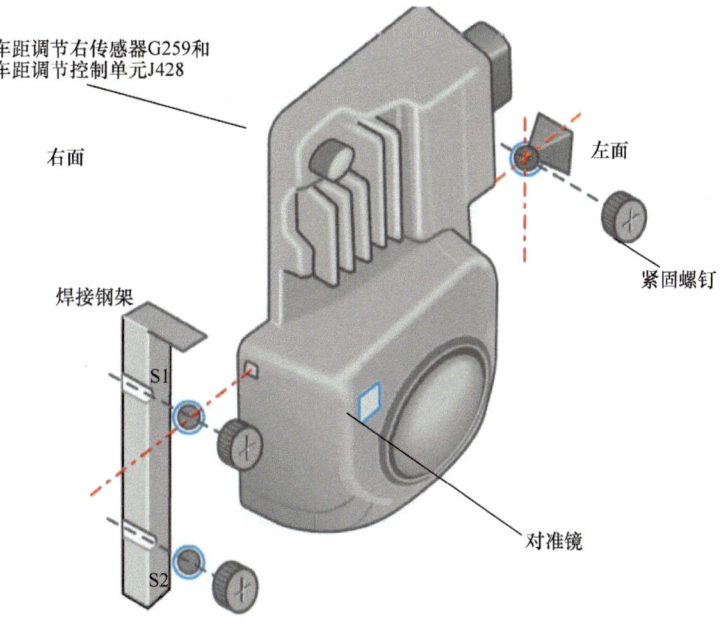

图 10-89 传感器的位置调整

305

传感器校准方法，如图 10-90 所示，激光器从目标板上发射激光到 ACC 传感器的设置镜上，并反射到目标板上。在激光发射器和主动巡航控制传感器之间放置了一个目标盘。目标盘有一个中心孔，激光穿过其中照射到巡航控制传感器的对齐镜上。当调整悬架时，测试台的测量装置与驱动轴线平行对齐。使用前桥传感器与后桥传感器一起，来调整 ACC 调整设备与驱动轴线对齐。

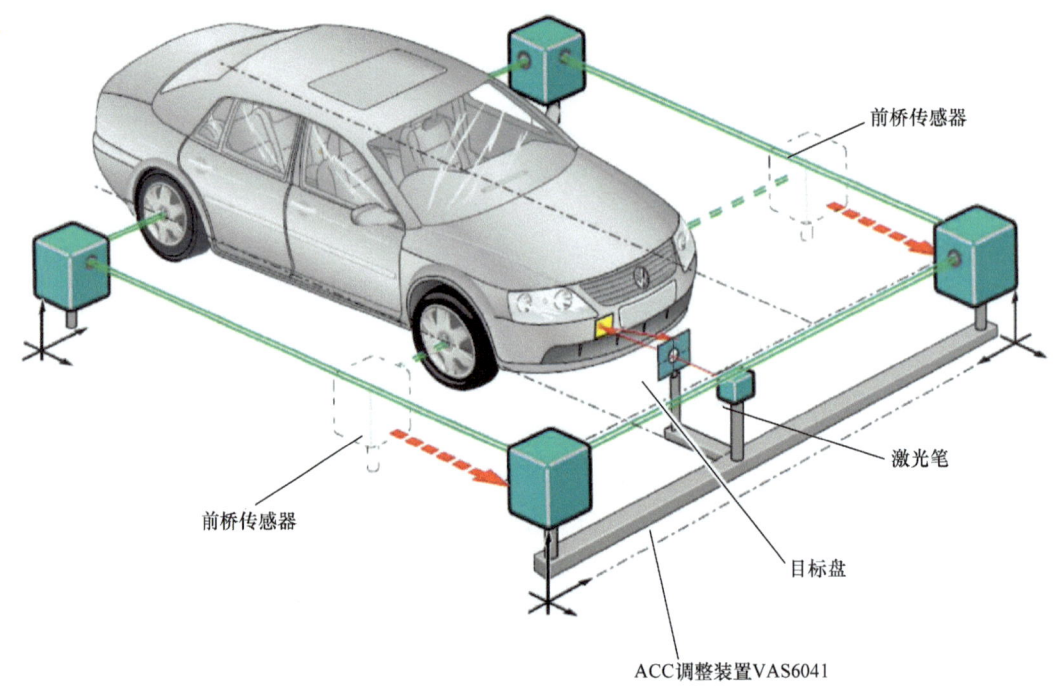

图 10-90　传感器校准方法

如图 10-91 所示，当传感器校准时，激光束经中心孔反射到目标盘上。如果传感器未对齐，激光束打到目标盘四个象限之一。通过调整螺钉使激光束反射通过目标盘中。在水平面上，高度的调整精度是必需的。如果仅需粗调，可使用调整螺钉。而精确的调整必须在驾驶过程中，使用控制单元内的电子系统来执行。

数据流：AZOF 水平面的指示误差 = 方向偏移　　ELOF 垂直平面内的指示误差 = 高度偏移

三、超声波传感器

超声波传感器用于测量距离。超声波传感器发出波长较短的超声波脉冲，环境中的物体可反射超声波脉冲，超声波传感器接收反射脉冲。

如图 10-92 所示，超声波传感器将发射超声波脉冲与接收第一个反射回声之间的持续时间传输给控制单元，控制单元根据这个持续时间计算出至附近物体的距离。

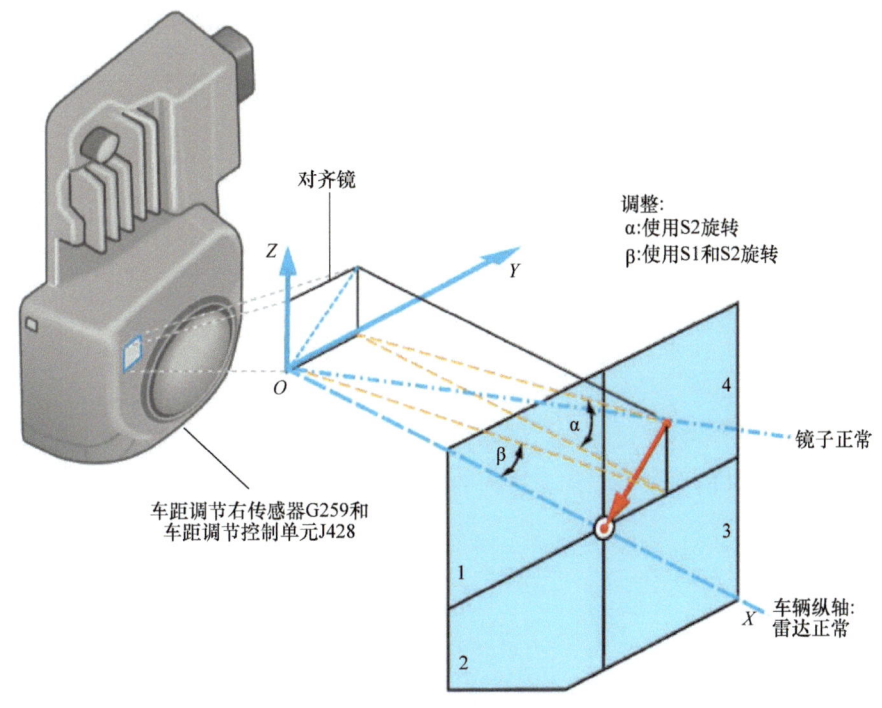

图 10-91 传感器校准过程

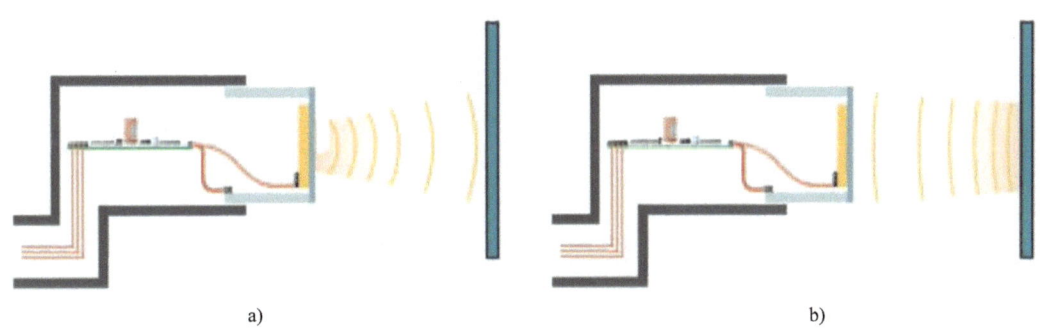

图 10-92 超声波传感器的工作机理
a)发送模式 b)接收模式

1)发送模式。处于发射模式时,超声波传感器的作用相当于扬声器。所选择的超声波频率约为 40kHz 至 50kHz,在这个频率范围内对人和家畜无害。超声波传感器电子装置通过电脉冲使压电陶瓷移动(将电能转化为机械能)。压电陶瓷位于外部隔膜的内侧。外部隔膜以共振频率振动并产生超声波。短脉冲序列碰到障碍物后反射回来。

2)接收模式。处于接收模式时,超声波传感器的作用相当于话筒。外部隔膜振荡衰减后(约 1ms),超声波传感器接收到障碍物反射回来的超声波。外部隔膜和压电陶瓷受激振动并向超声波传感器电子装置发送电脉冲(将机械能转化为电能)。

电气测量信号进行数字化处理后传输给控制单元。在控制单元内对数据进行处理,并计算出至障碍物的距离。通过开始发射的时间和接收到回声的时间，可计算出回声传播时间。根据超声波在空气中传播的速度和回声传播时间，可计算出至障碍物的距离。超声波传感器的电路符号如图 10-93 所示。

四、玻璃破碎传感器

1. 结构

在旅行车上，通过保持导体回路的方式，窗户也会受到监控。如图 10-94 所示，通过监测后侧车窗每个导体回路、后窗玻璃加热丝，其监控电路如图 10-95 所示。如果信号失效，前窗窗户的内部监控器仍然有效。

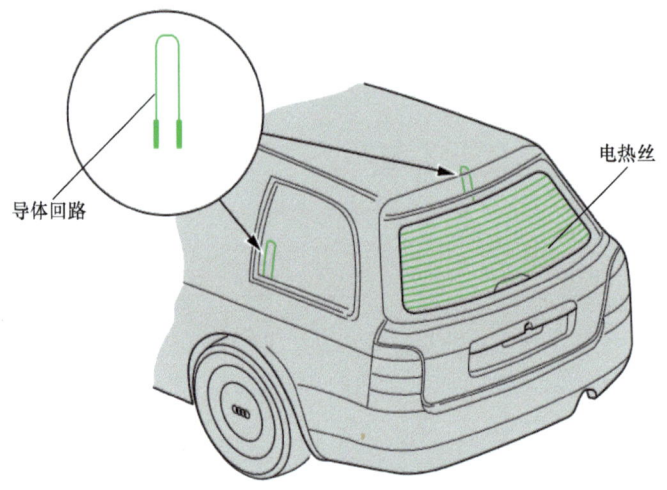

图 10-93　超声波传感器的电路符号

图 10-94　旅行车的监控部位

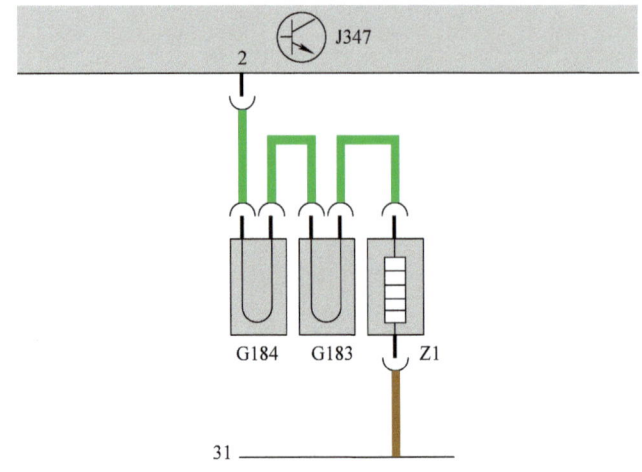

图 10-95　玻璃破碎传感器监控电路

G183—玻璃破碎传感器，边窗，左后　G184—玻璃破碎传感器，边窗，右后
J347—超声波传感器控制单元　Z1—可加热后风扇

2. 控制过程

系统激活后,有小电流流过(图 10-96)。如果打碎玻璃,导体回路将被破坏(图 10-97),电流会被中断(图 10-98)。

超声波传感器控制单元(图 10-99),用于检测中断,并发送信号到防盗控制单元,用于防盗报警。防盗控制单元(图 10-100)可以触发听觉和视觉报警。

图 10-96 系统激活后,有小电流流过

图 10-97 打碎玻璃,导体回路被破坏

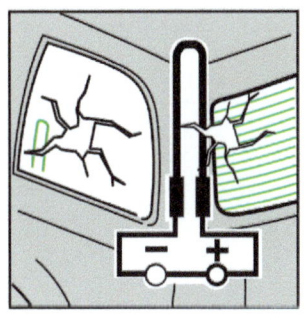

图 10-98 电流中断

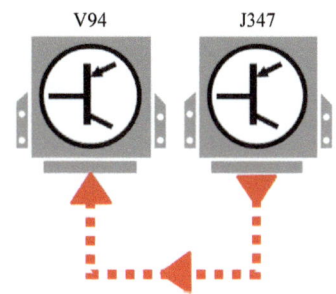

图 10-99 超声波传感器控制单元的作用

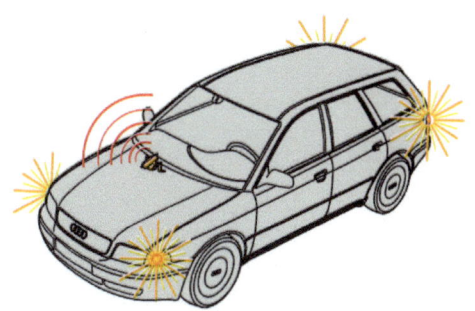

图 10-100 防盗控制单元的作用

五、快速起动传感轮

1. 作用

快速起动传感轮安装在凸轮轴上。发动机控制单元利用其信号可以更快地识别凸轮轴

相对于曲轴的位置,并且同时结合使用发动机转速传感器的信号更快地起动发动机。

以前的系统在曲轴转角约 600°~900° 后才第一次点火。有了快速起动传感轮,发动机控制单元在曲轴转角在 400°~480° 后,便能识别曲轴相对于凸轮轴的位置。由此可以较早地点火,而且发动机响应更快。

2. 结构

此快速起动传感轮由一个双轨迹传感轮和一个霍尔传感器组成。传感轮设计成两个轨迹相邻排列。如图 10-101、图 10-102 所示,当其中一个轨迹露出缺口时,另一个轨迹便在这个位置上有一个轮齿。控制单元比较相位传感器信号与基准标记信号,由此识别气缸处在哪一个工作行程。

相位信号低 = 压缩行程
相位信号高 = 排气行程

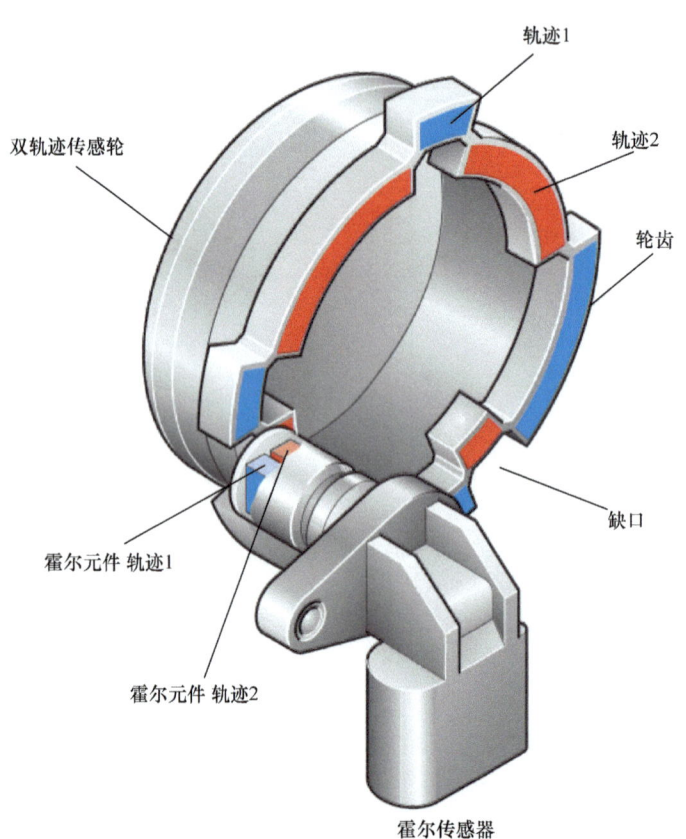

图 10-101　快速起动传感轮的结构

借助发动机转速传感器 G28 的信号可以在曲轴转角约 440° 后开始喷油。如图 10-103 所示,该霍尔传感器 G40 与发动机控制单元的传感器接地连接。在霍尔传感器失灵的情况下,仍然能起动发动机。

第十章 其他类型传感器

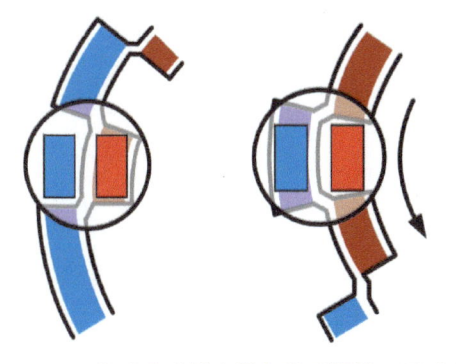

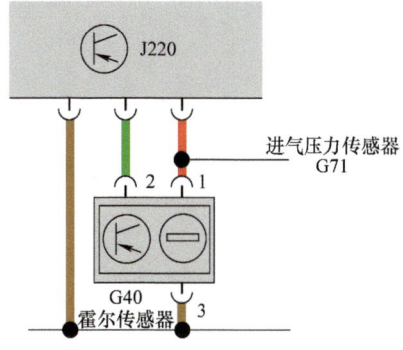

图 10-102 双轨迹传感轮和霍尔传感器的不同感应位置

图 10-103 霍尔传感器电路

六、转向力矩传感器

转向力矩传感器主要用于电子控制的转向系统中，如电动助力转向系统、主动转向系统、随速转向系统等。转矩传感器用来测量驾驶人操纵方向盘的转向力矩，并将其转变为电子信号输出至控制单元，从而决定助力的程度和附加角度的大小。

1. 作用

转向力矩传感器通过检测弹性扭转杆因方向盘的转矩所产生的变形角度来测量方向盘操纵力矩。当操作方向盘时转向扭杆将产生扭转变形，其变形的扭转角与方向盘所受转矩成正比，所以只要测定扭转角大小，即可知道转向力的大小。

驾驶人所施加在方向盘上的转向力矩是计算转向助力大小的基础，助力是由转向系统提供的。转向力矩由转向机构主动齿轮上的转向力矩传感器 G269 确定出来，转向力矩传感器安装位置如图 10-104 所示。它测得的是转向输入轴相对于转向机构主动齿轮的转动量，并将该转动量转化成模拟的输出电信号。

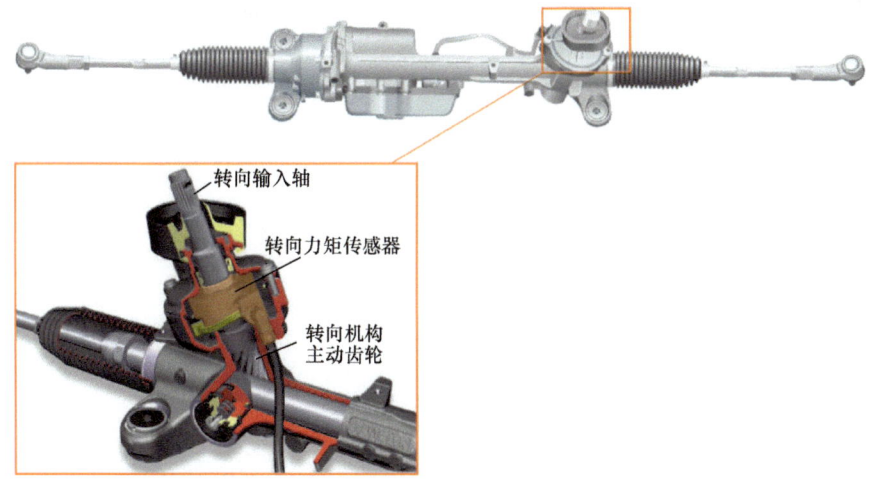

图 10-104 转向力矩传感器安装位置

311

2. 结构

如图 10-105 所示，在转向力矩传感器上，转向输入轴和转向机构主动齿轮是通过一根扭力杆连接起来的。该扭力杆有一定的抗扭转能力。

转向输入轴上有个 16 极环形磁铁（8 个极对），该磁铁与转向输入轴一同转动。转向机构主动齿轮上有两个定子，每个定子有 8 个齿，定子与转向机构主动齿轮一同转动。在初始位置时，定子上的这些齿正好位于环形磁铁上相应的 S 极和 N 极之间。霍尔传感器与壳体刚性连接，不随着转动。

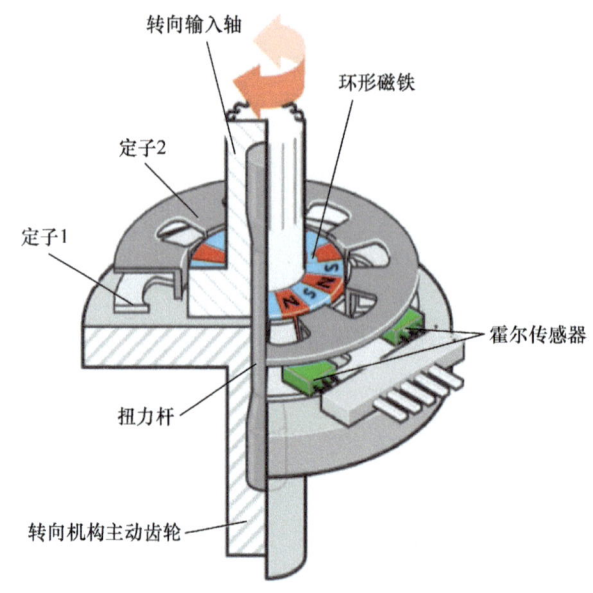

图 10-105　转向力矩传感器的结构

3. 工作原理

该传感器工作时是非接触式的，它采用磁阻效应原理来工作。定子 1 和定子 2 之间磁通量强度和方向就是转向力矩的直接量度，由两个霍尔传感器（冗余布置）来测量。根据所施加的转向力矩大小（其实就是扭转角大小），霍尔传感器的信号就在零位和最大位置之间变动。

（1）转向力矩传感器在零位时　如图 10-106 所示，转向力矩传感器在零位时，定子 1 和定子 2 的齿正好位于两磁极之间。因此，定子 1 和定子 2 都不是朝南或朝北。在这两个定子之间没能建立起磁场。这两个霍尔传感器采用 5V 的输入电压供电。由于在这两个定子之间没能建立起磁场，所以这两个霍尔传感器输出电压为 2.5V，这表示转向力矩为零。

（2）转向力矩传感器在最大位置时　如图 10-107 所示，如果驾驶人转动了方向盘，那么转向输入轴和转向机构主动齿轮之间就会产生一个扭转角。环形磁铁相对于定子 1 和 2 就扭转了。如果定子 1 的 8 个齿正好在环形磁铁的 N 极上，同时定子 2 的 8 个齿正好在环形磁铁的 S 极上，那么传感器就是在最大位置上了。这就是说：定子对准 N 极了，而定子 2 对准 S 极了。

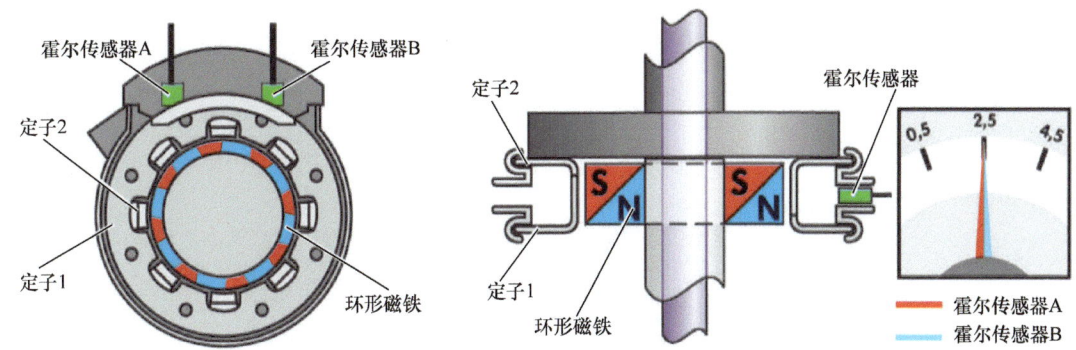

图 10-106　转向力矩传感器在零位时

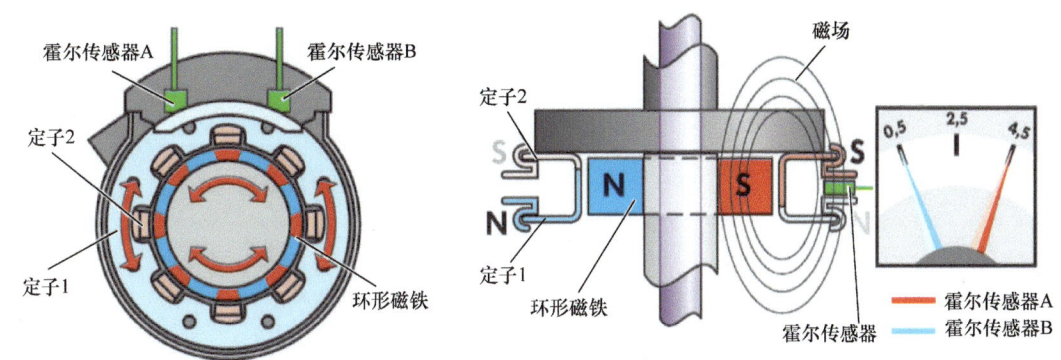

图 10-107　转向力矩传感器在最大位置时

两个定子之间会建立起磁场，霍尔传感器会检测到这个磁场并将其转换成电信号。如果霍尔传感器 A 输出 4.5V 这个最大电压，那么霍尔传感器 B 就输出 0.5V 这个最小电压。如果方向盘转动方向与此相反，那么霍尔传感器 A 输出 0.5V，而霍尔传感器 B 输出 4.5V。

（3）信号中断的影响　如果转向力矩传感器损坏，那就必须要更换转向器了。如果识别出故障了，那么转向助力功能就被关闭了。这个关闭也不是突然就完成了，而是"软的"（逐渐的）。

为了实现这种"软"关闭，控制单元会根据转向角和电动机转子角计算出一个转向力矩替代信号。电动机械式助力转向指示灯 K161 会呈红色而亮起，表示有故障了。

七、案例：2012 款奥迪 A4L 车助力转向系统故障

故障现象　一辆 2012 款奥迪 A4L 车，转向沉重，组合仪表提示助力转向系统有故障，且红色助力转向系统警告灯点亮。

故障诊断　用故障检测仪 VAS5054 检测，在 44—助力转向系统中读得故障码：

C10F129——转向力矩传感器 2 不可信信号　主动 / 静态，尝试清除故障码，发现故障码无法清除。推断可能的故障原因有：转向力矩传感器及其线路故障；助力转向控制单元损坏。

拆检转向力矩传感器（图 10-108），其线路无异常；拆解转向力矩传感器，经测量得知其电路板上各端子的含义如图 10-109 所示，中间红色曲线将线路板分成 2 个部分，左侧为转向力矩传感器 1 电路，右侧为转向力矩传感器 2 电路。进一步测量得知，转向力矩传感器 2 的 5V 供电线路断路，怀疑断路位置在电路板背面。

图 10-108　转向力矩传感器

图 10-109　转向力矩传感器电路板

拆下转向力矩传感器电路板的固定螺栓，用电热风焊枪拆开电路板，取出电路板（拆焊时一定要小心，否则会损坏转向力矩传感器霍尔元件的端子），发现电路板背面进水腐蚀，且转向力矩传感器 2 的 5V 供电电路腐蚀断路（图 10-110）。为什么转向力矩传感器会进水呢？检查发现转向力矩传感器密封盖上有裂缝，推断车辆涉水较深时，水由此处渗入。

故障排除　焊接转向力矩传感器 2 的 5V 供电电路，并在转向力矩传感器密封盖上涂抹密封胶后试车，转向助力恢复正常，且助力转向系统警告灯熄灭，故障排除。

第十章 其他类型传感器

维修总结 转向力矩传感器与助力转向电动机、助力转向控制单元及转向柱等集成为一体，无单独配件供应，若要更换转向机总成需要几万元，与驾驶人协商后决定对转向力矩传感器进行修复。

图 10-110 转向力矩传感器 2 的 5V 供电电路腐蚀断路

参 考 文 献

［1］李伟.新型汽车传感器、执行器原理与故障检测［M］.北京：机械工业出版，2013.
［2］文恺.汽车传感器图解大全［M］.北京：化学工业出版社，2018.
［3］于海东.汽车传感器入门到精通全图解［M］.北京：化学工业出版社，2018.
［4］周晓飞.汽车传感器维修百日通［M］.北京：化学工业出版社，2020.
［5］何金戈.汽车传感器原理与检修［M］.北京：化学工业出版社，2017.
［6］姚科业.汽车传感器识别检测拆装维修［M］.北京：化学工业出版社，2017.
［7］李伟.新款汽车传感器检测与维修［M］.北京：化学工业出版社，2017.
［8］吴文琳.轻松掌握汽车传感器识别与检测［M］.北京：化学工业出版社，2020.
［9］周晓飞.汽车传感器检修全程图解［M］.北京：化学工业出版社，2017.
［10］杨维俊.图解汽车传感器维修技术［M］.北京：化学工业出版社，2017.
［11］李能飞.汽车传感器检测与维修快速入门60天［M］.北京：机械工业出版社，2017.
［12］林瑞玉，吴文琳.汽车传感器检修500问［M］.北京：化学工业出版社，2016.